송나라 선사들의 수행 이야기

혜홍각범 스님의 임간록

송나라 선사들의 수행 이야기

혜홍각범 스님의 임간록

06 성철스님이 가려 뽑은 한글 선어록

감역·벽해 원택

장경각

한글 선어록을 발간하면서

○

해인사 백련암으로 출가하고 몇 년 후 성철 큰스님께 여쭈었습니다.

"스님! 불교는 왜 인도에서 번성하지 못하고 쇠하여졌습니까?"

"이놈아! 불교가 어려워서 인도에서 쇠해버렸다."

큰스님의 말씀을 듣는 순간 망치로 머리를 맞은 듯 멍하였습니다. "불교가 어렵다."고 하신 그 말씀을 우리 모두의 화두로 삼아야 하지 않을까 생각합니다.

"불교가 어렵다"는 뜻은 "부처님의 말씀을 단순히 이해하고 사는 것이 아니라 부처님 말씀의 진리를 깨쳐서 부처님 마음과 자기의 마음이 하나가 되어 자유롭게 세상을 살아가는 그 실천을 이루기가 옛날에도 어려웠고 지금도 어렵고 내일에도 어려운 것"이라고 성철 큰스님께서 우리들에게 가르침을 주신 것이라 생각합니다.

참선을 통한 깨달음의 길을 대중들이 쉽게 걸어가길 바라셔서,

성철 큰스님께서는 30여 년 전에 선어록을 한글로 번역하여 발간토록 당부하셨습니다. 1987년 11월에 출판사 '장경각'을 합천군에 등록하여 그 후 6년에 걸친 작업 끝에 〈선림고경총서〉 37권을 1993년 10월에 완간하였습니다.

  그러나 책의 제목이 한문으로 쓰였고, 원문을 부록으로 실어서인지 독자들에게 널리 읽히지 못하고 종이책은 10여 년 전에 절판되고 교보문고의 전자책으로만 겨우 살아 있습니다.

  마침 올해는 성철스님께서 "부처님 법대로 살자"는 기치를 내걸고 봉암사 결사를 실행하신 지 70년이 되는 해이고, 1967년 해인총림이 설립되어 초대방장에 추대되시고 백일법문 사자후를 펴신 지 50년이 되는 해입니다.

  이러한 뜻깊은 해를 맞이하여 〈선림고경총서〉 37권 중에서 요긴한 책 26권을 골라 20여 권으로 정리하여 '성철스님이 가려 뽑은 한글 선어록'이라 이름하고 2~3년 안에 발간하기로 원을 세웠습니다.

  30대 이하의 세대가 한글전용세대라는 점을 염두에 두고 쉽고 자세한 주석을 붙여 이해를 돕고자 하였습니다. 참선에 대한 기본적인 인문학 서적이 부족한 현실에서 참선을 안내하는 귀중한 마중물이 되기를 바랍니다.

  '성철스님이 가려 뽑은 한글 선어록'의 원만한 간행으로 독자 여러분들에게 선의 안목을 열어주는 특별한 인연이 맺어지기를 불보살님 앞에 간절히 기원 드리며 야보선사의 게송을 한 구절 소개합니다.

대나무 그림자가 섬돌을 쓸어도 먼지 하나 일어나지 않고
달빛이 연못 속 밑바닥에 닿아도 물에는 흔적 하나 없구나.

죽영소계진부동
竹影掃階塵不動

월천담저수무흔
月穿潭底水無痕

2017년 2월 우수절
해인사 백련암
원택 합장

해제
○
解題

　『임간록(林間錄)』은 북송(北宋)의 혜홍각범(慧洪覺範, 1071~1128) 스님이 찬술(撰述)한 책이다. 불법의 종지와 총림의 수행에 관한 이야기 300여 편을 상하 2권에 실었다. 책 마지막의 「신편후집(新編後集)」 1권은 『임간록』의 부록 또는 속집(續集)이라고도 하는데, 혜홍스님이 지은 찬(讚)·명(銘)·게송 등 26수와 시(詩) 6수를 싣고 있다. 주석서로는 『임간록고증(林間錄考證)』 7권, 『임간록고략(林間錄考略)』 1권이 있다.

　혜홍스님은 덕홍(德洪)이라고 하기도 하는데 운암(雲庵) 진정극문(眞淨克文, 1025~1102) 스님의 법제자로 남악(南嶽, 677~744)의 13세(世)이다. 1071년 강서(江西) 서주부(瑞州府) 신품현(新品縣)의 유씨(喻氏)에게서 태어났다. 문헌에 따라서는 유씨(俞氏)라거나 팽씨(彭氏)라고도 한다. 14세에 부모를 잃고 삼봉(三峯) 정(靚)스님을 따라 출가하였으며, 19세에 동경(東京, 하남성[河南省] 개봉시[開封市]) 천왕사(天王寺)에 가서 선비(宣祕)율사에게서 『구사(俱舍)』, 『유식(唯識)』 등을 배웠다. 후에 임제종 황룡파(黃龍派)의 진정극문 스님을 따라 수행하면서 심법(心法)을 얻었다.

송 휘종(徽宗)의 숭녕(崇寧) 연간(1102~1106)에는 무주(撫州, 지금의 강서성 임천[臨川]) 경덕사(景德寺)에서 살다가 후에는 금릉(金陵) 청량사(淸涼寺)에 살았다. 강서(江西) 남품부(南品府) 홍주(洪州)의 석문사(石門寺)에 있을 때 학덕과 재필(才筆)이 세상에 널리 알려져서 석문사 문필 혜홍각범 스님이라 불렸다.

휘종(徽宗, 1082~1135, 재위 1100~1125)에게 보각원명(寶覺圓明)이라는 법호를 받았고, 흠종(欽宗, 1100~1161, 재위 1125~1127)에게도 중용되었으며, 스스로 적음존자(寂音尊者)라 칭하기도 하였다.

숭녕 4년(1105) 35세 때 법화(法和, ?~1134)라는 승려의 무고를 받아서 도첩을 빼앗기고 유배를 갔다가 재상(宰相) 장상영(張商英, 1044~1122)이나 태위(太尉) 곽천신(郭天信)의 상소로 도첩을 회복하였다. 유배지에서 돌아와서는 상서(湘西, 지금의 호남성 상담[湘潭])의 남대(南臺)에 명백암(明白庵)을 짓고 저술에 몰두하려 하였다. 그러나 장상영과 곽천신의 정치활동에 연루되어 41세인 정화(政和) 원년(1111)에 광동성 해남도 주애(朱崖)로 추방되어 개원사(開元寺, 일명 숭녕사[崇寧寺])로 유배되었다가 3년 후인 정화 3년(1113)에 사면을 받았다. 정화 4년(1114)에 다시 옥에 갇혔다가 곧 석방되었다. 이후에는 저술 활동에 전념하며 평화를 맞이하는 듯 하였으나 선화(宣和) 원년(1119) 또 다시 무고를 당하여 8월에 옥살이를 하다가 12월에 석방되었다.

정강(靖康) 원년(1126)에 스스로 황궁을 찾아 명예회복을 구했으나 북송은 멸망하고 남송의 세상이 되고 말았다. 남송(南宋) 고종(高宗, 1107~1187, 재위 1127~1162)의 건염(建炎) 2년(1128) 5월에 입적하였으니 세수(世壽) 58세, 승랍 39세였다. 저술로는 『임간록』 이외에 『선림승보전(禪林寶僧傳)』 30권, 『고승전(高僧傳)』 12권, 『냉재야화(冷齋夜話)』 10권, 『석문문자선(石門文字禪)』 30권, 『지증전(智證傳)』 10권, 『지림(志林)』 10권, 『천주금련(天廚禁臠)』 1권, 『어록게송(語錄偈頌)』 1편, 『법화합론(法華合論)』 7권, 『능엄존정의(楞嚴尊頂義)』 10권, 『원각개증의(圓覺皆證義)』 2권, 『금강법원론(金剛法源論)』 1권, 『역주(易註)』 3권, 『기신론해의(起信論解義)』 2권, 『감로집(甘露集)』 20권 등이 전하고 있다.

『임간록』은 스님이 37세 되던 철종(哲宗, 1076~1100, 재위 1085~1100) 대관(大觀) 원년(1107)에 처음 유배에서 돌아와 문장가인 사일(謝逸, 1068~1112)의 서문(序文)을 얻어 간행하였다. 문장이 훌륭하여 선적(禪籍) 중의 백미(白眉)라는 평가를 받으며 예로부터 총림에서 많이 애송되었다. 『임간록』은 또한 훗날 스님이 52세 때 편찬한 『선림승보전』의 소재가 되었다. 따라서 여러 면에서 『임간록』과 『선림승보전』은 깊은 관련을 갖는다.

스님의 『석문문자선(石門文字禪)』에 순(珣) 상인에게 준 글이 전하는데 여기에 『선림승보전』의 저술 의도를 이렇게 드러낸다.

"내가 처음 오(吳)나라를 여행했을 때, 찬녕(贊寧, 919~1001)의 『송고승전(宋高僧傳)』을 읽었으나 운문문언(雲門文偃, 864~949)의 전기가 없는 것이 마음에 걸렸다. 때마침 우연히 만난 한 노승으로부터 '내가 옛날에 오나라에서 찬녕을 만났는데, 찬녕은 스스로 운문은 강학(講學)에 관계가 없는지라 일부러 뺐다'는 말을 듣게 되었다. … 또 동산을 여행하고 『징심당록(澄心堂錄)』이라는 책을 얻었는데, 거기에는 곡산행숭(谷山行崇) 선사의 어록이 있었다. 『전등록(傳燈錄)』과 비교해 보니 『전등록』의 내용에서 모두 빠져 있으니 『전등록』 역시 사실성이 부족했던 것이다. 거기에서 '찬녕은 운문의 전기조차 세워 놓지 않았고, … 곡산행숭은 암두(巖頭)에게 뒤지지 않음에도 불구하고 총림에 전혀 이름이 알려지지 않았다. 하물며 그 이외의 사람들이야 말해서 무엇하랴!' 하고 탄식하였다. 그리하여 스스로 찬술을 결심하고는 각지를 돌아다니기를 30년, 100여 명의 전기를 모았으나 도중에는 뜻을 이룰 수가 없었다. 만년에야 수서(水西)의 곡산(谷山)에 정착하여 간신히 뜻을 이룰 수 있었다."

-「제순상인승보전(題珣上人僧寶傳)」

여기에 등장하는 『송고승전』 이야기는 『임간록』에 "8. 『송고승전』의 편파적 기록"에 전한다. 『송고승전』이나 『경덕전등록』에 전하는 기록을 과도하게 맹신하는 데서 생기는 오류를 바로잡기 위해서 직접 찾아다니며 스스로 들은 이야기를 기록한 『선림승보전』의 방식은 이미 『임간록』을 편찬하면서 충분히 검증한 것이었다.

『선림승보전』에 비하면 『임간록』의 법맥의식이 두드러지지는 않지만, 그래도 스님의 법원(法源)인 황룡혜남(黃龍慧南, 1002~1069) 문하의 사람들에게 중점을 두고 있음을 알 수 있다. 특히 그중에서도 황룡조심(黃龍祖心, 1025~1100)의 법을 이은 영원유청(靈源惟淸, ?~1117)은 각범이 외경해 마지않는 동시대의 승보였다. 먼저 열반한 유청을 위해「소묵선사제문(昭黙禪師祭文)」을 지었으며, 또한「소묵선사서(昭黙禪師序)」를 썼고,「제진귀고명(題眞歸誥銘)」의 문장을 비롯하여 영원유청이 남겨 놓은 많은 글에 여러 편의 제목을 붙인 글을 썼다.

스님은 300여 편의 이야기를 정리하면서 책이 출판되기 전까지도 끊임없이 수집하였다. 본문 속의 '오가종파(五家宗派)'나 '덕산사가어록(德山四家語錄)' 등의 기록은 어록의 연구에 중요한 자료가 된다. 특히 우리나라 스님 중에 신라의 원효(元曉, 617~686)스님과 『임간록』이 출판되기 80년 전(1027)에 송(宋)나라에 갔던 대각국사(大覺國師) 의천(義天, 1055~1101)스님에 대한 이야기가 실려 있다.

『임간록』이 우리나라에 전래된 시기는 알 수 없으나 현재 해인사(海印寺)에 소장된 『임간록』이 한 책 속에 여러 가지 판형(板型)이 있고, 또 글자들이 닳아서 알아볼 수 없는 부분도 상당히 많은 것으로 보아 우리나라에 전래된 이후 널리 읽혔으리라 추측된다. 현존하는 판의 후집(後集)은 간기(刊記)에 의하면 성화(成化) 4년(1468) 간경도감(刊經都監)에서 간행한 것임을 알 수 있다.

차례

한글 선어록을 발간하면서 … 004

해제(解題) … 007

임간록(林間錄) 서(序) … 025

○
임간록 상
●

01. 어사중승(御史中丞) 왕수(王隨)를 맞이함 / 흥교소수(興敎小壽) … 030

02. 양기스님의 말끝에 깨침 / 백운수단(白雲守端) … 033

03. 문로공(文潞公)에게 법을 보이심 / 중원화엄(重元華嚴) … 036

04. 경전을 공경하는 태도 / 서현징시(棲賢澄諟) … 039

05. 법흠스님의 전기를 보완함 / 경산법흠(徑山法欽) … 042

06. 인종 황제를 감복시킴 / 대각회연(大覺懷璉) … 044

07. 무종의 폐불과 선종의 부흥 / 당(唐) 선종(宣宗) … 046

08. 『송고승전』의 편파적 기록 / 찬녕(贊寧) ··· 049
09. 주검을 앞에 두고 법을 보임 / 장사경잠(長沙景岑) ··· 051
10. 황룡스님의 삼관 화두 / 황룡혜남(黃龍慧南) ··· 056
11. 선문의 현묘한 도리 / 협산선회(夾山善會) ··· 061
12. 스승을 높이는 바른 태도 / 천의의회(天衣義懷) ··· 065
13. 무명주지(無明住地) 번뇌와 부동지(不動智) / 운암(雲庵) ··· 067
14. 조사가 제자를 가르치는 뜻 / 이조혜가(二祖慧可) ··· 070
15. 선업(善業) 닦기를 권함 / 승록(僧錄) 찬녕(贊寧) ··· 072
16. 유심(唯心) 도리를 깨침 / 원효(元曉) ··· 075
17. 무애행과 청정행 / 청량 국사(淸涼國師) ··· 077
18. 구마라집의 어린 시절 / 구마라집(鳩摩羅什) ··· 079
19. 참선과 깨침의 관계 / 보리달마(菩提達磨) ··· 082
20. 홍인스님의 내력 / 오조홍인(五祖弘忍) ··· 083
21. 황벽스님에 대한 잘못된 기록 / 단제희운(斷際希運) ··· 088
22. 말만 기억하려는 헛짓거리 / 운거불인(雲居佛印) ··· 090
23. 네 가지 마음의 체험 / 현사사비(玄沙師備) ··· 092
24. 도오스님의 종파에 대한 시비 / 천황도오(天皇道悟) ··· 094
25. 종밀스님의 『전요(牋要)』를 평함 / 규봉종밀(圭峰宗密) ··· 099
26. 복례스님의 진망게(眞妄偈) / 복례(復禮) ··· 105
27. 『기신론(起信論)』 등의 평등설법 / 운암(雲庵) ··· 111
28. 율종 사찰을 선풍으로 쇄신함 / 달관담영(達觀曇穎) ··· 113

29. 비밀장(祕密藏)과 언설법신(言說法身) / 『열반경(涅槃經)』 … 117

30. 재(齋)와 삼매(三昧)의 뜻 / 왕문공(王文公) … 121

31. 규봉(圭峰)스님의 억지설 / 육조혜능(六祖慧能) … 123

32. 머무르는 대로 나타나는 선과 악 / 노안 국사(老安國師) … 125

33. 출생 인연에 대한 망상을 끊어주다 / 회당조심(晦堂祖心) … 127

34. 『종경록(宗鏡錄)』의 업설 … 129

35. 『유마경(維摩經)』 등의 부사의법문(不思議法門) … 132

36. 임제(臨濟)스님의 사빈주(四賓主)와 사할(四喝) … 134

37. 경잠(景岑)스님 영정찬(影幀讚)과 서 … 137

38. 세 분 영정과 세 개의 탑 / 백운수단(白雲守端) … 141

39. 고려의 승통(僧統)을 맞이함 / 유성(有誠) … 143

40. 동산수초(洞山守初) 스님의 어록 … 145

41. 술을 좋아한 기이한 스님 / 종도(宗道) … 150

42. 고금을 논할 안목 / 설두중현(雪竇重顯) … 152

43. 주지를 사양하는 태도 / 회당조심(晦堂祖心) … 154

44. 주지를 맡는 태도 / 조인거눌(祖印居訥) … 157

45. 법을 잇기 위해 화재를 피함 / 황룡혜남(黃龍慧南) … 160

46. 동산오본(洞山悟本) 스님의 세 가지 번뇌와 삼종강요(三種綱要)
   / 조산탐장(曹山耽章) … 162

47. 용아(龍牙)스님과 유정(惟政)스님의 찬 / 용아거둔(龍牙居遁) … 167

48. 종밀스님의 일용게(日用偈) / 규봉종밀(圭峰宗密) … 170

49. 다비장에서 법을 보여줌 / 운암(雲庵) … 173

50. 망상과 전도로 때를 놓침 / 석두희천(石頭希遷) … 175

51. 대지스님의 삼구 법문과 동산(洞山)스님의 오위(五位) / 대지(大智) … 178

52. 무착스님의 『금강반야론(金剛般若論)』 … 182

53. 남악 복엄사의 스님들 / 운봉문열(雲峰文悅) … 185

54. 화두를 들어서 의심을 촉구함 / 도생(道生) 법사 … 190

55. 삼생장(三生藏)의 주장자 … 192

56. 불법의 첫 관문 / 『수능엄경(首楞嚴經)』 … 194

57. 강승회와 담제스님의 영험전 … 196

58. 장자와 열자의 고사를 풀이함 / 회당조심(晦堂祖心) … 199

59. 구양수를 감복시킨 설법 / 구양(歐陽) 문충공(文忠公) … 202

60. 지언법화 스님의 자재행 / 지언법화(志言法華) … 204

61. 근기를 알아보는 안목 / 조각(照覺)과 불인(佛印) … 207

62. 법맥을 중히 여김 / 고탑주(古塔主) … 210

63. 도를 간직하고 조용히 정진함 / 지장계침(地藏桂琛) … 212

64. 선화자(禪和子) 십이시게(十二時偈) … 213

65. 불법을 배우는 자세 / 운봉문열(雲峰文悅) … 216

66. 참다운 참구 참다운 깨침 / 신정홍인(神鼎洪諲) … 219

67. 『금강삼매경론』과 『원각경』의 상징설법 … 221

68. 육조에 대한 『송고승전』의 기록 / 조계육조(曹溪六祖) … 222

69. 스님들의 수행 자세 / 석두(石頭)와 백장(百丈) … 224

70. 사실을 정확히 고증함 / 설두중현(雪竇重顯) … 226

71. 전식득지(轉識得智)에 대한 게송 … 230

72. 소무스님의 수행 이력 / 홍영소무(洪英邵武) … 232

73. 네 가지 비밀스런 방편 / 달관(達觀) … 236

74. 심인을 전하는 방법을 터득함 / 남원혜옹(南院慧顒) … 238

75. 빗자루를 외우며 깨침 … 241

76. 의심받은 불사 / 법창의우(法昌倚遇) … 243

77. 수산스님의 전법강요 / 수산성념(首山省念) … 245

78. 알음알이로 이해하는 것을 경계함 / 조계육조(曹溪六祖) … 248

79. 사문이 자신을 내리깎는 말세풍조 / 명교설숭(明敎契嵩) … 251

80. 지나친 겸손에서 오는 폐단을 경계함 … 253

81. 황제의 말을 뒤따르는 문구 / 대각회연(大覺懷璉) … 255

82. 백운수단 스님의 수행 이력 / 백운수단(白雲守端) … 257

83. 불도를 밝힌 편지글 두 편 … 263

84. 『대반야경』의 관(觀) / 동산오본(洞山悟本) … 267

85. 모든 것을 아는 청정한 지혜 / 『대반야경』 … 269

86. 죄와 복의 감응 / 산곡(山谷) … 271

87. 평범하고 참된 선풍 … 273

88. 도인의 초연한 임종 / 영원유청(靈源惟淸) … 275

89. 은밀히 전한다는 뜻 / 양대년(楊大年) … 277

90. 정명식(正命食)의 3타 / 조산본적(曹山本寂) … 280

91. 깨친 후 습기의 존속에 대한 두 견해 / 규봉종밀(圭峰宗密) … 283

92. 닦아 증득함에 대한 두 법문 / 영명연수(永明延壽) … 287

93. 명교스님의 저술들 / 명교설숭(明教契嵩) … 291

○
임간록 하
●

94. 궁궐에서 열린 법회 / 대각회연(大覺懷璉) … 296

95. 『능엄경』으로 사대부를 교화함 / 장문정공(張文定公) … 299

96. 대중 뒷바라지를 잘한 주지 / 중선(重善) … 302

97. 만법의 움직임이 마음의 힘 / 「화엄론」 … 304

96. 함께 일하기는 어려운 법 / 금봉현명(金峰玄明) … 306

99. 임종에서 보여주심 / 영암대본(靈巖大本) … 307

100. 두 가지 전의와 여섯 가지 전위 / 『수능엄경』 … 308

101. 초연하고 자연스런 납승의 기개 / 나찬(懶瓚) … 311

102. 집착에 대한 『율부』의 가르침 … 313

103. 총림에 잘못 전해오는 이야기들 / 석두희천(石頭希遷) … 315

104. 백낙천이 제스님에게 보낸 편지 … 318

105. 스승과 도반을 분명히 선택함 / 단제희운(斷際希運) … 331

106. 격식을 넘어선 행 / 법등태흠(法燈泰欽) … 333

107. 왕안석의 불법에 관한 지견 ··· 335
108. 임제스님의 삼현삼요와 『참동계』 ··· 337
109. 운문스님의 북두장신 / 옥간림(獄澗林) ··· 343
110. 『능엄경』의 유포 ··· 345
111. 광인스님 영정찬 ··· 347
112. 만법과 일심 / 영명연수(永明延壽) ··· 351
113. 곡천스님의 기이한 행 ··· 355
114. 생사병을 치료하는 약 / 영원유청(靈源惟淸) ··· 358
115. 납자들이 애송해 봄직한 옛 글들 ··· 360
116. 임제의 종지를 깨치고 활용함 / 정(定) 상좌(上座) ··· 361
117. 실추된 임제종풍을 일으킴 / 황룡혜남(黃龍慧南) ··· 364
118. 왕범지와 한산자의 게송 ··· 366
119. 『정업장경』의 욕심에 대한 설법 ··· 368
120. 강직한 인품과 큰 지견 / 도오오진(道吾悟眞) ··· 370
121. 교학승을 무색케 함 / 가진점흉(可眞點胸) ··· 372
122. 피로 쓴 『법화경』 / 초운(楚雲) ··· 375
123. 선종의 묘한 방편 / 영명연수(永明延壽) ··· 377
124. 백운스님의 게송 두 수 / 백운수단(白雲守端) ··· 379
125. 이조에 대한 잘못된 기록들 / 도선(道宣) ··· 381
126. 도인이 도를 보이는 요체 / 자명(慈明) ··· 383
127. 『제불요집경』의 여자출정인연 / 대우수지(大愚守芝) ··· 385

128. 동산의 삼 서 근과 운문의 보자공안 / 대우수지(大愚守芝) … 389

129. 이단원(李端愿)의 물음에 답함 / 달관(達觀) … 392

130. 『대송승사회요』의 노자성불설 … 394

131. 석상 문하의 법문 / 설두상통(雪竇常通) … 396

132. 무심행을 노래한 게송 몇 수 / 보적(寶積) … 399

133. 영운스님의 복사꽃 기연 / 영운지근(靈雲志勤) … 401

134. 제자를 아끼는 마음 / 오조사계(五祖師戒) … 404

135. 삼세여래와 시방보살의 수행 / 위산대원(潙山大圓) … 406

136. 인연을 알고 잘 쓴 스님 / 혜명(慧明) … 408

137. 파조타스님 영정찬 … 410

138. 구할 것 없는 일미법 / 회지(懷志) … 413

139. 법화삼매를 얻은 천태종 스님 / 변재법사(辨才法師) … 417

140. 인도승에게 예언받은 여섯 선지식 / 분양무덕(汾陽無德) … 420

141. 『선종영가집』에 대한 평 / 영가현각(永嘉玄覺) … 422

142. 『정종기』에 실린 삼조에 대한 기록 … 425

143. 물려받은 인연을 간직함 / 황룡혜남(黃龍慧南) … 427

144. 『열반경』에서 설하는 복덕상 … 429

145. 화엄경 강사를 조복시킴 / 영명연수(永明延壽) … 430

146. 말없이 만나는 경계 / 동산혜원(洞山慧圓) … 432

147. 잘못 유통되는 「십이시가」 / 지공(誌公) … 434

148. 깨달음을 얻었다는 집착을 깨줌 / 무진거사(無盡居士) … 436

149. 사유에 빠짐을 경계함 / 영원유청(靈源惟淸) … 438

150. 법락을 즐기는 경계 / 등봉영(鄧峰永) … 439

151. 임제스님과 본적스님의 게송에 부침 … 441

152. 지조(知朝)의 정확한 기록 / 무진거사(無盡居士) … 445

153. 백장의 들여우와 육조의 풍번에 대한 게송 / 도원(道圓) … 447

154. 깨달은 이가 전생 빚을 갚는 뜻 / 호월공봉(皓月供奉) … 451

155. 직접 참방하여 종풍을 얻을 것을 권유함 / 분주무덕(汾州無德) … 454

156. 총림을 아끼던 마음 / 운봉문열(雲峰文悅) … 456

157. 임종에서 선악업이 보이는 이유 / 『수능엄경』 … 457

158. 강경한 지조로 '철면'이라 불림 / 복엄자감(福嚴慈感) … 459

159. 빼어난 기상으로 주변을 압도함 / 유정(惟政) … 461

160. 스님의 입적 기연에서 깨달음 / 영원유청(靈源惟淸) … 464

161. 『금강경』에서 설한 중생 … 466

162. 이르기 어려운 공문 / 대지(大智) … 468

163. 『금강경』의 가르침을 일깨워줌 / 청룡도인(靑龍道氤) … 470

164. 운문스님의 「고감송(顧鑑頌)」 … 472

165. 대중과 함께 총림과 함께 / 홍영소무(洪英邵武) … 475

166. 불국토에서 중생을 성취시키는 일 / 효순노부(曉舜老夫) … 477

167. 부처와 중생이 다른 이유 / 삼조(三祖) … 479

168. 후학을 높이는 공정한 마음 / 운봉문열(雲峰文悅) … 481

169. 대어(代語)로 지도하여 깨우침 / 효순노부(曉舜老夫) … 483

170. 허명을 굴복받는 일 / 황룡혜남(黃龍慧南) ··· 486

171. 자명스님의 문도들 / 선(善) ··· 489

172. 동참하는 뜻 / 양기방회(楊岐方會) ··· 492

173. 일원상의 의미 / 앙산혜적(仰山慧寂) ··· 494

174. 생과 사의 처음과 끝 / 용수[龍勝] ··· 497

175. 마음에서 보는 작용을 여읜 경지 / 「유마경」 ··· 499

176. 한마디 말 듣고 자손을 가려냄 / 동산효총(洞山曉聰) ··· 501

177. 『전등록』의 잘못된 기록 / 법정(法正) ··· 504

178. 생멸 없는 법 / 영명연수(永明延壽) ··· 506

179. 마음의 움직임이 번뇌에 막힘 / 「대지도론」 ··· 509

180. 경복스님 상찬 및 게송 5수 ··· 512

181. 불법의 대의를 묻는 거사에게 답함 / 운암극문(雲庵克文) ··· 517

182. 황제와의 초연한 만남 / 종본(宗本) ··· 519

183. 사료간(四料簡)과 오위군신(五位君臣)의 게송 ··· 521

184. 생사화복의 갈림길에서 초연함 / 보본혜원(報本慧元) ··· 528

185. 염불참회 / 연경홍준(延慶洪準) ··· 530

186. 깨끗한 비구의 몸에서 나온 빛 / 황룡혜남(黃龍慧南) ··· 532

187. 문열스님의 부도를 참배함 ··· 534

188. 생멸 없는 자리에서 오고감을 보이심 / 엄(儼) ··· 536

189. 연수스님의 『종경록』 ··· 538

190. 동안스님의 『십현담』 ··· 540

191. 존경하나 가까이 못하는 스승 / 황룡혜남(黃龍慧南) … 543

192. 술상 받고 지은 제문 … 544

193. 『금강경』의 유위복덕 … 545

194. 『능엄경』의 중생과 세계가 생겨나는 이치 / 왕안석(王安石) … 546

○
신편 임간록 후집
●

01. 석가출산화상찬(釋迦出山畵像讚) … 550

02. 소자금강경찬(小字金剛經讚) … 554

03. 육세조사찬병서(六世祖師讚并序) … 558

04. 조백대사화상찬병서(棗栢大士畵像讚并序) … 568

05. 백장대지선사진찬병서(百丈大智禪師眞讚并序) … 572

06. 운암진찬(雲庵眞贊) … 575

07. 명극재명(明極齋銘) … 578

08. 소자화엄경게병서(小字華嚴經偈并序) … 581

09. 자씨보살전단상찬병서(慈氏菩薩栴檀像贊并序) … 588

10. 제15조진찬병서(第十五祖眞讚并序) … 593

11. 취암진화상진찬(翠巖眞和尙眞讚) … 597

12. 소묵화상진찬(昭黙和尙眞贊) … 599

13. 공생찬병서(空生贊并序) … 601

14. 영명화상화상찬병서(永明和尚畫像讚并序) … 604

15. 영가화상화상찬병서(永嘉和尚畫像讚并序) … 607

16. 청량대법안선사화상찬병서(淸涼大法眼禪師畫像讚并序) … 611

17. 운문선사화상찬병서(雲門禪師畫像讚并序) … 614

18. 현사비선사화상찬(玄沙備禪師畫像讚) … 617

19. 전단대비찬(栴檀大悲讚) … 619

20. 원선사찬(源禪師讚) … 624

21. 명백암명병서(明白庵銘并序) … 625

22. 연복종명병서(延福鍾銘并序) … 629

23. 전단백의관세음상병서(栴檀白衣觀世音像并序) … 632

24. 조묵진찬(照默眞讚) 1수(首) … 637

25. 관음보살화상찬병서(觀音菩薩畫像讚并序) … 638

26. 감로멸재명병서(甘露滅齋銘并序) … 644

27. 어부(漁夫) 6수(首) … 647

일러두기

1. 이 책은 선림고경총서 제7권 『임간록(林間錄)』 상과 제8권 『임간록』 하를 한 권으로 묶어 다시 출간한 것이다.
2. 원본 그대로 단락을 짓고, 번역과정에서 번호를 달고 단락을 대표하는 내용으로 제목을 붙였으며, 제목 인명은 단락의 주제 인물이나 첫 번째 나오는 인물을 가려 붙였다.
3. 스님들의 생몰년대는 『선학대사전(禪學大辭典)』(大修館書店, 1979)과 『중국불학인명사전(中國佛學人名辭典)』(明復編, 方舟出版社), 『선림고경총서』 등을 참고하였다.
4. 본문의 전거를 밝힐 때 T는 『대정신수대장경』, X는 『대일본속장경』, H는 『한국불교전서』를 의미한다. 예를 들어 T48-417a는 『대정신수대장경』 제48권 417쪽 a단을 말한다.

임간록(林間錄) 서(序)

혜홍각범(慧洪覺範, 1071~1128) 스님은 운암(雲庵, 1025~1102, 진정극문) 노스님에게서 자재삼매(自在三昧)를 얻었기에 문필계에 자유롭게 노닐 수 있었는데, 그곳에서 읊고 나누었던 모든 이야기는 아름다운 문장이 되었다. 또한 선림의 스님들과 손을 맞잡고 나눈 법담은 모두 옛 큰스님의 고고한 행실이고, 총림의 유훈(遺訓)이며, 많은 불보살들의 묘한 종지이고, 훌륭한 이들의 한담(閑談)이 아닌 것이 없었다. 스님은 그러한 얘기들을 들을 때마다 기록하여 10여 년 사이에 3백여 가지를 수집하였다.

당시 스님을 따르던 본명(本明)스님은 겉으로는 소탈하고 솔직하지만 속은 매우 꼼꼼하고 세밀하여 좌선하는 틈틈이 각범스님의 기록들을 상하권으로 나누어 정리하고 이를 『임간록(林間錄)』이라 하였다. 그런데 이 글은 기록한 순서대로 되어 있을 뿐 시대 순으로 정리하지는 않았다. 또한 어거지로 조작해낸 것이 아니라 대화

속에서 나온 내용이므로 문장이 자연스럽고 평이(平易)하여 까다롭거나 어려운 부분이 없다.

사람들은 본명스님에게 이 책이 있다는 사실을 알고 스님이 가는 곳마다 이를 보려는 사람들로 법석을 이루었다. 이에 본명스님은 글자가 마모되거나 베껴 쓰다가 진본을 잃어버릴까 걱정한 나머지, 이를 간행하여 후세에 길이 남기겠다면서 나에게 서문을 청하였다. 나는 이 글 자체가 흉년의 기장[粱稷]이나 겨울의 솜옷처럼 불교 문중에 귀중한 도움이 되는 데 내 서문을 의지해서 후세에 길이 전해지겠느냐고 하고, 이 글을 빌려 내 서문이 없어지지 않고 전해졌으면 한다고 말했다. 이것이 내가 아무 말 않으려다가 그러지 못한 이유이다.

옛날 악광(樂廣, ?~304)[1]은 말은 잘 하였지만 문장력이 좋지 못하여 반악(潘岳, 247~300)[2]에게 글을 부탁하면서 먼저 2백 마디로 자기의 뜻을 써 달라 하였는데, 반악은 그의 뜻대로 그것을 정리하여 명문장을 이루었다. 그래서 당시 사람들이 모두 "만일 악광이 반악의 문장을 빌리지 않고, 반악이 악광의 뜻에 의지하지 않았더라면 그렇게 아름다운 문장이 이루어지지는 않았을 것이다."라고 했다.[3]

그러나 오늘날 각범스님은 법담과 문장에서 앞서 말한 두 사람의 장점을 한 몸에 겸비하였다. 무슨 까닭일까? 대부분 깊고 치밀한 생각을 가진 문장가라 해서 반드시 아름다운 재주가 있는 것은 아니고, 아름다운 재주가 있는 자라 해서 반드시 깊고 치밀한 생각을 가지는 것은 아니다. 도를 체득한 자만이 편견과 집착을 여의고 안정과 혼란을 다 녹여 마음이 맑은 거울 같으므로 사물을 대하면 그대로 분명한 것이다. 그러므로 말 나오는 대로 이야기하고 붓 가는 대로 글을 써도 어느 곳에서나 진실이 되는 것이다. 그렇다면 각범스님이 두 사람의 장점을 겸할 수 있었던 까닭은 도를 체득하였기 때문이 아니겠는가? 그리하여 나는 사람이라면 도를 몰라서는 안 된다는 사실을 알게 되었다.

각범스님의 법명은 혜홍(慧洪)이며, 균양(筠陽)[4] 사람이다. 지금은 임천(臨川)[5] 북쪽 경덕선사(景德禪寺)에 주지로 있는데, 현모각(顯謨閣)[6]의 대제(待制)이신 주공(朱公)의 청으로 머문다고 한다.

대관(大觀) 원년(1107) 11월 1일에 서(序)하다
임천(臨川)의 사일(謝逸, 1068~1112)[7]이 찬(撰)하다

주
:

1 악광(樂廣, ?~304) : 자(字)는 언보(彦輔), 남양(南陽) 육양(淯陽) 출신이다. 서진(西晉) 때 관료이다. 벼슬이 상서령(尚書令)까지 올라 당시에 악령(樂令)이라고 불렸다고 한다. 『진서(晉書)』「악광전(樂廣傳)」에 전하는 고사성어 '배중사영(杯中蛇影)'의 주인공이다.

2 반악(潘岳, 247~300) : 자(字)가 안인(安仁)이어서 후대에는 반안(潘安)이라고도 부른다. 서진의 문학가이다. 전국시대 송옥(宋玉, 기원전 298~222), 진의 위개(衛玠, 286~312), 북제의 난릉왕(蘭陵王, ?~573)과 함께 중국 고대의 4대 미남으로 불린다.

3 이 부분은 『진서(晉書)』「악광전(樂廣傳)」을 거의 그대로 옮겨 적었다. 반악이 악광의 뜻을 담아 명문을 지었다는 뜻에서 '반문악지(潘文樂旨)'라는 고사성어가 생겼다.

4 균주(筠州)라고도 하고 서주(瑞州)라고도 한다. 지금의 강서성(江西省) 의춘시(宜春市).

5 지금의 강서성(江西省) 무주시(撫州市).

6 황제의 글이나 귀중본 등을 보관하기 위해 일종의 왕립 도서관을 건립하는데 송나라의 경우 황제에 따라 태종(太宗)은 '용도각(龍圖閣)', 진종(眞宗)은 '천장각(天章閣)', 인종(仁宗)은 '보문각(寶文閣)', 신종(神宗)은 '현모각(顯謨閣)', 철종(哲宗)은 '휘유각(徽猷閣)', 고종(高宗)은 '환장각(煥章閣)', 효종(孝宗)은 '화문각(華文閣)'이라 하였으며, 모두 학사(學士), 대제(待制), 직각(直閣) 등의 관직을 두었다.

7 사일(謝逸, 1068~1112) : 자(字)는 무일(無逸), 호(號)는 계당(溪堂)이다. 임천(臨川, 지금의 무주[撫州]) 사람이다. 사촌동생인 사과(謝薖, 1074~1116)와 함께 '이사(二謝)'로 불리며 강서시파(江西詩派) 25인 중의 한 명이다.

임간록 상

01

어사중승(御史中丞) 왕수(王隨)를 맞이함

흥교소수(興敎小壽)

항주(杭州) 흥교소수(興敎小壽, 944~1022)[1] 스님은 처음 천태덕소(天台德韶, 891~972) 국사를 시봉하였는데, 대중 운력을 하다가 장작 개비가 떨어지는 소리를 듣고 깨친 후 게를 지었다.

 부딪쳐 떨어진 건 딴 물건이 아니고
 여기저기 있는 건 티끌이 아니니
 산하대지 온 누리가 그대로
 법왕(부처)의 몸을 드러내도다.
 樸落非他物(박락비타물) 縱橫不是塵(종횡불시진)
 山河及大地(산하급대지) 全露法王身(전로법왕신)

덕소 국사가 게송을 듣고는 고개를 끄덕였다. 소수스님이 개법(開法)을 하자 납자들은 앞을 다투어 스님을 스승으로 섬겼다.

어사중승(御史中丞)² 왕수(王隨, 973~1039)³가 전당(錢塘)⁴에 부임하여 스님을 방문하는데, 호숫가까지 가서는 말에서 내려 시종을 가라 하고 혼자 걸어서 스님이 계시는 방장실을 찾아갔다. 때마침 스님은 두툼한 솜옷을 껴입고 햇볕을 쬐며 태연스레 앉아 있다가 대뜸 그를 보고 물었다.

"관리의 성은 무엇이오?"

왕수가 "이름은 수(隨)이고 성은 왕(王)가입니다." 하고는 곧바로 절을 올렸다. 스님은 방석을 밀어주어 땅바닥에 깔고 앉게 하고는 하루종일 웃으며 이야기를 나누었다. 왕수가 떠나자 문도 하나가 스님에게 따졌다.

"관리가 찾아왔는데 어찌하여 극진히 대접하지 않습니까? 이 일은 모든 대중에게 관계되는 것이니 작은 일이 아닙니다."

그러자 스님은 그저 "알았다, 알았다" 할 뿐이었다.

뒷날 왕수가 다시 절을 찾아오자 대중들은 큰 범종을 울리고 많은 스님들⁵이 달려 나와 맞이하였으며, 스님 또한 마중 나가 소나무 아래 서서 그를 맞이하였다. 왕수가 멀리서 이 모습을 보고는 가마에서 내려와 스님의 손을 잡으며 말하였다.

"어찌하여 지난날 만났을 때처럼 하지 않으시고 갑자기 번거롭게 예의를 갖추십니까?"

이에 스님은 곁에 있는 스님들을 돌아보고는 걸어가면서 말하였다.

"중승(中丞)께서야 나의 뜻을 알지만 대중들이 눈을 부라리는데 어떻게 하겠소?"

스님은 이렇게 천성이 순수하고 아름다웠으니 참으로 본연의 납승이라 하겠다.

주
:

1 보통은 홍교홍수(興敎洪壽, 944~1022)라고 한다. 명(明)의 명하(明河)가 지은 『보속고승전(補續高僧傳)』 권23의 「항주홍교소수선사전(杭州興敎小壽禪師傳)」(X77-517a)에서는 같은 시기에 영명연수(永明延壽, 905~976)가 있어서 '소수(小壽)'로 구별한다고 하면서 두 스님 모두 천태덕소(天台德韶, 891~972)의 제자라고 밝히고 있다.

2 관리를 감찰하고 탄핵하는 임무와 황제의 비서 역할을 하는 어사대(御史臺)의 장인 어사대부(御史大夫)의 부관이다. 주로 감찰 임무를 맡는다.

3 왕수(王隨, 973~1039) : 자(字)는 자정(子正), 하남부(河南府, 지금의 하남성 낙양시) 출신의 송나라 재상이다. 장수자선(長水子璿, 965~1038)의 『수능엄의소주경(首楞嚴義疏注經)』 주석에 서문을 붙여 간행하였고, 수산성념(首山省念, 926~993)의 제자이다. 사후에 중서령(中書令)에 추증되었으며 시호는 장혜(章惠) 또는 문혜(文惠)이다.

4 절강성(浙江省) 항주시(杭州市).

5 원문은 '만지(萬指)', 즉 '손가락 만 개'라고 표현하였다. 사람의 손가락이 열이므로 '손가락 만 개'는 '천 사람'이라는 뜻이다.

02

양기스님의 말끝에 깨침

백운수단(白雲守端)

　백운수단(白雲守端, 1025~1072)[1] 스님은 뛰어난 기품을 지닌 분이다. 젊은 시절에 상(湘)[2] 지방을 돌아다녔다. 마침 방회(方會, 992~1049) 선사가 양기산(楊岐山)[3]에서 운개산(雲蓋山)[4]으로 옮겼는데(1046), 수단스님을 한 번 보고서 마음속으로 남다르게 생각하여 함께 이야기하는 날이면 으레 밤을 지새웠다. 어느 날 방회스님이 갑자기 물었다.

"스님의 삭발 은사는 누구인가?"

"다릉인욱(茶陵仁郁) 스님입니다."

"개울을 건너면서 깨침을 얻고 지은 게송이 매우 잘된 글이라고 하던데 그 게송을 기억하는가?"

수단스님이 곧바로 게송을 외웠다.

　나에게 신비한 구슬 한 알이 있는데

오랫동안 티끌에 덮여 있다가

오늘 아침에야 티끌이 사라져 빛이 쏟아지니

산하대지 온갖 떨기마다 모두 비추네.

我有神珠一顆(아유신주일과) 久被塵勞關鎖(구피진로관쇄)

今朝塵盡光生(금조진진광생) 照破山河萬朶(조파산하만타)

그러자 방회스님은 크게 웃고 나가 버렸다. 이에 스님은 깜짝 놀라 어쩔 줄을 모르고 좌우를 두리번거렸다. 밤새도록 잠을 이루지 못하고 이튿날 수단스님은 방장실로 찾아가 어제의 일을 여쭈었다. 때마침 정초였는데 방회스님이 말씀하셨다.

"그대는 어젯밤 만들어 놓은 야호(夜狐, 액막이 여우)[5]를 보았는가?"

"보았습니다."

"그대는 그것보다 한 수 부족하다."

이 말에 스님은 또 한 번 크게 놀랐다.

"무슨 말씀입니까?"

"그것은 사람들이 웃는 것을 좋아하는데, 그대는 사람들이 웃을까 두려워하는구나."

스님은 이 말끝에 크게 깨쳤다.

주
:

1 백운수단(白雲守端, 1025~1072) : 송대(宋代) 임제종 양기파(楊岐派). 속성은 주(周) 씨 혹은 갈(葛) 씨. 호남성 형양(衡陽) 출신. 다릉인욱(茶陵仁郁)에게 출가하여 여러 곳에서 참학한 후, 양기방회(楊岐方會, 992~1049)에게 참구하여 법을 이었다. 강서성 강주(江州)의 승천선원(承天禪院), 원통(圓通) 숭승선원(崇勝禪院), 안휘성 서주(舒州)의 법화산(法華山) 증도선원(證道禪院), 용문산(龍門山) 건명선원(乾明禪院), 홍화선원(興化禪院), 백운산(白雲山) 해회선원(海會禪院) 등지에서 개당하였다. 『백운수단선사어록(白雲守端禪師語錄)』 2권, 『백운단화상광록(白雲端和尙廣錄)』 4권, 『백운단화상어요(白雲端和尙語要)』 1권 등이 있다.
2 상(湘) : 상강(湘江) 또는 상수(湘水)라고도 한다. 장강(長江) 즉 양자강(楊子江)의 중류를 가리킨다. 현재의 호남성(湖南省).
3 현재 강서성(江西省) 평향시(萍鄕市).
4 현재 호남성(湖南省) 장사시(長沙市).
5 예전에 섣달에 걸인들이 가면을 쓰고 연희를 하며 돈을 구걸하는 것을 타야호(打夜狐)라고 한다. 타야호(打野胡) 또는 타야호(打夜胡)라고도 한다. 구체적으로 어떤 풍습인지는 정확하게 알 수 없다.

03

문로공(文潞公)에게 법을 보이심

중원화엄(重元華嚴)

위부(魏府)[1]의 어른이신 중원화엄(重元華嚴)[2] 스님이 대중에게 설법하였다.

"불법은 일상생활에 있고, 행주좌와 하는 데 있으며, 밥 먹고 차 마시며 묻고 말하는 데 있으니, 일거일동에 마음을 움직이거나 생각을 일으킨다면 그것은 불법이 아니다."

또 말씀하셨다.

"넉넉하지 못했던 때에는 육칠십 세를 살아온 사람이 흔치 않았지만, 그대들은 우리 불법에 들어와 손발 하나도 제대로 가다듬지 못하면서도 벌써 삼사십 세에 몸이 쇠약해지고 병이 든다. 몸이 쇠약해지고 병이 들면 늙게 되고, 늙으면 죽음에 이르게 되니, 앞으로 얼마나 더 살 수 있다고 이렇게 제멋대로 사는가. 어찌하여 초저녁부터 밤중까지 고요한 공부를 닦지 않는가."

문로공(文潞公, 1006~1097)[3]이 북경(北京)[4]을 다스릴 무렵, 중원스

님이 떠나고자 하여 찾아가니 문로공이 말하였다.

"법사께서는 연로하신데 또다시 어디로 가려 하십니까?"

"죽으러 가는 길입니다."

문로공은 웃으면서 그 말을 농담이려니 생각하고 눈인사로 스님을 전송하였다. 문로공은 집에 돌아와 자제들에게 말하였다.

"스님의 도는 심오하고 안정되어 있으며 유머가 풍부하니 보통 분이 아니구나."

그리고는 사람을 보내어 문안을 드렸는데, 과연 스님이 입적하셨다. 이에 문로공은 매우 놀라 오랫동안 기이하다고 탄식했다. 얼마 후 다비를 할 때 몸소 다비장으로 찾아가 유리병을 앞에 놓고서 축원하였다.

"불법이 과연 신령하다면 바라건대 이 병을 사리로 채워 주소서."

축원이 끝나자마자 공중에서 연기가 내려와 병 속으로 말려 들어가더니 연기가 사라지자 그의 축원대로 병 속엔 사리가 가득하였다. 그 뒤로 문로공은 정성을 다해 불경을 탐독하였으며, 스님과 늦게 알게 된 것을 안타까워하였다.

주:

1 하북성(河北省) 대명현(大名縣).
2 『속장경』에 전하는 『임간록』 원문은 "老元華嚴(노원화엄)"으로 되어 있고 교감을 통해 "老洞華嚴(노동화엄)"으로 된 판본이 있음을 밝혀 놓았

다. 또 뒷부분의 문로공(文潞公)과의 일화를 전하는 부분의 원문은 "元公(원공)"으로 되어 있고 교감을 통해 "洞老(동노)"로 된 판본이 있음을 밝혀 놓았다. 이에 따라 기존 『선림고경총서』에서는 이 일화의 주인공을 오대십국(五代十國, 907~960) 시대의 회동(懷洞)으로 보았다. 1107년에 간행된 『임간록』보다 약간 시대가 늦은 『운와기담(雲臥紀譚)』(1178년)에도 '위부(魏府) 노화엄(老華嚴)'이라고 불린 회동(懷洞)을 소개하며 "초년에는 『화엄경』으로 도를 펴다가 만년에 흥화존장(興化存奬, 830~888) 선사에게 공부하여 교외별전의 뜻을 깨달았다. 천발사(天鉢寺)의 주지를 살다가 다시 압사선원(壓沙禪苑)으로 옮겼는데 하북 땅의 승려와 속인이 그를 존경하여 '노화엄(老華嚴)'이라 불렀다."(X86-672c)고 하면서, "『임간록(林間錄)』에서는 이를 천발사(天鉢寺) 원(元) 선사의 법어라 기록하고 또한 원 선사를 노화엄(老華嚴)이라 하는데 그것은 잘못이다. 원 선사는 천의의회(天衣義懷, 993~1064) 선사의 법제자로 운문 선사의 5대손이며, 회동 선사는 임제 선사를 조부로 모신 분이다. 그 설법의 취지에서 단적으로 이 사실을 볼 수 있다."(X86-673a)고 하였다. 이런 점들을 고려하여 『임간록』의 원문과 달리 교감에 따라 이 일화의 주인공을 '회동'으로 하면 『운와기담』의 비판이 아무런 의미를 가질 수 없기 때문에 이번에 원문에 따라 '중원화엄(重元華嚴)'으로 하였다. 또한 이 일화의 주인공이 '회동'이라면 900년대 인물인 회동이 1000년대를 산 문로공(文潞公, 1006~1097)과 만날 수 없다는 사실도 '중원화엄'으로 바꾼 중요한 이유이다.

3   문로공(文潞公, 1006~1097) : 송나라 재상. 자(字)는 관부(寬夫), 이름은 언박(彦博)이다. 1027년 진사(進士)에 급제한 이후 여러 관직을 거쳐 인종(仁宗, 1010~1063, 재위 1022~1063), 영종(英宗, 1032~1067, 재위 1063~1067), 신종(神宗, 1048~1085, 재위 1067~1085), 철종(哲宗, 1076~1100, 재위 1085~1100)의 네 황제 아래에서 50년 가까이 재상을 지냈다. 말년에 불교에 귀의하여 여러 선사와 교유하였다. 시호는 충렬(忠烈).

4   하북성(河北省) 대명현(大名縣).

04

경전을 공경하는 태도

서현징시(棲賢澄諟)

　서현징시(棲賢澄諟) 스님은 건양(建陽)¹ 사람으로 백장도상(百丈道常, ?~991)² 스님의 법제자이다. 성품이 고결하고 몸가짐이 준엄하여 법도에 어긋나는 행동이 없었으며, 노년에는 장경(藏經)을 세 차례나 독파하였는데, 앉아서 읽는 것이 불경스럽다 생각하여 서서 읽고 걸으며 책갈피를 넘겼다.

　황룡혜남(黃龍慧南, 1002~1069)³ 스님이 젊은 시절 처음 사방을 행각할 때 몇 해 동안 서현스님을 시봉하였으므로 혜남스님이 평생 했던 행동은 스님에게서 본받은 바가 많았다. 한번은 "서현스님은 참으로 하늘에서 내려주신 총림의 표상이다."라고 하기도 하였다.

　설두중현(雪竇重顯, 980~1052)⁴ 스님이 과거에 회산(淮山)⁵으로 서현스님을 찾아와 귀의하려 하였으나 만날 수 없어 그곳을 떠나면서 사자봉(師子峰)이란 시를 지었다.

얽히고 솟구친 모습 한없이 줄기차니
날카로운 손톱이며 이빨로 어찌 보통 무리와 뒤섞이랴
하늘이 그를 가장 높은 봉우리에 살게 하니
구름도 떠받치지 못하여 쑤욱 머리 내밀었구나.

踞地盤空勢未休(거지반공세미휴)

爪牙安肯混當流(조아안긍혼당류)

天教生在千峰上(천교생재천봉상)

不得雲擎也出頭(부득운경야출두)

주
:

1 복건성(福建省) 건양시(建陽市).

2 백장도상(百丈道常, ?~991) : 도항(道恒)이라고도 한다. 법안종을 연 법안문익(法眼文益, 885~958)의 제자. 법안종은 주로 절강(浙江)과 복건성 지역을 중심으로 활약하였다.

3 황룡혜남(黃龍慧南, 1002~1069) : 임제종 황룡파(黃龍派)의 개조. 운봉문열(雲峰文悅, 997~1062)에게 배우다가 석상초원(石霜楚圓, 986~1040)에게 배워 그의 법을 이었다. 황룡산(黃龍山)에 머물면서 크게 종풍을 드날려 공안이 활발히 사용되었다. 시호는 보각(普覺) 선사.

4 설두중현(雪竇重顯, 980~1052) : 운문종 종풍을 크게 일으켜 운문종을 중흥시켰다는 평가를 받는다. 운문종의 전등서라고 할 수 있는『경덕전등록(景德傳燈錄)』을 중심으로 고칙(古則) 100여 가지를 뽑고 송고(頌古)를 지어『설두송고(雪竇頌古)』를 만들고, 나중에 다시 원오극근(圜悟克勤, 1063~1135)이 여기에 평창(評唱)과 착어(著語)를 붙여『벽암록(碧巖錄)』을 만들었다. 시호는 명각(明覺) 대사.

5 강소성(江蘇省) 회안시(淮安市)에 있는 산. 서현징시(棲賢澄諟) 스님이 머물던 곳.

05

법흠스님의 전기를 보완함

경산법흠(徑山法欽)

이조(李肇)[1]의 『국사보(國史補)』에 이런 기록이 있다.

최조공(崔趙公)이 경산(徑山)의 도인 법흠(法欽, 715~793)[2] 스님에게 여쭈었다.

"저도 출가할 수 있겠습니까?"

"출가란 대장부의 일이지 장군과 재상이 할 일은 아니오."

조공이 그 말에 감탄하였다.

찬녕(贊寧, 919~1001)이 지은 법흠스님의 전기는 수천 마디나 된다. 그런데 닭이 죽었다는 일까지 기록되어 있으면서도[3] 이 일은 언급하지 않은 것은 무슨 까닭일까?

주
:

1 이조(李肇) : 당나라 문학가. 자는 이거(里居). 젊은 나이에 감찰어사(監察御史)가 되었으며 818년 한림학사(翰林學士), 820년 사훈원외랑(司勳員外郎), 821년 예주자사(澧州刺史) 등을 지냈다.『당국사보(唐國史補)』,『한림지(翰林志)』등의 저술이 있다.

2 법흠(法欽, 715~793) : 당나라 우두종(牛頭宗) 경산파(徑山派)의 초조. 처음에는 유교를 공부하다가 28세에 우연히 학림현소(鶴林玄素, 668~752)를 만나 출가하여 선을 닦았다. 항주(杭州) 주로 경산(徑山)에 머물렀다. 대종(代宗) 황제가 귀의하여 '국일선사(國一禪師)'라는 호를 내렸으며 시호는 대각(大覺)이다.

3 찬녕의『송고승전(宋高僧傳)』권9 "당항주경산법흠전(唐杭州徑山法欽傳)"에는 법흠이 닭을 길렀는데 항상 법흠을 따르다가 법흠이 장안으로 간지 3일만에 죽었다(T50-765a)는 내용이 있다.

06

인종 황제를 감복시킴

대각회연(大覺懷璉)

　대각회연(大覺懷璉, 1009~1090) 스님은 성품이 고매하여 인종(仁宗, 1010~1063, 재위 1022~1063) 황제의 존경을 한 몸에 받았으며, 누구나 스님의 도풍을 흠모하고 우러러보았다. 스님은 호화로운 집에서 좋은 옷 입고 살 수도 있었지만 그렇게 하지 않고 도읍 서쪽에 백여 명을 수용할 만한 절 하나를 마련하였다.

　서현사(棲賢寺) 효순노부(曉舜老夫, 1009~1090)[1] 스님이 모종의 사건으로 고을 관리에게 승복을 뺏기고 속인 옷을 입은 채 피신하여 스님에게 의지하였다. 스님은 노부스님을 큰 방에 모시고 자신은 좁은 방에서 지내며 공손하게 제자된 도리를 지켰다. 왕과 귀족이 보고는 모두 이상하게 생각하자 스님은 사실대로 말하였다.

　"제가 젊은 시절 노부스님께 도를 배운 적이 있는데, 이제 모습과 복장이 다르다 하여 마음을 바꿀 수는 없습니다."

　이 말을 들은 사람들은 모두 감탄하였으며, 인종(仁宗)이 이 사실을 알고 효순스님에게 다시 삭발하게 한 후 그대로 서현사에 머물도록 하였다.

주:

1 효순노부(曉舜老夫, 1009~1090) : 운문종. 동산효총(洞山曉聰, ?~1030) 스님의 법을 이었으며, 청원의 10세 법손이다. 여산의 서현사(棲賢寺)에 머물렀다. 관리 하나가 글씨를 탐하여 달라고 하였으나 효순스님은 상주물(常住物)이라 주지 않았다. 이로 인하여 다른 사람의 참소를 입어 환속을 당하였다. 후에 인종(仁宗) 황제가 직접 효순(曉舜)이라는 호를 하사하면서 다시 스님이 되어 서현사에 살게 하였다.

07

무종의 폐불과 선종의 부흥

당(唐) 선종(宣宗)

●

　당나라 선종(宣宗, 810~859, 재위 847~859)이 왕이 되기 전의 일이다. 무종(武宗, 814~846, 재위 841~846)[1]이 그의 훌륭함을 시기하여 여러 차례 죽이려고 하였으나 내시 구공무(仇公武)의 도움으로 피할 수 있었다. 그러다가 사태가 급박해지자 공무는 선종을 삭발시켜 비구승으로 위장한 후 사방을 돌아다니게 하였다.

　그리하여 선종은 수많은 천하 명산을 유람하다가 항주 염관사(鹽官寺)에 이르렀는데 마조도일(馬祖道一, 709~788) 스님의 으뜸 제자 제안(齊安, ?~843)스님이 첫눈에 보통사람이 아님을 알고 특별히 대우하였으므로 염관사에서 가장 오랫동안 머물렀다. 마침내 선종이 즉위한 후 제안스님을 만나보려고 하였으나 이미 입적한 지 오래였다.

　앞서는 무종이 불교를 탄압하였었는데 선종에 와서는 다시 흥성하게 되었으니 불법의 흥망성쇠가 시운에 달려 있다 하겠다. 하지만 어찌 제안스님의 힘으로 이루어진 것이 아니겠는가? 또한 구공무의 덕은 한나라 병길(邴吉)²에 견주어 부끄러울 것이 없는데 『신서(新書)』에서 이를 생략하고 제안스님의 전기만을 기록한 것은 한탄스러운 일이다.

과거에 제안스님의 영정에 찬(贊)을 쓴 이가 있었다.

    세계를 한낱 티끌로 여기니
    허공에 떠 있는 꽃, 꿈속의 몸이라
    황제를 알아본 사람이라 말하지 말라
    천안(天眼)으로 천인(天人)을 알아보시는 분.
    已將世界等微塵(이장세계등미진)
    空裏浮華夢裏身(공리부화몽리신)
    勿謂龍顔便分別(물위용안변분별)
    故應天眼識天人(고응천안식천인)

주
:

1 당 16대 황제 선종(宣宗)은 11대 헌종(憲宗, 778~820, 재위 805~820)의 아들이며 12대 목종(穆宗, 795~824, 재위 820~824)의 이복 동생이다. 13대 경종(敬宗, 809~826, 재위 824~826), 14대 문종(文宗, 809~840, 재위 827~840), 15대 무종(武宗, 814~846, 재위 841~846)에게는 숙부가 된다.

2 병길(邴吉) : 전한(前漢) 선제(宣帝) 때의 훌륭한 재상. 무제(武帝) 재위 중에 옥리(獄吏)로 있을 때, 선제가 위태자(衛太子)의 일로 옥에 갇혔는데 잘 보살펴 주었다. 그 공으로 선제가 즉위한 뒤 부양후(傅陽侯)로 임명되었다가 승상으로 승진하였다.

08

『송고승전』의 편파적 기록

찬녕(贊寧)

찬녕(贊寧, 919~1001)스님은 『송고승전(宋高僧傳)』에서 스님들을 열 분야[十科]로 나누면서 '의학(義學, 교학)'을 맨 처음에 실었는데[1] 그것은 어처구니없는 일이라 하겠다. 또한 암두전활(巖頭全豁, 828~887) 스님을 '고행(苦行)',[2] 지각연수(智覺延壽, 905~976) 스님을 '흥복(興福)'[3]에 각각 실으면서도, 사문 가운데 으뜸이고 그들과 동시대 인물인 운문문언(雲門文偃, 864~949) 스님은 끝내 싣지 않았는데 그것은 무슨 까닭일까?

주
:
1   현재 전하는 『송고승전』은 역경(譯經), 의해(義解), 습선(習禪), 명률(明律), 호법(護法), 감통(感通), 유신(遺身), 독송(讀誦), 흥복(興福), 잡과성덕(雜科聲德)의 열 편(T50-710a)으로 구성되어 있다. 본문에서 '의학(義學)'이라고 표현한 부분은 제2 '의해(義解)' 편에 해당한다.
2   『송고승전』 권23 「유신편(遺身篇)」 제7 "당악주암두원전활전(唐鄂州巖頭院全豁傳)"(T50-856c~857a). 현재 전하는 『송고승전』에는 편 이름이 '유신(遺身)'으로 되어 있다.
3   『송고승전』 권28 「흥복편(興福篇)」 제9지3 "송전당영명사연수전(宋錢塘永明寺延壽傳)"(T50-887ab).

09

주검을 앞에 두고 법을 보임

장사경잠(長沙景岑)

장사경잠(長沙景岑, ?~868) 스님은 어느 스님의 주검을 앞에 두고 어루만지며 설법하였다.

"대중들이여! 이 스님이야말로 참으로 여러분을 위하여 법을 보이셨도다. 알겠느냐?"

이어 게송을 읊었다.

눈앞에 아무 법도 없으며
곳곳마다 사람이 없도다
드넓은 금강의 몸이시여
거짓도 참도 아니로다.
目前無一法(목전무일법) 當處亦無人(당처역무인)
蕩蕩金剛體(탕탕금강체) 非妄亦非眞(비망역비진)

다시 한 수 읊었다.

　　금강의 몸을 모르고서
　　인연 따라 태어났다 말하도다
　　어디나 참된 열반인데
　　누가 살아 있고 또한 누가 죽어가는가.
　　不識金剛體(불식금강체) 却喚作緣生(각환작연생)
　　十方眞寂滅(시방진적멸) 誰在復誰行(수재부수행)

설봉의존(雪峰義存, 822~908) 스님도 어느 스님의 주검을 보고서 게를 지었다.

　　머리 숙여도 땅 보이지 않고
　　고개를 들어 봐도 하늘이 보이질 않네
　　금강의 몸을 알려 한다면
　　앞에 놓인 해골을 보면 될 뿐이리.
　　低頭不見地(저두불견지) 仰面不見天(앙면불견천)
　　欲識金剛體(욕식금강체) 但看觸髏前(단간촉루전)

현사사비(玄沙師備, 835~908) 스님이 말하였다.
"죽은 스님의 면전이 바로 눈에 보이는 그대로 보리(菩提)이니,

만리신광(萬里神光)이 정수리 뒤에 둥그렇게 빛나도다."

어느 스님이 법안문익(法眼文益, 885~958) 스님에게 물었다.

"어찌하여 '죽은 스님의 면전이 바로 '눈에 보이는 그대로가 보리'라는 것입니까?"

"그대 앞에 있느니라."

"저 스님은 죽어서 어디로 갑니까?"

"죽은 스님은 이제껏 몇 번이나 죽었는고?"

"지금 죽은 것은 어찌합니까?"

"그대는 죽은 스님을 모르는구나."

요즘 큰스님들은 다시는 이 뜻을 가지고 납자들을 가르치지 않았지만 회당조심(晦堂祖心, 1025~1100) 스님만은 수시로 한 번씩 이 문제를 들어 왔는데 황룡혜남(黃龍慧南, 1002~1069) 스님이 입적한 날에 게를 지었다.

> 지난해 3월 17일
> 온 밤 봄바람이 방장실을 뒤흔들더니
> 세 뿔이 달린 기린은 바닷속으로 들어가고
> 하늘의 조각달은 물속에 부서지네
> 진실은 거짓을 가리지 못하고
> 부정은 올바름을 감출 수 없는 법

어느 누가 있어 눈바람 소리[雪中吟(설중음)]에 화답하리
만고에 나를 아는 이가 오늘 떠나셨네.
去年三月十有七(거년삼월십유칠)
一夜春風撼簍室(일야춘풍감주실)
三角麒麟入海中(삼각기린입해중)
空餘片月波心出(공여편월파심출)
眞不掩僞(진불엄위) 曲不藏直(곡부장직)
誰人爲和雪中吟(수인위화설중음)
萬古知音是今日(만고지음시금일)

또 한 수 읊었다.

옛사람 떠나신 날 바로 오늘인데
오늘도 변함없이 그 사람 오질 않네
오늘 오지 않았다면 어제도 가지 않았으리니
흰 구름, 흐르는 물은 속절없이 유유하다
저울이 공평하다 그 누가 말하는가
곧은 속에도 굽은 것이 있구나
만물 이치 똑같다고 그 누가 말하는가
삼씨를 뿌렸는데 좁쌀이 열리도다
가여워라, 쫓고 도망가는 세상 사람들아

육육은 원래 삼십육이니라.

昔人去時是今日(석인거시시금일)

今日依前人不來(금일의전인불래)

今旣不來昔不往(금기불래석불왕)

白雲流水空悠哉(백운유수공유재)

誰云秤尺平(수운칭척평) 直中還有曲(직중환유곡)

誰云物理齊(수운물리제) 種麻還得栗(종마환득율)

可憐馳逐天下人(가련치축천하인)

六六元來三十六(육육원래삼십육)

10

황룡스님의 삼관 화두

황룡혜남(黃龍慧南)

혜남(慧南, 1002~1069)스님이 적취암(積翠庵, 황벽산)에 머무를 무렵 '부처님 손[佛手(불수)]', '나귀 다리[驢脚(여각)]', '태어난 인연[生緣(생연)]'의 화두[1]로 납자에게 묻자 많은 사람이 대답하였다. 그러나 스님은 그저 눈을 감고 정(定)에 든 듯하였을 뿐, 한 번도 맞았다 틀렸다 하지 않았다. 납자들이 추구해 보았지만 끝까지 그 시비를 알지 못하였으므로 세상에서는 이를 '삼관(三關) 화두'라 하게 되었다.

만년에 스님은 게송 세 수를 지었는데 여기에서는 그중 두 수만을 기록한다.[2]

나의 손과 부처님 손을 함께 드노니
선승들이여 곧바로 알아차리면
무기를 쓰지 않는 곳에서

자연히 부처와 조사를 뛰어넘으리.
我手佛手齊擧(아수불수제거) 禪流直下薦取(선류직하천취)
不動干戈道處(부동간과도처) 自然超佛越祖(자연초불월조)

나의 발과 나귀 발이 가지런히 걸어가니
걸음마다 모두가 무생(無生)에 계합하네
구름 걷히고 태양이 나타나기만 하면
이 도는 바야흐로 종횡무진하리라.
我脚驢脚並行(아각여각병행) 步步皆契無生(보보개계무생)
直待雲開日現(직대운개일현) 此道方得縱橫(차도방득종횡)

(황룡스님의 제자인) 운개수지(雲蓋守智, 1025~1115) 스님에게 이런 이야기를 들은 적이 있다.

수지스님이 전에 황벽산을 다시 찾아갔을 때 강둑에 이르러 산에서 내려오는 어느 스님을 보고는 물었다.

"삼관 화두에 대하여 그대는 요즈음 어떻게 생각하고 있는가?"

"그 뜻을 알게 해줄 만한 절묘한 말들이 있습니다. '나의 손은 어찌하여 부처님의 손과 닮았을까?'에 대하여는 '달빛 아래 비파를 켠다[月下弄琵琶(월하농비파)]'[3]라고 하고 '먼 길 위에 빈 바릿대를 들고 있다[遠道擎空鉢(원도경공발)]'[4]라고도 합니다. '나의 다리는 어찌하여 나귀 다리와 닮았을까?'에 대하여 '백로가 눈 위에 서 있어도 같은 색이 아니다[鷺鷥立雪非同色(노사입설비동색)]'[5]라고 하고 '텅 빈 산골에 떨어진 꽃잎을 밟는다[空山踏落花(공산답낙화)]'[6]고도 합니다. '어느 곳이 그대가 태어난 인연인가?' 하는 화두에 대하여 '나는 어느어느 곳 사람이다[某甲某處人(모갑모처인)]'라고도 합니다."

그때 수지스님이 그를 놀려 주었다.

"누군가 길을 막고 그대에게 부처님 손, 나귀 다리, 태어난 인연의 뜻이 무엇이냐고 묻는다면 그대는 '먼 길 위에 빈 바릿대 들고 있다'고 대답할 것인가, 아니면 '백로가 흰 눈 위에 서 있어도 같은 색이 아니다'라고 답할 것인가? 만일 이 두 가지로 동시에 대답한다면 불법을 혼란시키는 일이며, 이 가운데에서 한 가지를 가려 대답한다면 기연을 다루는 솜씨[機事]치고는 치우치고 메마르다 하겠다."

그러자 그 스님이 똑바로 쳐다보며 말이 없었다. 지수스님이 "설봉(雪峰)스님[7]은 대답했다."고 하였다.

주
:

1 황룡혜남(黃龍慧南, 1002~1069) 스님은 납자가 찾아올 때마다 출가한 이유와 고향과 지난 내력을 묻고는 "사람마다 태어난 인연처가 있는데 그대들이 태어난 인연처는 어디인가?" 하고 물었다. 또 예리한 창처럼 문답을 하다가 갑자기 손을 뻗어서는 "내 손이 어째서 부처님 손과 같은가?" 하고 물었다. 다시 제방을 다니며 종사를 참구하고 얻은 것이 무엇인지를 묻고는 갑자기 다리를 뻗고는 "내 다리는 어째서 나귀 다리와 같은가?" 하고 물었다. 30여 년을 이 세 가지 질문을 했기 때문에 총림에서는 '삼관(三關)'이라고 했다. 『황룡혜남선사어록(黃龍慧南禪師語錄)』 권1(T47-636c).

2 『임간록』보다 70년 정도 후에 간행된 『운와기담(雲臥紀談)』(1178)에는 "혜남선사 스스로 세 수의 송을 지어 그 뜻을 밝혔으나 세상에는 오직 불수(佛手)와 여각(驢脚)에 대한 송만이 전해지고 있을 뿐, 생연(生緣)에 대한 송은 없어졌다. 그런데 황룡 선사의 법손(法孫)인 여산 원통사(圓通寺)의 도민(道旻, 1047~1114) 선사가 남악사(南嶽寺) 광변(廣辯) 수좌의 처소에서 혜남 선사의 친필 게송 세 수를 보았다."(X86-661a)고 하면서 게송 세 수를 모두 전한다. 『임간록』에 전하지 않는 '생연(生緣)' 게송은 다음과 같다.

　　태어난 인연이란 이야기를 모든 사람 다 알건만
　　해파리가 언제 새우를 떠난 적이 있던가
　　태양이 돋는 동쪽 언덕을 바라보기만 하면
　　어느 누가 다시 조주 선사의 차를 마시리.
　　生緣有語人皆識(생연유어인개식) 水母何曾離得蝦(수모하증리득하)
　　但見日頭東畔上(단견일두동반상) 誰能更喫趙州茶(수능갱끽조주다)

또한 『오등회원(五燈會元)』 권17(X80-352c~353a) 등에는 황룡삼관의 총괄 게송이 전한다.

　　태어난 인연처 끊길 때 나귀 다리 드리우고

나귀 다리 거둘 때 부처님 손 열린다

오호(五湖)에 참선하는 납자들이여

세 관문 하나하나를 통과하여라.

生緣斷處伸驢脚(생연단처신려각) 驢脚伸時佛手開(여각신시불수개)

爲報五湖參學者(위보오호참학자) 三關一一透將來(삼관일일투장래)

3 『선림승보전(禪林僧寶傳)』권25(X79-541b) 등에 따르면 이 대답은 황룡스님(1002~1069)의 제자 융경경한(隆慶慶閑, 1029~1081)의 것이다.

4 『고존숙어록(古尊宿語錄)』권42(X68-279b)에 황룡스님(1002~1069)의 제자 진정극문(眞淨克文, 1025~1102)의 법문으로 기록되어 있다.

5 『선림승보전(禪林僧寶傳)』권25(X79-541b) 등에 따르면 이 대답은 황룡혜남의 제자 융경경한(隆慶慶閑, 1029~1081)의 것이다.

6 『고존숙어록(古尊宿語錄)』권42(X68-279b)에는 '深山踏落花(심산답낙화)'의 형태로 황룡스님(1002~1069)의 제자 진정극문(眞淨克文, 1025~1102)의 법문으로 기록되어 있다.

7 여기에서 언급한 설봉(雪峰)은 설봉의존(雪峰義存, 822~908)이 아니라 황룡스님(1002~1069)의 제자 설봉도원(雪峰道圓)을 가리키는 것으로 보인다.

11

선문의 현묘한 도리

협산선회(夾山善會)

협산선회(夾山善會, 805~881) 스님이 처음 경구(京口)¹ 죽림사(竹林寺)의 주지로 있을 때였다. 법좌에 오르자 한 스님이 물었다.

"법신(法身)이란 무엇입니까?"

"법신이란 모습[相]이 없는 것이다."

"법안(法眼)이란 무엇입니까?"

"법안이란 티[瑕]가 없는 것이다."

그때 도오원지(道吾圓智, 769~835)² 스님이 대중 가운데서 웃고 있었다. 선회스님은 그 모습을 멀리서 보고 법좌에서 내려와 물었다.

"스님은 지금 무슨 일을 두고 웃으십니까?"

"그대가 행각 길에 보따리를 풀어놓고 찾지 못하기에 웃네."

"저에게 법을 설해 주시지 않겠습니까?"

"나는 설법할 줄 모르네. 수주(秀州) 화정현(華亭縣)에 뱃사공 스님이 계시니 그곳으로 찾아가 보는 게 좋을 것이다."

이를 계기로 선회스님은 대중을 해산시키고 뱃사공스님[船子德誠]³을 찾아가니, 뱃사공스님이 물었다.

"스님께서는 요사이 어느 절에 머물렀는가?"

"절이란 머무를 수 없는 곳이고, 머무른다면 그것은 절이 아닙니다."

"절이 아닌 경계는 어떠하던가?"

"이는 눈앞에 있는 법이 아니라 하겠습니다."

"어디서 배웠는가?"

"귀와 눈이 도달할 수 없는 곳입니다."

이 말에 뱃사공스님은 웃으면서 다시 말하였다.

"한마디 맞는 말은 만겁의 쇠말뚝![一句合頭語(일구합두어) 萬劫繫驢橛(만겁계려궐)]"

아! 오늘날 총림에서 스승이 제자를 받아들일 때, 으레 이해로 깨침[悟解]을 절대 금하며, 현묘한 도리를 부정하고 오로지 '곧장 묻고 바로 답하는 것[直問直答]'만을 요구한다. 그리하여 '무(無)'라면 시종 '무'만을 말하고 '유(有)'라면 시종 '유'만을 말하여 털끝만큼만 틀려도 이를 '미치광이 같은 견해[狂解]'라고 하니, 가령 뱃사공스님이 이 말을 듣는다면 "나귀를 매는 만겁의 쇠말뚝"이라는 말로 그치겠는가?

생각해 본다면 이는 올바른 깨달음을 얻지 못하게 할 뿐만 아니라, 올바른 의문[善疑]마저도 가지지 못하도록 하는 것이다. 올바른 의문을 가지는 자라면 반드시 생각해 보아야 하리라. 33조사들이 법을 전수하고 도를 깨친 이야기들이 기록에 다 있으니, 이는 모두 이치로 탐구할 수 있고 지혜로 알 수 있다. 그러나 유독 강서(江西)⁴와 석두(石頭)⁵ 이하 많은 대종사(大宗師)들은 근기와 상황에 따라 지도하였다. 그들의 문답을 살펴보면 깜깜하여 납자들을 앉아서 졸게 하니 그들의 도가 많은 조사들과 다르기 때문일까? 그런 것이 아니고 똑같이 조사의 법을 계승했다면 그들의 말이 이렇게 다를 수 있겠는가? 다만 하는 말이 다를 뿐이다.

그러므로 임제(臨濟, 767~866)스님께서는 "불법을 거론할 때는 반드시 일구(一句) 가운데 삼현(三玄)을 갖춰야 하고, 일현(一玄) 가운데 삼요(三要)를 갖춰야 한다."⁶고 하셨으니, 여기에서 현(玄)도 있고 요(要)도 있는 까닭은 이 점을 밝힌 것임을 알겠다. 그러나 모르는 자는 이것을 선문에서 세우는 임시방편의 말이라 하니, 슬픈 일이다.

주
:

1 강소성(江蘇省) 진강시(鎭江市) 경구구(京口區).
2 도오원지(道吾圓智, 769~835) : 당대(唐代) 스님. 어려서 출가하여 약산(藥山)에 머물면서 유엄(惟儼, 746~829)의 법을 이었다. 후에 여러 곳을 유행하고 호남성 담주(潭州) 장사부(長沙府)의 도오산(道吾山)에 가서 선풍을 크게 일으켰다.
3 선자덕성(船子德誠) : 당대(唐代) 스님. 약산유엄(藥山惟儼, 746~829)의 법을 이어받았다. 소주(蘇州) 화정(華亭) 오강(吳江)에서 작은 배를 젓는 뱃사공을 했기 때문에 '선자' 즉 뱃사공 화상이라고 한다. 협산선회(夾山善會, 805~881)를 만나 그에게 법을 부촉하고서 스스로 배를 뒤집고 자취를 감추었다.
4 강서(江西) : 마조도일(馬祖道一, 709~788)을 가리킨다. 마조가 강서성 남창부(南昌府) 신건현(新建縣)의 동쪽 개원사(開元寺)에 머물렀으므로 마조의 법을 가리킬 때 '강서'라고 부른다.
5 석두(石頭) : 석두희천(石頭希遷, 701~791)을 가리킨다. 조계산에 가 6조 혜능(638~713)에게 득도했으나 곧 혜능이 입적하자 청원행사(靑原行思, 671~741)에게 참학하였다. 형산(衡山)의 남사(南寺)에 가서 그 절 동쪽의 석상(石上)에 암자를 짓고 항상 좌선하였으므로 석두 화상이라고 한다. 약산유엄(藥山惟儼, 746~829)에게 법을 부촉하고 입적하였다. 시호는 무제(無際) 대사.
6 『진주임제혜조선사어록(鎭州臨濟慧照禪師語錄)』"一句語須具三玄門 一玄門須具三要"(T47-497a).

12

스승을 높이는 바른 태도

천의의회(天衣義懷)

●

　천의의회(天衣義懷, 992~1064)¹ 스님이 회산(淮山)²에서 설법하면서 세 차례나 법석을 옮겼는데 납자들이 높이 받들어 그의 도가 더욱 알려졌다. 그때까지도 설두(雪竇, 980~1052)스님을 찾아뵙지 않았으나 설두스님은 이미 스님을 기특하게 생각하였다. 의회스님의 법어를 어떤 스님이 외우는 소리를 듣다가 "비유하자면 기러기가 허공을 지나갈 때 그림자가 찬 물속에 잠기나 기러기는 발자취를 남길 뜻이 없었고 물 또한 기러기 그림자를 맞이할 마음이 없었던 것과 같다."³는 구절에서 무릎을 치며 감탄하고는 바로 사람을 보내 격려하였으나 의회스님은 그저 안부 편지 한 통을 보냈을 뿐이었다.

　또한 위산진여(潙山眞如, ?~1095) 스님이 가진점흉(可眞點胸, ?~1064) 스님을 따르며 오랫동안 모신 사실은 총림에서 모두 알고 있었지만, 누가 오더라도 가진스님에 대하여 평소 보고 들은 일들을 한 번도 이야기한 적이 없었으며 입적하셨을 때에도 영정을 걸어 놓고 다과만 올릴 뿐이었다.

  이 두 노스님은 식견과 도량이 깊고 넓은데도 뒤로 물러나 쓸쓸한 절에서 후학을 가르치며 살았으니, 제대로 스승을 높이는 분들이라 하겠다.

주
:

1 천의의회(天衣義懷, 992~1064) : 운문종. 30세에 출가하여 법화지언(法華志言, ?~1048)에게 참학하고, 또 금란(金鑾) 선(善)과 섭현귀성(葉縣歸省)에게 참학한 후, 취봉사(翠峰寺) 설두중현(雪竇重顯, 980~1052)에게 참학하여 그 법을 이어받았다.

2 강소성(江蘇省) 회안시(淮安市) 우이현(盱眙縣)에 있는 산.

3 원문은 "譬如鴈過長空(비여안과장공) 影沈寒水(영침한수) 鴈無遺蹤之意(안무유종지의) 水無沈影之心(수무침영지심)."『오가정종찬(五家正宗贊)』권4(X78-613b) 등에 천의의회의 상당법어로 전한다.

13

무명주지(無明住地) 번뇌와 부동지(不動智)

운암(雲庵)

●

은사이신 운암(雲庵, 1025~1102, 진정극문)¹스님이 동산(洞山)에 살 때 어느 스님이 물었다.

"『화엄론』에서 '무명주지(無明住地) 번뇌로 제불의 부동지(不動智)를 이룰 수 있는데, 중생이면 누구나 지니고 있지만 그 지혜 자체는 성품도 의지할 것도 없는 까닭에 스스로 깨닫지 못하다가 인연을 만나면 비로소 깨닫게 된다'²고 하였습니다. 우선 무명주지 번뇌로 어떻게 제불의 부동지를 이룰 수 있는지, 그 이치가 매우 깊어 알기 어렵습니다."

그러자 운암스님은 대답하였다.

"이것은 가장 분명하여 쉽게 알 수 있다."

때마침 동자 하나가 청소를 하고 있었다. 운암스님이 그를 부르니, 동자가 머리를 돌리자 그를 가리키며 말하였다.

"이것이 부동지가 아닌가!"

이어 동자에게 물었다.

"어느 것이 너의 불성이냐?"

동자가 좌우를 돌아보다가 어리둥절하여 떠나가 버리니, 운암스님은 이어 말하였다.

"이것이 주지번뇌(住地煩惱)가 아닌가! 만일 이 이치를 깨닫는다면 당장 성불할 것이다."

언젠가는 강사(講師)에게 물었다.

"불이 일어나 산하대지가 모두 타 버리면 세상이 텅텅 빈다고 하는데 정말인가?"

"경문에 분명히 있는데 옳지 않을 리가 있겠습니까?"

"그 많은 잿덩이를 어디에다 둔단 말인가?"

강사가 혓바닥을 쭈욱 내밀며 헛웃음을 치면서 말하였다.

"모르겠습니다!"

그러자 운암스님 또 껄껄 웃으며 말하였다.

"그대가 강론하는 것은 종이 위에 있는 말일 뿐이다."

이렇듯 그는 막힘없는 논변으로 설법하기를 좋아하여, 대답을 하면 다른 사람의 의견보다 뛰어나고 질문을 하면 학자들이 기가 죽었다. 그것은 스승에게 배울 것 없는 본래 지혜[無師自然智]이므로 보통사람의 지혜와는 비할 바 아니었으니 참으로 당대의 법을 베푸는 공덕주라 하겠다.

주
:
1 운암(雲庵, 1025~1102) : 임제종 황룡파 진정극문(眞淨克文)의 호이다. 늑담극문(泐潭克文), 보봉극문(寶峰克文)이라고도 한다. 25세에 출가하여 처음에는 경론을 배웠지만 선(禪)이 있음을 알고는 남쪽으로 떠나 대위산(大潙山)에서 선을 닦았다. 황룡혜남(黃龍慧南, 1002~1069)에게 참학하여 그 법을 이었다. 장상영(張商英, 1044~1122)의 청으로 늑담(泐潭)에 머물며 황룡조심(黃龍祖心, 1025~1100), 동림상총(東林常總, 1025~1091)과 함께 임제종 황룡파 발전의 기초를 세웠다. 『임간록』을 지은 혜홍각범(慧洪覺範, 1071~1128)이 행장(行狀)을 썼다.
2 『신화엄경론(新華嚴經論)』 권17 「십주품(十住品)」15(T36-833c).

14

조사가 제자를 가르치는 뜻

이조혜가(二祖慧可)

이조대사(二祖大師, 487~593)는 여러 해 동안 알뜰히 스승을 섬기며 심지어는 눈 위에 서서 팔뚝을 끊기까지 하였는데도 달마 대사는 단 한마디만 하였을 뿐이다.[1]

또한 우두나융(牛頭懶融, 594~657)[2] 스님은 깊은 산중에서 혼자 참선을 하면서 애당초 스승에게 법을 듣겠다는 생각이 전혀 없었지만 사조도신(四祖道信, 580~651) 스님은 스스로 그를 찾아가 설법하였으니 조사들이 제자를 가르치는 때에는 반드시 깊은 뜻이 담겨 있는 것이다.

주
:

1 보리달마에게 법을 구한 2조 혜가(慧可, 487~593)의 일화.『무문관(無門關)』제41칙 "달마안심(達磨安心)"(T48-298a).

2 우두나융(牛頭懶融, 594~657) : 우두법융(牛頭法融)이라고도 한다. 우두종의 개조. 처음에는 유교를 공부하다가 출가하였다. 산속에서 20년을 수행하다가 643년에 우두산(牛頭山) 유서사(幽棲寺)로 들어갔다.『법화경(法華經)』,『대품반야경(大品般若經)』,『대집경(大集經)』등을 강설하기도 하였다. 656년에 건초사(建初寺)에 머물다가 이듬해 입적하였다.

15

선업(善業) 닦기를 권함

승록(僧錄) 찬녕(贊寧)

●

양문공(楊文公, 974~1020, 양억)¹의 『담원(談苑)』에는 보지(寶誌, 418~514)²스님이 『동패기(銅牌記)』에서 한 예언이 기록되어 있다.

"기천(冀川)에 진인(眞人) 한 사람이 있는데 입을 벌리고 활[弓]을 당긴 채 왼편에 있으니, 자자손손이 만만년을 누리리라."

이윽고 강남의 중주(中主)가 그의 아들을 홍기(弘冀)라 이름하였고,³ 오월(吳越) 전당(錢塘) 지방의 많은 자제들은 모두가 클 홍(弘) 자를 넣어 이름을 지어 이에 맞을 것을 기대하였으니 남당(南唐) 선조(宣祖)의 이름⁴이 바로 그 예언에 맞았던 것이다.

또 이런 일도 기록되어 있다.

후주(後周) 세종(世宗, 921~959, 재위 954~959)이 구리 불상을 모두 부수어 엽전을 주조하면서 재상에게 말하였다.

"불교에서는 '나의 머리, 눈, 골수, 뇌라도 중생에게 이롭다면 아낄 바 없다'고 하는데 한낱 동상을 아끼겠는가? 동주(銅州)의 대비

(大悲) 불상은 신령한 감응이 있다 하니, 이를 깨부숴야겠다."

그리고는 동상의 가슴 부위를 도끼로 부수었는데 송(宋) 태조(太祖, 927~976, 재위 960~976)가 몸소 이 광경을 목격하였다. 그 후 세종(世宗)은 북정(北征) 길에 가슴 부위에 등창이 생기니 모두 대비불상을 파괴한 응보라고들 하였고, 태조는 이를 계기로 불교를 숭상하게 되었다고 한다.

구양문충공(歐陽文忠公, 1007~1072, 구양수)[5]의 『귀전록(歸田錄)』[6]의 첫머리에는 이런 기록이 있다.

태조가 처음 상국사(相國寺)를 찾아갔을 때 승록(僧錄) 직을 맡은 찬녕(贊寧)스님에게 부처님께 절을 올려야 하는지를 묻자 찬녕스님은 절하지 말라고 하였다. 그 이유를 물으니 찬녕스님은 "현재불은 과거불에게 절하지 않습니다."라고 대답하였다. 이를 계기로 그것을 제도화하였다 한다.

(양문공과 구양문충공) 두 분의 기록에는 모두 깊은 뜻이 담겨 있으며 결코 멋대로 꾸며낸 이야기가 아니다. 군자는 사람들이 선을 실천하도록 돕는 일을 즐긴다 하니, 불선(不善)한 이를 선(善)하게 하는 그것을 긍지로 생각한 것이다.

문충공은 항시 마음을 평온하게 가지기 어렵다고 한탄하였다고 하지만 정말 그랬겠는가?

주
:

1 양문공(楊文公, 974~1020) : 송나라 거사 양억(楊億)을 가리킨다. 자는 대년(大年)이고 양내한(楊內翰)이라고도 부른다. 문공(文公)은 시호이다. 처음에는 유교를 공부하다가 광혜원련(廣慧元蓮)을 만나 선 수행을 하고 오랜 참학 끝에 수산성념(首山省念, 926~993)을 만나 깨달음을 얻었다. 『경덕전등록(景德傳燈錄)』을 정리하고 서문을 썼다.

2 보지(寶誌, 418~514) : 지공(誌公) 화상으로도 알려져 있다. 어려서 출가하여 강소성 건강(建康) 도림사(道林寺)에서 선정을 닦았다. 460년대 말 불시에 일어나 거소를 정하지 않고 음식도 때를 정하지 않으며, 머리도 길게 기르고 냄비를 손에 들고 행각하는 기행을 보였다. 또한 각종 이적을 보여 대중을 교화하였다. 여러 황제들이 광제(廣濟) 대사, 묘각(妙覺) 대사, 도림진각(道林眞覺) 보살, 도림진각 대사, 자응혜감(慈應惠感) 대사, 보제성사(普濟聖師) 보살, 일제진밀(一際眞密) 선사 등의 시호를 내렸다.

3 오대십국(五代十國)시대 남당(南唐)의 2대 황제 이경(李景, 916~961, 재위 943~961)은 세간에 떠돌던 예언에 맞추려고 아들의 이름을 '홍기(弘冀)'라고 지었다.

4 이홍기(李弘冀, 933?~959) : 오대십국(五代十國)시대 남당(南唐)의 2대 황제 이경(李景, 916~961, 재위 943~961)의 아들이자 3대 황제 이욱(李煜, 937~978, 재위 961~975)의 형이다. 사후에 무선(武宣)이라는 시호를 받았다. 나중에 문헌(文獻)으로 시호가 다시 내린다.

5 구양문충공(歐陽文忠公, 1007~1072) : 당송팔대가의 한 명인 구양수(歐陽脩)를 가리킨다. 자는 영숙(永叔), 호는 취옹(醉翁) 또는 육일거사(六一居士)이며, 시호는 문충(文忠)이다.

6 『귀전록(歸田錄)』: 구양수(1007~1072)가 전해오는 이야기와 기담, 그리고 격식에 매이지 않고 자유롭게 보고 들은 이야기 등 115편을 모은 것이다. 문인과 사대부의 언행과 일화가 가장 많은 부분을 차지하며 정치와 제도, 문학과 예술, 해학 등 다양한 주제들을 담고 있어 사대부들의 교류와 습속, 사회현상에 대해 구체적으로 알 수 있다.

16

○

유심(唯心) 도리를 깨침

원효(元曉)

●

　당대(唐代) 원효(元曉, 617~686)스님은 해동(海東) 사람이다. 처음 바다를 건너 중국에 와서 명산의 도인을 찾아 황량한 산길을 홀로 걷다가 밤이 깊어 무덤 사이에서 자게 되었다. 이때 몹시 목이 말라 굴속에서 손으로 물을 떠 마셨는데 매우 달고 시원하였다. 그러나 새벽녘에 일어나 보니 그것은 다름 아닌 해골 속에 고인 물이었다. 몹시 매스꺼워 토해 버리려고 하다가 문득 크게 깨닫고 탄식하며 말하였다.

　"마음이 나면 온갖 법이 생기고, 마음이 사라지면 해골이 여래와 둘이 아니다. 부처님께서 '삼계가 오직 마음이라' 하셨는데 어찌 나를 속이는 말이겠는가?"

　그리하여 스승을 구하지 않고 바로 해동으로 돌아가 『화엄경소(華嚴經疏)』를 써서 원돈교(圓頓敎)를 크게 밝혔다.

　내가 스님의 전기 중에 이 부분을 읽다가 옛날 악광(樂廣)의 술잔에 뱀 그림자가 비쳤던 이야기[1]를 더듬어 생각하고 게를 지었다.

어두운 무덤 속의 해골에 고인 물은 원래 물이요
손님의 술잔에 비친 활 그림자는 필경 뱀이 아니다
이 가운데 생멸(生滅)을 용납할 곳이 없으니
미소 지으며 옛 책을 들어 몇 글자를 적어 본다.
夜塚髑髏元是水(야총촉루원시수)
客杯弓影竟非蛇(객배궁영경비사)
箇中無地容生滅(개중무지용생멸)
笑把遺編篆縷斜(소파유편전루사)

주:

1 『진서(晉書)』「악광전(樂廣傳)」에 전하는 '배중사영(盃中蛇影)'의 고사. 진(晉, 265~316)나라에 악광(樂廣)이라는 사람이 있었다. 집이 가난하여 독학을 했지만 천거되어 벼슬길에 나아갔다. 하남(河南) 태수(太守)로 있을 때 자주 놀러 오던 친구가 발길을 끊어 그를 찾아가 이유를 물었더니 지난번 술자리에서 잔 속에 뱀이 보였다면서 그 후로 몸이 좋지 않다고 하였다. 악광은 다시 그 친구를 초대해서 지난번과 같은 자리에 앉히고 술잔에 술을 따르고는 뱀이 아니라 활이 비친 것임을 알려주자 병이 씻은 듯이 나았다고 한다.

17

○

무애행과 청정행

청량 국사(淸凉國師)

●

　조백대사(棗栢大士, 635~730, 이통현)¹와 청량징관(淸凉澄觀, 738~839) 국사는 모두 『화엄경』을 널리 밝히신 분으로 그들의 논소(論疏)는 천하에서 으뜸이었다. 그러나 두 분의 몸가짐은 전혀 달랐다. 조백대사는 거리낌없이 맨발로 다니며 호탕하고 자유자재하여 모든 일에 걸림 없는 마음을 지녔지만, 청량 국사는 꼼꼼하고 엄숙하여 옥을 깎아 다듬듯 하였으며 5욕번뇌[五色糞(오색분)]를 두려워하고 열 가지 원[十願]으로 몸가짐을 지켰다.

　사람들은 흔히 조백대사의 호탕함을 좋아하고 청량 국사의 속박됨을 비웃으면서 화엄종에서라면 그래서는 안 될 것이라고 평하였지만, 나는 전혀 그렇게 생각하지 않는다. 조백대사가 머리를 깎고 스님이 되었다고 해도 청량 국사처럼 몸가짐을 하리라는 보장은 없다. 『화엄경』은 기연(機緣)을 만나는 대로 바로 종지가 되어 법에 맞는 것이므로 다른 경이 갖는 품덕과는 다르다.

주
:

1 조백대사(棗栢大士, 635~730) : 『화엄론』을 지은 이통현(李通玄) 장자를 가리킨다. 고금의 학문을 두루 연구하여 유교와 불교 경전에 정통했던 이통현은 719년부터 두문불출하며 80권 『화엄경』의 주석을 지었다. 매일 대추 열 개와 잣나무잎 떡 하나씩 먹었다고 하여 조백대사(棗栢大士)로 불렸다.

18

구마라집의 어린 시절

구마라집(鳩摩羅什)

　진(晋)나라 구마라즙(鳩摩羅什, 344~413) 스님은 어린 시절 어머니를 따라 사륵국(沙勒國)¹에 가서 부처님의 발우를 머리 위로 받들었다. 그때 '이렇게 큰 발우가 어떻게 가벼울 수 있겠나?' 하고 생각하는 찰나에 갑자기 발우가 무거워지자 깜짝 놀라 소리치면서 발우를 땅바닥에 놓쳐 버렸다. 그의 어머니가 까닭을 묻자 "제 마음에 분별이 있어서 발우가 가벼웠다 무거웠다 하였습니다."라고 대답하였다.

　여기에서 나는 일체 모든 법이란 생각을 따라 일어나는 것이므로 생각이 일어나지 않으면 그것이 허공과 같아짐을 알게 되었다. 그렇다면 요즘 사람들은 견처와 수행이 지리멸렬하여 영험한 효과가 옛날 같지 않은데 어째서일까? 모두가 허망하고 어지러운 생각으로 마치 곤히 잠든 꿈속의 일과 같아서 마음의 힘이 약하고 어둡기 때문이다.

아! 누구에겐들 충성하고 효도할 마음이 없을까마는 유독 왕상(王祥, 184~268)[2]이 얼음 위에 눕자 잉어가 뛰어오르고 경공(耿恭)[3]이 우물에서 축원하자 맑은 물이 솟구쳐 오른 것은 왜일까? 하나에 마음을 쏟았기 때문에 신령한 영험의 응보가 마치 그림자와 메아리처럼 빨랐던 것이다.

주
:

1   신장위구르자치구(新疆維吾爾自治區) 카스지구(喀什地區) 카스시(喀什市). 카슈가르.

2   왕상(王祥, 184~268) : 서진(西晉) 때 태보(太保)를 지낸 왕상(王祥)은 중국사에서 효심으로 이름난 24명 중의 한 사람으로 꼽힌다. 일찍이 친어머니를 여의고 아버지 왕융(王融)이 주(朱) 씨와 재혼하였다. 계모 주 씨는 수시로 외양간 청소 등의 궂은일을 하루가 멀다 하고 시켰지만 아무런 불평없이 시킨 일을 전부 맡아 했으며, 부모가 병들면 옷 갈아입는 시간조차 아까워할 정도로 열심히 간병했다. 그런데도 주 씨는 평소 왕융에게 왕상에 대하여 거짓을 이야기하며 괴롭혔다. 겨울에 주 씨가 생선이 먹고 싶다고 하여 언 호수에 가 몸으로 얼음을 녹여 물고기를 잡으려 하자 호수에서 잉어 두 마리가 뛰어나와 그것을 바쳤다. 이로부터 얼음에 누워 잉어를 구할 정도로 지극한 효성을 뜻하는 '와빙구리(臥氷求鯉)'의 고사가 나왔다. 『진양추(晉陽秋)』.

3   경공(耿恭) : 동한(東漢) 부풍(扶風) 무릉(茂陵) 사람으로 자(字)는 백종(伯宗)이다. 명제(明帝) 때 북쪽 흉노의 침입을 받아 군사 수백 명을 거느리고 반 년 동안 소륵성(疏勒城)을 지켰다. 흉노가 와서 포위하여 물길이 끊겨 성 안에 우물을 깊이 팠으나 물이 나오지 않았다. 이에 경공이 의관(衣冠)을 갖추고 우물을 향해 두 번 절하자, 우물물이 갑자기 솟아 나왔다. 그 물을 퍼서 흉노에게 보내자, 흉노들이 군사를 끌고 물러갔다. 결국 우물을 파고 무기를 땔감으로 쓰면서 구원병이 올 때까지 성을 13명이 지켜냈다. 『후한서(後漢書)』「경공전(耿恭傳)」.

19

참선과 깨침의 관계

보리달마(菩提達磨)

보리달마 스님이 과거 양(梁)나라에서 위(魏)나라로 가는 도중에 숭산(嵩山) 아래를 지나다가 소림사에 머물렀는데, 그곳에서 주장자를 기대어 놓고 벽을 향하여 앉아 있었을 뿐이지 참선을 익힌 것은 아니었다. 오랜 세월이 흐르다 보니 사람들은 그 까닭을 까마득히 모르고서 이 일을 가지고 달마스님이 참선을 하였다고 말들 한다.

선(禪)이란 여러 수행 가운데 하나일 뿐인데 어떻게 참선으로 성인의 도를 다할 수 있겠는가? 그럼에도 당시 사람들은 그렇게 생각하였고, 역사를 쓰는 자도 덩달아 선승의 전기를 쓸 때면 마른 나무나 꺼진 재와 같은 무리로 만들어 버렸다. 그렇다고 성인의 도가 선(禪)에 그치는 것도 아니지만 한편 선을 어기는 것도 아니다. 이는 마치 역(易)이 음양에서 나온 것이지만 또한 음양을 떠날 수 없는 것과 같은 예이다.

20

홍인스님의 내력

오조홍인(五祖弘忍)

　옛말에 의하면, 사조도신(四祖道信, 580~651) 스님이 파두산(破頭山)에 있을 무렵 그 산중에 이름 없는 노승 한 분이 있었는데 오로지 소나무만을 심었으므로 사람들은 그를 '소나무 심는 도인[栽松道者(재송도자)]'이라 하였다. 어느 날 그가 "설법을 좀 해주십시오." 하고 청하자 사조스님은 "그대는 이미 늙었으니 도를 듣는다 한들 널리 펼 수 있겠는가. 혹시 그대가 다시 태어나 찾아온다 하여도 늦었다고 생각하리라." 하였다.

　노승은 마침내 그곳을 떠나 시냇가에서 빨래하는 한 처녀를 보고서 정중하게 물었다.

　"하룻밤 묵어갈 수가 있겠소?"

　"저의 집에 어른이 계시니 가서 부탁해 보시오."

　"그대가 응낙한다면 가보겠소."

　그러자 처녀는 고개를 끄덕여 그러라고 하였고, 노승은 지팡이를 휘두르며 그곳을 떠나갔다. 그 처녀는 주 씨(周氏) 집안의 막내 딸이었는데 집에 돌아오자 아기를 잉태하니, 그의 부모는 몹시 화가 나서 쫓아내 버렸다. 그 처녀는 갈 곳이 없어 낮에는 동네에서 길쌈으로 품팔이를 하고 밤에는 행각승이 묵어가는 객사[衆館] 아래에서 잠을 자며 지내다가 사내아이를 낳았다. 그리고는 불길하다 하여 물속에 버렸으나, 이튿날 보니 물길을 거슬러 올라왔는데 몸이 매우 선명하기에 깜짝 놀라 건져 올렸다. 자라면서 어머니를 따라 구걸을 하니 그 고을 사람들이 '성 없는 아이[無姓兒]'라 불렀다. 사조스님이 황매산(黃梅山)으로 가는 길에 이 아이를 보고 장난삼아 물었다.

"너의 성이 무엇이냐?"

"성이 있기는 합니다만 보통 성씨가 아닙니다."

"무슨 성이냐?"

"불성(佛性)입니다."

"성이 없느냐?"

"성씨가 '공(空)'인 까닭에 없습니다."

이에 사조스님은 그를 출가시키도록 어머니를 설득하니, 그때 나이 7세였다.

당시의 객사[衆館]는 오늘날 절이 되어 불모사(佛母寺)라 하였으며, 주 씨 집안은 더욱 성하게 되었고, 파두산 저 멀리 바라보이는 곳에 '소나무 심는 도인[栽松道者(재송도자)]'의 육신이 아직도 남아 있으며, 황매산 동선사(東禪寺)에는 불모총(佛母塚)이 있는데 고을 사람들이 그 위에 부도를 세웠다고 한다.

『전등록(傳燈錄)』¹이나 『정조도(定祖圖)』²가 홍인(弘忍)스님의 성을 주 씨라고 기록한 것은 모친의 성을 따른 것이다. 그러나 『송고승전(宋高僧傳)』에서는 "석홍인(釋弘忍) 스님의 성은 주 씨이며 그의 어머니가 처음 임신하였을 때 달빛이 그가 가는 곳을 따라 뜨락과 방안으로 비치어 밤새도록 대낮처럼 밝았으며 이상한 향기가 스며오니 온 집안이 기뻐하며 놀랐다."³고 하였다. 그렇다면 어떻게 객사[衆館]가 태어난 집인지 알 수 있으며 태어나 물속에 버려졌다고 할 수 있겠는가? 또한 "그의 아버지가 몹시 사랑하여 글을 가르쳤다."⁴고 하는데, 이러한 말들이 어디에 근거한 것인지 알 수 없다. 이 일에 대한 헛된 서술들이 대략 이런 종류이다.

개원(開元, 713~741) 연간에 태자문학(太子文學)⁵ 여구균(閭丘均)이 탑비를 적었지만⁶ 남아 있지 않다. 더욱이 회창(會昌, 841~846) 연간의 불법 탄압과 당대 말엽의 잦은 난리로 또다시 짓밟혀 더욱 고증할 수 없게 되었다. 그 기록이 잘못된 것임은 어머니가 주 씨인데도 아버지가 있다고 하는 것에서도 알 수 있다.

무위자(無爲子)⁷가 스님의 영정에 찬한 것이 있다.

    누구에겐들 아버지가 없으랴마는
    조사에겐 오직 어머니뿐

그 어머니는 누구신가?

주 씨 집안의 막내딸

도도히 흐르는 물이 강으로 들어가듯

문 앞은 변함없이 장안으로 가는 길

人孰無父(인숙무부) 祖獨有母(조독유모)

其母爲誰(기모위수) 周氏季女(주씨계녀)

濁港滔滔入大江(탁항도도입대강)

門前依舊長安路(문전의구장안로)

주
:

1 『경덕전등록(景德傳燈錄)』권3 "第三十二祖弘忍大師者 蘄州黃梅人也 姓周氏"(T51-222c).

2 『전법정종정조도(傳法正宗定祖圖)』권1 "第三十二祖弘忍 蘄陽黃梅人 姓周氏"(T51-772a).

3 『송고승전(宋高僧傳)』권8 「당기주동산홍인전(唐蘄州東山弘忍傳)」 "釋弘忍 姓周氏 … 其母始娠 移月而光照庭室 終夕若晝 其生也灼爍如初異香襲人 舉家欣駭"(T50-754a).

4 『송고승전』권8 「당기주동산홍인전(唐蘄州東山弘忍傳)」 "厥父偏愛 因令誦書"(T50-754a).

5 태자의 학문을 담당하는 6품 관리.

6 『송고승전』권8 「당기주동산홍인전(唐蘄州東山弘忍傳)」 "開元中 太子文學 閭丘均爲塔碑焉"(T50-754b).

7 무위자(無爲子) : 송대 예부외랑(禮部外郎)을 지낸 관리 양걸(楊傑)을 가리킨다. 자(字)는 차공(次公)이며 스스로 무위거사(無爲居士)라고 하였다. 천의의회(天衣義懷, 993~1064) 스님의 제자이다.

21

황벽스님에 대한 잘못된 기록

단제희운(斷際希運)

⬤

　단제희운(斷際希運, 751~850) 스님이 처음 낙양에서 걸식하고 돌아다닐 때, 바릿대를 두드리며 염불하자 한 노파가 가시나무 사립문 사이로 나오며 "해도 너무 염치가 없다."고 하였다. 스님이 "당신은 시주는 하지도 않고 어째서 도리어 나더러 염치없다 하는가?"라고 하니, 그 노파는 웃으면서 사립문을 닫았다. 스님은 이상하게 생각하고 들어가 이야기를 나눈 끝에 도움이 될 만한 말들을 많이 들었다. 헤어지려는 차에 그 노파는 "강서(江西) 남창현(南昌縣)의 마조도일(馬祖道一, 709~788) 스님을 찾아뵙는 것이 좋을 것입니다."라고 하였다.

　그러나 스님이 강서 지방에 이르렀을 때는 마조스님이 이미 입적한 뒤였다. 석문산(石門山)에 그의 부도가 있다는 말을 듣고 마침내 그곳을 찾아가 절을 올렸는데, 당시 (마조스님의 제자인) 백장대지(百丈大智, 720~814) 스님이 부도 곁에 토굴을 짓고 살았다. 스님은 먼 곳에서 찾아온 까닭을 말하고 평소 힘을 얻었던 말씀을 들려달라고 청하자 대지스님은 '할 한 번에 사흘 동안 귀머거리가 되었던 일'[1]을 들려주었다. 그러자 스님은 깜짝 놀라 혀를 내둘렀다.

그 후 오랫동안 교류하다가 노년에야 다시 신오(新吳) 백장산(百丈山)으로 옮겨 살게 되었는데 그 시기를 살펴보면 노파가 죽은 지 오랜 뒤였다. 그런데도 『송고승전』에서는 "노파가 단제스님이 백장스님을 친견하도록 축원했다."[2]고 하니 잘못된 글이다.

주:

1 마조가 법상(法床)에 앉아 있는데 백장이 들어오자 마조가 법상 모서리에 걸어 놓은 불자(拂子)를 들어 보였다. 백장이 "이것을 바로 씁니까, 여의고 씁니까?" 하니 마조가 불자를 원래 자리에 도로 걸었다. 한동안 백장이 아무 말 없이 있으니 마조가 "그대는 장차 대중을 위해서 어떻게 법을 설하려는가?" 하고 물었다. 백장이 걸려 있던 불자를 들어 보이니 마조가 "이를 바로 쓰는가, 여의고 쓰는가?" 하고 물었다. 백장이 아무 말 없이 불자를 도로 제자리에 걸자 마조가 벽력 같은 '할'을 한 번 하였다. 이 할에 백장이 사흘 동안 귀가 먹었다가 깨어나서 마조가 할을 한 뜻을 깨닫고 마조의 법을 이었다. 『고존숙어록(古尊宿語錄)』 권19(X68-5a).

2 『송고승전』 권20 「당홍주황벽산희운전(唐洪州黃蘗山希運傳)」 "勸師可往尋百丈山禪師"(T50-842c).

22

말만 기억하려는 헛짓거리

운거불인(雲居佛印)

●

운거불인(雲居佛印, 1032~1098) 스님이 말하였다.

"운문(雲門, 864~949)스님의 설법은 마치 구름 흘러가듯 막힘이 없었지만 사람들이 자기 말을 기록하는 것을 달갑게 생각하지 않았다. 혹시라도 기록하는 것을 보면 반드시 욕을 하고 쫓아 버리면서 '네 입은 쓰지도 않고 내 말만 기록하니 뒷날 나를 팔아먹을 놈이로구나!'라고 하였다. 스님 방에서 여러 근기의 납자들을 대하던 기록이 남은 것은 모두 향림(香林, 908~987)스님이 가르침을 밝히려고 종이로 옷을 만들어 듣는 대로 옷 위에 적은 것들이다. 그런데 뒷날 공부하는 사람들은 언어 문자만을 찾아 헤매니, 그것은 그물을 입으로 불어 팽팽히 하려는 헛짓거리이다. 미치광이가 아니라면 어리석은 사람일 것이니 한탄스러운 일이다."[1]

주
:
1   각범혜홍의 『선림승보전(禪林僧寶傳)』 권29(X79-551b)에도 같은 내용이 전한다.

23

네 가지 마음의 체험

현사사비(玄沙師備)

현사사비(玄沙師備, 835~908) 스님이 산에서 나무를 하는데 곁에 있던 스님이 소리쳤다.

"스님! 호랑이 좀 보시오."

스님은 호랑이를 본 후 그 스님을 돌아보며 말하였다.

"너로구나."

영윤(靈潤, 590?~682?) 법사가 산길을 걷다가 산불을 만났는데 불길이 세차게 번져 오자 함께 길을 가던 이들은 모두 피하였지만 스님만은 평소처럼 평안히 걸으며 "마음 밖에 별다른 불은 없다. 불이란 실제로 마음에서 일어난다."고 하고, 또 "불은 도망할 수 있지만 면할 수는 없다."고 하더니, 불길이 다다르자 휩싸여 죽고 말았다.

엄양(嚴陽)스님은 홀로 산사에 살았는데 뱀과 호랑이가 스님의 손바닥 위에 놓인 먹이를 먹었다.

귀종사(歸宗寺)의 지상(智常)스님이 풀을 베다가 뱀을 죽이자 곁에 있던 스님이 보고서는 "오래 전부터 귀종사의 명성을 들어왔는데 오늘 정말 포악한 중 하나를 보는군." 하니, 지상스님은 "네가 포악하냐, 내가 포악하냐?" 하였다.

　내가 듣기로는 반야에 가까워지려면 마음으로 네 가지를 분명히 경험해야 한다고 한다. 그것은 일을 깨달음[就事(취사)], 이치를 깨달음[就理(취리)], 일과 이치를 동시에 깨달음[入就事理(입취사리)], 일과 이치를 동시에 벗어남[出就事理之外(출취사리지외)]을 말한다. 선문[宗門]에는 또 네 가지 감춘 칼[四藏鋒(사장봉)][1]이라는 활용이 있다. 앞의 반야에 가까워지는 체험으로 자신을 닦고, 뒤에 말한 감춘 칼을 활용하여 중생을 지도한다.

주
:
1　『인천안목(人天眼目)』 권6(T48-329ab)에 암두전활(巖頭全豁, 828~887)이 고안한 '네 가지 감춘 칼'이 전한다. 첫째 '취사(就事)'는 모두가 일[事(사)]임, 둘째 '취리(就理)'는 모두가 이치[理(이)]임, 셋째 '입취(入就)'는 일과 이치가 함께 함, 넷째 '출취(出就)'는 일과 이치가 모두 사라짐이다.

24

도오스님의 종파에 대한 시비

천황도오(天皇道悟)

●

　형주(荊州) 천황사(天皇寺)의 도오(道悟, 748~807)스님에 대한 『전등록』의 기록은 다음과 같다.
　"도오는 석두희천(石頭希遷, 701~791) 스님의 법을 이어 천황사(天皇寺)에 머물렀다. 무주(婺州) 동양(東陽) 사람으로 속성은 장씨(張氏)이다. 14세에 출가하여 명주(明州)의 큰스님에게서 삭발하였고, 25세에 항주(杭州) 죽림사(竹林寺)에서 구족계(具足戒)를 받았다. 처음에 경산국일(徑山國一, 715~793) 스님을 찾아 5년 동안 시봉하다가 대력(大歷, 766~779) 연간에 종릉(鍾陵)[1]에 가서 마조(馬祖, 709~788) 스님을 찾아뵙고, 3년 후 석두희천의 문하에 이르렀다. 원화(元和) 정해(丁亥, 807)년 4월에 입적하니, 향년 60세, 법랍은 35세이다."[2]
　한편 달관담영(達觀曇穎, 989~1060)[3] 스님의 『오가종파(五家宗派)』[4]에서는 "도오는 마조스님의 법을 계승하였다."고 하면서 당(唐) 구현소(丘玄素)[5]가 지은 비문을 인용하였다. 비문 전체는 수천 마디인데 요지는 이렇다.

"스님의 호는 도오이며, 저궁(渚宮)[6] 사람으로 속성은 최씨(崔氏)이니 바로 최자옥(崔子玉)의 후손이다. 15세에 장사사(長沙寺) 담저(曇翥) 율사에게 출가하여 23세에 숭산(崇山)의 율덕(律德)스님을 찾아 계를 받았으며, 석두희천(石頭希遷, 701~791) 스님을 참방하여 2년 동안 정진하였으나 깨달은 바 없어 장안으로 들어가 남양혜충(南陽慧忠, ?~775) 국사를 시봉하였다. 그러다가 34세에 시자 응진(應眞)스님과 함께 강남 지방으로 돌아와 마조(馬祖, 709~788)스님을 뵙고 한마디 말에 크게 깨치자 마조스님은 축원하며 '후일에는 예전에 살던 곳을 떠나지 말라'고 하였다. 이 말씀대로 다시 저궁으로 돌아왔다가, 원화(元和) 13년(818) 무술 4월 초에 병세가 악화되어 13일에 입적하니, 향년 82세, 법랍은 63세이다."

이 두 전기를 살펴보면 (석두희천의 법을 이은 도오와 마조도일의 법을 이은 도오의) 두 사람으로 보인다.[7]

구현소의 비문에는 "스님의 법을 이은 한 명이 숭신(崇信, 753~823)인데 예주(澧州) 용담사(龍潭寺)의 주지"라고 하였다. 그런데 당(唐)의 저명인사 귀등(歸登, 754~820)[8]이 지은 남악회양(南嶽懷讓, 677~744) 스님의 비문[9] 말미에 법손(法孫)을 나열하는데 거기에 '도오(道悟)'라는 이름이 있고, 또 규봉(圭峰, 780~841)스님이 재상 배휴(裵休, 797~870)에게 불법의 뜻을 대답하는 편지[10]에서 마조스님의 전법제자 여섯 사람을 열거하였는데, 맨 처음에 "강릉도오(江陵道

悟)"라 하고 그 아래에 "경산스님에게도 도를 얻었다[兼稟徑山(겸품경산)]"[11]고 주석을 붙였다.

그러니 요즈음 운문종과 임제종에서 부질없이 자기네 조사라 우기는 것은 웃기는 짓이다.

주
:

1 강서성(江西省) 남창시(南昌市) 진현현(進賢縣).
2 『경덕전등록(景德傳燈錄)』 권14(T51-309c~310a). 『임간록』(1107년)은 『경덕전등록』(1004년)의 내용을 요지만 간략히 인용하고 있다. 현재 전하는 『경덕전등록』(T51-310ab)에는 『임간록』의 이 비판을 함께 싣고 있다.
3 달관담영(達觀曇穎, 989~1060) : 금산(金山)에 머물러서 금산담영(金山曇穎)이라고도 한다. 속성은 구(丘) 씨이다. 13세에 출가하여 처음에는 대양경현(大陽警玄, 943~1027)에게 조동의 종풍을 배우고 곡은온총(谷隱蘊聰, 965~1032)에게 참학하여 인가를 받았다. 그 후에 윤주(潤州) 금산(金山)에 머물면서 임제 선풍을 널리 선양하였다.
4 『오가종파(五家宗派)』는 『오가전(五家傳)』 또는 『오가종파집(五家宗派集)』이라고도 한다. 달관담영이 편찬하였다고 하는 등 문헌의 이름과 단편적인 사항만이 『임간록』에 전할 뿐이다.
5 구현소(丘玄素) : 당 원화(元和, 806~820) 연간에 정의대부(正議大夫), 호부시랑(戶部侍郎), 동중서평하장사(同中書平下章事), 형남절도사(荊南節度使) 등을 지냈다. 청나라 때 피휘(避諱)하여 '현(玄)'을 '원(元)'으로 바꾸어 구원소(丘元素)라고도 한다.

6　호북성(湖北省) 형주시(荊州市) 강릉현(江陵縣).

7　『임간록』에서 본격적으로 도오(道悟) 2인설을 주장한다. 도오 2인설은 석두희천(石頭希遷, 701~791)의 법을 이은 천황사(天皇寺)의 도오와 마조도일(馬祖道一, 709~788)의 법을 이은 천왕사(天王寺)의 도오가 있다는 주장이다. 석두희천의 선법은 천황도오에게 이어지고 다시 용담숭신(龍潭崇信, 753~823)에게 이어져 운문종과 법안종이 되었고, 마조도일의 선법은 백장회해(百丈懷海, 720~814)에게 이어져 임제종이 되었다. 『임간록』이 주장하는 도오 2인설은 일반적으로 이야기하는 석두희천의 제자 천황사 도오 이외에 마조도일의 법을 이은 천왕사 도오가 있기 때문에 도오는 임제종과 법안종 모두에 속한 인물이라는 것이다. 도오 2인설은 청대 위중정부(位中淨符)가 천왕사 도오가 날조되었음을 밝히고 천황사 도오의 법맥으로 정리하면서 일단락되었다. 하지만 후대에 큰 영향을 주어 많은 전등서에서 이것을 다루었다. 심지어 『조선불교통사(朝鮮佛敎通史)』에서도 '양도오변(兩道悟辨)'이라는 제목으로 다룰 정도이다.

8　귀등(歸登, 754~820) : 자는 충지(冲之). 당을 대표하는 학자이자 신라에 사신으로 오기도 했던 병부상서(兵部尙書) 귀숭경(歸崇敬, 712~799)의 아들이다. 772년 과거에 급제하여 공부상서(工部尙書) 등을 지냈다. 문학과 글씨에 능했다.

9　『송고승전(宋高僧傳)』 권9 「당남악관음대회양전(唐南嶽觀音臺懷讓傳)」에 "원화(元和, 806~820) 연간에 상시(常侍)인 귀등(歸登)이 비문을 지었다."(T50-761b)고 하였다.

10　규봉종밀(圭峰宗密, 780~841)이 배휴(裵休, 797~870)의 질문에 답하여 지은 『중화전심지선문사자승습도(中華傳心地禪門師資承襲圖)』를 가리키는 것으로 보인다. 『중화전심지선문사자승습도』라는 이름은 사실 이 문헌 속에 들어 있는 선맥도(禪脈圖)를 가리키는 이름이다. 규봉종밀은 이 선맥도를 통해 6조 혜능(慧能, 638~713)의 법을 하택신회(荷澤神會, 684~758)가 이었음을 주장하여 신회를 선종 7조로 설명한다. 고려의 보조지눌(普照知訥, 1158~1210)은 이 문헌의 내용을 요약하고 다시 자신의

견해를 붙여 『법집별행록절요병입사기(法集別行錄節要幷入私記)』를 지었다.

11 현재 전하는 『중화전심지선문사자승습도(中華傳心地禪門師資承襲圖)』에는 '홍주(洪州) 마(馬)'의 제자로 '강릉(江陵) 오(悟)', '장경(章敬) 선(禪)', '백장(百丈) 해(海)', '서당(西堂) 장(藏)', '흥선(興善) 관(寬)'의 다섯 명을 거론하고 '강릉(江陵) 오(悟)' 아래에 '겸품경산(兼稟敬山)'이라는 주석이 붙어 있다.(X63-32b) '경산(敬山)'은 『중화전심지선문사자승습도』에서 4조 도신(道信, 580~651)의 제자 우두산(牛頭山) 혜융(慧融, 594~657)에게서 시작한 우두종의 경산도흠(徑山道欽, 715~793)을 가리키는 것으로 보인다.

25

종밀스님의 『전요(箋要)』를 평함

규봉종밀(圭峰宗密)

초당(草堂, 780~841, 규봉종밀)[1]스님은 『전요(箋要)』[2]에서 이렇게 말하였다.

"'마음 바탕[心體]의 신령한 지각[靈知]은 어둡지 않다.'[3]

보배구슬처럼 투명하고 맑으며 전혀 차별된 상(相)이 없다. 그 체(體)가 밝기 때문에 사물을 대하면 모든 색상(色相)이 그대로 나타나며, 색상은 갖가지로 다르나 구슬엔 아무런 변화가 없다. 그러므로 검은 구슬을 보고 구슬이 검다고 말하는 것은 구슬을 바르게 본 사람이 아니며, 그렇다고 검은 색상을 떠나서 구슬을 찾는 것 또한 구슬을 바르게 본 사람이 아니다. 또 구슬에는 밝음이든 검음이든 아무것도 없다고 생각하는 사람 역시 구슬을 바르게 본 사람이 아니다.

마조(馬祖, 709~788)스님의 '거짓으로 참을 밝힌다[卽妄明眞(즉망명진)]'는 설법은 바로 검은 것을 구슬이라 생각하는 것과 같고, 신수

(神秀, 605~706)스님의 '거짓된 것을 모두 없애야 비로소 깨달음의 본성을 볼 수 있다'는 설법은 거짓을 떠나서 참을 추구하는 것이니 검은 것을 떠나서 구슬을 찾는 것과 같으며, 우두(牛頭, 594~657)스님의 '모든 것은 꿈과 같아서 본래 아무 일 없으니 참이니 거짓이니 하는 것은 아예 없다'는 설법은 구슬에는 밝음이든 검음이든 아무것도 없다고 생각하는 것과 같다.

하택신회(荷澤神會, 684~758) 스님만은 '공한 모습[空相處(공상처)]에서 알고 보고 하는 것[知見(지견)]을 가리켜 완전한 앎[常知(상지)]이다'라고 하셨으니 이야말로 갖가지 색을 돌아보지 않고 구슬의 본체를 바로 본 것이다."

그러나 종밀(宗密)스님이 마조스님의 가르침은 검은 것을 구슬이라고 하는 것과 같다고 한 것은 매우 잘못된 일이다. 마조스님이 "거짓으로 참을 밝힌다."고 하신 말씀이 방편일 뿐이라는 점은 불법이 무엇인가를 조금이라도 아는 사람이라면 다 알 수 있다. 마조스님은 성사(聖師, 반야다라)의 예언대로 중국의 법왕이 되었고,[4] 그의 문하에서 남전(南泉, 748~835), 백장(百丈, 720~814), 대달(大達, 761~822, 분주무업),[5] 귀종(歸宗)스님과 같은 큰스님들이 배출되어 삼장(三藏)을 널리 섭렵하여 참과 거짓[眞妄(진망)]에 대한 말씀을 깊이 깨달았다. 그런 분들이 마조스님을 스승으로 높이 모셨는데 그의 도가 어떻게 검은 구슬에 불과하겠는가.

또 우두스님의 가르침이 "모든 것은 꿈과 같아서 참이니 거짓이

니 하는 것은 아예 없다."는 말도 매우 잘못된 것이다. 우두스님의
『심왕명(心王銘)』에 이런 말씀이 있다.

> 앞생각이란 허공과 같아
> 안다 하면 종지를 잃고
> 분명히 경계를 비추면
> 비추는 족족 어두워지니
> 이리저리 비춤이 없어야
> 가장 미묘한 깨달음이다
> 법을 안다 하나 알 것이 없고
> 알음알이가 없어야 요체(要諦)를 알게 되리라.
> 前際如空(전제여공) 知處迷宗(지처미종)
> 分明照境(분명조경) 隨照冥濛(수조명몽)
> 縱橫無照(종횡무조) 最微最妙(최미최묘)
> 知法無知(지법무지) 無知知要(무지지요)[6]

한 말씀 한 말씀이 모두 지견(知見)의 병폐를 고치는 것인데 하택스님은 공공연히 지견을 인정하니, 두 스님의 우열을 여기에서 찾아볼 수 있다. 그런데도 우두스님의 가르침을 "구슬에는 밝음이든 검음이든 아무것도 없다고 생각하는 것과 같다."고 평가하니, 이는 우리를 거듭 속이는 말이 아니겠는가.

북종 신수스님의 가르침이 돈오점수(頓悟漸修)의 이치라는 것은 삼척동자도 모두 알고 있다. 그러나 이를 논하려면 마땅히 그가 무슨 마음에서 이런 말을 하게 되었는가를 논하여야 한다. 신수스님은 황매(黃梅, 602~675, 홍인)스님의 으뜸가는 수좌로서 돈오의 종지로 사람의 마음을 곧장 보았다. 비록 근기가 미치지 못한다 하지만 견문과 참선(參禪)을 매우 열심히 닦았던 그가 점수(漸修)의 종도(宗徒)가 되는 것을 어찌 달갑게 여겼겠는가. 당시 세상에는 조사들의 도에 대하여 의심과 확신이 반반이었다. 그리하여 '점수(漸修)를 하지 않고서 어떻게 단박에 깨칠 수 있을까?' 하면서 시끄럽게 싸웠는데, 그런 자들은 모두가 두 종파의 아류들이었지 신수스님의 본 마음은 아니었다. 그러므로 그의 가르침을 그런 식으로 평가하는 것은 올바른 공론이라고 할 수 없다.

　훌륭한 성인이 세상 인연을 따라서 불법을 성취시키는 방편은 한 가지가 아니라고 한다. 드러나는 방편[顯權(현권)]이 있는가 하면 보이지 않는 방편[冥權(명권)]이 있는데, 보이지 않는 방편은 외도[異道(이도)]이다 그릇된 도이다 말하고, 보이는 방편은 친우(親友)이며 선지식이라고들 하니, 신수스님이 보이지 않는 방편을 쓰지 않았음을 그들이 어찌 알 수 있겠는가.

주
:

1 초당(草堂, 780~841) : 화엄종의 제5조이자 하택종(荷澤宗)으로 분류되는 규봉종밀(圭峰宗密)을 가리킨다. 25세에 출가하여 정중사(淨衆寺) 신회(神會, 684~758)의 제자 형남(荊南) 장(張, ?~821)을 친견하는 등 선 수행과 교학 연구에 전념하고, 821년에 섬서성 종남산(終南山) 규봉의 초당사(草堂寺)로 퇴거하여 저작 활동에 전념하며 교선일치(敎禪一致) 사상을 고취하였다. 828년 문종(文宗)에게 자의(紫衣)와 대덕(大德)이라는 호를 받았으며 배휴(裵休, 797~870) 등 정치가의 귀의를 받았다. 입적 후에는 배휴가 탑명을 지었다.

2 『전요(牋要)』라는 문헌은 규봉종밀의 저술에서는 확인되지 않아 어떤 문헌인지 알 수 없다. 다만 규봉종밀의 스승인 청량징관(淸涼澄觀, 738~839)이 당 순종(順宗, 761~806, 재위 805)에게 답한 글이 『답황태자문심요(答皇太子問心要)』(『경덕전등록』 권30, T51-459bc) 또는 『답순종심요법문(答順宗心要法門)』(X58-426)으로 전하는데 이것을 『심요(心要)』 또는 『요전(要牋)』이라고도 부른다. 규봉종밀은 스승의 『답순종심요법문(答順宗心要法門)』, 즉 『심요』에 주석을 붙여 『화엄심요법문주(華嚴心要法門註)』(X58-426)를 지었다. 그런데 지금 『임간록』이 인용하고 있는 규봉종밀의 저술 내용은 종밀이 배휴의 질문에 대답한 『중화전심지선문사자승습도(中華傳心地禪門師資承襲圖)』에 거의 비슷하게 전한다. 그러므로 여기에서 말하는 『전요(牋要)』는 '종밀이 배휴에게 핵심을 전한 편지'라는 의미를 담은 것이라고 볼 수도 있다. 『임간록』(1107)에 앞서 영명연수(永明延壽, 905~976)의 『심부주(心賦注)』(X63-83a)에도 이와 비슷한 내용이 『심요전(心要牋)』이라는 문헌에 있는 것으로 소개하고 있다.

3 원문은 "心體靈知不昧(심체영지불매)"이다. 이 문장은 "心法本乎無住(심법본호무주) 無住心體(무주심체) 靈知不昧(영지불매)"의 형태로 규봉종밀이 아니라 스승인 청량징관의 말로 전한다.

4 『육조단경(六祖壇經)』에는 육조(638~713)스님이 제자 남악회양(南嶽懷讓,

677~744) 스님에게 한 예언이 전한다. "인도 반야다라(般若多羅) 삼장이 '그대(회양)의 제자 중에 망아지 하나가 나와 세상 사람들을 다 밟아 죽일 것이다' 하고 예언하였으니, 그대는 속으로 유념해 두고 성급하게 발설하지 말라."(T48-357b).

5 대달(大達, 761~822) : 분주무업(汾州無業)의 시호이다. 『사분율(四分律)』에 뛰어나고 『대반열반경(大般涅槃經)』을 강의하였다. 마조도일(馬祖道一, 709~788)에게 배우고 법을 이었다. 산서성 분주에 머물렀다.

6 『경덕전등록(景德傳燈錄)』 권30 '우두산초조법융선사심명(牛頭山初祖法融禪師心銘)'(T51-457bc2).

26

복례스님의 진망게(眞妄偈)

복례(復禮)

당(唐)의 복례(復禮)스님은 법에 대한 논변이 뛰어나 당시 많은 사람들이 추대를 하였는데, 「진망게(眞妄偈)」를 지어 모든 납자들에게 물었다.

참법[眞(진)]의 성품은 본래 청정한데
망념은 어째서 일어나는가
진(眞)에서 망념이 생겨난다면
이 망념은 어디서 그칠 것인가
처음이 없으면 끝도 없지만
끝이 있다면 처음도 있어야 하리
처음도 없고 끝도 없다면
계속 이 이치에 어리둥절할 것이니
바라건대 현묘한 도를 열어 보여

이 이치를 깨쳐 생사에서 벗어나게 하소서.
眞法性本淨(진법성본정) 妄念何由起(망념하유기)
從眞有妄生(종진유망생) 此妄何所止(차망하소지)
無初卽無末(무초즉무말) 有終應有始(유종응유시)
無始而無終(무시이무종) 長懷懵玆理(장회몽자리)
願爲開玄妙(원위개현묘) 析之出生死(석지출생사)

청량(淸涼, 738~839) 국사는 이러한 게송으로 답을 하였다.

참법에 미혹하면 망념이 생겨나고
참법을 깨달으면 당장에 망념이 그친다
미혹하지 않을 곳에서 미혹되니
어떻게 영원히 참다운 법과 같을 수 있을까
이제껏 한 번도 깨닫지 못하여
망념은 시작도 없다고 말하네
망념이 본디 참다운 법임을 안다면
이야말로 변함없고 묘한 도리이니
분별이 마음에서 떠나지 못하면
어떻게 생사를 벗어날 수 있으랴.
迷眞妄念生(미진망념생) 悟眞妄卽止(오진망즉지)
能迷非所迷(능미비소미) 安得長相似(안득장상사)

從來未曾悟(종래미증오) 故說妄無始(고설망무시)

知妄本自眞(지망본자진) 方是恒妙理(방시항묘리)

分別心未忘(분별심미망) 何由出生死(하유출생사)

규봉(圭峰, 780~841)스님은 이렇게 대답하였다.

본디 청정함을 본래 깨닫지 못하여

이로부터 망념이 일어나니

참법을 알면 망념이 곧 공(空)하고

'공'을 알면 망념이 그치네

그치는 곳은 끝이 있고

미혹할 때는 처음이 없다고 말한다

인연법은 환상이나 꿈같으니

무엇이 끝이며 또 무엇이 처음이랴

이것이 중생의 근원이니

이를 알면 생사를 벗어나리라.

本淨本不覺(본정본불각) 由斯妄念起(유사망념기)

知眞妄卽空(지진망즉공) 知空妄卽止(지공망즉지)

止處名有終(지처명유종) 迷時號無始(미시호무시)

因緣如幻夢(인연여환몽) 何終復何始(하종부하시)

此是衆生源(차시중생원) 窮之出生死(궁지출생사)

또한 "사람들은 흔히들 참다운 법에서 망념이 생겨나는 까닭에 망념이 끝이 없다고 생각하니 이 도리를 해결해야겠다." 하고는 다시 「진망게」에 답하였다.

> 참법에서 망념이 생겨나는 게 아니라
> 참법을 깨닫지 못한 데에서 망념이 생겨나는 것이니
> 망념인 줄 깨닫고 보면 본래가 참이요
> 참법을 알면 망념은 그친다
> 망념이 그침은 끝 같기도 하고
> 깨달음이 옴은 처음 같기도 하지만
> 미혹과 깨달음은 성품이 모두 '공'하니
> 모두 '공'하므로 끝과 처음이 없도다
> 이 점을 몰라 생사가 시작되니
> 이 이치에 통달하면 생사를 벗어나리라.
> 不是眞生妄(불시진생망) 妄迷眞而起(망미진이기)
> 悟妄本自眞(오망본자진) 知眞妄卽止(지진망즉지)
> 妄止似終末(망지사종말) 悟來似初始(오래사초시)
> 迷悟性皆空(미오성개공) 皆空無終始(개공무종시)
> 生死由此迷(생사유차미) 達此出生死(달차출생사)[1]

나는 두 노스님께서 답한 글을 음미해 보았으나 모두가 복레스님이 묻는 뜻에는 부합되지 못하였다. 스님이 묻는 뜻은 "참법은 본디 청정한 것인데 망념은 무엇 때문에 일어나는가?" 하는 문제였는데, 단지 "참법에 미혹하면 깨닫지 못한다." 하니, 그러한 답변이야 누군들 못하겠는가. 나는 스님이 묻는 의도를 밝히고자 이 게송을 짓는다.

참법은 본래 성품이 없어서
인연 따라 청정과 물듦이 일어난다
이를 깨닫지 못하면 무명(無明)이라 하고
깨달으면 바로 부처님의 지혜이다
무명이란 완전히 망령된 생각이나
깨달으면 그대로가 참된 이치이니
한 생각에 고금(古今)을 뛰어넘으면
어디서 처음과 끝을 찾겠는가
본래부터 말을 떠나 있으니
분별하는 그것이 곧 생사라오.
眞法本無性(진법본무성) 隨緣染淨起(수연염정기)
不了號無明(불료호무명) 了之卽佛智(요지즉불지)
無明全妄情(무명전망정) 知覺全眞理(지각전진리)
當念絶古今(당념절고금) 底處尋終始(저처심종시)
本自離言詮(본자이언전) 分別卽生死(분별즉생사)

주
:

1   수행자에게 질문을 던진 복례의 '진망게'와 이에 대한 청량징관과 규봉 종밀의 대답은 『임간록(林間錄)』(1107)보다 간행 시기가 앞서는 영명연수(永明延壽, 905~976)의 『종경록(宗鏡錄)』 권5(T48-440bc)에도 전한다. 고려 의천(義天, 1055~1101)의 『원종문류(圓宗文類)』 권22(X58-556b~557b)에는 더 많은 스님들의 답이 전한다.

27

『기신론(起信論)』 등의 평등설법

운암(雲庵)

　은사이신 운암(雲庵, 1025~1102, 진정극문)¹스님이 이런 말씀을 하신 적이 있다.

　"부처님께서 방편에 따라 설법하신 뜻을 알기란 어렵다.² 예를 들면 『기신론(起信論)』에서 '어느 중생이 찾아와 법을 구한다면 그의 능력에 따라 방편을 세워 설법하되 명예와 이익과 공경을 탐하거나 집착하도록 해서는 안 되며, 오로지 자신을 이롭게 하고 남을 이롭게 하는 대승의 불법만을 생각하여 보리의 길로 걷도록 해야 한다'³ 하신 말씀은, 매우 높고 널리 법을 펴는 자를 위한 것이다. 한편 『원각경(圓覺經)』에서 '말세에 수행하려는 중생은 마땅히 목숨을 다하여 착한 벗을 공양하고 선지식을 섬겨야 한다. 그 선지식이 찾아와 가까이하려 하면 마음속의 노여움과 원한을 모두 버리고 어려운 일이나 좋은 일에나 허공 같은 마음을 지녀라'⁴ 하신 말씀은, 구도(求道)에 정진하지 않는 자를 위한 말이다. 그러므로 제자의 끊임없는 정진을 위해서라면 스승이 지나치게 준엄하여도 나쁠 것이 없다. 요즈음 수행자들이 스승을 공경하는 예의는 갖추지 않고서 법보시가 인색하다고 스승을 원망하는 것은 잘못된 일이다."

이에 시자가 앞으로 나서며 말하였다.

"그렇다면 삼세 여래께서 법보시 하셨던 방법을 말씀해 주십시오."

"『법화경』에서 '일체 중생에게 평등하게 설법을 해야 하니, 법을 따르는 까닭에 많게 해서도 적게 해서도 아니 되며 나아가서는 깊이 법을 사랑하는 자에게도 또한 많은 설법을 할 수 없다'[5] 하니, 이것이 부처님께서 남기신 가르침이다."

주
:

1   운암(雲庵, 1025~1102) : 『임간록(林間錄)』을 지은 혜홍각범(慧洪覺範, 1071~1128)의 스승인 임제종 황룡파 진정극문(眞淨克文)의 호. 늑담극문(泐潭克文) 또는 보봉극문(寶峰克文)이라고도 한다. 황룡혜남(黃龍慧南, 1002~1069)에게 참학하고 그 법을 이었다.

2   원문은 "諸佛隨宜說法(제불수의설법) 意趣難解(의취난해)." 『묘법연화경(妙法蓮華經)』 권1 「방편품(方便品)」(T9-7a) 구절이다.

3   『대승기신론(大乘起信論)』(T32-581c).

4   『대방광원각수다라요의경(大方廣圓覺修多羅了義經)』(T17-920c).

5   『묘법연화경』 권5 「안락행품(安樂行品)」(T9-38b).

28

율종 사찰을 선풍으로 쇄신함

달관담영(達觀曇穎)

●

달관담영(達觀曇穎, 989~1060) 스님이 동오(東吳)¹ 땅을 행각할 무렵은 겨우 열 예닐곱 살이었다. 진회(秦淮)²에 배를 묶어 두고 봉선사(奉先寺)³에서 하룻밤을 묵게 되었는데, 때마침 그곳에는 모두 율종 스님들만 살고 있었다. 그들은 달관스님이 선승인데다가 나이가 어리다 하여 예우를 하지 않았다. 그러자 스님이 그들을 꾸짖었다.

"부처님께서 '비구가 되어 찾아오는 비구를 미워하면 불법은 장차 없어질 것이다'라고 하였는데 스님들은 어찌하여 이렇게 대하십니까?"

이에 누군가가 대답하였다.

"스님이 이곳의 주인이 되었을 때 공경히 맞이하여도 늦지 않을 것이다."

담영스님은 웃으면서 말하였다.

"제가 이곳에 머무를 만큼 한가하지는 않지만, 도를 행하는 분으로 주인을 바꾸어 시방의 스님들에게 음식을 공양하여 부처님의 은혜에 보답하게 하겠습니다."

그리고는 당시 금릉 태수로 있던 내한(內翰) 섭청신(葉淸臣, 1000~1049)[4]에게 편지를 보내어 만났다. 섭공이 그에게 물었다.

"어제 늦게야 이곳에 도착했다고 하는데 어떻게 봉선사의 건립에 대한 내역을 이렇게 자세히 알고 계십니까?"

"간밤에 옛 비문을 보고 알았습니다."

이어서 율종 스님들이 여기에 사는 데서 오는 폐단과 풍속을 손상시키는 사례를 자세히 말하니 섭공은 그를 매우 기특하게 생각하였다. 봉선사는 이를 계기로 선종 사찰로 바뀌게 되었다.

동오 지방의 많은 교학승들은 조사들이 전법(傳法)한 게송을 번역하는 이가 없다고 비웃었고, 선승들도 그들과 논변을 하였으나 선종의 참다운 도를 잃게 되어 비방하는 소리만 더해지자 스님은 그들을 꾸짖었다.

"이는 달마스님이 이조(二祖, 487~593)를 위해 하신 말씀인데, 어찌 번역이 필요하겠는가. 달마스님을 양(梁) 무제(武帝, 464~549, 재위 502~549)가 찾아가 처음 만났을 때 무제가 스님에게 묻지 않았는가.

'부처님의 으뜸가는 이치[第一義諦(제일의제)]가 무엇입니까?'

'텅텅 비어 부처라 할 것이 없습니다[廓然無聖(확연무성)].'

'그렇다면 지금 내 앞에 있는 자는 누구입니까?'

'모르겠습니다.'⁵

달마스님이 중국말에 능통하지 못하였다면 당시 어떻게 그렇게 대답할 수 있겠는가."

그 뒤로 강사들이 다시는 이러쿵저러쿵 시비하지 않았다.

담영스님이 마도(魔道)와 외도(外道)의 기세를 꺾고 복종시킨 기개와 스승 없이 자연스럽게 얻은 지혜는 젊어서부터 그러하였다. 또한 일에 부딪치면 막힘없이 대처하여 의심과 두려움이 없었는데 이는 타고난 천성이었다. 스님은 뒷날 석문온총(石門蘊聰, 965~1032)⁶ 스님의 법을 잇고, 수산성념(首山省念, 926~993)⁷ 스님의 적손(嫡孫)이 되었다.

주
:

1   현재의 강소성(江蘇省) 소주시(蘇州市).
2   강소성(江蘇省) 남경시(南京市)에 있는 강.
3   241년 강승회(康僧會, ?~280)가 창건하였다. 원래 이름은 보녕사(保寧寺)였으나 기원사(祇園寺), 백탑사(白塔寺), 장경사(長慶寺) 등의 이름으로 바뀌었다가 남당(南唐) 보대(保大, 943~957) 연간에 봉선사(奉先寺)로 바뀌었다.
4   섭청신(葉淸臣, 1000~1049) : 섭도경(葉道卿) 또는 섭본원(葉本元)이라고도 한다. 한림학사(翰林學士), 권삼사사(權三司使) 등을 지냈다. 황룡혜남(黃龍慧南, 1002~1069)의 재가 제자이다.
5   『경덕전등록』 권3(T51-219a).
6   석문온총(石門蘊聰, 965~1032) : 임제종. 곡은산(谷隱山)에 머물러서 곡은온총(谷隱蘊聰)이라고도 한다. 출가하여 처음에는 백장도상(百丈道常, ?~992)에게 참학했지만, 후에 수산성념(首山省念, 926~993)에게서 깨달음을 얻고 법을 이었다. 시호는 자조(慈照).
7   수산성념(首山省念, 926~993) : 임제종. 풍혈연소(風穴延沼, 896~973)에게 참학하여 그의 법을 이어받은 후, 여주(汝州) 수산(首山)의 광교원(廣敎院)과 보응원(寶應院) 등에 머물면서 임제 종풍을 널리 선양하여 임제종 발전의 초석을 마련하였다.

29

비밀장(祕密藏)과 언설법신(言說法身)

『열반경(涅槃經)』

『열반경(涅槃經)』의 말씀이다.

"가섭(迦葉)보살이 부처님께 아뢰었다.

'세존이시여, 부처님께서는 제불세존께서 비밀로 숨겨 둔 것[祕密藏(비밀장)]이 있다 하셨으나 그렇지 않습니다. 왜냐하면 제불세존의 말씀이야 은밀하지만 은밀히 감춰 놓은 것은 없기 때문입니다. 마치 마술쟁이의 꼭두각시와 같아서 사람들은 굽히고 펴고 고개 숙이고 들고 하는 꼭두각시는 볼 수 있지만 그 안은 알 수가 없는 것과 같습니다. 그러나 불법이란 그렇지 않아서 모든 중생이 부처님의 지견(知見)을 얻게 해주는데 어떻게 세존께서 비밀로 숨겨 놓은 것이 있다고 할 수 있겠습니까?'

그러자 부처님께서 가섭을 칭찬하시었다.

'훌륭하도다, 선남자여. 그대가 말한 것처럼 나 여래는 비밀로 숨겨 놓은 일이 없느니라. 무슨 까닭인가? 마치 가을 하늘에 둥근 달이 뜨면 그지없이 맑아 막힐 것이 없어서 누구나 볼 수 있는 것과 같다. 내 설법도 그러하여서 숨김없이 모두 드러내 청정하고 감춘 것이 없다. 어리석은 사람은 알지 못하고서 비밀로 숨겨 놓은 것이 있다고 생각하지만 지혜로운 자는 모두 통달하여 숨긴 것이 있다고 하지 않는다.'"[1]

또 이런 말씀도 있다.

"또한 말이 없다는 것은 마치 어린아이가 말귀를 모르는 것과 같으니, 이때 비록 말이 있다 하여도 실제로는 말이 없는 것과 같다. 내 설법도 마찬가지여서 그 말뜻을 알지 못하면 비밀스런 말이라 하니, 비록 말을 하여도 중생이 알지 못하는 까닭에 말이 없다고 하는 것이다."[2]

이 때문에 석두(石頭, 701~791)[3] 스님은 이렇게 말하였다.

"말을 통달하되 종지를 깨달아야 하니, 스스로 격식[規矩(규구)]을 세우지는 말라."[4]

약산(藥山, 746~829)[5] 스님은 말하였다.

"다시 잘 살펴보라. 말을 끊어 버릴 순 없다. 내가 이제 너희를 위하여 이 말을 하는 까닭은 말없는 그것을 나타내기 위해서이다."[6]

장경(長慶, 854~932)[7] 스님은 말하였다.

"28대 조사들이 모두 마음 전하는 설법을 하였지, 말 전하는 설법을 하지 않았다. 말해 보라, 마음을 어떻게 전할 수 있겠는가? 만일 어리석음을 깨우쳐 주는 말이 없다면 어떻게 '통달한 자[達者(달자)]'라 할 수 있겠는가?"

또한 운문(雲門, 864~949)[8] 스님은 말하였다.

"만일 이 일이 말에 달려 있다면 3승 12분교를 놓고 어찌 말이 없다 하겠는가? 그런데 어찌하여 '교외별전(敎外別傳)'을 말하겠는가? 만일 배워서 깨우치는 지혜[學解機智(학해기지)]에 의지한다면 십지성인(十地聖人) 정도의 경지를 얻는 데 그칠 뿐이니 구름 일듯 비 쏟아지듯 유창하게 설법하여도 오히려 견성(見性)에 있어서는 얇은 천으로 가리고 보는 격이라는 꾸지람을 부처님께 들었다. 그러므로 이로써 알 수 있는 것이 일체가 마음을 가지고 있다[一切有心(일체유심)]고 하지만 저마다 천차만별이다. 비록 그렇다 하나 만약 깨달은 사람이 불을 이야기한다 하여 그의 입에 불이 붙은 일이 있었는가?"[9]

납자들이 이 점에 투철해야 비로소 제불은 설한 법이 없음을 알아 법을 설하는 법신[言說法身(언설법신)]을 깨달을 수 있을 것이라고 나는 항상 말한다. 그렇다면 법을 설하는 법신이란 무엇일까?

"머리 잘린 뱃사공이 양주로 내려가도다[斷頭船子下楊州(단두선자하양주)]."

주
:

1 『대반열반경(大般涅槃經)』 권5 「여래성품(如來性品)」(T12-390b).
2 『대반열반경(大般涅槃經)』 권18 「영아행품(嬰兒行品)」(T12-728c).
3 석두(石頭, 701~791) : 청원행사(靑原行思, 671~741)의 제자인 석두희천(石頭希遷)을 말한다. 6조 혜능(慧能, 638~713)에게 출가했으나 얼마 안 있어 혜능이 입적하자 청원행사(靑原行思)에게서 배웠다. 형산(衡山)의 남사(南寺)에 가서 그 절 동쪽의 석상(石上)에 암자를 짓고 항상 좌선하였으므로 '석두' 화상이라고 불렸다. 약산유엄(藥山惟儼, 746~829)에게 법을 부촉하고 입적하였다. 시호는 무제(無際) 대사이며, 『참동계(參同契)』와 『초암가(草庵歌)』 등을 지었다.
4 『경덕전등록(景德傳燈錄)』 권30(T51-459b) 등에 '남악석두화상참동계(南嶽石頭和尚參同契)'로 전한다.
5 약산(藥山, 746~829) : 석두희천(石頭希遷, 701~791)의 법을 이은 약산유엄(藥山惟儼)을 말한다. 시호는 홍도(弘道) 대사.
6 『경덕전등록(景德傳燈錄)』 권28(T51-440b) '예주약산유엄화상(澧州藥山惟儼和尚)'.
7 장경(長慶, 854~932) : 석두희천(石頭希遷, 701~791)의 4세손인 설봉의존(雪峰義存, 822~908)의 제자 장경혜릉(長慶慧稜)을 말한다. 13세에 출가하여 설봉의존(雪峰義存, 822~908)과 현사사비(玄沙師備, 835~908) 등을 참학하고 설봉의 법을 이었다. 호는 초각(超覺) 대사.
8 운문(雲門, 864~949) : 설봉의존(雪峰義存, 822~908)의 법을 이은 운문문언(雲門文偃)을 말한다. 17세에 출가하여 황벽희운(黃檗希運, 751~850)의 법을 이은 목주도명(睦州道明, 780~877)에게 참구하고, 다시 설봉의존(雪峰義存, 822~908)에게 참구하여 그 법을 이어받았다. 시호는 대자운광성광명(大慈雲匡聖宏明) 대사.
9 『경덕전등록(景德傳燈錄)』 권19(T51-356c) '소주운문산문언선사(韶州雲門山文偃禪師)'.

30

재(齋)와 삼매(三昧)의 뜻

왕문공(王文公)

●

왕문공(王文公, 1021~1086, 왕안석)[1]이 말하였다.

"부처님께서 비구들과 진사시(辰巳時, 아침 7시~11시)에 공양하는 것을 '재(齋)'라 이름한 것은, 중생들을 대하는 데 '엄숙[齊(제)]'하지 않을 수 없기 때문이다. 또한 불성(佛性)이 있기 때문에 중생을 동등하게 보며, 귀신과 상대하는 도라고도 보기 때문이다. 그러므로 『수능엄경』에서도 '몸가짐[威儀(위의)]을 가다듬고 재법(齋法)을 엄숙하게 받든다'[2]고 하였다."

또 말하였다.

"범어 '삼매(三昧)'는 '정정(正定)'이라고 번역하였다. '정정' 가운데에서 느끼는 경계를 '정수(正受)'라고 하는데 무명(無明)을 연(緣)하여 받은 경계와는 다른 것이다. 그러므로 『원각경』에서는 '삼매정수(三昧正受)'[3]라 번역하고서 '범어로는 삼매(三昧)라 하지만 중국에서는 정수(正受)라 한다'고 풀이하였으니, 『보적경(寶積經)』에서 '삼매(三昧)와 정수(正受)'⁴라고 한 것은 이 말을 풀이한 것이 아니다."

주
:
1   왕문공(王文公, 1021~1086) : 송대의 정치가이자 문필가인 왕안석(王安石)을 가리킨다. 자(字)는 개보(介甫), 호는 반산(半山)이다. 당송팔대가의 한 사람이다. 진정극문(眞淨克文, 1025~1102) 스님의 제자이다.
2   『대불정여래밀인수증요의제보살만행수능엄경(大佛頂如來密因修證了義諸菩薩萬行首楞嚴經)』(T19-106c).
3   『대방광원각수다라요의경(大方廣圓覺修多羅了義經)』(T17-913a).
4   『대보적경(大寶積經)』 권71 「정거천자찬게품(淨居天子讚偈品)」(T11-403a).

31

규봉(圭峰)스님의 억지설

육조혜능(六祖慧能)

●

조계(曹溪, 638~713, 육조혜능)스님께서 열반하시려는 차에 문인인 행도(行瑫, 671~759),¹ 초속(超俗), 법해(法海)스님 등이 물었다.

"스님의 법을 누구에게 전하시렵니까?"

"내 법을 받을 사람은 20년 후에 이곳에서 크게 법을 펼칠 자이다."

"그가 누구입니까?"

"누구인가를 알고 싶거든 대유령(大庾嶺) 꼭대기에서 그물로 덮쳐라."²

규봉종밀(圭峰宗密, 780~841) 스님이 하택신회(荷澤神會, 684~758) 스님을 정통의 전수자로 내세우려고 이 말을 이렇게 풀이하였다.

"재[嶺(영)]란 높은 것을 말한다. 하택스님의 성이 고씨(高氏)이므로, 은밀히 이를 나타낸 것이다."³

한편 남악회양(南嶽懷讓, 677~744) 스님을 깎아내리려고 방계(旁

系) 출신이라고 매도하여 말하였다.

"회양은 조계 문하의 방계 출신으로서 한낱 평범한 문도일 뿐이니 이런 무리는 천 명이나 된다."

아! 사슴을 뒤쫓는 자는 산 속에 있으면서도 산을 보지 못하고, 황금을 탐내어 덮친 자는 곁에 있는 사람을 보지 못한다는 옛말이 거짓이 아니다. 종밀스님의 눈에 보이는 것은 오로지 하택스님뿐이었다. 그러므로 다른 선사들에 대해서는 시비를 불문하고 으레 모두 헐뜯었다.

"대유령 꼭대기에서 그물로 덮쳐라." 하신 말은 대사께서 깨달으신 종지를 완전히 드러내 보이신 한마디인데도 이를 억지로 끼워 맞추려 하고, 회양스님은 사문 가운데 사문인데도 그를 한낱 평범한 문도라 하였다. 종밀스님의 뜻을 자세히 음미해 보면 천 년이 지난 오늘날에도 웃음이 나올 뿐이다.

주 :

1 『임간록』이 '行瑫'라고 표시한 '행도'라는 인물은 혜능(慧能, 638~713)의 문인 법해(法海)가 지은 『육조대사연기외기(六祖大師緣記外記)』(T48-362b)에 따르면 혜능의 아버지 이름이다. 혜능의 문인인 '행도'는 『조계대사별전(曹溪大師別傳)』(X86-52c)에 '行滔'라고 표시하였다.

2 『중화전심지선문사자승습도(中華傳心地禪門師資承襲圖)』(X63-31c).

3 『중화전심지선문사자승습도(中華傳心地禪門師資承襲圖)』(X63-31c).

32

머무르는 대로 나타나는 선과 악

노안 국사(老安國師)

노안(老安, 582~709)[1] 국사가 말하였다.

"『금강경』에서 '머무르는 바 없이 마땅히 그 마음이 난다[應無所住而生其心(응무소주이생기심)]'고 한 가운데 '머무르는 바 없는 것'이란 색에도 머무르지 않고 소리에도 머무르지 않으며, 미혹에도 머무르지 않고 깨달음에도 머무르지 않으며, 체(體)에도 머무르지 않고 용(用)에도 머무르지 않음이다. '그 마음이 난다'라는 말은, 일체법 그대로에서 한 마음을 나타내는 것이다. 선에 머물러 마음을 내면 선이 나타나고, 악에 머물러 마음을 내면 악이 나타나서 본심은 숨어 버리게 되니, 머무르는 바 없으면 시방 세계가 오로지 한 마음일 뿐이다. 그러므로 조계(曹溪, 638~713)스님이 '바람이 움직이는 것도 아니고 깃발이 나부끼는 것도 아니며, 마음이 움직이는 것이다' 하신 말씀을 진실로 알 수 있을 것이다."[2]

수산주(修山主)[3]의 게송도 있다.

바람 부니 마음이 나무를 흔들고

구름이 피어나니 성품이 티끌을 일으킨다

오늘의 일을 밝히려 하면

본래의 사람을 어둡게 하리라.

風動心搖樹(풍동심요수) 雲生性起塵(운생성기진)

若明今日事(약명금일사) 暗却本來人(암각본래인)[4]

주
:

1 노안(老安, 582~709) : 5조 홍인(弘忍, 602~675)의 법을 이은 숭악혜안(嵩嶽慧安)의 시호.
2 『종경록(宗鏡錄)』 권98(T48-944b).
3 수산주(修山主) : 당말(唐末) 오대(五代)의 용제소수(龍濟紹修)를 말한다. 지장계침(地藏桂琛, 867~928)의 법을 이었다.
4 『선종송고연주통집(禪宗頌古聯珠通集)』 권35(X65-696a) : 『오등회원(五燈會元)』 권8 '무주용제소수선사(撫州龍濟紹修禪師)'(X80-181b).

33

출생 인연에 대한 망상을 끊어주다

회당조심(晦堂祖心)

　어떤 스님이 회당(晦堂, 1025~1100) 노스님에게 물었다.
　"전생에 소나무 심는 도인[栽松道者(재송도자)]이었던 오조홍인(五祖弘忍, 602~675) 스님은 주씨(周氏) 여인의 몸을 빌려 태어났다고 하는데,[1] (아버지와 어머니와 자식의) 세 인연이 합하지 않고서 어떻게 태어날 수 있었습니까?"
　"수제가(樹提伽)는 불속에서 태어났고[2] 이윤(伊尹, 기원전 1648~1549)은 뽕나무에서 태어났다[3]는 이야기를 듣지 못하였는가?"
　"들었습니다."
　"위의 두 사람이 세 인연에 의해 태어나지 않은 것은 의심하지 않으면서 오조만 의심하는가?"

　오늘날 불법에 관심 있는 사대부들은 모두가 오조가 태어난 인연에 대하여 의심하고 있는데 이 말을 듣는다면 의심이 풀릴 것이다. 회당 노스님의 말씀은 불법의 근본 뜻을 모두 설파하시려 함이 아니라, 다만 기연에 따라 미치광이의 생각을 멈추게 하는 데 있었다고 생각한다.

마조스님이 "부처님은 참으로 어지시니, 지혜로 방편을 잘 써서 일체 중생의 의심을 깨뜨려 주며 '유무(有無)'의 속박에서 벗어나도록 해주신다."[4] 하신 말씀은 이 점을 이야기해 준다.

주
:

1 『임간록』 '20. 홍인스님의 내력' 참조.
2 어느 장자의 부인이 임신을 하였는데 장자가 사람들을 찾아다니며 아들인지 딸인지를 물었다. 다른 외도들은 딸이라고 하는데 부처님은 아들이라고 하였다. 외도들이 이를 질투하여 장자를 꼬여 독으로 부인을 죽게 만들었다. 그런데 부인의 배에서 불이 피어나면서 그 속에 동자가 연화대에 앉듯이 단정하게 앉아 있었다. 아이가 불 속에서 태어났으므로 '불'이라는 말을 따와서 '수제(가)'라고 하였다. 『대반열반경(大般涅槃經)』 권30 「사자후보살품(師子吼菩薩品)」(T12-543bc).
3 이윤(伊尹, 기원전 1648~1549)은 하나라 말기부터 상나라 초기에 걸친 정치가이다. 상 왕조 성립에 큰 역할을 하였다. 전설에 의하면, 이윤의 어머니가 대홍수에 휩쓸려가 뽕나무가 되었고 그 줄기에서 이윤이 태어났다고 한다.
4 『마조도일선사광록(馬祖道一禪師廣錄)』 권1(X69-3b).

34

『종경록(宗鏡錄)』의 업설

『종경록(宗鏡錄)』에서는 이렇게 말하였다.

"묻는다. 비록 그러하나 마음이 곧 업이며 업이 곧 마음이라면 업은 마음에서 생겨났다가 마음을 따라 받게 된다는 것인데, 어떻게 현재에 부질없는 업보를 없앨 수 있는가?

답한다. 지음이 없음을 깨닫기만 하면 저절로 업은 없어지는 법이다. 그러므로 '악업을 지음이 없음을 안다면 한 번의 생에서 부처를 이룰 수 있다'고 하였고, 또 '비록 업을 짓는다 하지만 짓는 자가 없다는 것이 바로 여래의 비밀한 가르침이다'라고 하였다.

또한 모든 업을 짓는 것은 다 자기의 마음으로부터 비롯되나 바깥 법을 제멋대로 헤아리고 되돌려서 스스로를 다스려 부질없이 업을 이룬다. 그러나 만일 마음을 깨쳐 경계를 취하지 않으면 경계는 저절로 일어나지 않고 망정을 끌어들일 만한 어떠한 법도 생겨나지 않을 것이니, 어찌 업을 이루겠는가."[1]

내가 게송으로 그 뜻을 해석한 적이 있다.

손을 높이 들고 향을 사르어
부처님께 공양을 올릴 때면
그 마음 스스로 알리라
당연히 복 받을 거라고
손을 높이 들어 칼을 잡고서
살생을 자행할 때면
그 마음 스스로 알리라
죽어 지옥으로 들어간다는 사실을
살인을 하거나 부처님께 공양하는 일
모두 하나의 손에 의한 일이지만
어찌하여 업보는
죄와 복으로 다르게 되는가
모두가 제멋대로 헤아리는 데서
그러한 일이 있게 된 것이니
이런 까닭에 예로부터
생사의 늪에서 허덕인다
천둥소리에 파초 잎 자라고
쇠는 자석을 굴리나
모두 그렇게 만드는 이 없는데도

이러한 힘이 있도다

마음이 경계를 취하지 않으면

경계 또한 원래부터 고요하니

그러므로 여래장은

알음알이를 허락하지 않는 거라오.

擧手炷香(거수주향) 而供養佛(이공양불)

其心自知(기심자지) 應念獲福(응념획복)

擧手操刀(거수조도) 恣行殺戮(자행살육)

其心自知(기심자지) 死入地獄(사입지옥)

或殺或供(혹살혹공) 一手之功(일수지공)

云何業報(운하업보) 罪福不同(죄복부동)

皆自橫計(개자횡계) 有如是事(유여시사)

是故從來(시고종래) 枉沈生死(왕침생사)

雷長芭蕉(뇌장파초) 鐵轉磁石(철전자석)

俱無作者(구무작자) 而有是力(이유시력)

心不取境(심불취경) 境亦自寂(경역자적)

故如來藏(고여래장) 不許有識(불허유식)

주
:

1 『종경록(宗鏡錄)』권85(T48-882c).

35

『유마경(維摩經)』 등의
부사의법문(不思議法門)

　『유마경(維摩經)』에서는 "부사의(不可思議)한 경지에 들어가면, 등왕(燈王)의 자리를 빌려 앉아 향토(香土, 극락정토)에서 밥을 먹고, 크고 작은 만상(萬象)을 서로 포용하며 영겁의 세월을 줄였다 늘렸다 하는 것처럼 오묘한 종지를 잘 알 수 있다."[1]고 하였는데, "모든 성문(聲聞)이 불가사의한 해탈 법문을 들으면 모두 통곡하게 되어 그 울음소리가 삼천대천세계에 진동하리라."[2]는 데에 이르면 뜻을 이해하기가 매우 어렵다.

　또『수능엄경(首楞嚴經)』에서는 "누구나 진리를 깨달아 근원으로 돌아가면 시방 허공이 다 녹는다."[3]고 하였는데, 도를 깨달으면 거짓이 완전히 사라진 밝은 마음이니 저절로 텅 비고 없음을 볼 수 있을 것이다. 그런데 이어서 "모든 마왕들은 아무런 까닭 없이 그의 궁전이 무너지는 것을 보게 될 것이다."[4]고 한 말은 매우 이해하기 어렵다.

지난날 많은 법사들이 갖가지 주석을 붙여 왔지만 그들의 이론을 살펴보면 완벽하다 하기에는 문제가 있다.

주
:

1 『유마힐소설경(維摩詰所說經)』 권2 「부사의품(不思議品)」(T14-546ab).
2 『유마힐소설경(維摩詰所說經)』 권2 「부사의품(不思議品)」(T14-546c).
3 『대불정여래밀인수증요의제보살만행수능엄경(大佛頂如來密因修證了義諸菩薩萬行首楞嚴經)』 권9(T19-147b).
4 『대불정여래밀인수증요의제보살만행수능엄경(大佛頂如來密因修證了義諸菩薩萬行首楞嚴經)』 권9(T19-147b).

36

임제(臨濟)스님의
사빈주(四賓主)와 사할(四喝)

　임제(臨濟, 767~866)스님이 '사빈주(四賓主)'[1]를 주장한 일이 있는데, 요즘에 들어서는 한낱 그 말만을 뒤져 볼 뿐, 결국 그 뜻을 똑바로 알지 못하여 안다는 사람도 참뜻을 아는 것이 아니며 모르는 자들은 그것을 구차스러운 말이라 생각한다.

　또한 '네 가지의 할[四喝(사할)]'이 있다. 하나는 금강왕의 보검과 같고, 하나는 땅에 웅크리고 앉아 있는 사자와 같으며, 하나는 물고기 잡는 탐간영초(探竿影草)[2] 같고, 하나는 간혹 일할(一喝)의 작용을 이루지 않을 때가 있는 것이다.

　땅에 웅크리고 앉아 있는 사자나 탐간영초 같다는 것에 대하여 후학들은 도대체 무슨 말인지조차 모르고 있는데, 어떻게 그 뜻을 알 수 있겠는가. 옛사람이 방편으로 마련해 놓은 일시적인 말이니 물을 것이 있겠는가 하는 정도로 생각한다면 임제스님의 말씀은 헛소리가 되는 것이다.

이제 그 뜻을 잇는 게송을 적어본다.

    금강왕의 보검을
    당당하게 드러내 보이니
    조금치라도 입을 나불거리면
    곧장 그 칼날에 다치게 되리.
    金剛王劍(금강왕검) 覿露堂堂(적노당당)
    才涉脣吻(재섭진문) 卽犯鋒鋩(즉범봉망)

    땅에 웅크리고 앉은 사자는
    본디 보금자리가 없으니
    둘러보는 사이에
    번뇌가 스며들었네.
    踞地師子(거지사자) 本無窠臼(본무과구)
    顧佇之間(고저지간) 卽成滲漏(즉성삼루)

    탐간영초를
    그늘에 넣지 말지니
    한 마리 물고기 찾아오지 않고
    적의 몸은 스스로 패하리라.
    探竿影草(탐간영초) 莫入陰界(막입음계)

一點不來(일점불래) 賊身自敗(적신자패)

때로 하는 일할(一喝)은
일할이란 작용을 짓지 않으니
불법이 대단하기는 하나
어금니만 아플 뿐이다.
有時一喝(유시일할) 不作喝用(부작할용)
佛法大有(불법대유) 只是牙痛(지시아통)

주
:

1 사빈주(四賓主) : 스승과 납자가 문답할 때의 관계를 네 가지로 설명한 것이다. 첫째, '빈중빈(賓中賓)'은 납자가 어리석어서 스승의 가르침을 받으면서도 알아차리지 못하는 경우이고, 둘째, '빈중주(賓中主)'는 납자의 견처가 우수하여 스승이 학인에게 심경(心境)이 간파되는 경우이며, 셋째, '주중빈(主中賓)'은 스승에게 납자를 지도할 만한 역량이 없는 경우이고, 넷째, '주중주(主中主)'는 스승이 갖출 역량을 제대로 구비한 경우이다.

2 탐간영초(探竿影草) : 물새의 깃을 엮어서 장대 끝에 꽂아 물속에 넣고 고기가 한 곳에 모인 뒤에 그물로 잡는 것을 '탐간(探竿)'이라 하고, 풀을 물에 띄우면 고기가 그 그림자에 모여드는 것을 '영초(影草)'라고 한다. 선지식이 납자를 지도하는 방편을 말한다.

37

경잠(景岑)스님
영정찬(影幀讚)과 서문

내가 장사(長沙)¹ 지방을 돌아다니다가 녹원사(鹿苑寺)에 이르러 장사경잠(長沙景岑, 788~868)² 스님의 영정을 보고서 스님의 인품을 상상하며 『잠대충찬(岑大蟲贊)』과 서(序)를 지었다.

여래세존께서는 아난존자에게 "일체의 부질없는 티끌과 모든 환화(幻化)의 모습이 그 자리에서 생겨나 그 자리에서 사라지니 이런 환망(幻妄)을 상(相)이라 부르기는 하지만 그 성품은 참으로 묘각(妙覺)의 밝은 본체인 줄을 너는 전혀 모르는구나."³ 하셨고, 용승(龍勝, 용수) 보살은 "모든 법이란 스스로[自] 나는 것도 아니고, 남[他]에 의하여 나는 것도 아니며, 자(自)와 타(他)가 함께하는 데서 나는 것도 아니고, 원인 없이 나는 것도 아니니 그러므로 무생(無生)이라 한다."⁴고 하셨다.

불조의 말씀으로 심법(心法)의 오묘한 이치를 이야기하자면 청정하고 또렷이 나타나 손바닥 위의 물건을 보듯 의심할 바 없다. 그러나 말세 중생들이 이를 깨닫지 못하는 것은 미혹한 망념이 매우 성하기 때문이지 그들이 익히 들어 왔던 것 때문이 아니다. 스님께서 이를 가엾게 여기시어 익혀 온 경계를 비유하시어, '마음이 일어나면 꿈이나 헛것이나 허공꽃이 따라 일어나며, 몸이 생겨나면 산하대지와 삼라만상이 따라 생긴다' 하셨으니, 정말로 훌륭한 말씀이다. 이는 『수능엄경』과 『중관론(中觀論)』과도 일치하는 법문이다.

스님께서는 대적(大寂, 709~788, 마조)스님의 법손(法孫)이요, 남전(南泉, 748~835)스님의 법제자이며, 조주(趙州, 778~897)스님의 사형(師兄)이시다. 장사 녹원사에서 개법하시니, 당시의 납자 중에 앙산 혜적(仰山慧寂, 807~883) 스님처럼 호락호락하지 않은 분도 오히려 그에게 굴복되어 스님을 '대충(大蟲, 호랑이)스님'이라 불렀다.[5]

이에 찬을 쓴다.

> 장사 땅 호랑이
> 위엄과 명성이 매우 드높으시어
> 텅 빈 숲 속에 잠을 자도
> 온갖 짐승은 몸을 움츠리고 겁에 질리는데
> 멍청한 아이 혜적이
> 무서운 줄 모르고

손을 뻗어 호랑이 수염을 훑었다가
하마터면 귀를 물어뜯길 뻔했지
대공(大空)이니 소공(小空)이니 하며
범이다 그대이다 하니
사비(師備, 835~908)와 굉각(宏覺, ?~902) 같은 이만이
겨우 그 꼬리를 잡을 수 있었네
아! 오늘날의 납자들은
반들반들한 눈으로
호랑이 껍데기만 볼 줄 아니
어떻게 진짜 호랑이를 알겠는가
스님의 영정 앞에 절을 올리오니
살아 있음도 죽음도 아니외다
백척간두에
뽀얀 발 먼지 풀썩풀썩하는구나.

長沙大蟲(장사대충) 聲威甚重(성위심중)
獨眠空林(독면공림) 百獸震恐(백수진공)
寂子兒癡(적자아치) 見不知畏(견부지외)
引手捋鬚(인수랄수) 幾缺其耳(기결기이)
大空小空(대공소공) 是虎是汝(시호시여)
如備與覺(여비여각) 可撩其尾(가료기미)
嗟今衲子(차금납자) 眼如裵旻(안여배민)

但見其彪(단견기표) 安識虎眞(안식호진)
我拜公像(아배공상) 非存非沒(비존비몰)
百尺竿頭(백척간두) 行塵勃勃(행진발발)

주
:
1 호남성(湖南省) 장사시(長沙市).
2 장사경잠(長沙景岑, 788~868) : 어려서 출가하여 남전보원(南泉普願, 748~835)에게 참학하여 그의 법을 이었다. 처음에는 녹원사(鹿苑寺)에 머물렀지만 이후에는 한곳에 머물지 않고 유랑하면서 생을 마쳤다. 시호는 초현(招賢) 대사. 대호(大虎) 또는 잠대충(岑大蟲)이라고도 부른다.
3 『대불정여래밀인수증요의제보살만행수능엄경(大佛頂如來密因修證了義諸菩薩萬行首楞嚴經)』 권2(T19-114a).
4 『중론(中論)』 「관인연품(觀因緣品)」(T30-2b).
5 장사경잠이 앙산혜적과 달을 구경하다가 앙산이 "사람들은 모두 이것을 지니고 있으면서도 사용하지 못합니다."라고 하자 경잠이 "너를 고용해서 사용해야겠구나." 하였다. 이에 앙산이 "어떻게 사용하실 예정입니까?" 하니 경잠이 바로 앙산을 넘어뜨려 밟아버렸다. 그러자 앙산이 "호랑이 한 마리십니다!"라고 했다. 이때부터 사람들이 경잠을 '잠대충'이라 불렀다. 『원주앙산혜적선사어록(袁州仰山慧寂禪師語錄)』 권1(T47-585b) ; 『경덕전등록(景德傳燈錄)』 권10 '호남장사경잠(湖南長沙景岑)'(T51-275ab).

38

세 분 영정과 세 개의 탑

백운수단(白雲守端)

●

백운수단(白雲守端, 1025~1072) 스님께서 말씀하셨다.

"천하 총림을 홍성하게 만든 것은 대지(大智, 720~814, 백장)스님의 힘이다. 그러므로 조사당 한복판엔 달마스님의 영정을, 서쪽엔 대지스님의 영정을, 동쪽엔 개산(開山)하신 큰스님의 영정을 모신 것은 매우 잘한 일이다. 그러나 개산하신 큰스님의 영정만을 봉안하는 데 그치고 그 조종(祖宗)을 생략하는 것은 마땅치 못한 일이다."

운거원우(雲居元祐, 1030~1095) 스님은 "여러 큰스님들의 입적을 살펴보니 반드시 그 유해를 모시기 위하여 부도를 세우는데 땅은 유한하고 사람은 죽는 사람은 끝이 없으니, 백천 년 후에는 반드시 부도 하나 세울 땅마저 없게 될 것이다." 하고는 굉각(宏覺, ?~902, 운거도응)[1]스님의 탑 동쪽에 난탑(卵塔)[2]을 만들어 놓고, "주지 중에 부서지지 않는 생신(生身)을 지녀서 화장하여 사리가 비처럼 쏟아지는 사람이 아니거든 그 뼈며 돌을 모두 이곳에 묻어라." 하였다.

또 그 서쪽에 난탑(卵塔)을 하나 마련하고, "대중스님이 입적하거든 그 뼈를 이곳에 묻도록 하라." 하여 이를 '세 탑[三塔(삼탑)]'이라 하였다.

두 노스님의 고매한 식견이야 후세의 모범이 되고도 남겠지만 그들의 외로운 주장은 지속되기 어렵고, 대중의 비위에 거슬리는 일이란 이루어지기 어려운 법이다. 그러나 언젠가는 반드시 이 말씀에 찬성하는 자가 있으리라 믿기에 두고 볼 작정이다.

주
:

1   굉각(宏覺, ?~902) : 운거산(雲居山)에서 법석을 펼친 조동종 운거도응(雲居道膺)을 말한다. 어려서 출가하여 제방을 편력하다가 3년 동안 취미무학(翠微無學)에게 참학하고 다시 동산양개(洞山良价, 807~869)에게 수학하여 깨달음을 얻었다. 운거산에 머물면서 동산의 법도를 선양하여 운거파가 조동종으로 인정받게 하였다. 『임간록』은 굉각(宏覺)으로 표시하지만 『경덕전등록』 등에서는 시호를 홍각(弘覺)으로 표기하였다.
2   난탑(卵塔) : 이음새 없이 깎아 새알을 세운 것 같은 모양의 석탑을 말한다. 무봉탑(無縫塔)이라고도 한다.

39
○
고려의 승통(僧統)을 맞이함
유성(有誠)

●

　동경(東京)¹ 각엄사(覺嚴寺) 유성(有誠)스님은 오랫동안 『화엄경』을 강의하여 많은 학자들이 모여들고 명성이 드높았다. 스님의 인품은 순박하여 꾸밈이 없었으며 고고한 행실과 원대한 식견을 갖추어 근대 강사로서는 가장 훌륭하였다. 원우(元祐) 초(1086)에 고려의 승통(僧統, 대각국사 의천)²이 바다 건너 찾아와 현수(賢首, 643~712)스님의 가르침을 전수받은 후 본국으로 돌아가 이를 유통할 수 있도록 주선해 주기를 바라는 표(表)를 올렸다. 그리하여 천자의 명으로 좌우양가(左右兩街)에 법을 전해 줄 인물을 천거하도록 하니, 담당 관리는 유성스님을 적임자로 천거하였으나 스님은 표를 올려 굳이 사양하였다.

　"신(臣)은 비록 마음을 다하여 강학(講學)한다 하지만 식견이 얕고 비루하며, 특히나 운수가 이미 다하였는데도 부질없이 학자들의 추앙을 받고 있는 터입니다. 오늘날 다른 나라의 저명한 승려가 바다를 건너와 도를 물으니, 당연히 식견이 높고 견문이 해박한 자를 뽑아 스승으로 삼게 해야 할 것입니다. 제가 보기로는 항주(杭州) 혜인원(慧因院)의 도원(道源)³스님이 교학을 정밀하게 공부한 바 있고 외학(外學)까지도 두루 통달하였으니, 그를 천거하여 저를 대신하는 것이 실로 여론에 걸맞는 일이라 할 것입니다."

천자의 명으로 고려 승통이 바라는 대로 조봉랑(朝奉郞) 양걸(楊傑, 974~1020)을 그의 숙소로 보내어 함께 전당(錢塘)⁴으로 찾아가 법을 받게 하였다.⁵

주
:

1 하남성(河南省) 개봉시(開封市) 개봉현(開封縣).
2 고려의 승통(僧統) : 고려 천태종의 시조인 대각국사(大覺國師) 의천(義天, 1055~1101)을 가리킨다. 고려 문종(文宗, 1019~1083, 재위 1046~1083)의 넷째 아들로 태어나 11세에 출가하였다. 1085년 송(宋)으로 건너가 정원(淨源, 1011~1088)과 종간(從諫, 1036~1110) 등의 선지식을 참학한 뒤 14개월 만에 귀국하였다. 개경 흥왕사(興王寺)에 머물며 교장도감(敎藏都監)을 설치하여 불서를 수집하고 간행하였다.
3 의천(義天, 1055~1101)의 행장(行狀)이나 여러 자료에 의하면 정원(淨源)으로 보인다.
4 절강성(浙江省) 항주시(杭州市).
5 『조선불교통사(朝鮮佛敎通史)』 권3에 전하는 대각국사비명(大覺國師碑銘)에 따르면, 의천은 항주(杭州) 대중상부사(大中祥符寺)를 찾아가 정원(淨源)을 참례하였다.

40

동산수초(洞山守初) 스님의 어록

　건중정국(建中靖國) 초(1102)에 친구 집에서 복엄양아(福嚴良雅) 스님이 편집한 동산수초(洞山守初, 910~990)¹ 스님의 어록 한 편을 얻었는데, 범위가 넓고 내용이 오묘하여 참으로 법문의 진수라 할 만하였다. 내용은 대략 다음과 같다.

　"말 가운데 말이 있는 것을 사구(死句)라 하고, 말 가운데 말이 없는 것을 활구(活句)라 하니, 그 근원을 통달하지 못하면 제8 마계(魔界)로 떨어지게 될 것이다."²

　또 이런 말씀도 있다.

　"말은 일로 전개되지 못하고 말로는 기연에 부합되지 못하니, 말에 의지하면 잃고 말에 얽매이면 미혹하게 된다.³ 이 네 구절에서 분명한 것을 보아 내면 초연한 납자가 될 수 있다. 한편 서까래 하나, 기왓장 한 조각, 죽 한 그릇을 보시한 인연으로도 인천(人天) 세계에게 선지식이 될 수 있으나, 이 이치를 분명히 알지 못하면 결국 어리석고 쓸모없는 인간이 되고 말 것이다."

　은사이신 운암(雲庵, 1025~1102, 진정극문)스님이 평소 설법하실 때면 수초스님이 깨친 경지는 그 격식과 도량이 뛰어나다고 자주 칭찬하셨는데, 우연히 옛 기록을 펼쳐 보다가 스님이 도반에게 보낸 게송과 서문을 보았다.

　예전에 동산(洞山)스님이 운문(雲門)스님을 찾았을 때, 한마디 말끝에 종지를 깨쳐[4] 부처님의 바른 지견을 얻었다. 그리하여 해묵은 모자와 냄새 절은 장삼을 훌훌 벗어버리고 네 구절의 게로써 자신의 깨달음을 밝혔다. 그것은 구체적인 일을 통해 도를 보일 수 있는 자유자재한 작용[機用(기용)]과 기연(機緣)에 계합되는 정교한 도풍을 얻었기 때문이다. 그러므로 기연에 응하고 사물을 대할 때 말에 편승하지 않고 글에 매이지 않았으니, 마치 사자왕이 자재한 경지를 얻어 포효하면 모든 짐승이 벌벌 떠는 것과 같이 법왕이신 부처님의 법도 그러하기 때문이다. 세상에서는 운문스님을 찾아뵌 이들이 모두 생사에 자유자재하는 경지[坐脫立亡(좌탈입망)]를 얻는다고들 하는데 무슨 까닭일까? 그것은 불법에 대한 지견을 짓지 않기 때문이다.

　이에 게송을 몇 구절 지어 그 뜻을 받들고자 한다.

대용(大用)이 앞에 나타나 일을 해 나가니
봄이 깃든 온 누리에 어디엔들 꽃피지 않으랴
그에게 삼돈방(三頓棒)을 주어 법당에 절하니
온 천하가 한집안인 줄을 알겠네.
大用現前能展事(대용현전능전사)
春來何處不開花(춘래하처불개화)
放伊三頓參堂去(방이삼돈참당거)
四海當知共一家(사해당지공일가)

천차만별하게 기연에 계합할 줄 아는 것은
눈 밝으신 종사께서 자유자재하던 시절
북두성에 몸 감추고 말을 하지만[5]
보통을 뛰어넘는 소식을 아는 사람 흔치 않네.
千差萬別解投機(천차만별해투기)
明眼宗師自在時(명안종사자재시)
北斗藏身雖有語(북두장신수유어)
出群消息少人知(출군소식소인지)

산천경계 노닐면서 말에 의지하되
스스로의 생각이 조금도 치우치지 않았으나
냄새 절은 장삼을 훌훌 벗지 못하면

또다시 세속 따라 세월을 흘려보내리.

遊山翫水便乘言(유산완수변승언)

自己商量總不偏(자기상량총불편)

鶻臭布衫脫未得(골취포삼탈미득)

且隨風俗度流年(차수풍속도류년)

문구에 얽매이고 말에 의지하면 보지 못하고 듣지 못하니

아무리 참선하고 도를 닦아도 안 될 수밖에

깨달으면 조금도 힘들이지 않으리니

불속에서 사마귀가 호랑이를 삼키도다.

滯句乘言是瞽聾(체구승언시고농)

參禪學道自無功(참선학도자무공)

悟來不費纖毫力(오래불비섬호력)

火裏螂蟟吞大蟲(화리낭료탄대충)

주
:

1 동산수초(洞山守初, 910~990) : 운문종. 16세에 출가하여 처음에는 율을 배우다가 나중에 운문문언(雲門文偃, 864~949)에게 참학하여 그의 법을 이었다. 948년부터 대중의 청에 응하여 강서성 양주(襄州) 동산(洞山)에 머물렀다. '마삼근(麻三斤)' 공안이 유명하다.

2 『고존숙어록(古尊宿語錄)』 권38 「양주동산제이대초선사어록(襄州洞山第二代初禪師語錄)」(X68-248a).

3 『고존숙어록(古尊宿語錄)』 권38 「양주동산제이대초선사어록(襄州洞山第二代初禪師語錄)」(X68-247b).

4 동산수초 스님에게 운문스님이 물었다. "요즘 어디서 왔는가?" "묘도(杳渡)에서 왔습니다." "여름엔 어디 있었는가?" "호남(湖南) 보자(報慈)에 있었습니다." "언제 거기서 떠났는가?" "8월 25일이었습니다." 그러자 운문스님이 "몽둥이 석 대를 따끔하게 맞아야겠구나." 하였다. 다음날 수초스님이 "어제 큰스님께 아픈 매 석 대를 맞았는데 무엇이 잘못되었습니까?" 하니, 운문스님이 "이런 밥통 같으니, 강서 호남에서 그러고 다녔구나." 하였다. 수초스님은 이 말끝에 깨쳤다. 『운문광진선사광록(雲門匡眞禪師廣錄)』 권3(T47-572a) ;『고존숙어록(古尊宿語錄)』 권38 「양주동산제이대초선사어록(襄州洞山第二代初禪師語錄)」(X68-252b).

5 한 스님이 운문스님에게 묻기를, "무엇이 법신을 꿰뚫는 한마디입니까?" 하니 "북두성에 몸을 감추느니라." 하였다.

41

술을 좋아한 기이한 스님

종도(宗道)

　종도(宗道)스님은 어디 사람인지 알 수 없으나 서주(舒州)[1]와 기주(蕲州)[2] 지방을 왕래하면서 투자산(投子山)[3]에 머문 날이 많았다. 본래 술을 즐겨 늘 술에 취해 지냈는데 마을 사람들은 스님을 좋아하고 공경하여 항상 잘 빚어진 술을 대접하였다.

　어느 날 목욕하려는 차에 누가 찾아왔다는 말을 듣고서 분명 술을 보내 왔으려니 하고 옷을 벗은 채 튀어 나가 술을 받아 들고 들어갔다. 사람들은 모두들 껄껄대며 웃었지만 스님은 전혀 부끄러워하지 않았다.

　한번은 옷을 풀어헤친 채 산길을 내려오는데 어떤 사람이 산을 올라오면서 스님께 물었다.

　"도인의 가풍은 무엇입니까?"

　"가사로 짚신을 싸노라."

　"그 뜻이 무엇입니까?"

"맨발로 동성(桐城)을 내려오는 것이다."

진퇴부(陳退夫, 1060~1124)[4]가 처음 과거 보러 가는 길에 스님을 방문하여 장난삼아 물었다.

"제가 이번 길에 장원을 할 수 있겠습니까?"

스님이 그를 물끄러미 바라본 후 말하였다.

"시(時)가 없다면 할 수 있지."

그때까지는 그 말이 무슨 뜻인지 알지 못하였는데, 진퇴부가 2등으로 급제하고 시언(時彦)이라는 자가 장원을 하니, 그제야 비로소 "시(時)가 없다면"이라는 말의 뜻을 알게 되었다.

종도스님은 (은사인) 설두중현(雪竇重顯, 980~1052) 스님을 찾아보았을 때에도 여전히 호방하고 자유자재하였다 하니, 지언법화(志言法華, ?~1048)[5] 스님과 같은 무리이다.

주 :

1   안휘성(安徽省) 안경시(安慶市) 잠산현(潛山縣).
2   호북성(湖北省) 황강시(黃岡市) 기춘현(蘄春縣).
3   안휘성(安徽省)의 안경시(安慶市)와 동성시(桐城市).
4   진퇴부(陳退夫, 1060~1124) : 북송의 정치가 진권(陳瓘)을 말한다. 자는 영중(瑩中), 시호는 충숙(忠肅)이다. 화엄거사라고도 한다. 선에 마음을 두고 선종 스님들과 교유가 많았다. 영원유청(靈源惟淸, ?~1117)의 재가 제자이다. 불교와 관련하여『지관좌선법요기(止觀坐禪法要記)』를 지었다.
5   『임간록』'60. 지언법화 스님의 자재행' 참조.

42

고금을 논할 안목

설두중현(雪竇重顯)

설두중현(雪竇重顯, 980~1052) 스님이 과거 대양경현(大陽警玄, 943~1027) 스님의 회하에 전객(典客, 손님 접대를 맡은 소임)으로 있을 때였다. 어느 스님과 밤을 지새며 고금의 일들을 이야기하다가 조주스님의 '뜰 앞의 잣나무[庭前栢樹子(정전백수자)]' 화두에 대하여 끈질긴 논쟁을 하던 중, 행자 하나가 곁에 서 있다가 비웃고 나갔다. 이 객승이 물러나자 설두스님이 그를 불러 따졌다.

"손님과 마주 앉아 있는데 감히 그럴 수 있는가?"

"전객에게 고금을 논할 말재주는 있으나 고금을 논할 만한 안목은 없기 때문에 감히 웃었습니다."

"그렇다면 그대는 조주스님의 뜻을 어떻게 이해하는고?"

그러자 행자는 게송으로 답하였다.

토끼 한 마리 옛 길에 누워 있노라니

보라매 갓 보자마자 낚아채 버렸네
뒤늦게 온 사냥개 아무런 신통[靈性(영성)] 없어
마른 나무 향하여 부질없이 지난 흔적 찾는구나.
一兎橫身當古路(일토횡신당고로)
蒼鷹纔見便生擒(창응재견변생금)
後來獵犬無靈性(후래엽견무영성)
空向枯椿舊處尋(공향고춘구처심)

설두스님은 크게 놀라서 마침내 그와 친구를 맺었다. 어떤 이는 그가 바로 승천사(承天寺)의 종(宗)스님이라 말하기도 한다.[1] 나는 이 말을 듣고서 당시의 융성했던 법회를 상상하여 볼 수 있었다.

주
:
1　『선림승보전(禪林僧寶傳)』 권11 '설두현선사(雪竇顯禪師)' 편에 행자 이름이 '한대백(韓大伯)'으로 밝혀져 있고(X79-514c) 출가한 이후에는 '종(宗) 상좌'(X79-515b)라고 하고 있다.

43

주지를 사양하는 태도

회당조심(晦堂祖心)

●

　회당(晦堂, 1025~1100) 노스님은 지난날 가벼운 병환으로 장강(漳江)에서 치료를 받은 적이 있었다. 그때 전운판관(轉運判官)인 의공(倚公) 하립(夏立)이 문병차 찾아와서 불법의 오묘한 뜻을 이야기하던 중 "만물을 모아 자기로 삼으니 나아가서는 유정과 무정이 모두 하나"라는 말을 하게 되었다. 때마침 향안(香案)¹ 아래에 개 한 마리가 누워 있었는데, 스님이 자[尺(척)]를 들어 개를 때리고 다시 향안을 두드리며 말하였다.

　"개는 마음[情(정)]이 있기에 때리자 달아나버리지만 향안은 마음이 없기에 그대로 제자리에 있는데, 어떻게 하나가 될 수 있습니까?"

　하공이 대답하지 못하자 스님이 말하였다.

　"조금이라도 사유(思惟)가 들어 있으면 쓸모없습니다. 어떻게 만물을 모아 자기로 삼을 수 있습니까?"

황룡(黃龍, 1002~1069) 노스님이 입적하자 승속 간에 모두 회당스님이 도량의 주지를 계승해 주기를 원하였고, 법회는 전에 비하여 조금도 손색없이 융성하였다. 그러나 스님은 성품이 진솔하여 주지 맡기를 꺼려 다섯 차례나 사양하고서야 주지를 그만두고 한가히 지낼 수 있었다. 그래도 학인들은 더욱 스님을 따랐다.

　사경온(謝景溫, 1021~1097) 사직(師直, 사경온의 자)이 담주(潭州)² 태수로 있을 때 대위산(大潙山)이 비어 스님을 모시려 하였으나 세 차례나 굳이 사양하고 끝내 부임하지 않았다. 그러자 또다시 강서(江西)의 팽여려(彭汝礪, 1042~1095) 기자(器資, 팽여려의 자)를 통하여 장사(長沙)로 부임하지 않는 이유가 무엇인가를 알려주도록 간청하니 스님은 이에 대하여 말하였다.

　"사공(謝公)과 만나보는 일이야 바라지만 대위산을 맡는 것은 원하지 않습니다. 마조(馬祖, 709~788)와 백장(百丈, 720~814)스님 이전에는 주지라는 직책이 없었으며, 도 닦는 이들은 서로가 한가하고 고요한 곳만을 찾았을 뿐입니다. 그 이후에 주지의 직책이 있기는 하였으나 임금이나 관리들도 그를 존경하고 예우하여 인천(人天)의 스승이 되었는데, 오늘날에는 그렇지 못하고 관청에 이름을 걸어 놓은 꼴이 마치 백성의 호적처럼 되어버렸습니다. 그리하여 관청에서는 심지어 마부를 보내어 쫓아다니고 불러들이니, 이것이 어디 할 노릇이겠습니까."

　팽기자가 그대로 전하자 사사직은 이를 계기로 서신을 보내어 한번 뵙기를 바라며 감히 주지해 달라는 것으로 스님의 뜻을 꺾지는 않겠다는 뜻을 전하니 스님이 드디어 장사(長沙) 지방으로 그를 찾아갔다. 스님은 사방의 벼슬아치들과 뜻이 맞으면 천 리 길이라도 찾아가지만 맞지 않으면 십 리 길도 찾아가지 않았던 것이다.

황룡사에서 개법(開法)한 지 12년 만에 암자에 은거하며 20여 년을 지냈다. 천하 사람들은 스님을 가리켜 '도가 있는 곳'이라 불렀으니 말세 큰스님[宗師(종사)]들의 모범이라 하겠다.

주:

1 향안(香案) : 향로, 향합, 모사그릇을 올려놓는 작은 상을 말한다. 향상(香牀)이라고도 한다.
2 호남성(湖南省) 장사시(長沙市) 개복구(開福區).

44

주지를 맡는 태도

조인거눌(祖印居訥)

●

　원통사(圓通寺) 조인거눌(祖印居訥, 1009~1071) 스님은 그 고을에 주지를 사임할 뜻을 표하고 승천사(承天寺)의 수단(守端, 1025~1072)[1] 스님을 그 법석(法席)의 주지로 모셔 오도록 바라니, 고을에서는 그의 청을 허락하였고 수단스님은 기꺼이 부임하였다. 젊은 나이에[2] 큰 법을 짊어지고 선배가 선의로 양보한 것은 총림에서 자기에게 바라는 기대가 매우 크다는 것을 통감하였다. 그리하여 경건한 자세로 대중에게 임하고 공적인 일에 사적인 일을 개입하지 않아서 종풍(宗風)이 크게 떨치게 되었다.

　그 후 몇 해 안 되어 거눌스님은 쓸쓸한 생활에 싫증이 나던 차에 군수가 찾아오자 객승이 된 자기 심정을 토로하였다. 군수가 가엾게 생각하여, 수단스님에게 이 눈치를 보이자 스님은 웃으며 순순히 허락하였다. 그 이튿날 수단스님은 법좌에 올라 설법하였다.

"예전에 법안(法眼, 885~958) 큰스님께서 이런 게송을 지으셨다.

어렵고 어렵고 어려운 일은 정을 버리기 어려움이라
정이 모두 사라지면 말끔한 구슬 한 알 밝게 빛나리
방편으로 정을 버리는 일도 옳지 못하니
게다가 방편조차 버리는 일이란 너무도 아득하구나.
難難難是遣情難(난난난시견정난)
情盡圓明一顆寒(정진원명일과한)
方便遣情猶不是(방편견정유불시)
更除方便太無端(갱제방편태무단)

대중은 말해 보라. 어떻게 하면 정(情)을 버릴 수 있는가?"
할을 한 번 하고는 법좌에서 내려와 바로 허리춤에 봇짐을 지고 떠나가 버리자, 대중들이 깜짝 놀라 길을 막고 만류하였지만 끝내 말리지 못하였다.
총림에서는 지금까지도 그를 경외하고 있다.

주
:

1 수단(守端, 1025~1072) : 임제종 양기파. 백운산(白雲山)에 머물러 백운수단(白雲守端)으로 널리 알려져 있다. 다릉인욱(茶陵仁郁)에게 출가하여 여러 곳에서 참학한 후 양기방회(楊岐方會, 992~1049)의 법을 이었다.『임간록』'2. 양기스님의 말끝에 깨침' 참조.
2 같은 내용을 전하고 있는『선림승보전(禪林僧寶傳)』권28 '백운단선사(白雲端禪師)'에는 이때 스님의 나이가 28세(X79-548b)라고 하였다.

45

법을 잇기 위해 화재를 피함

황룡혜남(黃龍慧南)

●

황룡혜남(黃龍慧南, 1002~1069) 스님께서 여산(廬山)¹ 귀종사(歸宗寺)에 주지로 있을 때, 어느 날 밤 불이 나서 절이 온통 불길에 휩싸이게 되었다. 대중 스님들의 법석대는 소리가 산골을 진동하였지만 스님은 평소와 다름없이 그대로 앉아 있었다. 계림사(桂林寺)의 홍준(洪凖)스님이 부축해 세우며 불길을 피하자고 하니 스님은 그를 돌아보며 꾸짖었다. 그러자 홍준스님이 말하였다.

"스님이 설령 이 세상이 싫다 하더라도 자명(慈明, 986~1040)스님의 큰 법을 누가 이어야겠습니까?"

그러자 천천히 옷을 고쳐 입고 일어서니 불길은 이미 자리에까지 번져 있었다.

이 화재에 연루되어 옥에 갇히게 되었는데 고을의 관리가 사사로운 원한으로 온갖 고문을 가하였으나 입을 다문 채 한마디 말 없이 오로지 단식을 하였다. 그렇게 2개월간의 고초를 겪은 후에야 석방이 되었는데, 수염도 머리도 깎지 않았고 뼈와 가죽만이 앙상하였다. 가진점흉(可眞點胸, ?~1064) 스님이 도중에 마중 나왔다가 그 모습을 보고 자기도 모르게 눈물을 흘리며 목메어 말하였다.

"사형께서 어찌하여 이 꼴이 되셨습니까?"

스님이 "이 속된 놈아!" 하고 호령하자 가진점흉 스님은 자신도 모르게 절을 올렸다.

태산처럼 동요 없는 스님의 행동은 대개가 그러하였다.

주
:
1   강서성(江西省) 구강시(九江市) 여산구(廬山區).

46

동산오본(洞山悟本) 스님의
세 가지 번뇌와 삼종강요(三種綱要)

조산탐장(曹山耽章)

●

조산탐장(曹山耽章, 840~901)¹ 스님이 처음 동산오본(洞山悟本, 807~869)² 스님의 회하를 떠나려 하자, 오본스님이 당부하였다.

"내가 스승 운암(雲巖, 782~841)³ 스님의 회하에 있을 때 몸소 『보경삼매(寶鏡三昧)』⁴를 인가 받고 요점[的要(적요)]을 공부해 왔다. 이제 그대에게 이를 전수하니, 그대는 이 법을 잘 보호하여 끊이지 않도록 하고 참다운 법기(法器)를 만나면 그때 전해야 한다. 그러나 반드시 비밀로 하고 드러내서는 안 되니 세간에 유포되어 우리 종문이 없어질까 두렵다.

말법(末法)시대에는 사람들 대부분이 지혜가 메마르다[乾慧(간혜)]. 공부해 나가는 사람들의 진위(眞僞)를 분별하고자 하면 세 가지 번뇌[三種滲漏(삼종삼루)]가 있으니, 기연(機緣)을 만나거든 곧 안목을 갖추어야 한다.

첫째는 사견[見滲漏(견삼루)]이니, 이는 기연이 제자리를 떠나지 못하고 독해(毒海)에 떨어지는 것이며, 둘째는 망정[情滲漏(정삼루)]이니, 지혜에 항상 상반되게 있어 견처(見處)가 치우치고 메마름이며, 셋째는 망어[語滲漏(어삼루)]이니, 묘리(妙理)를 체득하였으나 종지를 잃어 마음이 본말에 어두워 혼탁한 지혜로 흘러가는 자이다. 이 세 가지 번뇌를 잘 알아두도록 하라."

그리고는 강요(綱要)에 관한 세 수의 게송을 지었다.

처음은 '북 치면서 노래함[敲倡俱行(고창구행)]'[5]에 대한 게송이다.

금침에 두 바늘귀 갖추고
은연중에 좁은 길을 모두 덮었네
보배 도장은 텅 비어 오묘한 것이라
겹겹의 비단 주머니를 열어 주리라.
金針雙鎖備(금침쌍쇄비) 狹路隱全該(협로은전해)
寶印當空妙(보인당공묘) 重重錦縫開(중중금봉개)

그 다음은 '쇠로 현묘한 길을 막음[金鎖玄路(금쇄현로)]'에 대한 게송이다.

밝음 속에 어둠이 엇바뀌니
노력은 다했으나 더욱 깨닫기 어려워라
힘을 다하여 진퇴를 찾노라니

쇠사슬의 그물은 촘촘도 하구나.
交互明中暗(교호명중암) 功齊轉覺難(공제전각난)
力窮尋進退(역궁심진퇴) 金鎖綱鞔鞔(금쇄강만만)

다음으로는 '이치와 현상에 끄달리지 않음[理事俱不涉(이사구불섭)]'⁶에 대한 게송이다.

이치와 현상에 모두 끄달리지 않고
돌이켜 관조함에 그윽하고 은미함 끊겼네
순풍을 타니 잘하고 못함이 없는 터에
번쩍하는 번갯불 따라잡기 어려워라.
理事俱不涉(이사구불섭) 回照絶幽微(회조절유미)
背風無巧拙(배풍무교졸) 電火爍難追(전화삭난추)⁷

납자들이 기연을 마주하여서는 번뜩이는 번갯불도 뒤쫓아 오기 어려울 정도가 되어야 비로소 세 가지 번뇌에서 벗어날 수 있을 것이다.
『원각경』에 "중생은 알음알이에 장애가 되고 보살은 깨달음을 떠나지 못하였다[衆生爲解礙(중생위해애) 菩薩未離覺(보살미이각)]".⁸고 하였으니 그러므로 말 한마디에 생사를 벗어날 정도의 큰 지혜를 가진 최상근기가 아니라면 이 경지에 이를 수 없다는 것을 알겠다.

대우(大愚)스님이 황벽희운(黃檗希運, 751~850) 스님에 대하여 노파심이 많다9고 한 데에는 참으로 그만한 이유가 있으니 황벽스님은 항상 "결코 또 다른 생각으로 흘러가지 않아야 비로소 우리 선문에 들어올 수 있다."10고 말하였다. 선종의 이런 뜻깊은 말을 근기 낮은 사람들은 깨닫지 못하고 마음대로 차별하는 마음을 내면서 불법을 일으켜 세우려 하니 역시 어려운 일이 아니겠는가.

주
:

1   조산탐장(曹山耽章, 840~901) : 조산본적(曹山本寂)으로 널리 알려져 있다. 19세에 출가하여 동산양개(洞山良价, 807~869)에게 참학하여 그의 종지를 이어받았다. 길수(吉水)로 돌아가 개당한 다음, 조계(曹溪) 6조 혜능(慧能, 638~713)을 흠모하여 산명을 조산(曹山)으로 바꾸었다. 동산양개의 동(洞)과 조산탐장의 조(曹)에서 한 자씩 따와서 '조동종(曹洞宗)'이라는 이름이 만들어졌다.
2   동산오본(洞山悟本, 807~869) : 동산양개(洞山良价)로 널리 알려져 있다. 오본(悟本)은 시호. 어려서 출가하여 남전보원(南泉普願, 748~835)과 위산영우(潙山靈祐, 771~853)에게 참학하고, 다시 운암담성(雲巖曇晟, 782~841)에게 참학하여 깨달음을 얻고 그의 의법(衣法)을 이어받았다. 후에 조동종(曹洞宗)의 고조(高祖)로 추앙되었다.
3   운암(雲巖, 782~841) : 동산양개(洞山良价, 807~869)가 법을 이어받은 운암담성(雲巖曇晟)을 가리킨다. 어려서 출가하여 수년 동안 백장회해(百丈懷海, 720~814)에게 참학하고, 그 후 약산유엄(藥山惟儼, 746~829)의 법을 이어받은 후, 담주(潭州) 운암산(雲巖山)에 머물면서 종풍을 크게 날렸다.

4 『보경삼매(寶鏡三昧)』: 동산양개(洞山良价, 807~869)가 지었으며 『참동계(參同契)』와 함께 조동종의 종전(宗典)이다. 4언 94구 376자로 조동종의 정편회요(正偏回要)의 종지를 서술하였다. 『균주동산오본선사어록(筠州洞山悟本禪師語錄)』(T47-515ab)이나 『선림승보전(禪林僧寶傳)』권1 '무주조산본적선사(撫州曹山本寂禪師)'(X79-492bc) 등에 전한다.

5 『임간록』은 '敲倡俱行(고창구행)'으로 하고 있으나 일반적으로는 '敲唱俱行(고창구행)'으로 표시한다.

6 『균주동산오본선사어록(筠州洞山悟本禪師語錄)』 등에는 '不墮凡聖(불타범성)'(T47-516a)이라고도 한다.

7 『임간록』이 전하는 동산스님의 세 가지 번뇌에 대한 법문과 '삼종강요' 게송은 『서주동산양개선사어록(瑞州洞山良价禪師語錄)』(T47-525bc)에도 전한다.

8 『대방광원각수다라요의경(大方廣圓覺修多羅了義經)』(T17-917b).

9 임제(臨濟, 767~866)가 대우에게 이르자 대우가 물었다. "어디서 왔느냐?" "황벽스님의 회하에서 왔습니다." "황벽스님이 무슨 말을 하던가?" "제가 세 번 불법의 긴요한 뜻을 묻다가 세 번을 다 얻어맞았는데 저에게 허물이 있는 건지 없는 건지 잘 모르겠습니다." "황벽스님이 그토록 간절한 노파심으로 너 때문에 수고하였는데 다시 여기까지 와서 허물이 있고 없고를 묻느냐?" 임제가 말끝에 크게 깨치고 말하였다. "황벽스님의 불법이 원래 별것 아니군요." 대우가 멱살을 움켜쥐고 말하였다. "이 오줌싸개야! 아까는 허물이 있느니 없느니 하더니, 이제 와서는 다시 황벽의 불법이 별것 아니라고 말하는데, 그래 너는 무슨 도리를 보았느냐? 빨리 말해라. 빨리 말해?" 임제가 대우의 옆구리를 세 번 주먹으로 쥐어박자, 대우가 밀어젖히면서 말하였다. "너의 스승은 황벽이니, 나와는 상관이 없다." 『진주임제혜조선사어록(鎭州臨濟慧照禪師語錄)』(T47-504c).

10 『고존숙어록(古尊宿語錄)』 권3 「황벽단제선사완릉록(黃檗斷際禪師宛陵錄)」(X68-19c).

47

용아(龍牙)스님과 유정(惟政)스님의 찬
용아거둔(龍牙居遁)

●

용아거둔(龍牙居遁, 835~923)[1] 스님이 반신(半身) 자화상을 만들자, 그의 법제자 보자광화(報慈匡化) 스님이 찬을 지었다.

해는 첩첩 산중에 뜨고
둥근 달은 문 앞에 와 있는데
몸이 없는 것은 아니나
완전히 드러내려 하지 않을 뿐.
日出連山(일출연산) 月圓當戶(월원당호)
不是無身(불시무신) 不欲全露(불욕전로)

두 노스님은 동산오본(洞山悟本, 807~869) 스님의 법손이다. 그들의 가풍은 자재하게 맞물림[回互(회호)]을 중시하여 정위(正位)를 범하지 않고, 말은 자세하고 완전함[十成(십성)]을 피하여 금시(今時)에 떨어지지 않았다.² 그러므로 광화스님은 홀로 오묘한 말을 마음에 새기되 종지를 잃지 않았으니 귀한 일이라 하겠다.

여항유정(餘杭惟政, 986~1049) 스님 또한 자신의 초상화에 스스로 찬을 썼다.

> 옛스러운 얼굴에 엉성한 모습으로 주장자 기댔으니
> 분명코 수보리를 그려냈도다
> '공'을 깨닫고도 성색(聲色)을 떠나지 않으니
> 달빛 아래 외로운 원숭이의 울음소리를 듣는 듯하네.
> 貌古形疎倚杖黎(모고형소의장려)
> 分明畫出須菩提(분명화출수보리)
> 解空不許離聲色(해공불허이성색)
> 似聽孤猿月下啼(사청고원월하제)

유정스님은 초연하고 뛰어난 인물이다. 그러므로 스님의 운치는 '스치는 바람에 맑은 달[光風霽月(광풍제월)]'과도 같이 높았으며, 문장은 맑고 매끄러우면서도 도풍이 서린 격조를 지녔다.

예로부터 많은 찬과 게송이 있기는 하지만, 나는 그중에서도 이 두 편을 가장 좋아한다.

주
:

1   용아거둔(龍牙居遁, 835~923) : 14세에 출가하여 제방을 편력하다가 동산양개(洞山良价, 807~869)에게 참학하여 그의 법을 이어받았다. 담주(潭州) 용아산(龍牙山)에 머물렀다. 시호는 증공(證空) 대사.
2   정위(正位)는 본래 그 자체가 완전한 자리, 금시(今時)는 수증(修證)을 빌려 성취되는 자리를 말한다.

48

종밀스님의 일용게(日用偈)

규봉종밀(圭峰宗密)

규봉종밀(圭峰宗密, 780~841) 스님이 『일용게(日用偈)』를 지었다.

옳은 일을 하는 것이
깨달음의 마음이요
옳지 못한 일을 하는 것이
어지러운 마음이다
어지러운 마음은 정(情)을 따라 움직이다가
죽음에 이르면 업보에 이끌려가지만
깨달음의 마음은 정에서 나오지 아니하기에
죽음에 이르러 업보를 바꿀 수 있다.
作有義事(작유의사) 是惺悟心(시성오심)
作無義事(작무의사) 是散亂心(시산란심)
散亂隨情轉(산란수정전) 臨終被業牽(임종피업견)

惺悟不由情(성오불유정) 臨終能轉業(임종능전업)[1]

우연히 『당사(唐史)』를 펼쳐 보았더니,[2] 이훈(李訓, ?~835)[3]이 패하였을 때[4] 간신의 무고로 벼슬에서 쫓겨나 종남산으로 도주하여 종밀(宗密)스님에게 의지한 적이 있었다. 스님은 그를 숨겨주려고 하였지만 문도들의 반대에 부딪쳐 그는 결국 봉상사(鳳翔寺)로 도망하였다가 주질현(盩厔縣)의 관리에게 체포되어 죽임을 당했다. 이 일로 환관 구사량(仇士良, 781~843)이 종밀스님을 체포하여 죄를 물었으나 스님은 태연히 말하였다.

"이훈과는 오랫동안 사귀어 왔으며, 우리 불법은 곤경에 빠진 자를 구해 주는데, 거기에는 원래 사랑과 미움이 없는 것이다. 그리고 죽음이란 본디 내 운명일 뿐이다."

생각건대 사대부와 교류한 당(唐)대의 스님들을 간혹 전기에서 볼 수 있으나 그중에는 법을 어기고 불교에 욕을 끼치기도 한 스님도 많았다. 그런데 종밀스님만은 이렇듯 초연하였고, 역사를 쓰는 사람도 기꺼이 붓을 들어 이 사실을 기록하였으니, 그것은 도를 실천함이 분명했기 때문일 것이다.

그의 게송을 살펴보면 모두가 망정의 경계[情境(정경)]를 철저히 벗어나고자 함이었으니 마치 큰 코끼리가 쇠사슬을 끊어 버리고 자재하게 떠나가는 것과 같은 예이다. 어찌 파리떼가 침을 뱉었다고 더럽혀지겠는가.

주
:

1   『경덕전등록(景德傳燈錄)』 권13 '종남산규봉종밀선사(終南山圭峰宗密禪師)'에 따르면, 이 게송은 상서(尙書)인 온조(溫造, 765~835)의 질문에 대답하는 편지(T51-307c~308a)에 보인다. 규봉은 이 게송을 일전에 온조에게 읊어주었고 이번에 다시 상서의 청을 받아 그 게송에 대하여 풀이를 내는 편지를 보내는 것이다.
2   『구당서(舊唐書)』 권169 「열전(列傳)」 119 '이훈(李訓)'.
3   이훈(李訓, ?~835) : 자(字)는 자수(子垂)이고 이름은 중언(仲言)이었으나 이름을 훈(訓)으로 바꾸고 자도 자훈(子訓)으로 바꾸었다. 당 문종(文宗, 809~840, 재위 827~840)의 신임을 받고 환관의 권력 장악을 종식시키기 위해 문종과 계획을 세웠으나 실패하고 죽임을 당했다.
4   835년에 일어난 변란을 말한다. 당 문종(809~840, 재위 827~840)이 관료파 재상 이훈(李訓, ?~835)과 절도사(節度使) 정주(鄭注, ?~835)와 함께 환관 세력을 일소하기 위해 궁원에 감로(甘露)가 내렸다고 한 다음 환관들이 감로를 보러 간 틈에 살해하려 하였으나 사전에 비밀이 새어나가 도리어 환관의 군사들에게 주살되었다. 이것을 '감로(甘露)의 변(變)'이라고 한다. 감로의 변 이후 환관들의 횡포가 더욱 빈번하여 당나라 멸망의 원인이 되었다는 평가를 받는다.

49

다비장에서 법을 보여줌

운암(雲庵)

●

　은사이신 운암(雲庵, 1025~1102)스님이 귀종사(歸宗寺)의 주지로 있을 무렵¹ 법안(法眼)스님의 다비를 보내자마자 때마침 비가 개인 뒤라 진흙수렁이 되어 매우 질퍽거리고 미끄러웠으므로 그만 길에서 엎어졌다. 그러자 대중 스님들이 다투어 그를 부축하여 일으켰다. 다비에 불을 붙이고서 말하였다.

　　법안스님의 다비에
　　나 귀종은 나자빠졌으니
　　대중에게 드러내 보이려 하나
　　무어라 할 말이 없습니다.
　　法眼茶毘(법안다비) 歸宗遭攧(귀종조전)
　　呈似大衆(정사대중) 更無可說(갱무가설)

주
:

1 운암(雲庵, 1025~1102)이 제자이자 『임간록』의 저자인 혜홍각범(慧洪覺範, 1071~1128)이 지은 『선림승보전(禪林僧寶傳)』 권23 '늑담진정문선사(泐潭眞淨文禪師)'(X79-537c~538b)에 따르면, 운암은 희녕(熙寧) 5년(1072)에 처음 고안(高安, 강서성)에 가서 12년을 머물다가 행각을 떠나고 다시 고안으로 돌아와 6년을 머물다가 여산(廬山, 강서성)의 귀종사(歸宗寺)에서 2년을 머물고 늑담(泐潭)으로 옮겼다. 그러므로 운암이 귀종사에 머물 때는 1090년 이후이다. 따라서 운암이 다비한 법안(法眼)은 법안문익(法眼文益, 885~958)일 수는 없고 법안문익의 법을 이은 누군가인 것으로 보인다. 귀종사가 법안종의 주요 근거지였으므로 혜홍각범이 '법안'이라고 통칭한 것으로 볼 수도 있다.

50

망상과 전도로 때를 놓침

석두희천(石頭希遷)

석두희천(石頭希遷, 701~791) 스님이 『참동계(參同契)』를 지어 놓고 맨 끝을 "선승들이여, 세월을 헛되이 보내지 마시오."¹라고 맺었는데, 법안(法眼, 885~958)스님은 여기에 "그만하시오. 그만하시오. 은혜가 너무 크니 보답하기 어렵습니다."라고 주석을 붙였다. 이를 보면 법안스님은 선배 큰스님의 마음을 아는 사람이라 하겠다.

중생은 일상에서 망상과 전도(顚倒)로 광명을 스스로 가리는 까닭에 때를 놓치는 수가 많으니 이를 가리켜 세월을 헛되이 보낸다고 하는 것이다. 도가 있다는 사람이란 별다른 게 아니라 그 마음을 잘 쓰는 자일 뿐이다.

그러므로 조주(趙州, 778~897)스님은 말하였다.

"모든 일에 옛일을 그대로 이어가면 될 뿐이다. 윗대부터 많은 성인들도 옛일을 그대로 이어가는 가운데에서 도를 얻었다."

『대지도론(大智度論)』에서 말하였다.

"중생의 마음은 마치 날카로운 칼날과 같아서 진흙 자르는 데 쓰면 진흙은 끄떡없고 칼만 무디어질 뿐이다. 마찬가지로 본체[理體(이체)]는 항상 오묘하지만 중생 스스로가 거칠게 만든 것이니, 잘 사용하기만 하면 바로 본래의 오묘함에 부합한다."[2]

또 『수능엄경(首楞嚴經)』에서 말하였다.

"부처님께서 아난존자에게 말씀하셨다.

'비유하자면 거문고와 공후와 비파에 비록 오묘한 소리가 있다 하여도 오묘한 솜씨를 지닌 손가락이 없다면 결국 아름다운 소리는 나오지 않는 것처럼, 너와 중생도 그러하여서 값진 깨달음인 참마음[寶覺眞心(보각진심)]은 다 각기 원만하되 내가 손가락을 누르면 해인(海印)이 빛을 뿜지만 네가 잠시라도 마음을 들면 번뇌가 먼저 일어나리라.'"[3]

또한 『화엄경(華嚴經)』의 게송에서도 이렇게 말하고 있다.

> 부처의 경계를 알려고 한다면
> 그 마음을 허공처럼 청정케 하라
> 망상과 온갖 견해를 멀리 여의면
> 마음 가는 곳마다 아무 장애 없으리라.
> 若人欲識佛境界(약인욕식불경계)
> 當淨其意如虛空(당정기의여허공)
> 遠離妄想及諸見(원리망상급제견)

令心所向皆無礙(영심소향개무애)⁴

주
:
1 원문은 "謹白參玄人(근백참현인) 光陰莫虛度(광음막허도)." 『경덕전등록(景德傳燈錄)』 권30 '남악석두화상참동계(南嶽石頭和尙參同契)'(T51-459b).
2 『대지도론(大智度論)』의 내용을 정리해서 인용한 『종경록(宗鏡錄)』 권20(T48-523b)의 내용을 그대로 인용하였기 때문에 『대지도론』의 정확한 출처를 확인하기 어렵다.
3 『대불정여래밀인수증요의제보살만행수능엄경(大佛頂如來密因修證了義諸菩薩萬行首楞嚴經)』 권4(T19-121ab).
4 『대방광불화엄경(大方廣佛華嚴經)』 권50 「여래출현품(如來出現品)」(T10-265b).

51

대지스님의 삼구 법문과 동산(洞山)스님의 오위(五位)

대지(大智)

대지(大智, 720~814, 백장회해)스님께서는 다음과 같이 말씀하셨다.

"교학에서 쓰는 말들은 대체로 삼구(三句)로 연결되어 있는데, 이는 '처음·중간·마지막의 선[初中後善(초중후선)]'이다. 처음은 그에게 선한 마음이 나오도록 하는 것이며, 중간은 그 선을 깨부수는 것이며, 마지막에 가서야 비로소 선을 밝힌다. 이를테면 '보살은 곧 보살이 아니니, 이것을 보살이라 이름한다[菩薩卽非菩薩是名菩薩(보살즉비보살시명보살)]' 한 것이나 '법은 법이 아니며 그렇다고 법 아닌 것도 아니다[法非法非非法(법비법비비법)]' 한 것이 모두 그러한 형식이다. 그러므로 만일 일구(一句)만을 설하고 답한다면 그것은 사람을 지옥으로 끌어들이는 일이며, 삼구(三句)를 한꺼번에 설하면 그 스스로가 지옥으로 들어가는 것이니, 부처님의 일과는 상관없게 된다."[1]

그러므로 옛 큰스님들은 모두 불조의 격식을 따라 설법하였는데 알지 못하는 자는 이를 멋대로 지껄이는 말이라 하니 무착(無著, 310~390)스님이 『금강반야경』을 주석하심²이 이러한 뜻이었다.

또 동산오본(洞山悟本, 807~869) 스님은 오위(五位)를 세워 놓았으니, 눈 밝은 자는 열다섯 자로 적어 놓은 제목의 배열만을 살펴보아도 오본스님을 만나게 될 것이다. 오위(五位)³란 정중편(正中偏)·편중정(偏中正)·정중래(正中來)·편중지(偏中至)·겸중도(兼中到)를 말한다.

분양선소(汾陽善昭, 946~1023) 스님은 여기에 다음과 같은 게송을 지었다.

> 오위를 공부함에 반드시 알아야 하니
> 조금이라도 움직였다 하면 곧바로 어긋나리라
> 금강이 철갑을 뚫는 줄을 그 누가 알겠는가
> 오로지 나타(那吒)⁴ 같은 으뜸 근기뿐이리
> 눈만 뜨면 삼계가 모두 청정하고
> 방울을 흔들며 하늘로 돌아가네
> 정통하고 묘한 이치로 맞물린 것을 풀지언정
> 기봉을 움찔하면 목숨을 잃으리.
> 오위참심절요지(五位參尋切要知)
> 섬호재동즉차위(纖毫纔動卽差違)
> 금강투갑수능해(金剛透匣誰能解)

유유나타제일기(唯有那吒第一機)

거목변령삼계정(擧目便令三界淨)

진령환사구천귀(振鈴還使九天歸)

정중묘협통회호(正中妙挾通回互)

의의봉망실각위(擬議鋒鋩失却威)[5]

주
:

1 『고존숙어록(古尊宿語錄)』 권1(X68-8a).
2 무착보살(無著菩薩) 조(造), 수(隋) 남인도삼장(南印度三藏) 달마급다(達磨笈多) 역(譯), 『금강반야론(金剛般若論)』 2권(T25, no.1510a) ; 무착보살(無著菩薩) 조(造), 수(隋) 남천축삼장법사(南天竺三藏法師) 달마급다(達摩笈多) 역(譯), 『금강반야바라밀경론(金剛般若波羅蜜經論)』 3권(T25, no.1510b).
3 오위(五位) : 동산양개(洞山良介, 807~869)가 제창한 정편오위(正偏五位)를 말한다. 불교의 핵심을 다섯 항목으로 요약한 것이다. 동산은 '정위각편(正位却偏)', '편위각정(偏位却正)', '정위중래(正位中來)', '편위중래(偏位中來)', '상겸대래(相兼帶來)'의 다섯 가지 명칭을 사용했지만 후에 조산본적(曹山本寂, 840~901)이 이것을 '정중편(正中偏)', '편중정(偏中正)', '정중래(正中來)', '편중지(偏中至)', '겸중도(兼中到)'로 바꾸어 불렀고 일반적으로 오위는 이 명칭을 따른다. 여기에서 '정(正)'은 이(理)·체(體)·공(空)·진여(眞如) 등이고, '편(偏)'은 사(事)·용(用)·색(色)·차별·현상 등이다. 오위를 이사(理事)로 설명하자면, '정중편(正中偏)'은 이(理)를 바탕으로 사(事)를 체현함, '편중정(偏中正)'은 사(事)를 통해 이(理)로 돌아감, '정중래(正中來)'는 정위(正位)를 독립적으로 드러냄, '편중지(偏中至)'는 연(緣)을 따르는 편위(偏位)를 드러냄, '겸중도(兼中到)'는 이사(理事)가 동시에 없어짐 등을 말한다.
4 나타(那吒) : 머리가 셋[三頭(삼두)]이고 팔이 여섯[六臂(육비)]에 힘이 센 매우 무서운 아수라. 북방 비사문천왕(毘沙門天王)의 다섯째 아들. 신통을 부려 부모를 위해 설법하였다고 한다.
5 『분양무덕선사어록(汾陽無德禪師語錄)』 권1(T47-605b).

52

무착스님의
『금강반야론(金剛般若論)』

『금강반야경(金剛般若經)』에 말하였다.

"나의 설법이 뗏목에 비유한 것을 아는 자라면 법마저 버려야 하는데 더욱이 법이 아닌 것이겠는가."[1]

이에 대해 주석을 붙인 인도와 중국의 성현은 무려 천여 명이나 되지만 무착(無著, 310~390)스님만큼 부처님의 뜻을 잘 드러낸 분은 없었다. 쌍림대사(雙林大士, 497~569)[2]가 다시 그 주석에 설명을 붙임으로써 무착스님은 법을 설하는 법신[言說法身(언설법신)]으로 여겨지게 되었다.

그 뜻은 다음과 같다.

"뗏목이란 언설(言說)을 비유한 것이니 많은 사람들이 모두 말을 사용하지만 부류가 다른 것처럼, 뗏목도 강물 위를 떠가는 것이지만 실제로 머무르지 않는 것과 같다. 법이 아닌 것은 양편에 치우침[二邊(이변)]이다. 뗏목에 있다 해도 같지 않은데 어떻게 양편[二邊

(이변)]에 머무를 수 있겠는가. 그러므로 '더욱이 법이 아닌 것이겠는가'라고 말씀하신 것이다."

쌍림대사가 게를 지었다.

강을 건너려면 뗏목이 있어야 하지만
언덕에 이르면 배는 필요없는 법
아집이나 법집을 모두 집착이라 이름하지만
이치를 깨달으면 뉘라서 힘들게 설명을 하랴
물 한가운데 이미 빠진 사람에게
누가 두 언덕이 있다고 말하는가
유무(有無) 가운데 한쪽을 선택한다면
곧 마음이 더럽혀지리라.
渡河須用筏(도하수용벌) 到岸不須船(도안불수선)
人法俱名執(인법구명집) 悟理誰勞詮(오리수노전)
中流仍被溺(중류잉피익) 誰論在二邊(수논재이변)
有無如取一(유무여취일) 卽被汚心田(즉피오심전)³

그러므로 조동종의 종지에는 "뒤섞지 말지니 종류가 다르기 때문이다[混不得類不齊(혼부득유부제)]."⁴라는 말이 있다.

주:

1 『금강반야바라밀경(金剛般若波羅蜜經)』(T8-749b).
2 쌍림대사(雙林大士, 497~569) : 무주선혜(婺州善慧), 동양대사(東陽大士)라고도 하며, 부대사(傅大士)로 널리 알려져 있다. 자는 현풍(玄風), 이름은 흡(翕), 속성은 부(傅) 씨이다. 24세에 숭두타(嵩頭陀, ?~569)에게 깊이 느낀 것이 있어 송산(松山)에 숨어서 수행하다가 쌍림수(雙林樹) 아래에서 깨달음을 얻었다. 때때로 무애한 행으로 출가자와 재가자에게 존경을 받았는데, 특히 양(梁) 무제(武帝, 464~549, 재위 502~549)의 귀의를 받았다.
3 『양조부대사송금강경(梁朝傅大士頌金剛經)』(T85-3a).
4 『오등회원(五燈會元)』 권13 '무주조산본적선사(撫州曹山本寂禪師)'(X80-264b).

53

남악 복엄사의 스님들

운봉문열(雲峰文悅)

운봉문열(雲峰文悅, 997~1062)¹ 스님이 두 번째로 늑담사(泐潭寺)를 찾아갔을 때, 황룡혜남(黃龍慧南, 1002~1069) 스님을 다시 만나게 되었다. 서로 헤어진 후의 지난 이야기를 나누고 매우 기뻐하며 오래 머무르다가 혜남스님에게 석상사(石霜寺) 자명(慈明, 984~1040)스님을 다시 만나보도록 권하였다.

이에 혜남스님은 석상사에 가서 산 아래 객사에 묵었다. 그런데 그곳에서 자명스님이 평범하고 소탈하다는 소문을 듣고는 자명스님을 찾아온 것을 후회하여 문 앞에까지 가보지도 않고 곧바로 남악(南岳) 복엄사(福嚴寺)²에 이르러 한 달도 못 되어 기실(記室, 서기)을 맡아보게 되었다.

그러던 어느 날 그곳의 장로(長老) 현(賢)스님³이 돌아가시자 고을에서 자명스님을 그곳의 주지로 임명하였다. 이에 야참(夜參) 법문에서 여러 총림의 잘못된 견해를 비난하는 설법을 처음으로 들었는데 모두가 평생 듣기 어려운 것들이었다. 그리하여 감탄해 마지않고 정성을 다하여 도를 물으려고 세 차례 찾아갔으나 그때마다 꾸지람만 듣고 물러났다. 끓어오르는 화를 참지 못하여 맡은 일을 모두 되돌려주고 그 이튿날 다시 찾아갔지만 자명스님의 꾸지람은 여전하였다.

황룡스님이 말하였다.

"저는 다만 깨닫지 못하였기에 찾아와 물은 것입니다. 선지식께서는 마땅히 방편을 베풀어 주셔야 하는데도 가르쳐 주시지는 않고 오로지 꾸지람만 하시니, 어찌 그것을 예로부터 법을 전수해 온 격식이라 하겠습니까?"

그러자 자명스님이 깜짝 놀라며 말하였다.

"남서기(南書記)! 내가 그대를 사람이라 여기기에 꾸짖는다는 것을 아는가?"

황룡스님은 그 말에 마치 통 밑바닥이 쑥 빠지듯 훤히 깨치게 되어 절을 올리고 일어서니 몸에서는 식은땀이 흠뻑 흘러내렸다. 이에 편안한 마음으로 조주스님의 일화를 논하는 게를 지어 올렸다.

총림에 뛰어나신 조주스님
노파를 시험했다는 것[4]은 까닭 없는 짓이네
오늘날 온 누리가 거울처럼 맑으니

길손이여 길과 원수를 맺지 마오.
傑出叢林是趙州(걸출총림시조주)
老婆勘破沒來由(노파감파몰래유)
如今四海淸如鏡(여금사해청여경)
行人莫與路爲讎(행인막여노위수)[5]

자명스님은 이 게송을 보고서 웃으시며 "매우 잘된 게송이지만 한 글자를 고쳐야겠다." 하고는 "노파를 시험했다는 것은 까닭이 있었구나[老婆勘破有來由(노파감파유래유)]."라고 고쳐 주었으니,[6] 스님의 오묘하고 정밀한 기지도 과연 그러하였다.

황룡스님이 그곳을 떠나면서 자명스님께 여쭈었다.

"대사(大事)를 끝마치면 어찌해야 합니까?"

그러자 자명스님이 꾸짖었다.

"옷 입고 밥 먹는 일은 끝마치는 것이 아니며, 똥 누고 오줌 싸는 일은 끝마칠 것이 아니다."

복엄사(福嚴寺)에 가서 아름다운 산천경개를 본 적이 있다. 남악혜사(南嶽慧思, 515~577) 스님의 『복엄사기(福嚴寺記)』를 읽어보니, "이곳 산천은 사람의 의지력을 솟구치게 하므로 이곳에서 머무를 사람들 중에는 도를 깨칠 자가 많겠다." 하였다. 그러므로 종문(宗門)의 조사들이 법을 전수할 때 모두 이곳을 거친 것이리라.

큰 법을 전한다는 일이 반드시 받을 만한 사람을 의지하겠지만,

마조(馬祖, 709~788)스님도 이곳에서 회양(懷讓, 677~744)스님의 인가를 받고[7] 강서 지방에서 도를 크게 떨쳤으며, 이제 자명과 황룡 두 스님의 행적 또한 이와 비슷하니 과연 기이한 일이라 하겠다.

주
:

1 운봉문열(雲峰文悅, 997~1062) : 임제종. 7세에 삭발하고 19세부터 여러 곳을 찾아다녔다. 균주(筠州) 대우수지(大愚守芝)에게 참학하고 깨달음을 얻어 그 법을 이었다. 대우수지를 8년 모시다가 수지가 입적한 후에 다시 여러 곳을 찾아다니다가 동안원(同安院)의 혜남(慧南, 1002~1069)을 찾아 수좌(首座)를 살았다. 취암사(翠岩寺), 남악(南嶽) 법륜사(法輪寺) 등에 머물다가 나중에는 남악(南嶽) 운봉(雲峰)에 머물러 운봉문열(雲峰文悅)이라고 부른다. 『운봉열선사어록(雲峰悅禪師語錄)』 2권이 전한다.

2 복엄사(福嚴寺) : 호남성(湖南省) 형양시(衡陽市) 남악구(南嶽區). 진(陳)의 광대(光大) 원년(567)에 남악혜사(南嶽慧思, 515~577)가 창건하였다. 당(唐)의 선천(先天) 연간(713)에 남악회양(南嶽懷讓, 677~744)이 이곳에 머물기 시작하면서 선종 사찰로 널리 알려져 10대 총림의 하나로 불린다. 석상초원(石霜楚圓, 986~1040), 초원의 제자 복엄보종(福嚴保宗), 황룡혜

남(黃龍慧南, 1002~1069)의 제자 복엄자감(福嚴慈感), 원오극근(圓悟克勤, 1063~1135)의 제자 복엄문연(福嚴文演, 1092~1156) 등이 머물렀다.

3   『임간록』을 지은 혜홍각범의 『선림승보전(禪林僧寶傳)』 권22 '황룡남선사(黃龍南禪師)'에는 "현차수(賢叉手)라고 불리는 노장님이 있었는데 대양명안(大陽明安, 943~1027)의 법을 이었다."(X79-534c)고 밝히고 있다.

4   '조주감파(趙州勘婆)'로 불리는 공안이다. 조주종심(趙州從諗, 778~897)이 사는 오대산(五臺山) 길목에 한 노파가 살았다. 스님들이 오다가 그 노파에게 "오대산은 어디로 가오?" 하고 물으면 "곧장 가시오." 하고 대답해주고 그 스님이 서너 걸음 내딛으면 "멀쩡한 스님이 또 저렇게 가는구나." 하였다. 나중에 어떤 스님이 조주에게 이 일을 이야기했더니 조주가 "내가 그 노파를 시험해 보겠다." 하였다. 이튿날 가서 조주가 똑같이 물으니 노파 역시 똑같이 대답하였다. 조주가 그대로 돌아와서 대중에게 "내가 그대들을 위해 그 노파를 시험했다."고 하였다. 『무문관(無門關)』 제31칙(T48-297a).

5   『선림승보전(禪林僧寶傳)』 권22 '황룡남선사(黃龍南禪師)'(X79-535a).

6   현재 전하는 『황룡혜남선사어록(黃龍慧南禪師語錄)』(T47-634c)에는 '조주감파(趙州勘破)'라는 제목으로 수정된 게송이 전한다.

7   흔히 '남악마전(南嶽磨磚)'이라는 공안으로 널리 알려져 있다. 회향(懷讓, 677~744)은 혜능(慧能, 638~713)에게서 깨달음을 얻고 나서 15년을 시봉하였다. 그 후 남악에 가서 널리 법을 폈는데 마조(馬祖, 709~788)가 그 소식을 듣고 찾아왔다. 회양이 마조에게 좌선하는 이유를 묻자 마조가 부처가 되려 한다고 대답하였다. 그러자 회양이 벽돌을 가져와 바위에 갈기 시작했다. 마조가 무엇을 하느냐고 질문하사, 회양이 벽돌을 갈아서 거울을 만들겠다고 대답하였다. "벽돌을 간다고 거울이 되겠습니까?" "좌선을 한들 부처를 이루겠는가?" "어찌해야 하겠습니까?" "사람이 수레를 몰고 가는데, 수레가 가지 않으면 바퀴를 때려야겠는가, 소를 때려야겠는가?" 『마조도일선사광록(馬祖道一禪師廣錄)』(X69-2a) 마조역시 깨달음을 얻고 나서 회양을 10년 시봉하였다.

54

화두를 들어서 의심을 촉구함

도생(道生) 법사

도생(道生, 355~434)¹ 법사가 "허공을 두드리면 소리가 나지만 나무를 툭툭 치면 소리가 없다."는 말씀을 남겼는데, 법안문익(法眼文益, 885~958) 스님이 재(齋)를 알리는 목어판(木魚板) 소리를 듣고 갑자기 시자에게 말하였다.

"들었느냐! 조금 전에 소리를 들었다면 이제는 들리지 않겠고, 이제 소리가 들리면 조금 전엔 듣지 않았겠구나. 알겠느냐?"²

주
:

1 도생(道生, 355~434) : 보통 축도생(竺道生)으로 알려져 있다. 어려서부터 영특하여 축법태(竺法汰, 320~387)에게 출가한 뒤 15세에 이미 강석(講席)에 올랐다. 동진(東晉)의 융안(隆安, 397~401) 때에 여산(廬山)에 들어가 혜원(慧遠, 334~416)에게서 7년 동안 연구하였다. 뒤에 혜예(慧叡, 373~439), 혜엄(慧嚴, 363~443), 혜관(慧觀, 366~436) 등과 함께 장안에 가서 구마라집(鳩摩羅什, 344~413)의 문하에 있었다. 『열반경』이 번역되기 전에 천제(闡提)가 성불한다는 주장을 하여 세상을 놀라게 하였다.
2 『금릉청량원문익선사어록(金陵淸涼院文益禪師語錄)』(T47-590a).

55

삼생장(三生藏)의 주장자

어느 스님이 한번은 삼생장(三生藏)[1]에 올라가 사대(思大, 515~577, 남악혜사)스님께서 평소 짚으셨던 주장자를 뽑아 들었다가 다시 세워 놓으려 하였지만 온갖 의심이 생겨 바로 세워 놓지 못했다. 그러다가 문득 '모든 것을 버려야 한다' 생각하고 주장자를 들어 도로 놓으니 기울지 않고 똑바로 세워졌다 한다. 그 스님이 나에게 그 까닭을 묻기에 이렇게 답하였다.

"주장자만 그러한 것이 아니라 모든 일에 마음이 일면 바로 착오가 생겨나는 법이다. 예를 들어 아이들이 종이 자르는 모습을 보아라. 마음을 내면 실수를 하지만 아무런 마음 없이 자르면 전혀 어려움 없이 똑바로 자를 수 있다. 그러므로 도를 닦는 사람은 잠시라도 관조(觀照)를 떠나서는 안 된다."

주 :

1 　삼생장(三生藏) : 남악혜사(南嶽慧思, 515~577)가 창건한 남악(南嶽)의 복엄사(福嚴寺)에 얽힌 혜사의 삼생을 기념하는 곳을 말한다. 혜사가 어느 날 바위 아래를 가리키며 전생에 여기에서 좌선하다가 도적을 만나 머리가 잘렸다 하였는데 찾아보니 오래된 해골이 있었다. 이곳이 '일생암(一生巖)'이다. 다시 서남쪽으로 가서 큰 바위를 가리키며 그 다음 생에도 여기에서 좌선을 하였다고 하였는데 해골을 수습하여 탑을 세웠다. 이것이 '이생탑(二生塔)'이다. 숲이 우거진 곳에 이르러 이 절터가 그 다음 생에 머물던 곳이라고 하였는데 땅을 파 보니 사찰 물건들이 나왔다. 여기에 대(臺)를 쌓고 『반야경』을 독송했다. 이곳이 '삼생장(三生藏)'이다. 『불조통기(佛祖統紀)』 권6(T49-179c~180a).

56

불법의 첫 관문

『수능엄경(首楞嚴經)』

『수능엄경』에서 이렇게 말하였다.

"너는 떠다니는 온갖 티끌과 모든 환화상(幻化相)이 그 자리에서 발생되었다가 그 자리에서 사라지는 줄을 전혀 모르는구나[汝元不知(여원부지) 一切浮塵(일체부진) 諸幻化相(제환화상) 當處出生隨處滅盡(당처출생수처멸진)]."[1]

『열반경』에서 말하였다.

"비유하자면 거센 불길이 땔감을 태우는 것이 아니라 나무에서 불이 나와 다 타면 그것을 이름하여 땔감을 태웠다고 한다[譬如猛火(비여맹화) 不能燒薪(불능소신) 火出木盡(화출목진) 名爲燒薪(명위소신)]."[2]

『반야등론(般若燈論)』에서 말하였다.

"6근과 6경은 같은 이치이다. 지혜 있는 자가 어찌 그리 놀라는가?[根境理同然(근경이동연) 智者何驚異(지자하경이)]"[3]

납자들이 이것을 철저히 깨닫는다면 비로소 불법의 첫 관문[阿

字法門]에 들어가게 될 것이다.

주
:
1   『대불정여래밀인수증요의제보살만행수능엄경(大佛頂如來密因修證了義諸菩薩萬行首楞嚴經)』 권2(T19-114a). 현재 전하는 『수능엄경』에는 "汝元不知(여원부지)"가 "汝猶未明(여유미명)"으로 되어 있다.
2   현재 전하는 『열반경』에는 이런 표현이 보이지 않는다. 『대방광원각수다라요의경(大方廣圓覺修多羅了義經)』 권1(T17-914a)에 "비여찬화양목상인(譬如鑽火兩木相因) 화출목진회비연멸(火出木盡灰飛煙滅)"이라는 표현이 보인다.
3   성천보살(聖天菩薩) 조(造), 『광백론본(廣百論本)』 권1 「파근경품(破根境品)」 5(T30-185a).

57

강승회와 담제스님의 영험전

강승회(康僧會, ?~280)는 천축(天竺) 스님이다. 오(吳)나라 적오(赤烏) 10년(247), 처음 건업(建業)¹ 지방에 작은 암자를 지어 불상을 모셔 놓고 불법을 펴자 손권(孫權, 182~252)이 수상하게 여겨 그를 불러들여 물었다.

"불도를 믿으면 어떠한 영검이 있는가?"

"여래께서 열반하신 지 어느덧 천 년이 지났지만 유골인 사리는 사방으로 신비한 빛이 나니, 지난날 아육왕(阿育王)이 8만 4천 곳에 탑사(塔寺)를 세운 것은 여래께서 남기신 가르침을 드러내는 징표입니다."

"만일 사리가 나온다면 마땅히 탑을 세우겠지만 허튼소리를 지껄였다면 형벌에 처할 것이다."

이에 스님은 7일 간의 여유를 달라 청하고 곧 제자들과 함께 깨끗한 방을 꾸미며 구리병을 책상 위에 올려놓고 향을 사르며 예불하면서 사리를 내려달라 기원하였다. 그러나 7일이 다 되어도 아무런 효험이 없자 스님은 기한을 연장해 달라고 하였는데 21일이 되던 날, 갑자기 병 속에서 땡그랑 하는 소리가 나기에 살펴보니 과연 사리가 담겨 있었다. 이를 손권에게 보여주자 여러 신하들과 한데 모여 사리를 살펴보니 사리에서는 오색영롱한 빛이 눈부시게 비치었고, 그는 몹시 놀라며 "보기 드문 상서"라 하였다.

담제(曇諦, ?~453)스님의 부친 강동(康肜)이 기주(冀州)[2] 별가(別駕)로 있을 때의 일이다. 그의 모친 황씨(黃氏)가 낮잠을 자는데 어느 스님이 어머니라 부르며 불자(拂子) 하나와 쇠로 조각한 문진(文鎭) 두 개를 주는 꿈을 꾸었는데 깨어나니 두 가지 물건이 그대로 남아 있었다. 그로부터 임신을 하게 되어 담제스님을 낳았다. 이 두 가지 물건은 담제의 전신(前身) 굉각(宏覺)스님이 살아 계셨을 때, 요장(姚萇, 331~394)[3]을 위하여 『법화경』을 강설하자 요장이 굉각스님에게 바친 예물이었으며, 굉각스님이 입적한 날이 바로 황 씨의 꿈에 물건을 전해 준 그날이었다.

강승회 스님은 정성이 지극하여 살아생전에 사리를 얻을 수 있었고, 담제스님은 큰 서원(誓願)을 세웠으므로 죽으면서도 그 물건을 전해 줄 수 있었던 것이다.

아! 진실한 정성과 큰 서원으로도 생사를 마음대로 뒤바꿀 수 있는데 하물며 마음의 성을 지키는 사람[護心城者(호심성자)]이야 어떠하겠는가!

주
:

1   중국 강소성(江蘇省) 남경시(南京市).
2   중국 하북성(河北省) 형수시(衡水市) 기주시(冀州市).
3   요장(姚萇, 331~394) : 5호16국시대 후진(後秦)의 초대 황제이다. 묘호는 태조, 시호는 무소황제(武昭皇帝, 재위 384~394). 강족(羌族)의 수장 요익중(姚弋仲, 280~352)의 24번째 아들이다. 자는 경무(景茂). 고구려에 불교를 전한 것으로 유명한 동진의 부견(苻堅, 337~385, 재위 357~385)의 신하였으나 반란을 진압하지 못하자 처벌이 두려워 오히려 반란을 일으키고 부견에게 선양(禪讓)을 요구하다가 거절하자 살해하였다.

58

장자와 열자의 고사를 풀이함

회당조심(晦堂祖心)

『장자(莊子)』에서 "산골짜기에 배를 감추고 연못에 산을 감춘다 [藏舟於壑(장주어학) 藏山於澤(장산어택)]"하니, 해석하는 자들은 청산유수처럼 유창하게 뇌까리다가도 "천하에 천하를 감춘다[藏天下於天下(장천하어천하)]"[1]는 구절에서는 모두가 얼빠진 사람처럼 우두커니 앉아 붓을 놓고 생각에 잠긴다.

회당(晦堂, 1025~1100) 노스님이 일찍이 납자들에게 이 말이 무슨 뜻이냐고 물으니 대답하는 사람이 매우 많았지만, 스님은 웃으시며 "너희들은 그 도리를 잘도 말하는구나." 하셨다.

내가 게를 지어 그 뜻을 적어본다.

천하를 감출 수 없다는 것만 알고
분주하게 자취를 찾아 냄새만을 맡으려 하네
백척간두에서 한 걸음 앞으로 나아가면

비로소 나무 끝에 염소뿔이 걸려 있음을 볼 수 있으리.
천하심지불가장(天下心知不可藏)
분분후적단심향(紛紛嗅迹但尋香)
단능백척간두보(端能百尺竿頭步)
시견임초괘양각(始見林梢掛羊角)

회당 노스님이 또 물었다.
"『열자(列子)』에 두 어린아이가 해가 멀고 가까워짐을 이야기하다가 결론을 짓지 못하고 공자에게 물으니 공자가 대답하지 못한 이야기[2]가 실려 있는데 이유가 무엇이겠느냐?"
납자들은 "공자처럼 슬기로운 성인도 이 이치를 몰랐기 때문에 말이 없었던 것입니다."라고 대답하였으나 스님은 이번에도 미소를 지을 뿐이었다. 내가 게를 지어 해석한다.

차고 뜨겁고 멀고 가깝다는 것으로 의문만을 더하니
대답 없는 그것이 아픈 데를 찌르는 송곳
어린아이 말을 따라 끊임없이 지껄여대나
공자가 어찌 옛일을 몰라 그랬으랴.
양온원근전증의(涼溫遠近轉增疑)
부답당거통처추(不答當渠痛處錐)
상축소아쟁미이(尙逐小兒爭未已)

중니하독고난지(仲尼何獨古難知)

주
:
1 『장자(莊子)』「내편(內篇)」'대종사(大宗師)'. "배를 골짜기에 숨기고 산을 못 속에 감춰두면 안전하다고 여긴다. 하지만 한밤중에 힘센 자가 그것을 지고 달아나지만 어리석은 자는 알지 못한다. 작은 것은 큰 것 속에 숨기면 알맞기는 하나 잃어버릴 수가 있다. 만약 천하를 천하에 숨겨 둔다면 잃어 버리지 않으리라. 이것이 바로 만물의 위대한 진리이다(夫藏舟於壑 藏山於澤 謂之固矣 然而夜半有力者負之而走 昧者不知也 藏小大有宜 猶有所遯 若夫藏天下於天下 而不得所遯 是恒物之大情也)."
2 『열자(列子)』「탕문편(湯問篇)」. 공자가 어느 날 길을 가고 있는데 두 아이가 싸우고 있었다. 공자가 싸움을 말리면서 까닭을 물으니 해를 두고 싸우는 것이었다. 한 아이의 주장은 "해가 아침에 뜰 때는 가깝고 한낮에는 멀리 있다. 왜냐하면 아침에는 해가 크게 보이다가 낮이 되면 적게 보이기 때문이다."는 것이고, 다른 아이의 주장은 "해가 아침에는 멀리 있고 낮에는 가까이 있다. 왜냐하면 아침에 해가 뜰 때는 시원하지만 한낮에는 해가 가까이 있어 뜨겁기 때문이다."는 것이다. 이 말을 듣고 난 공자는 두 아이의 주장에 대해 쉽게 판단을 내리지 못하고 망설였다. 그러자 두 아이는 웃으면서 "그것도 대답 못하는데 선생님을 누가 현명하다고 말할 수 있겠습니까?" 하였다.

59

구양수를 감복시킨 설법

구양(歐陽) 문충공(文忠公)

구양(歐陽) 문충공(文忠公, 1007~1072, 구양수)[1]이 낙양에서 벼슬하던 어느 날, 숭산(嵩山)[2]을 유람하는 길에 노비와 관리를 모두 물리치고 홀가분한 마음으로 길을 떠나 어느 산사에 이르렀다. 안으로 들어서니 말쑥한 대나무 숲이 뜨락에 가득하고 맑은 서리 속에 새소리 지저귀는 경관은 그지없이 맑기만 하였다. 문충공이 법당 계단에 앉아 쉬노라니 곁에 노승 한 분이 불경을 읽고 있었는데, 그 모습이 너무나도 태연자약하였다. 스님은 이야기를 하면서도 돌아본다거나 대답하는 일에 별다른 신경을 쓰지 않았다. 문충공이 이상하게 여기며 말하였다.

"도인께서는 산에 계신 지 얼마나 되셨습니까?"

"매우 오래됐소."

"무슨 경을 읽으십니까?"

"『법화경』이오."

"옛 고승들은 생사의 갈림길에서 대개는 담소하다가 열반하는데, 무슨 수로 그렇게 될 수 있을까요?"

"정혜(定慧)의 힘이오."

"요즘 세상엔 그런 인물이 없이 쓸쓸한 것은 무슨 까닭입니까?"

노승이 웃으며 말하였다.

"옛사람들은 생각생각이 오로지 정혜에 있어서 임종 때에도 어지러움이 없었는데 요즘 사람들은 생각생각이 오로지 산란하니 임종 때에 어떻게 안정될 수 있겠습니까?"

이 말에 문충공은 크게 놀라 자신도 모르게 무릎을 꿇었다.

예전에 사희심(謝希深, 994~1039)[3]이 이 일을 기록한 적이 있다.

주:

1   구양(歐陽) 문충공(文忠公, 1007~1072) : 송대 4대 황제 인종(仁宗, 재위 1022~1063) 때부터 6대 신종(神宗, 재위 1067~1085) 때에 활약한 정치가이자 시인이자 역사학자인 구양수(歐陽修)를 가리킨다. 자는 영숙(永叔), 취옹(醉翁), 육일거사(六一居士), 시호는 문충(文忠)이다. 당송팔대가의 한 사람으로 꼽힌다.

2   하남성(河南省) 정주시(鄭州市) 등봉시(登封市).

3   사희심(謝希深, 994~1039) : 송대의 문인 사강(謝絳)을 가리킨다. 희심(希深)은 자(字)이다. 사강은 명도(明道) 원년(1032)에 『유숭산기매전승서(游嵩山寄梅殿丞書)』를 지어 황제의 명으로 5박 6일 동안 숭산을 유람한 사실을 기록하였는데, 한유(韓愈, 768~824)의 석실로 알려진 곳을 찾아갔다가 만난 스님과 구양수의 대화를 전하고 있다.

60

지언법화 스님의 자재행

지언법화(志言法華)

지언법화(志言法華, ?~1048) 스님은 용모가 예스럽고도 괴상하였다. 눈을 깜박거리지 않고 똑바로 바라보며 때때로 혼자서 중얼거리고 웃으면서 저자거리를 돌아다녔다. 도포자락을 걷어붙이고 달린다거나 또는 손가락으로 허공에 무엇을 그린다거나 아니면 한참 동안 우두커니 서 있기도 하고, 고깃집과 술집을 전전하며 음식을 가리지 않았으므로 사람들은 그를 '미치광이 중'이라 불렀다.

의회(義懷, 993~1064)[1] 스님이 출가하기 전에 지언법화 스님이 그를 보고 등을 어루만지면서 "덕산·임제로다."라고 한 적이 있었다.

또 승상 여허공(呂許公)이 불법의 대의(大意)를 묻자 "본디 한 물건도 없지만 한 맛이 그대로 진미를 이루도다[本來無一物(본래무일물) 一味總成眞(일미총성진)]." 하였다.

어느 스님이 물었다.

"세상엔 부처님이 계십니까?"

"절 안에 있는 문수상이다."

또 어느 사람이 스님에게 물었다.

"스님께서는 범인입니까, 아니면 성인입니까?"

스님은 손을 내저으며 말하였다.

"나는 그런 데에 머무르지 않는다."

스님께서 입적하실 때 마지막 게송을 지었으나 그 뜻은 알 수가 없다.

나는 무량겁 전부터
서다국토[逝多國土, 사위국(舍衛國)]를 이룩하였는데
교화 인연이 다 끝났으니
남쪽으로 돌아가리라.
我從無量劫來(아종무량겁래) 成就逝多國土(성취서다국토)
分身揚化(분신양화) 今南歸矣(금남귀의)

그리고는 오른쪽으로 누워 입적하시니 경력(慶曆) 무자(1048) 11월 23일이었다.

주
:

1 의회(義懷, 993~1064) : 송대 운문종 천의의회(天衣義懷). 30세에 출가하여 지언법화(志言法華)에게 참학하고 금란(金鑾) 선(善)과 섭현귀성(葉縣歸省)에게 참학한 후 설두중현(雪竇重顯, 980~1052)에게 참학하여 그의 법을 이었다.

61

근기를 알아보는 안목

조각(照覺)과 불인(佛印)

●

　조각(照覺, 1025~1091)[1]스님은 원풍(元豊) 연간(1078~1085)에 율종(律宗) 사찰 동림사(東林寺)를 선종으로 바꾸니, 천하의 선승들이 스님의 기풍을 우러러 모이게 되었는데 모두 믿고 경외하여 '육신대사(肉身大士)'라 불렀다. 스님에게서 칭찬을 듣거나 인정받는 사람은 반드시 여러 지방에 명성이 알려지게 되었다. 그러나 스님은 사람을 가볍게 인정하지는 않았다.

　나한사(羅漢寺) 소남(小南, 1050~1094)스님은 운거원우(雲居元祐, 1030~1095) 스님의 법제자로 법안이 밝았으나 사람들에게 알려지지 못한 인물이었다. 그가 한번은 동림사를 찾았는데 조각스님은 종을 울리어 대중을 모으고 청계(淸溪)의 윗길까지 마중 나가니 문도들이 크게 놀랐으며, 그로부터 명성이 나날이 세상에 알려지게 되었다.

　불인요원(佛印了元, 1032~1098, 운문종) 스님이 다시 운거사(雲居寺)

로 돌아왔을 때 영원유청(靈源惟淸, ?~1117, 임제종 황룡파) 노스님은 황룡산에서 처음으로 그곳을 찾아와 대중과 함께 지내면서 자신의 신분을 철저하게 숨겨 왔는데, 불인스님이 법좌에 올라가 대중들에게 알리고 그를 맞이하여 좌원(座元)이 되어 주기를 부탁하였다. 그의 예우가 남달랐으므로 영원스님이 부탁을 받아들이니 총림의 납승들이 날로 가까이하면서 회당조심(晦堂祖心, 1025~1100) 노스님의 법과 도를 알게 되었다.

아! 선배 큰스님들은 위와 같이 법기(法器)를 성취시켜 그가 세상에 큰 도움이 되게 하셨다. 요(堯) 임금이 네 명의 흉악한 이를 없애고 16명의 어진 이를 등용할 수 없었던 것이 아니라 그 일을 순(舜) 임금에게 넘겨주었을 뿐이다.[2] 비록 옛 성인이 하신 일이라도 이를 벗어나지 않을 것이며, 두 노스님 또한 이를 알고 있는 분이다.

주
:

1 조각(照覺, 1025~1091) : 임제종 황룡파 동림상총(東林常總)을 가리킨다. 출가 후 황룡혜남(黃龍慧南, 1002~1069)에게 20년을 참구하여 깨달음을 얻고 늑담사(泐潭寺)에 머물다가 나중에 동림사(東林寺)로 옮겼다. 원래 율원이었던 동림사는 신종(神宗) 원풍(元豊) 3년(1080)에 조칙에 따라 선찰(禪刹)로 바뀌었다. 강서성 남창(南昌)의 수왕(守王) 소(韶)가 황룡조심(黃龍祖心, 1025~1100)에게 머물기를 청했으나 조심이 조각을 대신 천거하여 머물게 하였다. 원우(元祐) 3년(1088) 서왕(徐王)의 주상(奏上)에 따라 조각(照覺) 선사라는 호를 받았다.

2 흔히 중국의 태평성대를 이야기하는 '요순' 시절은 임금의 자리를 자식에게 물려주는 것이 아니라 '선양(禪讓)'함으로써 권력의 계승마저도 아름답게 설명하고 있다. 이때 요 임금이 인재를 천거하지 못하자 순 임금이 요 임금의 신하가 되어 팔개(八愷)를 추천하여 모든 일을 처리하였다는 기록이 『춘추좌씨전(春秋左氏傳)』에 보인다. 팔개(八愷)는 고양씨(高陽氏) 중에서 재능과 인덕을 갖춘 창서(蒼舒)·퇴개(隤凱)·도인(檮戭)·대임(大臨)·방항(尨降)·정견(庭堅)·중용(仲容)·숙달(叔達)의 여덟을 말한다. 또 고신씨(高辛氏)에게도 재능과 인덕을 갖춘 백분(伯奮)·중감(仲堪)·숙헌(叔獻)·계중(季仲)·백호(伯虎)·중웅(仲熊)·숙표(叔豹)·계리(季狸)의 여덟을 팔원(八元)이라고 하였다. 행정권을 갖게 된 순은 이들 16명을 등용하였는데 이것을 '거십육상(擧十六相)'이라고 한다. 『춘추좌씨전』에는 또한 순 임금이 요 임금의 신하였을 때 혼돈(渾敦)·궁기(窮奇)·도올(檮杌)·도철(饕餮)의 네 악한 이들을 유배시켰다는 기록이 나오는데 이것을 '거사흉(去四凶)'이라고 한다. 실질적인 인사권을 요 임금에게 넘겨 자연스럽게 선양을 한 예로 든다.

62

법맥을 중히 여김

고탑주(古塔主)

고탑주(古塔主, ?~1045)¹ 스님은 운문(雲門, 864~949)스님과는 무려 백 년이라는 시대 차이가 있지만 그의 법제자라 자처하였고, 청화엄(靑華嚴, 1032~1083)² 스님은 대양(大陽, 943~1027)스님과는 애당초 알지도 못하는 사이였지만 부산법원(浮山法遠, 991~1067) 스님의 말 때문에 법제자임을 의심하지 않았다. 두 노스님은 모두 말로 전수받아 도를 행하는 데 전혀 아무렇지도 않았으니 자기 신분은 중히 여기면서도 법은 몹시 가볍게 생각하였던 것이다.

옛사람 가운데 법을 중시하신 분으로는 영가현각(永嘉玄覺, 665~713) 스님과 황벽(黃蘗 751~850)스님이 있다. 영가스님은 『유마경』을 읽다가 부처님의 마음법[心宗]을 깨치고서 다시 육조(六祖, 638~713)를 찾아가 "저는 종지를 정하고자 합니다." 하였고, 황벽스님은 마조(馬祖, 709~788)스님의 뜻을 깨달았으나 백장(百丈, 720~814)스님의 법제자가 되었으니 백장스님은 "그에게 미치지 못한다."고 탄식하였던 것이다.

주
:

1   고탑주(古塔主, ?~1045) : 송대 천복승고(薦福承古)를 가리킨다. 흔히 총림 고탑주(叢林古塔主)라고 하였다. 남악양아(南嶽良雅)에게 참학하여 그 법을 이어받고, 운거도응(雲居道膺, ?~902)의 탑지기를 하였다. 그후 천복사(薦福寺)에 머물면서 선풍이 퇴색해가는 것을 되살리려 하였다.

2   청화엄(青華嚴, 1032~1083) : 조동종 투자의청(投子義靑)을 가리킨다. 처음에는 교학을 수학했지만 나중에는 장로지복(長蘆智福)·장산찬원(蔣山贊元)·부산법원(浮山法遠, 991~1067) 등에게 참학하여 부산의 인가를 받았다. 그러나 부산은 대양경현(大陽警玄, 943~1027)에게서 받은 대양의 정상(頂相)·피리(皮履)·포직철(布直綴) 등을 주고는 투자를 대양의 제자로 삼았다. 백운산(白雲山)과 투자산(投子山)에 머물면서 대양의 종풍을 널리 선양하였다.

63

도를 간직하고 조용히 정진함

지장계침(地藏桂琛)

　지장계침(地藏桂琛, 867~928) 스님이 설봉(雪峰, 822~908)스님과 현사(玄沙, 835~908)스님의 도를 크게 진작시킬 수 있었던 것은 큰 법을 간직하고 조용히 물러나 살면서 정진한 덕택이다. 내 일찍이 이 스님을 만나보고 싶었다. 성 모퉁이 낡은 절의 삼문은 꺼져 버린 재처럼 고요하기 그지없었지만 도가 담긴 스님의 용모는 해맑고 심오하였다.

　스님이 어느 납자에게 농담으로 말씀하셨다.

　"선(禪)을 설법하기에 넓은 곳이 얼마든지 있는데 어찌하여 나와 함께 이곳에서 밭 갈며 주먹밥을 뭉쳐 먹고 사는가?"

　이 말씀 속에는 깊은 의미가 담겨 있다 하겠다.

64

선화자(禪和子)
십이시게(十二時偈)

내가 처음 황룡산에 머물렀을 무렵 납자들의 하루 일과에 대해 게를 읊었다.

내 살아가는 모습이야 보잘것없지만
그래도 날마다 일취월장 길이 있네
한밤중 자정[子]이면 주검처럼 곤히 자며
이에 뜯기며 간간이 손발을 움직일 뿐
첫닭이 울어 축시[丑]임을 알리니
새벽죽 먹으라고 목어판(木魚板)이 울리면
바지를 바삐 입고 버선목을 질끈 맨다
동이 트면 인시[寅]이니 늘어지게 하품하고
두 눈썹 곧추세우니 그 무게 천 근일세
해 돋으면 묘시[卯]이니 쌀 씻어 밥을 지으며

눈으로는 경을 보고 입으로는 중얼중얼

공양시간 진시[辰]이니 입언저리 군침 돌고

허기진 뱃가죽에 입맛을 돋구누나

중천에 가까운 해 사시[巳]를 알리니, 눈앞의 일들은

보기에는 가깝지만 말하려니 걸맞지 않네

남천에 태양이 빛나면 오시[午]이니 스스로 해진 옷을 꿰매다가

갑자기 바늘이 튀어나오니 전신[全體]이 나타난다

해 기울면 미시[未]이니 낮잠을 깨어

찬물에 얼굴 씻고 코를 쓰다듬어 본다

해질녘이면 신시[申]이니 가장 천진하여

좋은 기별 기뻐하고 나쁜 소식 노여워하네

석양이 유시[酉]에는 벽을 향해 좌선하니

거울 속은 '공'이요 한낮은 북두로다

황혼이 드는 술시[戌]에는 모든 움직임이 은밀하여

눈뜨나 감으나 모두가 캄캄하다

종을 치면 해시[亥]이니 말하면 깨닫고

법신은 잠을 자되 이불 덮지 않는 법

좌선할 때나 걸을 때나 모두모두 함께하여

활발한 기상으로 막힘없게 할지어다

조금이라도 집착하면 붉은 살갗에 멍이 들리니

본디 아무 일도 해볼 것이 없구나

모두들 함께 모여 나물줄기나 씹으세.

吾活計無可觀(오활계무가관) 但日日長一般(단일일장일반)

夜半子困如死(야반자곤여사) 被蝨咬動脚指(피슬교동각지)

鷄鳴丑粥魚吼(계명축죽어후) 忙繫裙尋襪紐(망계군심말뉴)

平旦寅忽欠申(평단인홀흠신) 兩眉稜重千斤(양미능중천근)

日出卯自攪炒(일출묘자교초) 眼誦經口相拗(안송경구상요)

食時辰齒生津(식시진치생진) 輪肚皮虧口脣(윤두피휴구진)

禺中巳眼前事(우중사안전사) 看見親說不似(간견친설불사)

日南午衣自補(일남오의자보) 忽穿針全體露(홀천침전체로)

日昳未方破睡(일질미방파수) 洗開面摸著鼻(세개면모저비)

哺時申最天眞(포시신최천진) 順便喜逆便瞋(순변희역변진)

日入酉壁掛口(일입유벽괘구) 鏡中空日中斗(경중공일중두)

黃昏戌作用密(황혼술작용밀) 眼開闔烏崒律(안개합오줄률)

人定亥說便會(인정해설변회) 法身眠無被蓋(법신면무피개)

坐成叢行作隊(좌성총행작대) 活鱍鱍無障礙(활발발무장애)

若動著赤肉艾(약동착적육애)

本無一事可營爲(본무일사가영위)

大家相聚喫莖菜(대가상취끽경채)

65

불법을 배우는 자세

운봉문열(雲峰文悅)

●

운봉문열(雲峰文悅, 997~1062) 스님이 처음 고안(高安)[1] 대우산(大愚山)에 와서 수지(守芝)스님을 찾아뵙자 수지스님이 물었다.

"그대는 무엇을 구하려고 여기 왔는가?"

"불법을 배워 볼까 해서 찾아왔습니다."

"어떻게 불법을 쉽사리 배울 수 있겠는가? 기운이 있을 때 대중을 위하여 한 차례 구걸 행각을 한 뒤에 불법을 배운다 해도 늦지 않을 것이다."

문열스님은 천성이 순박하여 그 말을 의심하지 않고 그 길로 구걸을 떠났다. 그러나 돌아와 보니 수지스님은 취암(翠巖)[2]으로 옮겨 간 뒤였다. 문열스님이 다시 취암으로 수지스님을 찾아가 입실(入室)하기를 청하자 수지스님이 말하였다.

"불법은 우선 그만두고 차가운 밤 날씨에 대중들에게 숯이 필요하니, 한 차례 더 숯을 구걸해 온 뒤에 불법을 배운다 하여도 늦지 않을 것이다."

문열스님은 이번에도 스님의 말씀대로 사방을 돌아다니며 숯을 구걸하여 연말이 되어서야 숯을 싣고 돌아와 가르침을 구하니 수지스님이 말하였다.

"불법이 썩어 없어질까 걱정이냐? 마침 유나(維那) 자리가 비었으니 사양치 말고 맡아보아라!"

이에 드디어 종[犍稚(건치)]을 울려 대중을 모아 놓고 이 사실을 알리어 문열스님에게 유나의 직책을 맡아주기를 청하였다. 문열스님은 난처한 얼굴빛이 되어 절을 올리고 일어서면서 곧 후회하여 유나의 소임을 포기하려고 하였지만, 이미 그렇게 되어버린 일이라 그냥 두어버렸다. 그러면서 수지스님의 의중이 과연 어디에 있는지 모르겠다고 한탄하였다.

그러던 어느 날 깨진 물통을 묶으려고 대껍질을 잡아당기다가 옆에 놓인 쟁반에 물통이 부딪쳐 땅바닥에 떨어지는 것을 보고서 크게 깨쳤다. 그제서야 수지스님의 마음 씀씀이를 알게 되어 그 길로 수지스님에게 달려가니 수지스님이 웃으며 큰 소리로 말하였다.

"유나여! 기뻐하라. 큰일을 끝마쳤구나."

문열스님은 한마디도 꺼내지 못하고 재배를 올렸으며 식은땀을 비오듯 흘리면서 그곳을 떠나 왔다. 그러므로 스님의 가풍은 고고하고 준엄하여 그 법을 받아 일가를 이룬 사람이 없었다.

황룡혜남(黃龍慧南, 1002~1069) 스님이 일찍이 대영도원(大寧道原)

노스님에게 말하였다.

"그가 사람들마다 그런 식으로 깨우쳐 주려 하지만 어찌 그처럼 될 수 있겠는가?"

주
:
1 강서성(江西省) 의춘시(宜春市) 고안시(高安市).
2 강서성(江西省) 남창시(南昌市).

66

참다운 참구 참다운 깨침

신정홍인(神鼎洪諲)

신정홍인(神鼎洪諲) 스님은 젊어서 몇몇 스님들과 함께 남악(南嶽)을 돌아다녔는데, 그중 한 스님이 불법[宗乘(종승)]을 거론하는 식견이 넓고도 날카로웠다. 때마침 산중 주막에서 간단한 점심을 먹게 되어 공양준비가 다 되었는데도 그 스님은 계속하였다. 이에 홍인스님이 말하였다.

"스님께서 '삼계가 오직 마음이며, 만법은 단지 식일 뿐이다. 오직 식이며 마음이니 눈으로 소리를 듣고 귀로 색을 본다[三界唯心(삼계유심) 萬法唯識(만법유식) 唯識唯心(유식유심) 眼聲耳色(안성이색)]'[1] 하셨는데 이는 누구의 말입니까?"

"법안(法眼)스님의 게송입니다."

"무슨 뜻입니까?"

"오로지 마음이므로 근(根)과 경(境)이 서로 맞닿지 않고, 오로지 식이므로 소리와 색이 뒤섞인다는 뜻입니다."

"혀와 맛[舌味(설미)]도 근과 경입니까?"

"그렇습니다."

이에 홍인스님은 젓가락으로 채소를 집어 입안에 넣고, 우물거리면서 말하였다.

"어찌하여 '서로 들어간다[相入(상입)]' 말합니까?"

이 말에 앉아 있던 스님들은 매우 놀라 서로 쳐다보며 아무도 답을 못하였다. 그러자 홍인스님이 다시 말하였다.

"길거리에서 주고받으며 즐기는 이야기로는 결코 심오한 도에 이를 수 없으며, 아무리 미묘한 경지에 들어가는 견해가 있다 하여도 그것을 '도를 보았다[見道(견도)]'고 할 수는 없는 것입니다. 참구를 하려거든 참답게 참구를 하고 깨달으려거든 참답게 깨달아야 하니 염라대왕은 말 많은 자를 두려워하지 않습니다."

주
:
1 『경덕전등록(景德傳燈錄)』 권29 「대법안선사문익송(大法眼禪師文益頌)」 '삼계유심(三界唯心)'(T51-454a).

67

○

『금강삼매경론』과 『원각경』의 상징설법

●

 『금강삼매경(金剛三昧經)』은 2각(二覺)을 깨치는 것으로 보살의 수행을 보여주는 경전이다. 처음 원효(元曉)스님께서 『소(疏)』를 지을 때, 그 경이 본각(本覺)과 시각(始覺)으로 종지를 구성하고 있다는 점을 깨달았다. 그리하여 스님은 소수레[牛車(우거)]를 타고 가면서 두 모서리 사이에 책상을 얹어놓고 이 점을 근거로 글을 썼다.

 또한 『원각경』의 경문은 모두 때도 성품도 없는 원각(圓覺)을 깨닫는 내용이다. 그러므로 『원각경』의 머리글에는 글을 쓴 시간과 장소를 기록하지 않았으며, 경문의 번역 연대를 고증하려 해도 아무런 역사 기록이 없다.

 원효스님이 '일을 통하여 법을 보이신 것[設事表法(설사표법)]'이나 『원각경』에서 은밀하게 부처님의 뜻에 계합한 것은 신령스런 마음이 그림자 같다는 것을 알았기 때문일 것이다.

68

육조에 대한 『송고승전』의 기록

조계육조(曹溪六祖)

　조계육조(曹溪六祖, 638~713) 스님은 몸을 숨기고 천민들과 뒤섞여 살며 장사치나 농민들과 16년이나 함께 일하였다. 그리하여 천민이나 어부나 장사치나 부엌일 하는 아낙네까지 그를 따르며, 너나 하며 스스럼없이 부르는 사이가 되었다. 덕이 세인에게 미치고 도가 천하에 퍼지자 역대의 많은 천자도 부득이 그를 스승 삼고 벗 삼게 되었다. 그는 성현의 경지에 있었으므로 귀천을 알지 못하였다.

　그런데 『송고승전(宋高僧傳)』에서는 이렇게 말하였다.

　"천자가 스님을 여러 차례 불렀지만 끝내 가지 않으시고 '내가 보잘것없게 생겼으니 북쪽 사람들이 나를 보게 되면 반드시 불법을 가볍게 여길 것이다'고 하였다."[1]

　그런데 이 말을 과연 조사의 말씀이라 할 수 있겠는가. 이는 어질지 못한 자의 말이다. 지극히 도가 높은 스님이 어찌 얼굴 모습으로 근심을 하였겠는가. 더구나 스님께서는 선천적으로 도인의 풍채를 타고나셔서 자비심으로 만물을 다스리신 분인데 그 정도의 자신이 없었겠는가.

주
:
1   현재 전하는 『송고승전(宋高僧傳)』 권8 '당소주금남화사혜능전(唐韶州今南華寺慧能傳)'(T50-755a)에는 이런 내용은 전하지 않고 병을 핑계로 가지 않는다는 내용만 전한다.

69

스님들의 수행 자세

석두(石頭)와 백장(百丈)

석두(石頭, 701~791)스님은 남대(南臺)¹에 암자를 짓고 오랫동안 살았는데, 하루는 우연히 쌀을 짊어지고 산을 올라오는 사람을 보고 무슨 쌀이냐고 물으니, 공양미를 보내 드린다는 것이었다. 그 이튿날 당장 양단(梁端)에 있는 암자로 내려와 살다가 마침내 그곳에서 세상을 마쳤으니 지금까지도 부도가 남아 있다.

백장사(百丈寺)는 높은 산봉우리에 있는 절이지만 백장(百丈, 720~814)스님은 매일 몸소 농사를 지어 공양을 충당하였으며 이 일을 그만두라고 권하는 사람이 있으면 "나에게 덕이 없어 대중을 고생시킨다."고 말하였다. 대중들이 보기 민망하여 농기구를 감추어 버리자 아예 밥을 먹지 아니하였으니 그로부터 "하루 일 하지 않으면 하루 밥 먹지 않는다[一日不作(일일부작) 一日不食(일일불식)]."는 말이 생겨났다.

예전 큰스님들 중에는 몸이 다할 때까지 이렇게 생활한 분이 많앉다. 육조(六祖, 638~713)스님은 허리에 돌을 맨 채 방아를 찧고, 우두(牛頭, 594~657)스님은 양식을 져 나르며 대중을 공양하였는데, 요즈음 젊은 비구들은 발우를 높이 드는 것만으로도 이맛살을 찌푸리며 팔이 시큰하다고 불평을 늘어놓는다.

주
:
1   호남성(湖南省) 형양시(衡陽市) 남악구(南嶽區).

70

사실을 정확히 고증함

설두중현(雪竇重顯)

설두(雪竇, 980~1052)스님은 『조영집(祖英集)』과 『송고백칙(頌古百則)』을 지었다.

『송고백칙』 첫 편에서 '달마스님과 양무제의 뜻이 서로 계합되지 못함[初祖不契梁武(초조불계양무)]'에 대하여 이렇게 말하였다.

온 나라 사람이 쫓아가도 다시 오지 않으리니
천고만고에 부질없이 아쉬워하네.
闔國人追不再來(합국인추부재래)
千古萬古空相憶(천고만고공상억)[1]

이 구절은 양무제와 만나지 못한 것을 거듭 탄식한 말이다. 그런데 이 뜻을 모르는 자가 이 구절 앞에 다음과 같이 서술하였다.

"달마스님께서 떠나 버리자 지공(誌公, 418~514)스님이 양무제에게 물었다. '폐하는 이 사람을 아십니까? 관음보살의 응신(應身)입니다. 부처님의 심법[心印]을 전하러 이 땅에 오셨는데 어찌하여 예우를 하지 않았습니까?' 이 말에 양무제가 뒤쫓아 가려 하니, 보지스님이 다시 말하였다. '설령 온 나라의 사람이 뒤쫓아 가도 다시 오지 않을 것입니다.'"[2]

그러나 보지스님은 천감(天鑑) 13년(514)에 죽었고 달마스님은 보통(普通) 원년(520)에야 금릉에 왔다는 사실을 설두스님이 어찌 몰랐겠는가? 그러므로 나는 이 서술이 설두스님의 뜻이 아님을 알게 되었다. 게다가 오늘날 전하는 사본(寫本)에는 '합국(闔國, 온나라)'이 '개국(蓋國)'으로 잘못 씌어져 있으니, 더욱 우스꽝스러운 일이다.

또 동산(洞山, 807~869)스님의 '삼 세 근[麻三斤(마삼근)]' 공안에 대한 송이 있다.

> 생각하니 장경스님과 육대부는
> 통곡을 할지 말아야 할지를 깨달았었네.
> 堪憶長慶陸大夫(감억장경육대부)
> 解道合哭不合哭(해도합곡불합곡)[3]

생각건대 이것은 장경(長慶, 854~932)스님의 말을 인용한 것이다. 일찍이 장경스님은 육대부의 말을 듣고 통곡한 후 대중에게 "말하여라! 통곡을 해야 하는가 말아야 하는가?"하고 물었다. 이 사실이 『전등록』에 있는데도[4] 어리석은 자들은 이를 "웃어야 하고 통곡해서는 안 된다[合笑不合哭(합소불합곡)]."[5]고 하여, 울 곡(哭) 자를 웃음 소(笑) 자로 바꾸어 썼으니 원래 뜻을 완전히 잃은 것이다.

 왕문공(王文公, 1021~1086, 왕안석)이 선승을 만나면 으레 한퇴지(韓退之, 768~824)와 대전보통(大顚寶通, 732~824) 스님이 만난 일을 물었는데, 간간이 잘못 대답하는 스님들이 있었다. 이에 왕문공은 스님들의 말에는 억측이 많고 정확한 뜻을 캐지 않는 까닭에 비난을 받는 것은 당연하다면서 안타까워했다. 그러므로 불교에 뜻을 둔 자는 마땅히 사실을 고증해 보아야 하며 구차스럽게 말해서는 안 될 것이다.

주:

1 『불과원오선사벽암록(佛果圜悟禪師碧巖錄)』 권1 '제1칙' 설두의 송고(頌古) 부분(T48-141a).
2 『불과원오선사벽암록(佛果圜悟禪師碧巖錄)』 권1 '제1칙' 원오의 평창 부분(T48-140a).
3 『선종송고연주통집(禪宗頌古聯珠通集)』 권36(X65-700a)이나 『불과원오선사벽암록(佛果圜悟禪師碧巖錄)』 권2 '제12칙'의 송고 부분(T48-153a). 다만 앞 부분이 '因思長慶陸大夫(인사장경육대부)'로 되어 있다.
4 『경덕전등록(景德傳燈錄)』 권10(T51-279b). 남전보원(南泉普願, 748~835)이 입적했을 때 원주가 육긍대부(陸亘大夫, 764~834)에게 왜 곡을 하지 않느냐 묻자 대부가 원주께서 깨달음을 얻으면 곡을 하겠다 하였는데 원주가 대답을 하지 못하였다. 이에 장경이 "곡을 해야 하는가, 말아야 하는가?" 하고 대신 대답하였다.
5 『불과원오선사벽암록(佛果圜悟禪師碧巖錄)』 권2 '제12칙'의 송고 부분(T48-153a)이나 평창 부분(T48-153c).

71

전식득지(轉識得智)에 대한 게송

한 스님이 물었다.

"8식(八識)이 전변(轉變)하여 4지(四智)를 이룬다고 하는데 예로부터 여기에 해설을 한 큰스님[宗師]이 있었습니까?"

그래서 나는 조계(曹溪, 638~713)스님의 게가 가장 자세하다고 일러주었다.

    대원경지(제8식의 전변)는 성품이 청정하고
    평등성지(제7식의 전변)는 마음에 병이 없으며
    묘관찰지(제6식의 전변)는 보는 데 힘을 들이지 않고
    성소작지(전5식의 전변)는 대원경과 같도다
    5, 8과 6, 7은 과(果)와 인(因)의 전변이나
    이름만이 전변일 뿐 실제 성품은 없으니
    만일 전변하는 곳에 마음을 두지 않으면

영원히 떠들썩한 곳에 있다 해도 부처님의 정(定)이라네.
大圓鏡智性淸淨(대원경지성청정)
平等性智心無病(평등성지심무병)
妙觀察智見非功(묘관찰지견비공)
成所作智同圓鏡(성소작지동원경)
五八六七果因轉(오팔육칠과인전)
但轉其名無實性(단전기명무실성)
若於轉處不留情(약어전처불류정)
繁興永處那伽定(번흥영처나가정)[1]

5식(五識)은 제8식의 직접적인 상분(相分)이 되므로 "성소작지가 대원경지와 같다." 하였으니 이것은 모두 과(果)에서 전변하는 것이다. 제6식(第六識) 제7식(第七識)은 별다른 체가 없기에 다만 깨달아 알게 되면 그것이 바로 평등성지(平等性智)이니 이는 모두 인(因)에서 전변하는 것이다.

주
:
1 『육조대사법보단경(六祖大師法寶壇經)』(T48-356b).

72

소무스님의 수행 이력

홍영소무(洪英邵武)

　홍영소무(洪英邵武, 1012~1070) 스님은 활짝 트이고 밝은 자태를 지녀 예로부터 내려온 종문의 중요한 인물이었다. 일찍이 운거사(雲居寺)의 객승으로 있을 때는 방문을 닫고 사람들과 교류하지 않고 모든 사람을 하잘것없이 보아 마음에 인정하는 사람이 없었다. "나는 이 산에서 늙어 죽으려 한다."고 말하였는데 우연히 어느 날 밤 이장자(李長者, 635~730)의 『화엄십명론(華嚴十明論)』을 읽다가 크게 깨쳤다.

　그 후 오랜 세월이 흐른 어느 날 밤 경행(經行) 중에 어느 두 스님이 황룡(黃龍, 1002~1069)스님의 '부처님 손, 나귀 다리, 태어난 인연처'의 3관 화두를 거론하는 것을 듣다가 이상하게 생각하여 그들에게 물었다.

　"혜남(慧南)스님은 지금 어디 계십니까?"

　"황벽사에 있습니다."

동틀 무렵 곧바로 황벽사 혜남스님을 찾아가 한 번 만나 이야기해 보고는 자기가 그보다 모자란다고 생각하였다.

다시 취암(翠庵)의 가진점흉(可眞點胸, ?~1064) 스님을 만나보러 가서 방에 들어가려는 찰나에 가진스님이 물었다.

"여자가 정에서 나왔다[女子出定(여자출정)]¹는 뜻이 무엇인가?"

이 말에 홍영스님은 그의 손을 끌어다가 무릎을 긁고 떠나가자 가진스님이 웃으며 말하였다.

"숟가락 파는 장사치²는 아니었구나."

가진스님은 이 일로 스님의 기변(機辯)이 속박에서 벗어났음을 알고 크게 칭찬하니 당대의 학인들이 종사(宗師)로 우러러보게 되었다.

늙어서는 원통사(圓通寺, 여산)의 수좌로 있었다. 혜남스님은 여산에서 찾아온 스님을 만나면 반드시 홍영 수좌를 찾아본 적이 있었는가를 묻고는 모른다고 하는 자가 있으면 "그대는 행각하면서 여산까지 갔었는데 홍영 수좌를 알지 못하는가." 하였다는데, 이는 보배산[寶山(보산)]에서 아무것도 얻지 못한 사람들의 낭설이다. 왜냐하면 스님은 혜남스님이 세상에 살아 계실 때에는 법을 펴지 않았으며, 혜남스님이 입적하자 "큰 법을 지닌 분이 나를 버렸으니 이제 그 누가 감당할까?" 하면서 그제서야 세상에 나와 늑담사(泐潭寺)에 주지하였던 것이다. 스님은 매우 많은 게송을 남겼지만 여기에는 그중 세 수만을 기록하니 이것만으로도 스님의 인품을 상상

할 수 있을 것이다.

석문의 험한 길 굳게 닫힌 철책 관문
눈 들어 바라보니 겹겹이 높은 성
뿔 없는 무쇠소가 들이받아 깨부수니
비로자나 바다에 파도가 들끓는구려.
石門路險鐵關牢(석문노험철관뢰)
擧目重重萬仞高(거목중중만인고)
無角鐵牛衝得破(무각철우충득파)
毘盧海內鼓波濤(비로해내고파도)

만 번 담금질한 쇠 가시는
높은 값을 불러 봤자 만족할 수 없네
이리저리 오가며 껄껄껄 웃노라니
시비는 옆사람더러 가리라고 맡겨 두었네.
萬煅爐中鐵蒺藜(만단노중철질여)
直須高價莫饒伊(직수고가막요이)
橫來竪去呵呵笑(횡래수거가가소)
一任旁人鼓是非(일임방인고시비)

하나의 터럭 끝에 시방이 다 나타나니

겹겹 화장세계 제석 그물 선뜻하다
귀하신 선재동자 어디 가시고
맑은 밤바람만이 대숲을 뒤흔드네.
十方齊現一毫端(시방제현일호단)
華藏重重帝網寒(화장중중제망한)
珍重善財何處去(진중선재하처거)
淸宵風撼碧琅玕(청소풍감벽랑우)

주
:
1   문수보살이 부처님들이 모인 곳에 갔을 때 모두들 돌아갔는데 오직 한 여자가 부처님 곁에서 삼매에 들어 있었다. 그리하여 부처님께 묻되 "이 여자는 부처님 곁에 있는데 저는 어찌 그러지 못합니까?" 하니, "네가 이 여자를 삼매에서 깨워 물어보아라." 하였다. 이에 문수가 손가락을 퉁기고 갖은 신통력을 다하였는데도 해내지 못하였다. 부처님께서 말씀하시기를, "백천 문수가 오더라도 깨어나게 못 할 것이다. 아래쪽 24 항하사 국토를 지나면 망명(罔明)보살이라는 이가 있는데 그이라야 이 선정을 깨우리라." 하셨다. 그러자 잠깐 사이에 망명보살이 땅에서 솟아올라 세존께 절하니 세존께서 여자의 선정을 깨우라 하셨다. 그리하여 손가락을 한 번 퉁기니 여자는 선정에서 깨어났다. 『무문관(無門關)』 (T48-298a).
2   남을 밥 먹게 해주면서 자기는 음식 맛을 모르는 이를 말한다.

73

네 가지 비밀스런 방편

달관(達觀)

달관(達觀, 989~1060)스님은 일찍이 뜻[義理(의리)]을 묻지 않는 납자를 속으로 비웃어 왔다. 예를 들면 선종에는 네 가지의 비밀스런 방편[四藏鋒(사장봉)]이 있으니, 이치를 깨달음[就理(취리)], 일을 깨달음[就事(취사)], 이치와 일을 동시에 깨달음[入就(입취)], 일과 이치를 동시에 벗어남[出就(출취)]을 말한다. 그런데 그들은 글자는 보지도 않고서 '취리(就理)'를 '수리(袖裏)'로, '출취(出就)'를 '출수(出袖)'로, '입취(入就)'를 '입수(入袖)'로 바꾸어 썼으며, '취사(就事)'만을 바꾸지 않고 그대로 부르고 있다.

오늘날의 『덕산사가록(德山四家錄)』에도 모두 이렇게 적혀 있어 후학으로 하여금 큰스님들의 소매 속에는 반드시 출입하고 왕래하는 어떤 물건이 있을 것이라고 의심케 하였으니, 매우 우스꽝스러운 일이다.

회당(晦堂, 1025~1100) 노스님은 정진하지 않고 빈둥대는 납자를 보면, "저 사람은 출가할 때 『팔양경(八陽經)』 읽는 자를 스승으로 삼았을 것이다."라고 비웃어 주었으니 그 말씀에는 반드시 그럴 만한 이유가 있었을 것으로 생각된다.

74

심인을 전하는 방법을 터득함

남원혜옹(南院慧顒)

남원혜옹(南院慧顒, ?~952) 스님은 말하였다.

"물음은 답 속에 있고 답은 물음 속에 있다[問在答處(문재답처) 答在問處(답재문처)]."

또 협산(夾山, 805~881)스님은 이렇게 말하였다.

밝음 속에서는 횡골(橫骨)을 뽑아내고
어둠 속에서는 혀끝에 앉았으니
그대의 현묘한 뜻은 노승의 혀끝에 있고
노승의 현묘한 뜻은 그대의 혀끝에 있다.
明中抽橫骨(명중추횡골)
暗中坐舌頭(암중좌설두)
上座玄旨是老僧舌頭(상좌현지시노승설두)
老僧玄旨是上座舌頭(노승현지시상좌설두)

혀끝에 앉으면
또 다른 견해가 생겨나니
산 뜻을 참구하고
죽은 뜻을 참구하지 말지어다.
坐却舌頭(좌각설두) 別生見解(별생견해)
參他活意(참타활의) 不參死意(불참사의)

또 달관(達觀)스님은 말하였다.

조금이라도 입술을 떼었다 하면
곧 헤아림[意思]에 떨어지게 되니
이는 모두 죽음으로 가는 문이지
살 길이 아니며
설령 그곳을 벗어난다 하여도
오히려 빠져 있는 것이다.
纔涉唇吻(재섭진문) 便落意思(변락의사)
並是死門(병시사문) 故非活路(고비활로)
直饒透脫(직요투탈) 猶在沈淪(유재침륜)

내 일찍이 동산(洞山, 807~869)스님과 임제(臨濟, 767~866)스님께서 제창하신 종지가 매우 비슷한 점을 이상하게 생각해 왔는데 이는 옛 성인이 중생을 위하시던 법식의 요점을 얻었기 때문이었을 것이다.

『능엄경』에서는 "이곳(사바)에서는 소리를 통해서 청정한 가르침을 전한다."[1] 하였다. 그러므로 예로부터 사람들은 달마스님을 관음보살의 응신이라 한 것이다. 한편 『능가경(楞伽經)』을 심인(心印)이라 하니, 그것은 부처님의 말씀은 마음으로 종지를 삼는다는 뜻이다. 이렇게 볼 때 남악회양(南嶽懷讓, 677~744) 스님 또한 관음보살의 응신이라 하니, 그 뜻을 음미해 보면 함부로 한 말이 아닐 성싶다.

주
:
1 『대불정여래밀인수증요의제보살만행수능엄경(大佛頂如來密因修證了義諸菩薩萬行首楞嚴經)』권6(T19-130c).

75

빗자루를 외우며 깨침

어느 스님이 나에게 물었다.

"예컨대 '수행을 많이 한 사람도 인과(因果)에 떨어집니까?'라고 물으면, 어느 사람은 '떨어지지 않는다' 하고 어느 사람은 '어둡지 않다' 합니다. 또한 '무엇이 대자대비하신 부처님의 천수천안[大悲千手眼(대비천수안)]입니까?'라고 물으면, 누구는 '자기 온몸[通身(통신)]이 다 천수천안'이라 답하고, 들은 말이 있는 사람은 '나는 그렇게 생각하지 않으니 그것은 어디에나 두루한 몸[徧身(변신)]이다' 합니다. 또 누가 '무엇이 부처입니까?'라고 물으면 어느 사람은 '악취 나는 고깃덩이에 쉬파리가 몰려든다' 하고, 들은 말이 있는 사람은 '나는 그렇게 생각하지 않는다. 상처 입은 당나귀 등뼈에 쉬파리가 우글거린다' 합니다. 또한 누군가 '영초(影草) 삼아 질문 하나를 던질 때에는 어떻게 하겠는가?'라고 물으면, 어느 사람은 '굳이…'라 하고, 들은 말이 있는 사람은 '어째서 그럴 필요 없다고 대답하지 않는가?' 하였습니다.

여러 노스님들의 이러한 설법을 무엇으로 우열을 구분하고 근본 종지를 알 수 있습니까? 그분들은 법에 대해 막힘이 없이 모든 언어를 가릴 것 없이 손 가는 대로 들어 올린 경우입니까? 아니면 그 모두가 문답을 저울질하여 한 푼 한 치 비교하는 것으로써 기연에 임하여 곧바로 분별해 내는 경우입니까? 아니면 그 이치가 모두 갖추어져 있어서 같고 다름을 구별할 게 없다는 것입니까? 이것이 제가 일찍이 의심을 품어 왔으나 알 수 없는 부분입니다."

"나는 그대의 의심을 풀어 줄 수가 없다. 그러나 내 들기에는 세존께서 이 세상에 계시던 때 어느 한 비구가 있었는데 그는 성품이 워낙 우둔하여 기억력이 없었다. 부처님께서 '초추(苕箒, 빗자루)'라는 두 글자만을 외우도록 하였다. 그는 아침저녁으로 두 글자만을 외웠지만 '초(苕)' 자를 읽다 보면 '추(箒)' 자를 잊어버리고 '추' 자를 읽다 보면 '초' 자를 잊어버렸다. 그러나 매일 스스로 자신을 꾸짖고 끊임없이 생각하다가 어느 틈엔가 마침내 '초추'라고 외울 수 있었다. 이에 크게 깨치어 막힘없는 언변을 얻게 되었다고 한다. 그대가 '초추' 두 글자를 외우는 것처럼만 한다면 옛 큰스님께서 대자대비하신 까닭에 만물을 위하는 마음이 있었음을 알게 될 것이다."

이 말에 그 스님은 두려운 마음을 가지고 물러갔다.

76

의심받은 불사

법창의우(法昌倚遇)

●

　법창의우(法昌倚遇, 1005~1081) 스님은 북선지현(北禪智賢) 스님의 법제자이다. 주지생활 30년 동안 화전을 일구어 농사짓고 살면서 스님들이 그곳을 찾아오면 반드시 그를 시험해 보았다. 홍영소무(洪英邵武, 1012~1070) 스님과 성(聖)스님은 모두 황룡(黃龍, 1002~1069)스님 문하의 훌륭한 제자들인데 그들과 우의가 두터웠고, 그의 법구(法句)는 총림에 많이 알려져 있었다. 회당(晦堂, 1025~1100) 노스님이 일찍이 그곳을 지나다가 들르자 의우스님이 물었다.

　"전해들은 말로는 스님께서 요사이 토굴을 짓는다 하는데 공사를 마쳤소?"

　"이미 마쳤습니다."

　"인부가 얼마나 들었소?"

　"수백 명이 동원되었습니다."

이 말에 의우스님은 화를 내며 말했다.

"매우 좋은 토굴이겠구먼!"

그러자 회당스님은 손을 어루만지며 웃으면서 말하였다.

"모든 사람의 의심을 사게 되었습니다."

임종할 때 사람을 보내 서덕점(徐德占)을 부르니 그가 영원(靈源, ?~1117)스님과 함께 달려가 그곳에 막 도착했을 때 스님께서는 침실에 앉아 사중의 일과 기물 등을 감사(監寺)에게 맡기면서 당부하였다.

"내 이곳에 주지로 부임한 후 오늘까지 사중의 재산을 아끼고 보호하느라 스스로 이 일을 항시 맡아 왔지만 이제는 떠나가니, 그대들이 이 사찰을 빛내도록 하라."

그리고는 손에 들고 있던 주장자를 들어 보이며 말하였다.

"해보라! 이것을 누구에게 전할 것인가를."

대중이 대답하지 못하자 주장자를 집어던지고 선상 위에 누워 팔을 베개 삼아 고요히 입적하였다.

77

수산스님의 전법강요

수산성념(首山省念)

●

　지난날 수산성념(首山省念, 926~993) 스님은 법을 전수하는 요점[傳法綱要(전법강요)]을 게송으로 읊은 적이 있다.

　쯧쯧! 못난 낭군이여
　기연(機緣)이 오묘하여 아는 이 없어라
　봉림관을 깨부수고
　물 위에 신을 신고 서 있네.
　咄咄拙郎君(돌돌졸낭군) 機妙無人識(기묘무인식)
　打破鳳林關(타파봉림관) 穿靴水上立(천화수상립)

　쯧쯧! 어여쁜 아가씨여
　베틀을 세워 두고 베 짤 줄을 모르는구려
　닭싸움을 뚫어지게 보느라고

물소를 알지 못하였네.

咄咄巧女兒(돌돌교여아) 停梭不解織(정사불해직)

貪看鬪鷄人(탐간투계인) 水牛也不識(수우야불식)

뒷날 분양무덕(汾陽無德, 946~1023, 선소) 스님이 이 게송에 주석을 붙였는데도 납자들은 그 뜻을 깨닫지 못하였다. 이로써 살펴보면 신령스럽게 깨닫고 훤출히 벗어나던 옛사람의 바탕을 요즈음 사람으로서는 매우 따라가기 어렵다는 점을 알 수 있다. 내가 전에 안타까워하며 그 게송을 읽은 적이 있다.

순화(淳化) 3년(993) 12월 5일 수산스님께서 대중에게 설법하였다.

내 나이 올해 예순 일곱!

늙고 병들어 그럭저럭 세월만 보낸다

올해에 명년 할 일을 기록하였다가

이듬해에 올해의 일을 더듬어 보면

명년이 와도 다 어긋남이 없으리.

老僧今年六十七(노승금년육십칠)

老病相依且過日(노병상의차과일)

今年記取明年事(금년기취명년사)

明年記著今年日(명년기저금년일)

至明年時皆無爽(지명년시개무상)

또 이어 대중에게 설법하였다.

은세계 금색부처
유정이고 무정이고 모두가 하나의 참다운 법
밝음과 어둠이 다할 때 모두가 비춤이 없다가
오후의 태양에 온몸을 보이도다.
白銀世界金色身(백은세계금색신)
情與無情共一眞(정여무정공일진)
明暗盡時俱不照(명암진시구부조)
日輪午後示全身(일륜오후시전신)

그 후 정오에 편안히 앉아 입적하였다.

78

알음알이로 이해하는 것을 경계함

조계육조(曹溪六祖)

●

『대반야경(大般若經)』에 이렇게 말하였다.

"많은 천자(天子)들이 '모든 야차들의 말과 주문은 은밀하지만 알 수는 있다. 그러나 선현(善現, 수보리)존자가 이 반야바라밀다(般若波羅蜜多)에 대하여 보여주신 갖가지 말씀을 우리로서는 도저히 알 수 없다'고 생각하자 선현존자는 그들의 마음을 알고 말하였다.

'너희 천자들은 나의 설법을 알지 못하느냐?'

'그렇습니다.'

장로(長老) 선현 존자가 다시 말하였다.

'내 일찍이 이에 대하여 한 글자도 설법한 일이 없으므로 너희 또한 듣지 못하였을 것이니 무엇을 알 수 있겠는가. 무슨 까닭일까? 매우 심오한 반야바라밀다는 문자와 말을 멀리 떠났기 때문이다. 그러므로 여기에서는 말하는 자나 듣는 자, 그것을 이해하는 사람까지도 모두 있을 수 없다. 일체 여래 응정등각(應正等覺)께서 깨달으신 무상정등보리(無上正等菩提)도 마찬가지로 그 상(相)이 매우 심오하다."[1]

조계(曹溪, 638~713)스님이 입적할 무렵에야 바야흐로 그 가르침을 모두 말씀하신 것은 대승의 종성이 익어졌음을 알았기 때문이다. 그러므로 어느 스님이 '신주(新州)로 돌아가려는' 뜻을 묻자[2] "나뭇잎이 떨어져 뿌리로 돌아가지만 올 때에는 말이 없다[葉落歸根(엽락귀근) 來時無口(내시무구)]"[3]라고 답하였다.

또한 강서(江西)의 마조(馬祖, 709~788)스님과 남악(南嶽)의 석두(石頭, 701~791)스님에 이르러서는 선종의 법이 성하였다. 그리하여 석두스님을 진정한 사자후를 하시는 분[眞吼(진후)]이라 하고, 마조스님을 법을 온전히 드러내시는 분[全提(전제)]이라 불렀으니, 그들의 기봉(機鋒)은 큰 불더미와 같아 어찌 해보려들면 타죽는 것이다. 그러니 요즈음 학승들이 뜻과 생각으로 이해하려 하는 것은 과연 잘못된 일이 아니겠는가.

주 :

1 『대반야바라밀다경(大般若波羅蜜多經)』 권81 「제천자품(諸天子品)」(T5-454b).
2 선천(先天) 2년(713) 7월 1일에 육조가 문도들에게 말하기를, "나는 신주(新州, 육조의 아버지가 귀양 온 곳)로 돌아가겠으니 서둘러 나룻배를 준비하여라." 하니, 문도들이 울면서 "스승께서 이제 떠나시면 언제나 오시렵니까?" 하였다. 스님께서는 게송을 읊고 신주로 떠났는데 얼마 있다가 돌아가셨다. 『육조대사법보단경(六祖大師法寶壇經)』(T48-361c~362b).
3 『육조대사법보단경(六祖大師法寶壇經)』(T48-361b).

79

사문이 자신을 내리깎는 말세 풍조

명교설숭(明教契嵩)

●

명교설숭(明教契嵩, 1007~1072) 스님께서 항시 개탄하셨다.

"사문(沙門)이 고상하게 된 것은 자비로우신 부처님의 힘인데 말세에 와서 어지럽게 된 까닭은 우리 스스로가 비천하게 만든 것이다. 사문은 천자를 볼 때에도 '신(臣)'이라 일컫지 않는 법이다. '신(臣)'이란 공경 대부 따위의 벼슬을 이르는 칭호이다. 그러므로 맞지 않게 '신'이라는 말을 써서는 안 된다. 그러나 당(唐) 영도(令瑫, 666~760)스님이 견식이 밝질 못하여 맨 처음 그 폐단의 실마리를 열어 준 뒤 역대 스님들은 이를 따라 아무런 의심도 하지 않고 '신'이라 일컫게 되었다. 산림에 묻혀 사는 선비도 천자는 오히려 신하로 삼지 못하는데 더구나 사문이야 어떠하겠는가?"

그런 까닭에 명교스님은 『정종기(正宗記)』를 올리는 표(表)에서 첫 부분과 맨 끝만 '신 아무개[臣某(신모)]'라 하여 예로부터 내려오는 전례를 따랐을 뿐, 중간 부분에서 자기 의견을 서술할 때에는 그대로 이름을 썼다. 그리하여 당시의 벼슬아치들은 이 글을 읽어 보고 스님의 높은 식견을 존중하였다.

나는 지난날 상중(湘中)[1] 지방을 돌아다니다가 어떤 스님이 도량을 짓고 남악의 황제를 초대하여 설법할 때 몸을 굽혀 '신승 아무개[臣僧某(신승모)]'라고 소리 높여 외치는 것을 보았으니 이 어찌된 일인가?

주 :
1   호남성(湖南省).

80

지나친 겸손에서 오는
폐단을 경계함

●

　내 요사이 동오(東吳)[1]와 경회(京淮)[2] 지방을 돌아다니며 살펴보니 법회는 매우 융성하나 법을 주재하는 사람들이 너무나 겸손하여 옛 스님들의 격식을 무너뜨려 버렸다. 예를 들면 옛 스님들은 법당에 올라 옷을 여미고 좌정하면 시자가 법회를 열어도 좋겠느냐고 물어보고 물러간 뒤에 대중이 공경을 다하고 양쪽 곁에 서서 엄숙하게 경청하며 법을 높였기 때문에 법을 주재하는 사람에게 어려움이 없었다.

　그러나 이제는 그렇지 못하고 노스님이 법좌에 올라 손을 앞으로 다소곳이 모으고 서서 모든 승려가 제자리에 선 다음에야 자리에 앉는다. 오직 강서 지방의 총림만은 옛 격식을 바꾸지 않고 있지만 오늘날의 형편으로 살펴보면 머지않은 후일에 아마 동오와 경회 지방보다도 더욱 심하게 되지 않을까 생각된다.

주
:
1   강소성(江蘇省) 소주시(蘇州市) 금창구(金閶區).
2   강소성(江蘇省) 회안시(淮安市).

81

황제의 말을 뒤따르는 문구

대각회연(大覺懷璉)

●

　인종(仁宗) 황제가 대각회연(大覺懷璉, 1010~1090) 스님과 함께 서로 법을 즐기며 주고받은 시구가 매우 많다. 그러나 모두 옛 분들의 말을 따라 쓴 글일 뿐, 애당초 새롭고 크고 오묘한 말들은 감히 하지 않았다. 평소에 지은 글을 살펴보면 절묘하고 뛰어난 구절이 매우 많았는데 세상 사람들은 그 문장을 아무 쓸모없는 주석으로 의심하지만 그것은 잘못된 것이다.

　지난날 송(宋) 문제(文帝)는 포명원(鮑明遠, 414~466)[1]을 중서사인(中書舍人)으로 임명하였는데 문제도 문장을 좋아하여 천하에 아무도 자기를 따를 사람이 없다고 생각하였다. 그래서 포명원은 문제의 이러한 뜻을 알고서 문장을 지을 때면 으레 격조 낮은 문구들을 많이 사용하였다. 이에 세상 사람들은 그의 재능이 다하였다고 말들을 하였지만 실제로는 그렇지 않았다.

　대각스님은 자기 한 몸과 세상, 이 두 가지를 모두 잊은 분이다.

그러므로 포명원이 뜻을 굽혀 왕을 섬긴 것과는 견줄 바 아니며, 인종(仁宗) 또한 태어나면서부터 오묘한 도를 깨치어 시나 문장 따위를 하찮게 생각한 사람이니, 결코 송 문제와 엇비슷한 자가 아니다. 나는 회연스님이 깊은 지혜를 지니고서도 당시 기연에 응하는 방법을 그렇게밖에 할 수 없었던 처지를 이해한다.

주 :

1 포명원(鮑明遠, 414~466) : 남북조시대 시인. 사령운(謝靈運)과 안연지(顏延之)와 함께 '원가삼대가(元嘉三大家)'로 불린다.

82

백운수단 스님의 수행 이력

백운수단(白雲守端)

●

　백운수단(白雲守端, 1025~1072) 스님은 동오(東吳) 사람으로 서여산(西余山)에 머무르고 있을 때 사자춤놀이를 보고서 깨쳤다. 그리하여 흰 옷감에 사자 가죽처럼 알록달록한 물감을 들여 입었다. 혹 법당에 올라 납자를 맞이할 때면 이 옷을 펼쳐 보이고, 눈 내리는 아침이면 껴입고 성안으로 들어가니 어린아이들이 떠들어대며 뒤따랐다. 돈을 얻으면 굶주리고 추위에 떠는 사람에게 모두 보시하는 것이 연례행사가 되었다.

　그가『법화경』을 염불하면 효과가 있으므로 호상(湖上) 지방 사람들은 앞을 다투어 스님을 맞이하였다. 스님은『법화경』을 펼쳐 놓고 몇 구절 읽은 후엔 덥석 돈을 집어넣고 떠나 버렸으며, 그리고『어부사(漁父詞)』를 곧잘 노래하여 달이 밝으면 새벽녘까지 흥얼거렸다.

　그 당시 회두(回頭)라 불리는 미치광이 중이 한 사람 있었는데,

그는 당시의 속인배들을 부추겼고 사대부 또한 그의 경망한 행동을 만족해하였다. 그가 윤주(潤州) 태수 여공(呂公)과 함께 고기를 먹는 찰나에 스님께서 곧장 그 자리로 달려 들어가 그를 가리키며 따졌다.

"지금 이 자리에서 어느 것이 부처인가?"

이에 회두스님이 난처해하며 대답하지 못하자 스님은 그의 머리통을 쥐어박아 넘어뜨린 뒤 떠나 버렸다.

또 불탁(不托)이라는 미치광이 중이 있었는데 그가 수주(秀州)에서 설법하니 온 성안 사람이 나와 경청하였다. 스님은 그곳으로 달려가 그에게 물었다.

"어느 것이 부처냐?"

그가 대답하려는 찰나에 그를 발길로 걷어찬 후 떠나 버렸다.

스님이 처음 개당하였을 때 유수노(俞秀老)가 소(疏)를 지어 그러한 일들을 서술하였다.

    회두를 밀쳐 버리고
    불탁을 발길로 걷어찼네
    일곱 권 『연화경』을 다 외지 않았는데
    어부사 한 가락이 먼저 들려오누나.
    推倒回頭趯(추도회두적)
    翻不托(번불탁)

七軸之蓮經未誦(칠축지연경미송)

一聲之漁父先聞(일성지어부선문)

스님은 승관(僧官) 선(宣)이 찾아왔다는 말을 듣고 그에게 손가락질하며 "멈춰라!" 하고는 이어 법좌에 올라 게송을 읊었다.

본디 소상강 낚시꾼이

동으로 서로 그리고 남북으로.

本是瀟湘一釣客(본시소상일조객)

自東自西自南北(자동자서자남북)

이 게송에 대중스님이 떠들썩하게 칭찬하자 스님은 그들을 돌아보며 웃었다.

내 법왕의 법을 살펴보니

법왕의 법이 그러하더라.

我觀法王法(아관법왕법) 法王法如是(법왕법여시)

이어 법좌에서 내려와 곧바로 그곳을 떠났다.

장자후(章子厚, 1035~1105)[1]가 스님을 초빙하여 그의 집안 묘지기 사찰의 주지를 시키고자 스님과 마주앉아 밥을 먹으면서 이 이야기를 하자 스님은 눈알을 부라리며 게송을 하였다.

장돈아! 장돈아!
나를 묘지기로 부르려 하느냐
나는 흰 밥을 먹는데
너는 악취 나는 파뿌리를 먹는구나.
章惇章惇(장돈장돈) 請我看墳(청아간분)
我却喫素(아각끽소) 汝却喫葷(여각끽배)

장자후가 이 게를 듣고 크게 웃었다.
여연안(呂延安)은 좌선을 좋아하고 장자후는 연단(煉丹, 신선술)을 좋아하니 스님은 게를 지어 그들에게 설법하였다.

여씨는 좌선을 좋아하고
장씨는 신선공부를 좋아하니
서씨네 여섯째가 비유하기를 널판지를 져서
한곳만을 보는 사람 같다 하였네.
呂公好坐禪(여공호좌선) 章公好學仙(장공호학선)
徐六喻擔板(서육유담판) 各自見一邊(각자견일변)

원조종본(圓照宗本, 1021~1100) 스님이 처음 혜림사(慧林寺) 주지를 사임하고 남쪽 고소(姑蘇) 지방으로 돌아오는 길에 단양(丹陽)에서 스님을 만나 묻기를, "스님은 단 사자가 아니시오?" 하니, 스님이 그렇다고 하자 원조스님이 "그 시골뜨기 사자!" 하고 놀리니, 스님은 곧바로 응수하여 게를 읊었다.

> 시골뜨기 사자가 시골에서 춤을 추는데
> 눈썹과 눈알이 함께 움직이네
> 입을 딱 벌리면 뱃속은 그저 어리석음뿐
> 사람들이 떠받드는 것을 좋아하지 않는다
> 설령 제왕의 궁궐에서 춤춘다 해도
> 그것은 한 마당의 굿판이겠지.
> 村裏師子村裏弄(촌리사자촌리롱)
> 眉毛與眼一齊動(미모여안일제동)
> 開却口肚裏直儱(개각구두이직롱)
> 侗不愛人取奉直(동불애인취봉직)
> 饒弄到帝王宮也(요롱도제왕궁야)
> 是一場乾打鬨(시일장건타홍)

그 뜻은 천자의 부름으로 도성에 찾아갔던 원조스님을 풍자한 것이다.

주
:
1 장자후(章子厚, 1035~1105) : 송(宋)나라 때 권신 장돈(章惇). 폐지된 왕안석(王安石)의 신법(新法)을 다시 시행하면서 이에 반대하는 사마광(司馬光), 정이(程頤), 소식(蘇軾) 등 이른바 원우당인(元祐黨人)들을 핍박하여 후대 유학자들에게는 만고의 소인배로 낙인이 찍혔다.

83

불도를 밝힌
편지글 두 편

●

　대각회련(大覺懷璉, 1010~1090) 스님은 지난날 남악(南嶽)의 삼생장(三生藏)에서 오랫동안 살았으므로 총림에서는 스님을 '연삼생(璉三生)'이라 하였으며, 문장과 이론이 훌륭하여 당시 저명한 공경 대부들의 존경을 한 몸에 받아 왔다. 내 일찍이 스님이 손신노(孫莘老, 1028~1090)에게 보낸 글을 읽어보고 천하에 뛰어난 인재임을 알게 되었다. 그 글은 대략 다음과 같다.
　"성인께서 일찍이 도의 오묘한 뜻을 『주역』을 빌려 말하였는데 주나라가 쇠퇴하자 선왕의 법이 무너져 예의가 없어지게 되고 그 이후 기이한 말들과 이단(異端) 술수(術數)가 그 틈바구니에 뒤섞여 생겨나 풍속이 어지럽게 되었다. 우리 석가의 가르침이 중국에 흘러들어와 순수하게 으뜸가는 이치[第一義(제일의)]를 보여주고 시종 자비로써 중생을 제도하는 것 또한 그 시대의 요구를 따른 것이다. 인간이 생존한 이후로 순박한 기운이 흩어지지 않아 삼황(三

皇)의 가르침이 간결하면서도 소박한 것은 봄에 해당하며, 사람의 마음이 나날이 복잡해져 오제(五帝)의 가르침이 소상하면서도 형식이 완비된 것은 여름에 해당한다. 또한 시대와 세상이 달라짐에 따라 인정도 날마다 바뀌어 삼왕(三王)의 가르침이 주도면밀하면서도 엄격한 것은 가을에 해당한다. 옛날 상(商)·주(周)대의 고(誥)[1]니 서(誓)[2]니 하는 글들은 후세 학자로서는 이해하기조차 어려운 책인데도 당시 사람들은 그 말을 따라 어기지 않았으니 풍속이 오늘과 비교하여 어떠하였겠는가? 결국 그 폐단에 의하여 진·한대에 이르러서는 하지 못하는 일이 없게 되었고, 천하에는 차마 듣고 싶지 않은 일까지도 생겨나게 되었다. 이에 우리 여래 부처님께서는 한결같이 성명(性命)의 이치로 미루어 나가고 자비의 행동으로 가르치시니 이것은 겨울에 해당한다. 자연에는 사계절이 있어 그것이 순환하면서 만물을 낳고 기르는데 성인의 가르침도 이와 같이 상부상조하며 천하를 교화한다. 그러나 끝에 가서는 모두가 폐단이 없을 수 없다. 폐단이란 지나간 발자취이지만 도는 매양 한 가지이니, 결론은 성현이 나와서 세상을 구제하는 데 있다.

　진·한대 이후 오늘날까지 천여 년 동안 풍속은 더욱 각박해져만 가고 성인의 가르침은 몇 가지로 팽팽히 맞서 서로가 헐뜯고 비난하여 어느 곳을 따라야 할 줄 모르게 되었다. 그리하여 대도(大道)는 적막하여 돌이킬 길이 없게 되었으니 매우 개탄스러운 일이다."

나는 이 글을 읽으면서 차마 손에서 떼어놓을 수 없었다. 불교를 배척한 한퇴지(韓退之, 768~824, 한유)를 비난했던 왕문공(王文公, 1021~1086, 왕안석)의 글을 살펴보니, 그 문장의 대의가 이 글과 일치되고 있다. 그의 글에서는 이렇게 말하였다.

"사람들은 양자(楊子)와 묵자(墨子)를 배척한 맹자를 좋아하면서도 불교와 노자를 자기의 공부로 삼는 이가 있으니, 아! 장자(莊子)가 말하는 '여름 벌레[夏蟲(하충)]'[3]란 이런 사람을 두고 말하는 것이 아니겠는가. 도가 일 년이라면 성인은 한 철[一時]에 해당한다. 한 철에 집착하여 일 년인가 한다면 끝내 도를 깨닫지 못할 것이다.

성인의 말씀이란 그 시대에 따라서 하는 것이다. 옛적에 옳았던 것일지라도 오늘날에 이르러서까지 반드시 옳다고 말할 수는 없다. 사람들은 옛적에 옳았던 것만을 알고 그것이 변할 수 없는 것이라 생각할 뿐이다. 변할 수 있는 것은 '말'이며 변함없이 항상한 것은 '도'라는 사실을 알지 못한다. 그렇다면 누가 이를 바로잡을 수 있을까? 봄이란 겨울에서 비롯되지만 겨울이란 끝이다. 천하의 도를 끝맺을 수 있는 분은 오로지 부처님뿐이다. 여기에 이르지 못한 자들은 모두가 이른바 '여름 벌레'에 불과할 뿐이다."

주 :

1   고(誥) : 『서경(書經)』에서 임금이 신하를 일깨우는 교명(敎命).
2   서(誓) : 신하가 임금에게 맹세하는 글. '고(誥)'와 '서(誓)'는 모두 『서경(書經)』 즉 『상서(尙書)』의 편(篇) 이름. '고(誥)'에는 '탕고(湯誥)', '대고(大誥)', '강고(康誥)' 등이 있으며, '서(誓)'에는 '감서(甘誓)', '탕서(湯誓)', '태서(泰誓)' 등이 있다. 이외에도 '전(典)', '모(謨)', '훈(訓)', '명(命)'의 형식이 있으며 모두 100편으로 되어 있다.
3   여름 벌레 : 여름 한 철 사는 벌레는 얼음 어는 것을 모른다는 뜻으로 견문이 좁아 공연히 의심하는 자를 비유하는 말이다. 『장자(莊子)』「추수(秋水)」.

84

『대반야경』의 관(觀)

동산오본(洞山悟本)

『대반야경(大般若經)』에 말하였다.

"응당 욕계(欲界)와 색계(色界), 무색계(無色界)가 '공(空)'임을 '관(觀)'하여야 한다. 선현(善現, 수보리)아, 이 관(觀)을 닦을 때 마음을 어지럽게 하지 않아야 한다. 마음이 어지럽지 않으면 경계를 보지 않고 경계가 보이지 않으면 깨달을 것도 없다."[1]

또 말하였다.

"허공에 날아올라 자재하게 한참을 날다가 땅에 내려앉는 금시조(金翅鳥)처럼 비록 허공을 타고 놀지만 허공에 의지하지도 아니하고 그렇다고 허공에 얽매이지도 않는다."[2]

지난날 동산오본(洞山悟本, 807~869) 스님은 오위편정(五位偏正)으로써 대법(大法)의 표준을 삼았고, 세 가지 번뇌[滲漏(삼루)]를 기준으로 납자를 분별하였다. 이는 억측으로 단정하거나 구차스럽게 한 것이 아니라 모두가 부처님께서 본래 전하신 뜻이다. 오늘날 총림에서는 '세 가지 번뇌'라는 말을 들으면 이따금 그를 비웃는 사람이 있으니 설령 오본스님께서 다시 태어난다 하여도 그런 자를 어떻게 할 수 있겠는가.

주
:
1 『대반야바라밀다경(大般若波羅蜜多經)』 권452 「습근품(習近品)」(T7-279c).
2 『대반야바라밀다경(大般若波羅蜜多經)』 권332 「선학품(善學品)」(T6-700b).

85

모든 것을 아는 청정한 지혜
『대반야경』

『대반야경』에 말하였다.

"모든 것을 아는 청정한 지혜는 그 지혜가 청정하여 둘도 없고 두 개로 나뉘짐도 없으며 차별도 없고 단절도 없다[一切智智淸淨(일체지지청정) 無二無二分無別無斷(무이무이분무별무단)]."[1]

그러므로 임제, 덕산, 조주, 운문스님 같은 옛 큰스님들은 모두 이 뜻을 통달하였기에 어느 때나 그 마음이 허공과 같을 수 있었다. 나아가서는 중생을 위하여 법을 마련할 때에는 작용[用]이 요구되면 곧 작용하였는데, 그것은 다만 한바탕의 놀음을 보듯 하였으니 곧 대천(大千)세계를 마치 질그릇 빚듯 주물럭거렸다. 이를 깨닫지 못한 이를 위해 마땅히 사례를 들어 설명하고자 한다.

신농씨(神農氏)가 회초리로 풀을 치니 피가 흐르고, 도생(道生, 355~434)스님이 조약돌을 모아 두고 『열반경』을 설법하자 머리를 끄덕이며 소리를 지른 것은 유정 무정의 차이가 없기 때문이며, 엄

동설한 눈 쌓인 대밭에서 통곡을 하자 죽순이 솟은 것은 고금이 없기 때문이며, 손가락을 깨물어 아들을 찾게 되어 채순(蔡順)이 어머니에게 돌아간 것은 공간의 막힘이 없기 때문이며, 고아인 조카에게 젖을 먹이자 신문백(申文伯)의 젖에서 젖이 흐른 것은 남녀의 다름이 없는 것이다.

승조(僧肇, 384~414)스님이 "슬프다! 사람의 마음이 미혹된 지 오래여서 눈으로 진리를 보고서도 깨닫지 못하는구나."²라고 개탄한 것도 이 때문이다.

주
:
1 『대반야바라밀다경(大般若波羅蜜多經)』 권184 「난신해품(難信解品)」(T5-989c) 등은 물론 『대반야경』 전체에서 무척 자주 등장하는 관용구.
2 『조론(肇論)』 「물불천론(物不遷論)」(T45-151a).

86

죄와 복의 감응

산곡(山谷)

산곡(山谷)스님은 항시 다음과 같은 말을 하였다.

"세상에서 사람의 얼굴을 보고서 복을 점치는 것은 매우 잘못된 일이다. 복이란 본래 형상이 없는 것인데 무엇으로 볼 수 있다는 말인가? 오로지 얕고 깊은 그의 도량을 보면 될 뿐이다."

또한 말하였다.

"사람의 수명을 살펴볼 때는 반드시 그 사람의 마음 씀씀이를 보아야 한다. 하는 일마다 남을 속이는 사람 치고 어찌 장수를 누리는 자가 있을 수 있겠는가?"

그리고 한산자(寒山子)는 말하였다.

"말이 곧으면 배반하거나 친하는 일이 없고 마음이 진실하면 죄와 복이 없다."

마음과 말의 일치는 사람이라면 으레 그렇게 되어야 하는 것임에도 옛 성인들이 이 점을 소중히 다룬 점으로 미뤄보면 세간의 도덕이 매우 상실되어 있었음을 엿볼 수 있다.

　대위진여(大溈眞如, ?~1095) 스님이 일생 동안 문도들에게 가르치신 말씀은 "일을 하려면 오로지 진실하게 하라."는 한마디였으며, 운개수지(雲蓋守智, 1025~1115) 스님의 설법은 으레 "마음을 속이지만 말라. 그리하면 마음은 저절로 신령할 것이다."라는 한 말씀뿐이었다.

87

평범하고 참된 선풍

내가 상산(湘山) 운개사(雲蓋寺)에 있을 때 선방(禪房)의 화로 곁에 쭈그리고 앉아 덮을 것을 머리에 뒤집어쓰고 있다가 밤이 으슥하여 스님들이 서로 주고받는 이야기를 들었다.

"오늘날 사방의 총림에서는 임제의 후예들이 일상적인 선[平實禪(평실선)]을 닦아야지 남 하는 대로 허공에 물구나무서며 곤두박질해서는 안 된다'고 하는 것을 비방한다.

깨달으라고 하지만 무엇을 깨닫겠는가? 옛사람의 깨달음은 흙을 가지고 황금을 만들었는데 요즘 사람들의 깨달음이란 바로 귀신을 만난 것이다. 그들 모두가 미친 알음알이로 쉬지 못하고 있으니 어느 날에나 최고의 경지에 이를 수 있겠는가?"

이 말에 한 스님이 물었다.

"어느 스님이 조주스님에게 '스님께서는 남전(南泉)스님을 친견하셨다고 들었는데 정말입니까?'라고 묻자 조주스님이 '진주(鎭州)에는 큰 무가 나느니라'라고 하셨다는데 무슨 뜻입니까?"

먼저 화제를 냈던 그 스님은 웃으면서 말했다.

"그 화두는 얼마쯤은 분명하다. 어찌 임제종의 문하에서만 이런 화두로써 사람을 가르치겠는가? 조주스님도 노파심에서 그렇게 하신 것이다."

나는 그들에게 농담을 던졌다.

"그 스님의 물음이 온당하지 못하였다. 어찌하여 '세상에서 제일가는 채소는 무엇입니까?'라고 말하지 않았을까? 그리고는 '진주에서 나오는 큰 무'라고 대답하였더라면 평범하여 더욱 분명했을 터인데, 그렇게 하지 않고 '남전스님을 만나 보셨습니까?'라고 물었고, 거기에 '진주의 큰 무'라 대답하여 허공에서 물구나무를 섰구나."

그 후 이 말을 들은 사람들은 서로 전해 가며 웃음거리로 삼았다.

88

도인의 초연한 임종

영원유청(靈源惟淸)

영원(靈源, ?~1117)스님이 나에게 말하였다.

"팽기자(彭器資)는 큰스님을 만날 때마다 반드시 '도인은 임종에 이르러 자유자재하는 자가 많으며 더러는 분명한 종지를 보이는 이가 있다고 하는데 그 일을 들려줄 수 있겠습니까?'라고 묻고는 간혹 부질없이 답하는 자가 있으면 속으로 그를 비웃었다. 그는 만년에 분강(湓江)¹ 태수로 있으면서 극진한 예의를 갖춰 회당(晦堂, 1025~1100) 노스님을 초대하니, 노스님이 관사에 이르자 아침저녁으로 도를 물었는데 어느 땐가 조용히 노스님에게 또다시 그 문제를 물었다.

'임종할 때 과연 깊은 종지가 있습니까?'

'있지!'

'그 이야기를 듣고자 합니다.'

'그대가 죽을 때 말해 주지!'

이 말에 팽기자는 자기도 모르게 일어서며 말하였다.
'이 일에 대해서 스님에게 처음 들었습니다.'"
나는 그들의 말을 음미해 보고 감탄한 나머지 게를 지었다.

마조(馬祖)스님은 도반이 있으면 올 것이라 하고
팽 공에게는 죽을 때 일러준다 하였네
곤한 잠자리에 이가 물기에
손 가는 대로 잡고 보니 벼룩이로군!
馬祖有伴則來(마조유반즉래) 彭公死時卽道(팽공사시즉도)
睡裏蝨子咬人(수리슬자교인) 信手摸得革蚤(신수모득혁조)

주
:
1 강서성(江西省) 구강시(九江市).

89

은밀히 전한다는 뜻

양대년(楊大年)

●

　나는 어느 날 밤 한 스님과 양대년(楊大年, 974~1020, 양억)의 『불조동원집(佛祖同源集)』 서(序)를 읽다가 "예전에 여래께서 연등 부처님 회상에서 몸소 수기[記別(기별)]를 얻었지만 실제로는 자그마한 법도 얻은 게 없으니 그러므로 '대각능인(大覺能仁)'이라 부르게 되었다."라는 구절에 이르러 책을 놓아두고 긴 한숨을 지은 적이 있다. 양대년은 한낱 사대부임에도 논변과 지혜가 '전할 바 없는 불조의 종지[無傳之旨(무전지지)]'를 깨달았는데 오늘날 산림의 선승들은 도리어 고개를 들어 남에게서 참선과 불법을 구하니 가소로운 일이다. 그러자 함께 있던 스님이 말하였다.

　"석두(石頭)스님은 '천축 땅 부처님의 마음을 동서에서 은밀히 전하였다[竺土大仙心(축토대선심) 東西密相付(동서밀상부)]'[1] 하였는데, 어찌 스님께서 망언을 하였겠습니까?"

　나는 그에게 말하였다.

"그대가 그 글을 잘못 읽은 것이다. 이른바 '은밀히 부촉했다[密付(밀부)]'라 함은 의원이나 무당이 세상 사람이 보지 못하게 비장의 기술을 너와 나 둘만이 전하는 것과는 달라서 사람으로 하여금 스스로 밝게 깨닫게 하는 것을 '은밀'이라 하였을 뿐이다. 그러므로 장경 헌(長慶獻) 스님은 '28대의 조사께서 모두 마음을 전한다[傳心(전심)] 하였지, 말을 전한다[傳語(전어)] 하지는 않았다. 이는 다만 의심나는 마음[疑情(의정)]을 깨뜨려 주었을 뿐, 결코 불심(佛心)의 체(體)에서 기연에 응수한 일은 없다' 하였다.

또한 도명(道明)스님은 대유령(大庾嶺)에서 육조스님을 친견하고 깨달음을 발하게 되자 '이밖에 또 다른 은밀한 뜻이 있습니까?'라고 물으니 육조스님은 '내가 조금 전에 이야기한 것은 은밀한 뜻이 아니다. 모든 은밀한 뜻은 너에게 있는 것이지 특별한 것이 아니다' 하였다. 이는 석가모니께서는 다만 연등 부처님 회상에서 내려주신 수기를 받았을 뿐인 경우와 같아서 만일 전할 수 있는 법이 있었다면 곧바로 전해 주었을 것이다. 아난존자 또한 일찍이 크게 깨우치고 하마터면 '여래가 나에게 삼매(三昧)를 내리셨다고 생각할 뻔하였다'고 하였다.

이와 같이 옛 성현들의 말씀과 가르침이 모두 있으니 이것으로 마음의 거울을 삼을 수 있다. 그렇지 않다면 향엄(香嚴, 799~898)스님이 대나무를 치는 소리를 듣고서 멀리 위산(潙山)을 바라보며 두 번 절하고, 고정(高亭)스님이 강 건너에서 덕산(德山)스님을 바라보고 곧장 강을 가로질러 달려갔던 일들을 어떻게 귓전에 은밀히 주고받은 말이라 할 수 있겠는가."

주
:
1 『경덕전등록(景德傳燈錄)』 권30 「남악석두화상참동계(南嶽石頭和尙參同契)」(T51-459b).

90

정명식(正命食)의 3타

조산본적(曹山本寂)

조산본적(曹山本寂) 선사 탐장(耽章, 840~901)스님께서 말하였다.

"정명식(正命食)¹을 하는 사람에게는 반드시 '세 가지 떨어짐[三種墮(삼종타)]'²이 있다. 첫째는 짐승으로 몸을 바꾸는 것이며, 둘째는 소리와 색을 끊지 않음이며, 셋째는 밥을 받지 않는 것이다."

그러자 당시 법회에서 성긴 베옷을 입고 있던 선승이 물었다.

"짐승으로 몸을 바꾼다 함은 어디에 떨어짐입니까?"

"종류에 떨어짐[類墮(유타)]이니라."

"소리와 색을 끊지 않는 것은 어디에 떨어짐입니까?"

"딸려 가는 떨어짐[隨墮(수타)]이니라."

"밥을 받지 않는 것은 어디에 떨어짐입니까?"

"존귀에 떨어짐[尊貴墮(존귀타)]이니라."

이어서 그 요점을 거론하였다.

"밥을 먹는다는 것은 사람 본분의 일이다. 본분의 일인 줄 알면서도 취하지 않으므로 이를 '존귀에 떨어짐[尊貴墮]'이라 한다. 만일 '처음 마음[初心]'에 집착하면 자기와 성인의 지위가 따로 있는 줄 알기에 '종류에 떨어짐[類墮]'이라 한다. 처음 마음을 가질 때는 자기가 있다고 자각하다가도 회광반조(回光返照)할 때에는 소리·색·향기·맛·감촉·법을 물리치고 평안하고 조용한 것으로 공부를 이루었다가 뒤에 가서는 다시 6진(六塵) 등의 경계에 집착하지 않는다. 그러다가 부분적으로 어두워져서 그대로 내버려두면 막히게 된다. 이것이 『유마경』에서 말한 '육사외도(六師外道)가 너의 스승이 되는 원인이니 그 스승이 떨어지는 곳에 너 또한 따라서 떨어지게[隨墮] 된다'는 것이다.

그러므로 먹어야 할 밥을 가려먹는 것이라야 정명식이다. 음식이라는 것도 또한 6근에 관계되는 일이지만 견문각지(見聞覺知)가 그것에게 더럽혀지지 않았는데도 이를 '떨어짐'이라 한다면 이는 다른 것이다. 앞서 본분의 일도 취하지 않았는데 그 나머지 일이야 어떠하겠는가?"

조산스님이 말하는 '떨어짐'이란 갈래가 달라서 뒤섞을 수 없다는 이야기이고 또한 '처음 마음[初心]'이라 하는 것은 깨달았다고 하지만 깨닫지 못한 것과 같은 것을 말한다.

주 :

1 정명식(正命食) : 『유가사지론』에서는 범행(梵行)이라는 측면에서 이것을 설명한다. 즉 올바른 식습관을 통한 범행(梵行)으로 제명에 죽자는 것이었는데 선문에서는 지해(知解)의 과식을 경계하기 위한 말로, 법희선열지식(法喜禪悅之食)이란 의미이다.
2 여기에서 '떨어진다[墮]'는 자재하다는 뜻.

91

깨친 후 습기의 존속에 대한 두 견해

규봉종밀(圭峰宗密)

●

　당(唐) 상서(尙書) 온조(溫造, 765~835)가 한번은 규봉종밀(圭峰宗密, 780~841) 스님에게 물었다.

　"이치를 깨달아 망념이 쉬어버린 사람은 다시는 업을 짓지 않으니, 한 세상의 수명이 다하여 죽은 후엔 그의 신령한 성품[靈性(영성)]은 어디에 의탁하게 됩니까?"

　종밀스님은 서신으로 답하였다.

　"일체 중생 모두가 비고 고요하여 신령하게 아는 성품[空寂靈性(공적영성)]을 갖추고 있는 것으로는 부처님과 다를 바 없습니다. 그렇지만 아득한 옛날부터 오늘날까지 이를 깨닫지 못하고 부질없이 일신에 집착하여 '나'라는 생각[我相]을 내기에, 사랑과 미움 따위의 정이 생겨나고 그 정을 따라 업이 지어지고 업을 따라 과보를 받게 되어 영겁(永劫)토록 생노병사가 윤회하는 것입니다. 그러나 이 몸속의 알아보는 성품은 나거나 죽는 일이 없으니 이는 마치 꿈속에서 쫓기어도 몸은 변함없이 편안한 것과 같으며 또한 물이 얼어 얼음이 되어도 축축한 성질은 바뀌지 않는 것과 같습니다.

만일 이 이치를 깨닫게 되면 그대로 법신(法身)이니, 본디 태어남이 없는데[無生] 어디에 의탁하겠습니까? 신령스러워 어둡지 않고, 밝고 밝아 항시 알아보지만 온 곳도 없고 어디로 가는 곳도 없습니다. 그러나 여러 생에 윤회하면서 망정과 집착을 익혀 그것이 성품이 되어 희로애락이 미세하고도 끊임없이 진리에 들어오니 이러한 것은 영특하게 통달한 사람이라 해도 갑자기 없애기는 어렵습니다. 그러므로 모름지기 오래도록 살펴서 줄여 가고 또 줄여야 합니다. 이는 마치 바람은 갑자기 멈춰도 물결은 서서히 잠자는 것과 같으니 어찌 한 번의 몸으로 닦아서 갑자기 부처님의 기용(機用)과 같아질 수 있겠습니까? 다만 공적(空寂)으로 본체를 삼을지언정 망념을 그것이라고 오인하지 말아야 하며, 진지(眞知)로 본심을 삼아 망념을 인정하지 말아야 합니다. 만일 망념이 일어났다 하여도 전혀 망념을 따르지 않는다면 죽음에 이르러도 자연히 업이 그대를 얽어매지 못할 것이며, 설령 중음신(中陰身)[1]을 받는다 하여도 자유로워 천상이든 인간세계이든 마음대로 의탁할 수 있게 됩니다. 만일 사랑하고 미워하는 마음이 없다면 분단의 몸[分段身(분단신)][2]을 받지 않게 되므로 자연히 짧은 목숨이 장수하게 되고 추악한 것이 오묘하게 됩니다. 또한 미세하게 흐르던 모든 것이 고요해져서 원만하게 깨달은 큰 지혜만이 오롯이 빛나면 곧 천백억 가지 몸을

나투어 인연 있는 중생을 제도하게 되니 이를 이름하여 '부처'라 하는 것입니다."³

송(宋) 시랑(侍郎) 한종고(韓宗古) 또한 일찍이 회당(晦堂, 1025~1100) 노스님에게 서신을 올려 물었다.

"지난날 스님께서 '깨달으면 완전히 의심이 없어진다'고 말하셨는데, 까마득한 예로부터 있어 온 번뇌와 습기(習氣)는 한꺼번에 다 없앨 수가 없으니 어떻게 합니까?"

이에 대한 회당 노스님의 답서는 다음과 같다.

"보낸 서신 속에 담겨 있는 말을 살펴보니, '깨달으면 깡그리 의심이 없어진다고 하나 까마득한 예로부터 있어 온 번뇌와 습기는 한 번에 다 없앨 수가 없다'고 말하였습니다. 그러나 마음 밖에 다른 법은 없으니 번뇌와 습기가 무엇이기에 그처럼 깡그리 없애려 하는지 알 수 없는 일입니다. 그러므로 만일 이러한 마음이 일어나면 도적을 자식으로 오인하는 격입니다. 옛 스님들의 그와 같은 말은 병에 따라 약을 마련한 것이므로 설령 번뇌와 습기가 있다 하여도 오로지 여래의 지견(知見)으로 치유하면 될 뿐이니 이 모두가 좋은 방편으로 후학을 이끌어 가르치는 말이기 때문입니다. 만일 다스려야 할 습기가 결정코 있다고 한다면 그것은 마음 바깥에 없애야 할 어떤 법을 두는 것이니, 비유하자면 거북이가 진흙 위에 꼬리를 끌고 가면서 발자국을 털어 버리면 또 다른 자국이 생기는 것과 같습니다. 이는 마음을 가지고 마음을 쓰는 격이니, 도리어 병만 깊어지게 될 것입니다. 진실로 마음 밖에 법이 없고 법 밖에 마음이 없음을 분명히 알아 마음과 법이 없어지고 나면 또다시 무엇을 말끔히 없애려 하겠습니까? 보내 온 물음에 간략하게 답하여 산중인의 서신으로 삼으려 합니다."

두 분 큰스님이 방편에 따라 하신 말씀은 각기 의미가 있는 것이지 애당초 우열이 없다. 그렇지만 규봉스님의 답서는 뒤의 한종고의 물음에 대한 답이 될 만한 것으로서 종지를 잃지 않고 바른 견해를 분명히 밝힌 것이니, 종밀스님의 말을 회당 노스님의 말씀과 비교하여 살펴본다면 많은 도움이 될 것이다.

주
:
1 중음신(中陰身) : 죽은 뒤 다음 몸을 받기 이전 상태.
2 분단신(分段身) : 여러 생에 일정한 기간씩 생사를 거듭하는 몸.
3 『경덕전등록(景德傳燈錄)』 권13 「종남산규봉종밀선사(終南山圭峰宗密禪師)」(T51-307c~308a).

92

닦아 증득함에 대한 두 법문

영명연수(永明延壽)

영명연수(永明延壽, 905~976) 스님이 말씀하셨다.

"불조의 정종(正宗)을 진실로 뉘라서 알겠는가. 믿음만이라도 있으면 중생을 제도할 수 있다. 나아가 닦아 깨치는 단계를 논하자면, 총림에서는 모두 보살의 지위를 공부한 수준에 따라 다르게 보고 있다.

우선 교학에서는 초심(初心)보살을 모두 '미루어 아는[比知]' 단계로 인정한다. 또한 가르침[敎]을 통해 깨친다고도 한다. 먼저 설법을 듣고 앎으로써 믿고 들어간 뒤에 생각 없는[無思] 방편을 닦아 계합한다는 것이니, 믿는 단계에 들어가면 조사의 지위에 오르게 된다고 한다.

다음으로 지금 세상에서 닦는 방편을 기준으로 살펴보자면 중생계(衆生界)에는 첫째 미루어 앎[比知], 둘째 그대로 앎[現知], 셋째 교설에 의지해 앎[約敎而知]이 있다.

첫째 미루어 앎[比知]이란 번뇌에 싸인 지금 우리의 경우이다. 밤에는 모두 꿈을 꾸게 되는데 꿈속에 나타나는 좋고 나쁜 경계에 대하여 근심·기쁨이 분명하지만 깨어 보면 침상 위에서 잠자는 몸이니 어찌 이를 실제로 있었던 일이라 하겠는가. 모두가 꿈속에서 의식과 생각이 만들어낸 것이다. 그러니 깨어났을 때 보이는 경계도 모두가 꿈속과 같아서 실제가 없음을 미루어 알 수 있을 것이다. 과거·미래·현재 3세의 모든 경계는 원래 제8아뢰야식(第八阿賴耶識)의 직접적인 상분(相分)으로서 본식(本識)이 변한 것이다. 현재의 경계는 명료의식으로 분별하는 것이며, 과거와 미래의 경계는 독두(獨頭)의식과 산란(散亂)의식의 사유(思惟)여서 꿈속에서와 깨어 있을 때의 경계가 비록 다르다 하지만 모두 의식을 벗어나지 못하는 것이니, 유심(唯心)의 뜻도 여기에 미루어보면 분명해질 것이다.

둘째의 그대로 앎[現知]이란 사물을 대하는 대로 분명히 알아 비교나 추측을 세울 필요가 없는 것이다. 예컨대 현재 파란 물건이나 흰 물건을 보는 경우, 그 물건은 본래 자체가 비었으므로 '나는 파랗다', '나는 희다' 말할 수 없고 모두가 안식(眼識)의 분(分)이 그것과 동시에 일어나는 의식(意識)과 함께 헤아리고 분별하여 파랗다 희다 하는 것이다. 이렇게 의식으로 색(色)인 줄을 판단하고 말로 파랗다고 하니, 모두 의식과 언어가 망령되게도 거친 6진(六塵)을 나타나게 하는 것이다. 그러므로 본체는 스스로 성립하지 못하고 이름은 스스로 불리지 못하니, 하나의 색이 이미 그렇다면 만법도 다 그러하여 모두 자성(自性)이 없는 의식과 언어일 뿐이다. 그러므로 '만법은 본디 한가한데 사람 스스로가 시끄럽게 법석댄다'고 했던 것이다.

그러므로 만일 '유(有)'의 마음이 일어나면 온갖 경계가 모두 '유'이고, '공(空)'의 마음이 일어나는 곳에는 온갖 경계가 모두 '공'이다. 그렇다면 '공(空)'은 스스로 '공'이 아니라 마음을 의지하여 '공'이 되며, '유'는 스스로 '유'가 아니라 마음으로 인연하여 '유'가 되는 것이다. 이미 '공'도 아니요 '유'도 아니라면 오직 식이며 마음일 뿐[唯識唯心]이니 마음이 없다면 만법이 어디에 의지하겠는가? 또한 과거의 경계를 어찌 '유'라 할 수 있으랴? 생각에 따라 일어나는 곳에 갑자기 앞에 나타나니, 만일 생각이 생기지 않는다면 바깥 경계는 끝내 나타나지 않을 것이다. 이는 모두 중생의 일상생활에서 현실로 느껴 알 수 있는 것이기에 이해하기 쉬우니 어찌 닦아 깨침을 빌리겠는가? 마음이 있는 사람이라면 다 알 수 있는 것이다. 그러므로 옛 큰스님은 '오직 식(識)인 줄 아는 대근기는 항상 자기 마음의 의식과 언어를 바깥 경계라고 관(觀)한다'고 하였으니, 이 말은 처음 '관'할 때 비록 성인의 지위에 이르지 못하였다 하더라도 분명히 의식과 언어를 부분적으로 알면 보살이라는 것이다.

셋째의 교설을 통해 안다[約敎而知]는 것은 『대경(大經)』에 '삼계는 유심(唯心)이요, 만법은 유식(唯識)'이라 하니, 이것이야말로 깨달아야 할 근본 이치[所證本理]인 동시에 이치를 설명해 주는 방편[能詮正宗]이다."[1]

나는 일찍이 이 말들을 서너 차례 반복해 읽은 후 불조의 가르침이 이토록 넓고 평범하며 명백하고 간결한 데에 대하여 감탄해 마지않았다. 그러나 한편 이를 참으로 알고 믿는 자가 많지 않음은 무엇 때문일까?

청량징관(清涼澄觀, 738~839) 스님은 말하였다.

"수행하는 사람은 마땅히 근면과 용기와 생각과 지각으로 수행하는 태도를 나타내야 한다. 세상살이를 탐착하는 예로부터의 악습을 버린다는 것은 세간의 자애로운 부친과 효자가 이별하는 것보다도 더욱 어려운 것이니 반드시 정진하여야만 비로소 버릴 수 있다. 근면[勤]하면 채찍질하고 격려하는 데 부지런하며, 용맹[勇]하면 그침이 없고, 생각[念]하면 명백히 기억하여 잊지 않으며, 알면[知] 후회 없이 결단할 수 있다."

나는 청량스님의 훈계를 지키고 영명스님의 종지를 따라 여러 도반들과 함께 원각 도량에 들어가기를 바란다.

주:
1   『종경록(宗鏡錄)』 권2(T48-423bc).

93

명교스님의 저술들

명교설숭(明敎契嵩)

●

　명교설숭(明敎契嵩, 1007~1072) 스님이 처음 동산(洞山)에서 나와 강산(康山) 지방을 행각하다가 개선사(開先寺)에 머무를 때, 그곳 주지가 스님을 학문과 글에 뛰어난 훌륭한 젊은이라 하여 서기(書記)를 맡기자 스님은 웃으면서 말하였다.

　"내 어찌 스님을 위하여 한 잔의 강행탕(薑杏湯)이 될 수 있겠습니까?"

　그리고는 곧 그곳을 떠나 항주 서호(西湖)에서 30여 년을 사는 동안 문을 굳게 닫고 누구하고도 교류하지 않았다. 가우(嘉祐) 연간(1061)에 자신이 지은 『보교편(輔敎編)』・『정조도(定祖圖)』・『정종기(正宗記)』를 대궐에 올리고자 하니, 그 당시 임시 개봉윤(開封尹)으로 재직하던 한림학사 왕소(王素)가 글을 써 조정에 천거하였다. 인종(仁宗) 황제는 오랫동안 감탄해 마지않다가 그 책을 중서성(中書省)에 내렸다. 재상(宰相) 한공(韓公)과 참정(參政) 구양수(歐陽

修, 1007~1072)는 읽은 후 깜짝 놀라 조정의 사대부들에게 칭찬하였다. 이 책은 결국 대장경의 한 편으로 들어가게 되고, 스님의 명성은 마침내 천하에 널리 알려지게 되었다. 만년에는 영은사(靈隱寺)의 북쪽 영안암(永安庵)에 머무르면서 이른 아침이면 『금강반야경』을 쉬지 않고 외웠으며, 재(齋)가 끝나면 책을 읽고, 손님이 찾아와도 세상일에는 전혀 언급하지 않고 법담을 나누었다. 언젠가는 이런 게를 읊었다.

길손 떠나가니 법담은 줄고
나이 들어 흰 머리카락 가득하다.
客去淸談少(객거청담소) 年高白髮饒(연고백발요)

또 한밤중이 되도록 관세음보살을 십만 번 염불한 후에야 잠자리에 드니, 그의 굳은 수행과 맑은 기풍은 종산(鍾山) 용문청원(龍門淸遠, 1067~1120) 스님과 짝이 되기에 넉넉하다 하겠다.

지난날 해월(海月, 1014~1073)스님에게 보낸 스님의 서간문을 읽어보니 다음과 같은 부분이 있었다.

"몇 해 전부터 종이 이불 한 장을 마련하여 매서운 추위를 막아보려 하였었는데 이제사 다행히 다 되었습니다. 멀리서 생각해 보니 이 이야기를 들으면 껄껄대고 웃겠죠!"

임종할 때에는 미소를 머금은 채 편히 앉아 붓을 들어 게를 지었다.

> 내일 밤 달이 돋으면
> 나만이 홀로 떠나가리라
> 대매(大梅)스님의 도를 못다 배운 채
> 오히려 다람쥐 소리를 탐하는구나.
> 後夜月初明(후야월초명) 予將獨自行(여장독자행)
> 不學大梅老(불학대매노) 猶貪鼯鼠聲(유탐오서성)

 스님은 동산효총(洞山曉聰, ?~1030) 스님에게서 법을 얻었는데, 『종파도(宗派圖)』에서 그를 덕산법원(德山法遠, 991~1067) 스님의 법제자 계열에 둔 것은 잘못된 일이라 하겠다.

임간록 하

94

궁궐에서 열린 법회

대각회연(大覺懷璉)

●

　대각회연(大覺懷璉, 1009~1090) 스님은 황우(皇祐) 2년(1050) 12월 19일, 인종(仁宗)의 칙명으로 궁궐 후원에 이르러 화성전(化成殿)에서 재(齋)를 끝마친 후, 남방 선림(禪林)의 법도에 따라 법회를 열어 설법하였다. 또한 좌가부승록(左街副僧錄) 자운 대사(慈雲大師) 청만(淸滿)에게 칙명을 전하여 글을 올리도록 하니, 청만(淸滿)스님이 은혜에 감사하는 절을 올리고 소리 높여 게를 읊었다.

　　황제의 후원에 봄이 오니
　　황가에 법회를 열었도다
　　만승천자가 순(舜)임금의 궁전에 납시니
　　양가 승려들은 요(堯)임금의 용안을 뵐 수 있었네
　　마침 날씨도 화창하여
　　불법을 드날리기 딱 좋으니

마땅히 조사의 도를 이야기하며

위로 황제의 뜻에 부응하고자

삼가 이를 아뢰오.

帝苑春回(제원춘회) 皇家會啓(황가회계)

萬乘旣臨於舜殿(만승기림어순전)

兩街獲奉於堯眉(양가획봉어요미)

爰當和煦之辰(원당화후지신) 正是闡揚之日(정시천양지일)

宜談祖道(의담조도) 上副宸衷(상부신충)

謹白(근백)

회연스님은 드디어 법좌에 올라 문답을 끝내고 말하였다.

옛날 법당에서는 이설이 없었는데

요즘 쓰이는 법구에는 참으로 말이 많구나

도를 얻은 자는 묘용(妙用)에 부족함이 없으나

그것을 잃은 자는 어느 곳에서나 막히는 법이니

시내며 산이며 구름과 달은 곳곳마다 같은 풍경이요

물과 새 그리고 나무와 숲은 저마다 도를 드러낸다네

가섭의 문하에서 드넓은 요임금의 바람과

찬란한 순임금의 햇빛을 얻으면

들녘 농부 노래하고 어부는 춤을 추리라

바로 이런 때에는 순수하게 무위(無爲)의 덕화를 즐기리니
그런 덕화가 있는 줄을 누가 알리요.

古佛堂中曾無異說(고불당중증무이설)

流通句內誠有多談(유통구내성유다담)

得之者妙用無虧(득지자묘용무휴)

失之者觸途成滯(실지자촉도성체)

所以溪山雲月處處同風(소이계산운월처처동풍)

水鳥樹林頭頭顯道(수조수림두두현도)

若向迦葉門下(약향가섭문하)

直得堯風蕩蕩舜日高明(직득요풍탕탕순일고명)

野老謳歌漁人鼓舞(야노구가어인고순)

當此之時(당차지시)

純樂無爲之化焉知有恁麼事(순락무위지화언지유임마사)

황제는 마음속으로 크게 기뻐하였다.

95

『능엄경』으로 사대부를 교화함

장문정공(張文定公)

●

　두기공(杜祁公, 978~1057, 두연)과 장문정공(張文定公, 1007~1091, 장안도)이 모두 벼슬에서 물러나 수양(睢陽) 땅에 살면서 서로 정답게 마을을 오갔는데, 어느 주승사(朱承事)가 약방을 차려 생계를 꾸리며 이 두 노인들과 사귀었다. 두기공은 성품이 곧아서 일찍이 잡학(雜學)을 배우지 않고 장안도(張安道, 문정공)가 불교에 가까이하는 것을 항시 비웃었으며 손님을 대하면 반드시 이 일을 조롱하였지만, 장문정공은 그저 웃기만 할 뿐이었다.
　주승사가 한가한 틈에 문정공에게 말하였다.
　"두기공이 천하의 위인(偉人)이기는 하나 불교를 모르는 것이 애석합니다. 공께서는 힘이 있으시면서도 어찌하여 그에게 발심(發心)을 권하지 않습니까?"
　"자네가 나보다 그 노인과 인연이 더 깊으니 내가 자네를 도와주기는 하겠네."

이렇게 하여 주승사는 황공해하며 물러간 적이 있었다. 어느 날 두기공이 맥이 끊어질 듯하여 주승사를 부르자, 주승사는 심부름 온 사람에게 이렇게 말하였다.

"네가 먼저 가서 상공(相公)에게 '『수능엄경』을 읽어보셨습니까?'라고만 여쭈어라."

그러자 심부름꾼은 그의 말대로 두기공에게 전하였다. 두기공은 오랫동안 말없이 앉아 있다가 주승사가 도착하자 책상에 몸을 기댄 채 인사하였다. 이어서 그를 앉으라고 한 다음 천천히 말하였다.

"나는 그대가 세상사에 막힘없고 사리를 아는 사람이라 여겨 왔었는데 뜻밖에도 요사이에 보니, 그대 또한 똑같이 못난 사람이로군! 『능엄경』이라는 게 도대체 무슨 글이기에 그렇게 탐착하는가. 성인의 깊은 말씀치고 공자 맹자보다도 더 훌륭한 말이 없는데 이것을 버리고 그것을 택한다는 것은 큰 잘못일세."

"상공께서는 이 경을 읽어보지도 않고서 어떻게 공맹보다 못하다고 생각하십니까? 제가 보기로는 오히려 공맹보다 더 훌륭한 것 같습니다."

그리고는 소매 속에서 『수능엄경』 첫 권을 내놓으면서 말하였다.

"상공께서도 한번 읽어보시지요."

두기공은 주승사를 물끄러미 바라보다가 마지못하여 책을 집어 들고 말없이 책장을 뒤적이다가 자기도 모르게 끝까지 다 읽고 갑자기 일어서며 매우 놀라 감탄하였다.

"세상 어디에 이런 책이 있었단 말인가!"

사람을 보내 나머지 부분을 모두 가져오게 하여 다 읽어본 후 주승사의 손을 붙잡고 고마워하였다.

"그대가 참으로 나의 선지식일세. 안도(문정공)는 오래 전부터 알고 있으면서도 왜 진작 나에게 말해 주지 않았을까?"

그리고는 곧장 가마를 준비케 하여 문정공을 찾아가 그 일을 말하자, 문정공이 말하였다.

"사람이 어떤 물건을 잃어버렸다가 생각지 않게 찾았을 때 찾은 것만을 기뻐할 일이지, 일찍 찾았느냐 늦게 찾았느냐를 따질 것은 없다. 내가 그대에게 말해 주고 싶지 않았던 것이 아니라 그대와 주군(朱君)의 인연이 더 깊기에 그를 보낸 것이다. 부처님일지라도 사람을 교화하는 데에는 반드시 동사섭(同事攝)하는 자의 힘을 빌려 법을 전하셨을 것이다."

두기공은 크게 기뻐하였다.

96

대중 뒷바라지를 잘한 주지

중선(重善)

　형주(荊州) 복창사(福昌寺)의 중선(重善)스님은 명교사관(明敎師寬, 운문종) 스님의 법제자로 사람됨이 공손하고 근엄하며, 불법을 중히 여겼다.

　처음 주지가 되었을 때는 십여 간 요사채에 서너 명의 승려가 있었을 뿐 적막하기 그지없었다. 스님은 새벽에 향을 사르고 저녁에 등불을 밝히며 법당에 올라 설법하되 마치 수천 명의 대중을 앞에 둔 듯 하였으며, 총림에 필요한 물건 가운데 있어야 할 것은 모두 갖추어 놓았고, 지나는 길손이 찾아오면 묵묵히 극진히 대해 주었다. 이러기를 10여 년 만에 비로소 납자들이 모여들게 되었고, 온 천하에서 스님의 풍모를 바라보고 길이 추앙하게 되었다.

　혜남(慧南, 1002~1069)스님과 문열(文悅, 997~1062)스님 또한 그의 회하에 있었는데, 혜남스님은 이렇게 말하였다.

　"나는 그때 감기가 들어 약을 먹고 이불을 덮어쓰고 땀을 내야만 하겠기에 문열스님을 보내어 온 절 대중에게 이불을 빌려 보려 하였지만 이불은 찾아볼 수 없었고 백여 명의 대중들은 한결같이 종이이불을 덮고 있었다. 그러나 오늘날엔 그렇지 않을 뿐만 아니라 겹겹으로 된 담요 위에 요까지 덮고 있으니 나는 하루에도 몇 번씩 살기 좋은 세상임을 느끼노라."

97

만법의 움직임이 마음의 힘
『화엄론』

『화엄론(華嚴論)』에 말하였다.

"법성(法性)을 따르면 만상(萬相)이 모두 없어지고, 지혜의 힘을 따르면 뭇 상(相)이 따라서 나타나니 숨고 나타남은 인연 따라 생길 뿐 만드는 자[作者]가 없다. 그런데도 범부(凡夫)는 집착하여 무명(無明)을 지으니 집착과 장애가 없어지면 지혜의 작용은 자유자재하리라."[1]

또 영명연수(永明延壽, 905~976) 스님은 말하였다.

"진리[一眞]의 경지를 여의지 않으면 교화 방편[化儀]은 갖가지로 응변(應變)하리라. 그런 까닭에 화살로 돌범을 뚫은 것이 힘으로써 할 수 있는 일이 아니며, 술에 취하여 삼군(三軍)을 호령한 것이 누룩[麴蘖]의 힘 때문이겠는가? 또한 차가운 겨울 산골짜기에 죽순이 돋은 것이 어찌 따뜻한 햇볕 때문이며, 얼음 위에 뛰쳐 오른 잉어가 어찌 그물 때문이겠는가? 이 모두가 지극한 마음의 감응으로 신비로운 일이 나타난 것이다. 그러므로 만법의 움직임이 모두 자기 마음의 힘임을 알 수 있다."[2]

주
:
1 『신화엄경론(新華嚴經論)』 권13 「화장세계품(華藏世界品)」(T36-805b).
2 『종경록(宗鏡錄)』 권10(T48-469b).

98

함께 일하기는 어려운 법

금봉현명(金峰玄明)

금봉현명(金峰玄明, 조종동) 스님은 조산탐장(曹山耽章, 840~901) 스님의 법제자로서 예스러운 도풍을 지녔으며 누구보다도 때와 상황에 맞게 잘 이야기하는 솜씨가 있었다.

어느 날 법좌에 올라 말하였다.

"일[事]로 치자면 함(函)과 덮개[蓋]가 딱 맞고, 이치[理]로 말하자면 화살과 칼날이 부딪친 것 같다. 만일 이 화두에 한마디 붙이는 사람이 있으면 이 절의 반을 나누어주겠다."

그때 한 스님이 대중 가운데서 나오자 스님은 법좌에서 내려와 그에게 주지를 약속하고 이어 말하였다.

    서로 만나 사이좋게 지내기는 쉽지만
    같이 일을 하면서 다른 사람을 위하기는 어렵다.
    相見易得好(상견이득호) 共事難爲人(공사난위인)

그리고는 그곳을 떠나 버렸다.

99

임종에서 보여주심

영암대본(靈巖大本)

영암대본(靈巖大本) 스님은 향년 80세로 소주(蘇州) 영암산(靈巖山)에서 임종하였다. 임종 때 제자들이 청하였다.

"스님의 도는 천하에 두루하니, 오늘 게송을 지어 말씀하여 주지 않고서 안좌(安坐, 입적)하실 수는 없습니다."

대본스님은 물끄러미 그들을 바라보다가 말하였다.

"이 어리석은 놈들아! 나는 평소에도 게 짓기를 게을리 하였는데, 오늘이라고 특별하게 무엇을 하라는 말이냐? 평소에도 눕고 싶으면 누웠는데, 오늘이라고 특별히 앉으란 말이냐?"

그리고는 종이를 찾아 큰 글씨로 다섯 자를 써 주었다.

"후사부수영(後事付守榮, 뒷일은 관아에 맡긴다)."

그리고는 붓을 던지고 누웠는데, 곤히 잠든 것처럼 보였지만 흔들어 보니 스님은 이미 세상을 떠나셨다.

100

두 가지 전의와 여섯 가지 전위

『수능엄경』

●

『수능엄경』에서 말하는 두 가지의 전의(轉依)란, 첫째는 더러움을 전환하여 깨끗함을 얻는 것[轉染得淨]이며, 둘째는 미혹을 돌려 깨달음을 얻는 것[轉迷得悟]이다.

보리(菩提)는 '생득(生得)'이라 하는데, 이는 [번뇌장(煩惱障)과 소지장(所知障)의] 두 가지 장애가 가로막으면 생겨나지[生] 않으므로 이제 장애를 끊어야만 얻을[得] 수 있기에 '생득'이라 이름한다.

열반(涅槃)은 '현득(顯得)'이라 하는데, 이는 사람의 본성(本性)은 청정하지만 객진(客塵)이 가리므로 이제 객진을 끊어야만 청정한 본성이 나타나기에[顯] '현득'이라 이름한다.

그런데 '전위(轉位)'에는 여섯 가지가 있다.

첫째는 '손력익능전(損力益能轉)'이다. 이는 처음과 둘째 지위에서 올바른 이해에 바탕하여 잘못을 뉘우쳐 나가는 힘[力]으로 본식(本識) 가운데 오염된 종자(種子)의 세력을 없애[損] 나가고, 청정한 종자의 힘[能]을 더[益]하여 점차 현행(現行)¹을 억제해 나가므로 '전(轉)'이라 이름한 것이다.

둘째는 '통달전(通達轉)'이니, 도를 보고 진리를 통달한 힘으로 두 가지 거친 장애를 끊어 없애고 한 부분의 진실을 깨닫는 전의(轉依)인 까닭에 그렇게 이름한 것이다.

셋째는 '수습전(修習轉)'이니, 지위마다 점차 구생(俱生)²을 끊고 진리를 깨닫는 전의(轉依)인 까닭에 그렇게 이름한 것이다.

넷째는 '과만전(果滿轉)'이니, 구경(究竟)의 지위에서 금강정(金剛定)으로 모든 거칠고 무거운 번뇌를 영원히 끊어버리고 불과(佛果)의 원만(圓滿)함을 단박에 깨닫는 전의(轉依)이므로 그렇게 이름한 것이다.

다섯째는 '하열전(下劣轉)'이니, 이승(二乘)³이 고통을 싫어하고 고요함만을 좋아하여 진실된 열반[擇滅]을 얻을 만한 힘이 부족하기에 그렇게 이름한 것이다.

여섯째는 '광대전(廣大轉)'이니, 대승의 지위에서는 좋을 것도 싫을 것도 전혀 없어 2공(二空, 아공과 법공)을 모두 통달하고 두 가지 장애를 모두 끊어 무상보리(無上菩提)를 단박에 깨칠 수 있기에 그렇게 이름한 것이다.

주
:
1 현재 드러나 활동하는 번뇌로 '종자'와 상대하는 말.
2 날 때부터 함께하는 번뇌로 '분별'에 상대하는 말.
3 흔히 대승에서 소승으로 폄하하는 성문승(聲聞乘)과 연각승(緣覺乘).

101

초연하고 자연스런 납승의 기개

나찬(懶瓚)

　당대(唐代)의 고승 나찬(懶瓚)스님은 형산(衡山) 꼭대기 바위굴에서 은거하며, 이런 노래를 지은 적이 있다.

　　세상사 덧없으니
　　산언덕에 사느니만 못하리
　　칡덩굴 뒤엉킨 줄기 아래
　　바윗돌 베개 삼아 누웠노라.
　　世事悠悠(세사유유) 不如山丘(불여산구)
　　臥藤蘿下(와등나하) 塊石枕頭(괴석침두)

　스님의 말은 범위가 크고 오묘하여 심오한 불조의 뜻을 밝혀 주고 있다. 당(唐) 덕종(德宗, 780~804)이 명성을 전해 듣고 사신을 보내어 조서(詔書)를 전하고 스님을 불렀다. 사신이 스님의 석굴로 찾아가 말하였다.

"천자의 칙서가 내렸으니, 스님께서는 일어나 성은에 감사하는 예를 올리십시오."

그러나 스님은 마침 쇠똥으로 지핀 불에 토란을 구워 먹느라 허연 콧물을 흘리며 대답하지 않았다. 사신이 웃으며 콧물을 닦으라 권하니 스님이 말하였다.

"내 어찌 속인을 위하여 콧물을 닦겠는가."

사신은 결국 스님을 천자에게 데려가지 못하였다. 덕종은 이 말을 전해 듣고 스님을 흠모하고 감탄하였다 한다.

내가 일찍이 스님의 영정을 살펴보니, 늘어진 턱과 부리부리한 눈에서 뿜어져 나오는 강한 기(氣)가 초연하기 때문에 감히 범할 수 없을 것 같았다. 스님의 영정에 제(題)를 쓴다.

> 쇠똥 불에 맛있는 토란만을 알 뿐인데
> 사신이 어찌 그릇에 묻은 붉은 새 흙을 알겠는가
> 허연 콧물 닦을 마음 아예 없는데
> 속인 물음에 대답할 시간이 어디에 있겠는가.
> 糞火但知黃獨美(분화단지황독미)
> 銀鉤那識紫泥新(은구나식자니신)
> 尙無心緖收寒涕(상무심서수한체)
> 豈有工夫問俗人(기유공부문속인)

102

집착에 대한 『율부』의 가르침

『율부(律部)』에 말하였다.

"예전에 몹시 혼란한 나라가 있었는데, 백성들 모두가 앞을 다투어 다른 나라로 도망가서 한길 가에 있는 집까지도 완전히 텅텅 비어 있었다. 한 늙은 병사가 지나가는 길에 어린아이의 울음소리를 듣고 그 집으로 들어가 보니, 어린아이가 천장 대들보를 쳐다보며 울고 있었다. 늙은 병사가 어린 아기의 눈길을 따라 바라보니, 대들보 위에는 밥꾸러미 하나가 매달려 있었다. 그러나 밥꾸러미를 내려보니, 그것은 밥이 아니라 타다 남은 재였다. 어린아이는 밥꾸러미의 재를 보자마자 죽어 버렸다. 이는 그의 어머니가 아이를 버리고 가면서 차마 죽이지 못하고 대들보 위에 이 밥꾸러미를 걸어 놓고 이건 밥이다 하고 말했던 것으로 보인다. 그러므로 어린아이는 밥을 잊지 못하고 생각해 오다가 재가 되어 버린 줄을 알고서 아무런 생각이 없어져 버린 것이다."

이 일로 살펴보면, 삼계(三界)의 생사에 집착하는 것은 모두가 생각에 의한 것임을 알 수 있다. 그러므로 예전에 불법을 통달한 대사들이 임종 때에 초연하게 여유가 있었던 것은 별다른 도가 있는 게 아니라 다만 불법의 근원을 알았기 때문이다.

103

총림에 잘못 전해오는 이야기들

석두희천(石頭希遷)

　총림에 전해 오는 말에 의하면 석두희천(石頭希遷, 701~791) 스님이 자신을 호랑이에게 보시하며 축원하기를, "우리 선종을 뒷날 세상에 크게 떨치게 하려면 내 발부터 먹어라."라고 하였더니, 그 말대로 호랑이가 스님의 발부터 먹었다고 한다.

　나는 그 이야기를 듣고 웃은 적이 있었다. 소성(紹聖, 1094~1098) 초에 나는 남대사(南臺寺)를 행각하다가 현태포납(玄泰布納, 850~912) 스님이 석두(石頭) 명(明)스님에게 올린 제문을 살펴보니, 그곳에는 명스님이 호랑이에게 자신을 보시한 사실이 자세하게 서술되어 있었다. 그런데 후세 사람들이 이 사실을 명백하게 알지 못하고 드디어 명스님의 일을 석두희천 스님의 일로 착각하게 된 것임을 알게 되었다.

　또한 청량법안(淸涼法眼, 885~958) 스님은 임종 때에 이국주(李國主)에게 서신을 보내어 이별을 고하니, 이국주가 스님의 거처로 찾아올 때까지도 죽지 않자 시자들이 쌀가마니로 그를 눌러 죽였다고 한다.

그러나 그의 전기를 살펴보니 법안스님은 후주(後周) 현덕(顯德) 5년(958) 무오 7월 17일에 병을 앓아 윤월(閏月) 머리를 깎고 목욕한 후 대중과 결별을 하고 앉은 채로 입적하였으며, 이국주에게 서신을 보내어 죽음을 약속한 사실은 결코 없었다.

오히려 한희재(韓希載)가 쓴 오공(悟空)스님의 비문에는 "스님은 임종시에 황제에게 서신을 보내어 결별을 하였는데, 황제는 한밤중에 범종소리를 듣고 승원각(昇元閣)에 몸소 올라 눈물을 흘리며 그를 떠나보냈다."고 하였다.

또한 동산오본(洞山悟本, 807~869) 스님은 그의 어머니가 길에서 구걸하는 것을 보고서도 모른 척하였는데 결국 어머니가 길바닥에서 죽었다는 말을 듣고 찾아가 보니 몇 홉의 쌀이 있었고, 이를 대중의 죽그릇에 던져 넣고 명복을 빌었다고 한다.

그러나 오본스님은 쓸쓸한 골짜기 암자에 혼자 살면서 오랫동안 누더기 하나만을 걸쳤다. 신풍산(新豊山)에 살고 있을 때는 이미 60이 넘었는데, 암두전할(巖頭全豁, 828~887)·설봉의존(雪峰義存, 822~908)·흠산(欽山) 세 스님이 잇달아 찾아왔고, 이에 대중은 거의 수천 명이나 되었으며, 그 당시 스님의 모친은 80세가 훨씬 넘었을 나이이다. 설령 어머니가 아들이 훌륭하게 되었다는 소식을 들었다 하여도 머나먼 동오(東吳) 지방에서 혼자 찾아온다는 것은 역시 어려운 일이 아니겠는가.

또한 현사사비(玄沙師備, 835~908) 스님은 출가하려 하였지만 부친이 허락하지 않을까 두려워하여 부친과 함께 물고기를 잡다가 배를 뒤집어 부친을 빠져죽게 하였다고 한다. 그러나 현사스님은 타고난 자질이 고매한 스님이므로, 결코 이러한 일은 없었을 것이다.

그들이 어디에 근거를 두고 이처럼 서슴없이 허튼 말을 지껄이는지 참으로 모를 일이다. 이는 진실하지 못한 자가 허위 사실을 날조 기록하여 상대를 비방하고 자신을 옹호하려는 의도에서 나왔을 것이다. 어찌하여 그들은 옛 큰스님을 무고(誣告) 훼담하는 것이 죄라는 사실을 모르는가? 그 잘못을 책임져야 할 자가 있을 것이니 반드시 조심해야 한다.

104

백낙천이 제스님에게
보낸 편지

향산거사(香山居士) 백낙천(白樂天, 772~846)은 불경에 심취하였으며, 그와 교류하는 사람에는 훌륭한 분들이 많았다. 그가 제(濟)스님에게 보낸 편지를 살펴보면, 심오하고 은미한 이치를 깊이 깨치고 고매한 불법을 밝게 알았다.

나는 항상 그의 글을 읽다 말고는 덮어 두고 매우 감탄하며 그를 만나고 싶어하였다. 그러나 안타까운 일은 제스님의 답서를 찾아볼 수 없다는 점이다. 나는 이를 계기로 제스님이 백낙천에게 보냈을 답서를 지어 이를 보완하고, 아울러 백낙천이 제스님에게 보낸 서간문의 전문을 여기에 기록하려 한다.

○월 ○일, 제자 태원(太原) 백거이(白居易)는 스님에게 아뢰옵니다.

지난날 스님을 찾아뵈었을 때 저의 어리석음을 개의치 않고 불법을 이야기해 주었고, 때로 알지 못하는 경우에는 거듭 설명해 주셨는데도 이제 경전을 대함에 알지 못할 곳이 두어 군데가 있습니다. 한번쯤 찾아뵙고 물으려 하였지만 서로 한가한 시간이 없어 말로써는 모두 표현할 수 없으리라 생각되어 대강이나마 글로 적어 문사오니, 바라옵건대 상세히 살펴보고 회답을 주시어 깨닫지 못한 점을 열어 주십사 경건한 마음으로 바라는 바입니다.

불존께서는 더할 수 없는 큰 지혜로써 일체 중생을 살펴보시고 그들의 성품[根性]에는 크고 작은 차이가 있음을 아시어 큰 지혜로 방편법을 설하셨습니다. 그리하여 천제(闡提)[1]를 위해서는 10선(十善)을 설하셨고, 소승을 위해서는 4제(四諦)를 설하셨으며, 중승(中乘)을 위해서는 12인연(十二因緣)을 설하셨고, 대승(大乘)을 위해서는 6바라밀(六波羅蜜)을 설하셨습니다. 모두가 병에 따라서 약을 쓰신 것으로 방편의 가르침 가운데에서도 바뀔 수 없는 모범이라 하겠습니다. 무엇 때문이겠습니까? 만일 소승에게 대승법을 설한다면 그의 마음은 어지러워 의심을 일으켜 믿지 않을 것이니 이른바 작은 소발자국에 큰 바닷물을 담을 수 없는 것과 같습니다. 이에 반하여 대승에게 소승법을 설한다면 이는 보배 그릇 속에 더러운 음식물을 담아 놓은 격이어서, 자신에게 별 상처가 없으면 긁어서 부스럼을 만들지 말라는 말일 것입니다.

그러므로 『유마경(維摩經)』에서는 그 뜻을 총괄하여 "대의왕(大醫王)이 되어 병에 따라 약을 주셨다."[2] 하였고, 『수능엄삼매경(首楞嚴

三昧經)』에서는 "먼저 생각해 보지 않고 무슨 법을 설할 수 있겠는가? 응해야 할 대상에 따라 설법하는 것이다."[3] 한 것이 바로 이러한 뜻이니 설법하는 사람이 상대의 근기[根性]에 따르지 않을까 걱정한 것입니다.

그러므로 또한 『법화경(法華經)』에 경계하기를, "만일 부처만을 찬양하고 중생을 고통 속으로 빠뜨리면 불법을 믿지 않게 되어 법을 깨뜨리고 불신하게 된다."[4] 하였습니다.

이것은 설법자가 그 병을 구제할 수 없을 뿐 아니라 설법을 듣는 자도 불법에 믿음을 내지 못하여 죄악에 빠져들까 걱정한 것이니 부처님의 부촉(付囑)이 어쩌면 이다지도 간곡하겠습니까.

왜 그렇습니까?

『법왕경(法王經)』에 말하였습니다.

"사람의 근기를 고정해 놓고, 소승인에게 소승을 설하고 대승인에게 대승을 설하고 천제에게 천제를 설하면 이는 불성을 끊고 불신(佛身)을 없애는 일이다. 이렇게 설하는 사람은 마땅히 백천만겁 동안을 지옥에 떨어질 것이다. 설령 불존이 다시 세상에 나온다 하더라도 지옥에서 나오지 못할 것이며, 만일 그가 인간으로 다시 태어난다면 입술과 혀가 없는 업보를 받을 것이다. 무슨 까닭인가? 중생의 성품이 바로 법성이니 그것은 더하지도 덜하지도 않은데 어찌 그 가운데 병과 약을 분별할 수 있겠는가?"[5]

또 말하였습니다.

"많은 불법 가운데 만일 높낮이가 있다 한다면 삿된 말이니 그의 입을 찢고 혓바닥을 두 동강이 내어야 할 것이다. 무엇 때문인가? 일체 중생의 마음에 때가 묻으면 모두가 더럽고 마음이 청정하면 모두가 깨끗하기 때문이다. 만일 중생에게 병이 있다면 모두가 똑같은 병일 것이며, 중생이 약을 필요로 한다면 모두 똑같은 약을 필요로 할 것이다. 만일 많은 법을 말한다면 그것을 '전도(顚倒)'라고 이름하니 무엇 때문인가? 부질없는 분별로 선악의 법을 나누어 일체 법을 깨뜨리기 때문이며 근기를 따라서 설법한다는 것은 불법을 끊어 버리는 일이기 때문이다. 이상은 헐어 버릴 수 없는 분명한 뜻이다."[6]

또한 『금강삼매경』에서는 이렇게 말하였습니다.

"한결같은 도[一味道]로 해야지 결코 소승으로 해서는 안 되니, 고른 비에 흠뻑 젖듯 전혀 다른 것이 섞이지 않도록 하여라."[7]

『금강경』에서는 이렇게 말하였습니다.

"이 법은 평등하여 높고 낮음이 없으니 이를 아뇩다라삼먁삼보리(阿耨多羅三藐三菩提, 무상정등각)라 이름한다."[8]

뒤에서 말한 세 경전(『법왕경』·『금강삼매경』·『금강경』)은 앞서 말한 세 경전(『유마경』·『수능엄삼매경』·『법화경』)의 뜻과는 매우 어긋나는데 이는 무슨 까닭입니까? 유마힐(維摩詰)이 부루나(富樓那)[9]에게 말한 바에 의하면, "마땅히 먼저 입정(入定)하여 그 사람의 마음을 본 뒤에 설법하라."[10] 하였고, 또한 "사람의 근기를 보지 못하면 설법해선 안 된다."[11]고 하였습니다. 부루나는 통달한 지혜를 갖추었고 또한 여래를 친히 모신 십대 제자 중 한 사람이었는데도 중생의 마음을 꿰뚫어보지 못하였습니다. 더구나 5백 년이 지난 오늘날의 말법 속에 사는 제자로서 어떻게 중생의 마음을 모두 꿰뚫어본 뒤에 설법할 수 있겠습니까? 설령 꿰뚫어보았다 하더라도 그가 소승의 마음으로 발심하였다면 그에게 대승을 설법할 수 있겠습니까? 만일 그의 마음을 꿰뚫어보지 못하고서 경솔하게 자기의 뜻을 설법하면 옳은 일이라 할 수 있겠습니까? 그렇다고 중생의 마음을 꿰뚫어볼 수 없다 하여 설법하지 않고 침묵을 지키는 것이 과연 옳은 일이겠습니까? 만일 뜻에 의할지언정 말에 의하지 말라 한다면 위의 여섯 경전은 뜻이 서로 다르니 어느 경전을 따라야 합니까? 만일 '요의경(了義經)'[12]을 따르라 한다면 삼세제불과 일체 훌륭한 법이 모두 이 경 속에서 나온 것이니, 무엇을 '불료의경(不了義經)'이라 하겠습니까? 더구나 많은 경전 가운데 『유마경』·『법화경』·『수능엄경』의 말과 같은 부분이 한둘이 아니며, 『법왕경』·『금강삼매경』의 말과 같은 부분 또한 한둘이 아닙니다. 그러므로 어느 한쪽만을 들어 말할 수 없기에 각기 세 경전의 예를 들었습니다. 이 여섯 경전은 모두 스님께서 항상 강독하신 바이기에 오늘 이를 인용하여 질문하오니 반드시 매우 깊은 의미로 답해 주시기를 바랍니다.

이제 어느 사람이 생각지 않게 스님에게 법을 묻는다면 스님은 그의 마음을 볼 수도 있고 그의 마음을 볼 수 없기도 하는데 병에 따라 약을 주는 것으로 설법하시겠습니까? 아니면 똑같은 병, 똑같은 약으로 설법하시겠습니까? 만일 병에 맞게 약을 준다면 그것은 높낮이가 있게 되고 일미(一味)가 아닌 여러 가지 맛이 있게 마련입니다. 그렇다면 이는 『법왕경』 등의 세 경전의 뜻과는 상반됩니다. 어찌 그 뜻이 상반되는 데에만 그치겠습니까? 위에서 말했던 죄보까지도 얻게 될 것입니다.

만일 똑같은 병에 똑같은 약을 주어야 한다면 반드시 대승을 설해야 할 것이니 대승이란 바로 불승(佛乘)입니다. 불승을 찬양하면서 기연에 따라 응하지도 못하고 병을 치료하지도 못한다면 이는 『유마경』 등 세 경전의 뜻과는 상반됩니다. 어찌 그 뜻과 상반되는 데에만 그치겠습니까? 중생을 죄악의 괴로움 속에 빠뜨리는 일이기도 합니다. 이 여섯 경전 모두 여래의 말씀으로서 여래의 말씀은 참되고 진실되고 거짓이 없고 다른 점이 없습니다. 이제 이를 따르자니 저것과 상반되고 저것을 따르자면 이것과 거슬리니, 가령 스님에게 묻는다면 무슨 법으로 대답하시겠습니까? 이것이 제가 알 수 없는 것 중의 하나입니다.

또한 5온(五蘊)이란 '색수상행식(色受想行識)'이며, 12인연이란 무명(無明)은 '행(行)'으로 인연하고, '행'은 '식(識)'으로, '식'은 '명색(名色)'으로, '명색'은 '6입(六入)'으로, '6입'은 '촉(觸)'으로, '촉'은 '수(受)'로, '수'는 '애(愛)'로, '애'는 '취(取)'로, '취'는 '유(有)'로, '유'는 '생(生)'

으로, '생'은 '늙음·죽음·근심·슬픔·고뇌[老死憂悲苦惱]'로 인연한다는 것입니다. '5온'이니 '12인연'이니 하는 것은 똑같은 법이며 똑같은 뜻으로서 간략하게 말하면 '5온'이고, 자상하게 말하면 '12인연'이라 하니 명칭이 많고 적음이야 다르다 하지만 그 옮아가는 차례는 모두가 일정한 조리를 가지고 일관되어야 합니다. 그런데 지금 '5온'에서는 '색수상행식(色受想行識)'의 순서로 되어 있고 '12인연'에서는 '행식색입촉수상(行識色入觸受想)'의 순서로 배열되어 있으니, 하나는 '색'이 '행'의 앞에 놓여 있고 또 다른 하나는 '색'이 '행'의 뒤에 놓여 있습니다. 제대로 순서를 따져 보아도 맞지 않고 거꾸로 헤아려 보아도 같지 않습니다. 불존께서 차례대로 말씀하셨다면 아마 이러한 혼잡이 없었을 것이며, 우연스레 설법하다 보니 그렇게 되었다고 한다면 '인연'이라 이름 붙이지 않았을 것이니 앞뒤 순서가 맞지 않는 이유가 어디에 있습니까? 이 점이 제가 알지 못하는 두 번째 문제입니다.

스님께서는 연로한 큰스님이며 후학의 큰스승으로서 출가 비구에게 나아가 설법하여 불사를 이루셨으니 반드시 이 두 가지의 뜻을 정밀하게 연구하여 빠짐없이 통달하셨을 것이기에 스님의 가르침을 바라는 바입니다. 그렇게 해주신다면 그것을 깊이 간직하여 길이길이 잊지 않을 것입니다. 그리고 나머지의 의문도 뒤이어 끊임없이 물을 것을 바라면서 백거이 올립니다.

내가 그의 물음에 대하여 답서를 대신한다.

글월까지 보내어 불법에 대하여 물었는데 돌이켜 보니 노둔한 사람으로서 하늘이 내려주신 변재(辯才)를 어떻게 당할 수 있겠습니까? 그러나 내 늙은 힘을 다해서라도 불법을 외호(外護)하는 거사의 바람에 어찌 보답하지 않을 수 있겠습니까?

거사가 말하는 여섯 경전의 두 가지 뜻과 '행', '색'의 순서가 맞지 않는다는 의문을 풀지 못했던 까닭은, 거사 스스로가 물은 '방편지(方便智)' 이 세 글자를 깊이 생각하지 못한 데에 있습니다. 이 세 마디 말을 깨달으면 아무리 수많은 오묘한 뜻과 끝없는 법문일지라도 연구하지 않고서 알게 될 것이니, 『유마경』·『법왕경』 등 전후 경전 속에 서로 어긋나는 뜻쯤이야 대수로운 일이겠습니까. '방편지'라 하는 것은 이를테면 장수가 병사를 거느릴 때, 뇌정이나 기괄(방아쇠)을 쏠 때처럼 일정한 법이 없이 갖은 전략을 내는 것과 같습니다. 그러므로 미연(未然)에 실수를 막을 수 있는 한 순간에 천리 밖에서도 적을 깨부술 수도 있으니 어찌 전형적인 방식[典故]에만 근거하겠습니까?

대체로 병력의 허실(虛實)과 병사의 사기 문제, 진법(陣法)의 가부, 성패의 예견에는 일정한 이론이 있을 수도 있습니다. 가령 우리 불교에서 근기를 보고 법을 주어 어지러움이 없게 하기 위해 3승(三乘, 성문·연각·보살승)의 가르침을 설하는 것을 예로 들 수 있습니다. 병사의 사기만을 보고 병력의 허실을 판단하여 일을 치른다면 그릇된 것이니, 우리 불법에서 예를 들면 대승의 법을 소승에게 전수할 수 없고 소승은 끝까지 대승의 법을 감당할 수가 없는 것과 같습니다. 『유마경』・『법화경』 등 세 경전에서 간절히 말한 것이 바로 그것이며, 『법왕경』 등 세 경전에서도 명백히 설명하여 숨김없이 가르쳐 주신 것도 그와 같은 것입니다. 어떻게 알겠습니까? 이를테면 병사를 거느리는 장수의 뜻이 나라를 어려움에서 구제하여 평안케 하려는 데 있다면 여래의 뜻은 미혹을 열어 주어 밝은 지혜를 드러내려는 데 있지 않겠습니까? 3승의 말에 집착하는 것은 부처님의 방편지와 위배되는 것으로 매우 잘못된 일입니다. 이러한 사람은 특히나 중생의 근기에 등급이 있다는 말씀을 제대로 깨닫지 못하고서 도리어 상견(常見)에 떨어진 것이니, 그것은 외도(外道)이지 불도가 아닙니다. 한편 중생의 불성은 예로부터 이런 일(등급)이 없었다고 고집하는 자 또한 단견(斷見)에 떨어진 것이니 그것도 외도이지 불도는 아닙니다.

　『화엄경』에서는 "어리석은 범부는 불존의 방편을 깨닫지 못하고 3승에 집착한다."[13] 하였고, 『법화경』에서는 "과거불을 거슬러 생각해 보면 그분들도 3승을 설법하였을 것이다."[14] 하였으니 이것으로 그대의 의문은 풀릴 수 있을 것입니다. 또 『열반경』에서는 "일찍 성불하려는 자는 일찍 성불하도록 하고 늦게 성불하려는 자에게는 늦게 성불하도록 한다." 하였고, 『기신론』에서는 "세존께서는 용맹한 중생을 위하여는 성불은 한 생각에 달려 있다 하시고, 게으른 중생을 위해서는 과보를 얻으려면 모름지기 아승지겁을 채워야 한다고 설하셨다." 하였습니다. 이는 참으로 '방편지'의 심오한 뜻을 말한 것으로서 신통하게 이를 밝히면 자재하게 주고 빼앗는 방편을 베풀어 중생을 성취시킬 수 있습니다.

일대시교(一代時敎, 부처님 평생의 가르침) 전체를 법상종(法相宗)·파상종(破相宗)·성종(性宗) 3종(三宗)으로 분류할 수 있으니 앞에서 말한 여섯 경전의 두 가지 뜻은 '법상(앞 세 가지)'과 '파상(뒤 세 가지)' 2종에 속합니다. 그런데 이 2종이 원래 서로가 비난할 수 없는 까닭은 여러 가지 법상(法相)을 시설하느냐[建立] 그것들을 부정하느냐[蕩除]의 입장[宗]이 다르기 때문입니다.

또한 거사는 선지식이 납자의 근기를 바로 보지 못하고 잘못 생각하여 법을 잘못 전수하면 죄보(罪報)까지 얻게 될 것이라 의심하였습니다. 그러나 법을 아는 비구란 비록 번뇌가 가득 찬 범부일지라도 속으로는 밝은 지혜와 예리한 분변을 좋아하니, 과위(果位)를 소승과는 비교할 바 아닙니다. 이는 마치 가릉빈가[迦陵鳥, 극락의 새]가 껍질 속에 있어도 그 아름다운 소리는 뭇 새를 압도하고, 견호목(堅好木, 唐木)이 움트면 뭇 나무들 중에서 빼어난 것과 같습니다. 더구나 유마힐이 꾸짖는 말과 부루나가 스스로 그의 잘못을 말한 데에는 모두 그만한 까닭이 있지 않았겠습니까. 이렇게 논하면 거사가 오히려 더 큰 의문을 갖게 될지도 모르니 가까운 예를 들어 설명하고자 합니다.

왕공 대인들이 천하 선비를 찾을 때에는 그 사람의 모습이나 문벌을 앞세우지는 않지만 반드시 먼저 말은 들어보게 마련입니다. 말이란 덕행이 밖으로 드러난 것이므로 『논어(論語)』에서는 "덕을 지닌 자는 반드시 합당한 말을 한다."[15] 하였고, 또한 "그 사람이 행한 동기를 살피고 그 사람이 어디에 마음 편안해 하는가를 살피면 뉘라서 남을 속일 수 있겠는가?"[16]라고 하였습니다. 옛 성인이라 하여도 이를 벗어나지 못하니 법을 아는 자가 사람의 작고 큰 근기를 살펴보는 데 어찌 다른 방법이 있겠습니까?

거사가 말한 바와 같이 '색수상행식(色受想行識)과 12유지인연(十二有支因緣)' 법이 명칭의 순서가 맞지 않고 서로가 어긋났다 의심한 것은 명목(名目)의 이치를 따져 보지 않았기 때문입니다. 색수상행식의 5온은 '3고(三苦)'가 이미 갖추어진 몸이며, 12유지인연은 3세를 통해 고를 생겨나게 하는 원인이 되는[三世生因] 법입니다. 이를테면 『화엄경』「십지품(十地品)」에 "으뜸가는 이치[第一義諦]를 깨닫지 못한 까닭에 '무명(無明)'이라 이름하고 업과(業果)를 짓는 것을 '행(行)'이라 한다. 첫 마음[初心]에 의지하여 난 것이 '식(識)'인데 이것이 '4취온(四取蘊, 색수상행)'과 붙어 나는 것을 '명색(名色)' 등이라 한다."[17] 하였으니 그 본말의 맞물린 관계를 서술한 것은 이치가 본디 그렇기 때문입니다.

『반야경』에 의하면, "'색(色)'이 '공(空)'이며 '공'이 '색'이니, '색'은

'공'과 다를 바 없고 '공'은 '색'과 다를 바 없다. '수상행식(受想行識)' 또한 이와 같다."[18]고 하니, 이는 '유(有)'의 법이 참이 아님을 간파한 것입니다. 우선 색의 체[色體]도 그러한데 하물며 '4온(四蘊)'이겠습니까.

『반야경』 등은 '유'를 부정하는 가르침이므로 '5온'을 말함에 있어 '색(色)'이 '행(行)'의 앞에 있고, 『화엄경』 「십지품」 등의 경전은 본말의 맞물린 인연을 서술한 것이므로 '색'이 '행'의 뒤에 자리한 것입니다. 그러니 거사가 말하였듯, 간략하게 말하자면 '5온'이고, 자세하게 말하자면 '12인연'인 것은 아닙니다.

법의 근본은 요컨대 이치[理]에 바탕하고 뜻[義]에 맞아야 하니 굳이 명칭과 개념에 매여 스스로를 얽어매서는 안 됩니다. 내 병 많은 몸으로 오랫동안 강학을 폐지하였다 하지만 앞에서 말한 내용은 모두 불법의 심오한 뜻이며 감히 나의 억측으로 단정 지은 말이 아닙니다. 또한 말로는 완전히 표현할 수 없는 부분이 있습니다. 따라서 마귀와 부처를 빚어 놓고 같은지 다른지를 명백하게 가릴 수 있을는지는 쉽게 말할 수 없습니다.

주
:

1 성불할 종자가 없는 중생.
2 『유마힐소설경(維摩詰所說經)』「불국품(佛國品)」(T14-537a).
3 『불설수능엄삼매경(佛說首楞嚴三昧經)』권상(T15-633a).
4 『묘법연화경(妙法蓮華經)』권1「방편품(方便品)」(T9-9c).
5 『법왕경(法王經)』(T85-1388a).
6 『법왕경(法王經)』(T85-1387c).
7 『금강삼매경(金剛三昧經)』「서품(序品)」(T9-366a).
8 『금강반야바라밀경(金剛般若波羅蜜經)』(T8-751c).
9 부처님 십대 제자 가운데 제일 가는 변재(辯才)로 알려진 제자.
10 『유마힐소설경(維摩詰所說經)』「제자품(弟子品)」(T14-540c).
11 『유마힐소설경(維摩詰所說經)』「제자품(弟子品)」(T14-541a).
12 방편설이 아닌 궁극의 이치를 설한 경.
13 『대방광불화엄경(大方廣佛華嚴經)』권6「입부사의해탈경계보현행원품(入不思議解脫境界普賢行願品)」(T10-688a).
14 『묘법연화경(妙法蓮華經)』권1「방편품(方便品)」(T9-9c).
15 『논어(論語)』「헌문(憲問)」.
16 『논어(論語)』「위정(爲政)」.
17 『대방광불화엄경(大方廣佛華嚴經)』권37「십지품(十地品)」(T10-194a).
18 『대반야바라밀다경(大般若波羅蜜多經)』권37「무주품(無住品)」(T5-205b) 등.

105

스승과 도반을 분명히 선택함

단제희운(斷際希運)

●

 단제희운(斷際希運, 751~850) 스님은 지난날 낯선 스님[異僧]과 함께 천태산(天台山)을 구경하며 며칠을 다닌 적이 있다. 그때 강물이 넘쳐 건너지 못하고 지팡이를 꽂아 둔 채 우두커니 있노라니, 그 스님이 삿갓을 배로 삼아 올라타고 건너 버렸다. 이에 단제스님은 큰소리로 그를 꾸짖었다.

 "내 진작 네가 이런 줄 알았더라면 다리를 동강 부러뜨려 놓았어야 마음이 후련했을 텐데."

 그러자 그 스님은 "도인의 날카로움을 저로서는 따라갈 수 없겠습니다." 하고 감탄하였다.

 설봉(雪峰, 822~908)·암두(巖頭, 828~887)·흠산(欽山) 세 스님이 상중(湘中) 지방에서 강남으로 들어와 신오산(新吳山) 아래에 이르렀을 무렵 흠산스님이 시냇물 가에서 발을 씻다가 물위에 떠내려오는 나물을 보고서 기뻐하여 그것을 가리키며 두 스님에게 말하였다.

"이 산에는 반드시 도인이 살고 있다. 이 시냇물을 따라 올라가면 찾을 수 있을 것이다."

이에 설봉스님은 발끈 화를 내며 말하였다.

"그대는 지혜의 눈이 너무나 혼탁하구나! 뒷날 어떻게 사람을 알아볼 수 있겠는가? 그대가 이토록 복을 아끼지 않으니, 산에 산다 한들 무슨 일을 하겠는가?"

예전 사람들은 스승을 가리고 벗을 사귐이 이토록 분명하였던 것이다.

106

격식을 넘어선 행

법등태흠(法燈泰欽)

●

　법등태흠(法燈泰欽, ?~947) 스님이 처음 홍주(洪州) 쌍림사(雙林寺)에 주지를 맡았을 때 말하였다.

　"산승은 본디 깊은 산골에 숨어 지내며 생을 마칠까 했었는데 청량(淸涼, 885~958, 법안문익) 노스님이 여태껏 깨닫지 못한 화두가 있다 하여 세상에 나오게 되었다. 그를 위해서라도 그 화두를 완전히 깨쳐야 하겠다."

　그로부터 사람들이 물어보면 으레 그렇게 말하였다. 그때 한 스님이 앞으로 나서며 물었다.

　"청량스님이 깨닫지 못한 화두가 무엇입니까?"

　태흠스님은 주장자를 들어 그를 후려쳤다.

　그 스님이 "제게 무슨 잘못이 있습니까?"라고 따지자, 태흠스님은 그에게 말하였다.

　"조상이 똑똑치 못하면 자손에게 재앙이 미친다."

이국주(李國主)가 넌지시 태흠스님에게 물었다.

"스승[先師]께서는 어떤 공안을 깨닫지 못하셨습니까?"

"지금 그것을 생각하고 있네."

이 말에 이국주는 놀라 할 말을 잊었다.

태흠스님은 어린 시절에 벌써 한소식 했으나 사람들에게 알려지지는 않았고 오직 법안스님만이 스님을 깊이 사랑하였다.

스님의 성품은 격식을 중시하지 않고 다른 일을 일삼지 않았다. 한번은 청량사에서 유양(維楊)으로 화주(化主)를 보냈었는데, 계율을 어기고 기일이 지났는데도 돌아오지 않자 대중들 사이에서 웃음거리가 되었다. 이에 법안스님은 게를 지어 보내어 스님을 불러들여 대중의 목욕물을 데우는 일을 맡겼다. 그러던 어느 날 법안스님이 대중에게 물었다.

"범의 턱밑에 달린 금방울을 누가 풀 수 있겠는가?"

대답한 자가 많았으나 모두 그 뜻에 계합되지 못하였다. 태흠스님이 때마침 밖에서 들어오자 법안스님은 조금 전에 물었던 말을 다시 물었다. 그러자 태흠스님은 대뜸 말하였다.

"대중들은 왜 대답을 못 하느냐? 방울을 묶은 자가 풀어야 한다고."

이 말에 다들 스님을 다시 보자 법안스님이 말하였다.

"너희들이 이번에는 저 사람을 비웃지 못할 것이다."

107

왕안석의
불법에 관한 지견

왕문공(王文公, 1021~1086, 왕안석)이 처음 재상이 되었을 때, 하객이 문에 가득하였다. 그는 오랫동안 아무 말 없이 묵묵히 앉아 있다가 느닷없이 벽 위에 시 한 수를 썼다.

눈서리 쌓인 대숲 사이 종산사여
늙은 몸 돌아가 이 생을 맡겨 볼까.
霜筠雪竹鍾山寺(상균설죽종산사)
投老歸歟寄此生(투노귀여기차생)

또한 정월 15일에 상국사(相國寺)에서 연회가 열렸을 때 광대놀이를 구경하면서 좌객이 몹시 즐거워하자 게를 지었다.

여러 훌륭한 광대 놀이판 속에서는

한 번은 귀하였다 한 번은 천해지나
마음으로는 본래 같음을 알기에
기뻐하거나 원망할 것 없노라.
諸優戲場中(제우희장중) 一貴復一賤(일귀부일천)
心知本自同(심지본자동) 所以無欣怨(소이무흔원)

나는 도반에게 이런 말을 한 적이 있다.
"이분은 온몸 그대로가 눈[眼]이어서 티끌만큼도 속일 수 없다."

108

임제스님의
삼현삼요와 『참동계』

　임제의현(臨濟義玄, 767~866) 스님은 말하였다.

　"대체로 불법을 거론할 때에는 모름지기 한 구절[一句]에 '삼현(三玄)'¹을 갖춰야 하고 일현(一玄)에 '삼요(三要)'를 갖춰야 한다."

　현(玄)과 요(要)의 말씀을 여러 납자들은 까마득히 몰랐지만 분양무덕(汾陽無德, 946~1023, 분양선소) 스님만은 그 뜻을 깨닫고 게를 지어 밝혔다.

　　'삼현' '삼요' 그 이치 알기 어려우니
　　뜻 알고 말 잊어야 쉽사리 도와 가까워지리
　　'일구'에 명명백백 삼라만상 포함하니
　　구월 구일 중양절에 국화가 새롭구나.
　　三玄三要事難分(삼현삼요사난분)
　　得旨忘言道易親(득지망언도이친)

一句明明該萬象(일구명명해만상)

重陽九日菊花新(중양구일국화신)

    그런데 임제종에서만 '삼현'을 즐겨 말하는 것이 아니라, 석두희천(石頭希遷, 701~791) 스님의 『참동계(參同契)』[2]에도 이러한 내용을 담고 있다. 『참동계』를 깊이 살펴보니, 다만 '현(玄)'자와 '요(要)'자를 '명(明)'자와 '암(暗)'자로 바꾸어 썼을 뿐 별 다를 바 없으며, 『참동계』의 문장은 40여 구절에 불과하지만 '명(明)과 암(暗)'의 논지가 그 절반을 차지하고 있다.

    책 첫머리에 표방하기를,

    신령한 원천은 밝고[明] 깨끗한데
    여러 갈래 지류는 몰래 바다로 흐른다.
    靈源明皎潔(영원명교결) 枝派暗流注(지파암류주)

하고는 이 뜻을 받아서

    어둠[暗]은 상(上)과 중(中)에 부합되고
    밝음[明]은 맑고 탁함을 밝힌다.
    暗會上中言(암회상중언) 明明淸濁句(명명청탁구)

하였다. 이것은 어둠도 반드시 상과 중으로 나누어야 하고, 밝음도 반드시 맑음과 탁함으로 밝혀야 한다는 뜻이니 '체중현(體中玄)'을 밝힘이다.

또한 종지와 뜻을 나타낸 부분에서는

근본과 지말은 반드시 종(宗)으로 돌아가야 하고
높고 낮은 이들은 자기네 언어를 써야 한다.
本末須歸宗(본말수귀종) 尊卑用其語(존비용기어)

하였다. 그러므로 아래에서 '명(明)'과 '암(暗)'에 대한 '구(句)'를 계속해서 자세히 밝혔으니 이는 '구중현(句中玄)'을 밝힘이다.

맨 끝부분에서

참학하는 사람들이여
부디 세월을 헛되이 보내지 마오.
謹白參玄人(근백참현인) 光陰莫虛度(광음막허도)

하였으니 수행자가 일상생활에서 시기를 잃지 않으면 참으로 부처님의 은혜에 보답하는 길이라 한 것으로 이는 '의중현(意中玄)'에 해당한다.

법안(法眼)스님은 여기에 주석을 붙였는데 모든 학인들은 그것을 높이 받들고 있다. 그러나 나는 그 주석에서 삼법(三法)을 구분하지 않고 다만 '체중현(體中玄)'의 뜻만을 해석하여 석두스님의 본의를 상실한 점을 안타깝게 생각한다.

이후주(李後主)는 '밝음 속에 어둠이 있다[明中有暗(명중유암)]'는 구절의 주석인 "현황(玄黃 : 천지, 본체)이 참이 아닌데 흑백(黑白 : 일월, 작용)이 무슨 허물이 있겠나?" 한 대목을 읽다가 마침내 도를 깨쳤다 한다. 이는 '구중현(句中玄)'이 '체중현(體中玄)'임을 깨달은 것이다.

안능엄(安楞嚴) 스님이 『수능엄경』의 구두점을 버린 데에도 밝은 점[明處]이 있다 하겠으나 나는 납자들이 그의 뜻에 부화뇌동(附和雷同)하게 될까 두렵다.

선문의 오묘한 종지에 대하여 오늘날 총림에서는 전혀 입을 벌리지 못하는데 큰스님들은 날로 떠나가시고, 후학 소생들만이 날마다 시끌벅적 떠들어댈 뿐 다시는 분명히 아는 사람이 없기에, 여기에 예전 큰스님들께서 가르쳐 주신 큰 법의 종지를 기록하여 뜻 있는 후학을 기다리고자 한다.

이 세상의 가르침의 체제는 소리[音聞]로 근기에 응하게 되어 있다. 그러므로 밝은 선지식은 말을 빌려 그 제자의 지혜[智用]를 틔워 주는 법이다. 이렇듯 말로 말을 부정하고[因言遣言(인언견언)] 이치로 이치를 가려내나 오묘하고 밝은 마음[妙精圓明(묘정원명)]은 한 번도 끊어진 적이 없었다. 이를 '유주진여(流主眞如)'라 하며, 이는 분양스님이 말한 "일구에 명명백백 삼라만상을 포함한다[一句明明該萬象(일구명명해만상)]."³라는 뜻이다.

　이 이치를 깨달은 자는 신통하게 밝혀지지만, 그렇지 못하면 말끝[語下]에서 죽게 된다. 그러므로 근기에 맞게 쓸 때면 모두 굴[窠臼] 속에서 벗어나 그림자와 발자취에 얽매이지 않는다. 이것이 '말이 있는 가운데 말이 없는 것'으로서 분양스님이 말한 "구월 구일 중양절에 국화가 새롭구나[重陽九日菊花新(중양구일국화신)]."⁴라는 것이다.

　'삼현(三玄)'을 마련한 뜻은 본래 병을 없애려는 데 있으므로 법을 깨치려는 자는 그 뜻을 아는 것을 소중하게 생각한다. 뜻을 알면 쓸쓸하고 막힘이 없는 텅 빈 곳에서 인연 따라 자유자재 운용하리니 이를 '때를 잃지 않음이라' 하며, 분양스님이 말한 "뜻 알고 말 잊어야 쉽사리 도와 가까워지리[得旨忘言道易親(득지망언도역친)]."⁵인 것이다.

　고탑주(古塔主, ?~1045)⁶는 이 도를 즐겨 강론하였다. 그러나 '삼현'을 논할 때는 말로써 전할 수 있었지만 '삼요'를 논할 때에는 말없는 그것마저도 용납될 수 없었다. '일현(一玄)' 가운데 '삼요(三要)'가 갖춰져 있으니, '현'과 '요'의 도리를 스스로 깨친 자가 아니면 거론하지 못한다라고 어찌 말하지 않는가?

주
:

1 삼현(三玄) : 깨달아야 할 궁극적인 경지, 즉 본체를 체중현(體中玄), 그것을 깨우쳐 주기 위해 쓰는 일전어(一轉語)를 구중현(句中玄), 살아 움직이는[活潑潑地] 경계로 앞서의 자취를 떨어내 주는 것을 의중현(意中玄, 또는 玄中玄)이라고 한다. 임제의현(臨濟義玄, 767~866)의 사상을 대표하는 것 중의 하나가 '삼현삼요'인데 실제『임제록』에 전하는 '삼현삼요'에 대한 법문은 "한 구절[一句]에는 반드시 삼현(三玄)의 문이 갖추어 있고, 한 현[一玄]의 문에는 반드시 삼요(三要)가 갖추어 있어서 방편도 있고 활용도 있다. 그대들은 어떻게 이해하느냐?"(T47-497a)가 전부이다. 따라서 임제의 삼현삼요에 대한 설명은 후대의 것이다. 예를 들면『벽암록』에서 "삼현(三玄)이 있으니, 곧 체중현(體中玄), 구중현(句中玄), 현중현(玄中玄)이다. 옛사람은 이러한 경계에 이르러 온전한 기틀[全機]과 완전한 작용[大用]으로 삶을 만나면 그와 함께 살고, 죽음을 만나면 그와 함께 죽는다."(T48-155c)고 한 경우이다.
2 『경덕전등록(景德傳燈錄)』권30(T51-459b)「남악석두화상참동계(南嶽石頭和尚參同契)」.
3 『인천안목(人天眼目)』「분양송(汾陽頌)」(T48-302a).
4 『인천안목(人天眼目)』「분양송(汾陽頌)」(T48-302b).
5 『인천안목(人天眼目)』「분양송(汾陽頌)」(T48-302b).
6 고탑주(古塔主, ?~1045) : 송대 천복승고(薦福承古). 운거도응(雲居道膺, ?~902)의 탑지기를 하였다.

109

운문스님의 북두장신

옥간림(獄澗林)

여산(廬山)의 옥간림(獄澗林) 스님은 운문문언(雲門文偃, 864~949) 스님의 '북두장신(北斗藏身) 인연'에 관한 게송을 지었다.

'북두에 몸 숨긴다'는 말 꺼낸 뒤부터
법신이 당당하게 드러났다오
운문스님이 이를 팔아먹고는
여태껏 마음대로 헤아려 보네.
北斗藏身爲擧揚(북두장신위거량)
法身從此露堂堂(법신종차노당당)
雲門賺殺佗家子(운문잠살타가자)
直至如今謾度量(직지여금만탁량)

오조사계(五祖師戒) 스님은 운문스님의 적손(的孫, 嫡孫)이며 기변

⁽機辯⁾이 뛰어났다. 지난날 조봉산(祖峰山)에서 법회를 끝마치고 산남(山南) 지방을 돌아다니다가 임스님을 만나 위 게송의 뜻을 묻자 임스님은 눈을 부릅뜨며 그를 바라보았다. 사계스님은 "만일 그대의 말과 같다면 운문종은 한 푼의 값어치도 없을 것이며, 그대 또한 두 눈을 잃게 될 것이다." 하고 떠나가 버렸다. 그 후 임스님은 결국 그의 말대로 두 눈을 잃었고, 사계스님 또한 노년에 한쪽 눈을 잃었다.

오늘날 옛 큰스님의 뜻을 함부로 헤아려 후생의 의심을 낳게 하거나 오도하는 자는 조금이나마 경계해야 할 것이다.

110

『능엄경』의 유포

천태종(天台宗) 강사들은 예전에 지자(智者, 539~598)스님이 인도의 어떤 낯선 스님[異僧]에게서 다음과 같은 이야기를 들었다 한다.

"용수(龍樹)보살이 일찍이 관정부(灌頂部)의 『대불정수능엄경(大佛頂首楞嚴經)』 10권을 외워 5천축국(五天竺國)에 퍼뜨렸는데 이 모두가 다른 경전에서는 듣지 못한 것으로서, 오직 심법(心法)에 대한 종지를 담고 있었다. 이에 5천축국에서는 왕이 대대로 이 경전을 엄중 보호하여 함부로 전수하지 않았다."

그리하여 지자스님이 이 소문을 듣고 밤낮으로 인도를 향하여 절을 올리며 하루속히 그 경전이 이 땅에 이르러 부처의 혜명(慧明)이 끊임없이 이어지기를 축원하였지만 끝까지 그 경전을 보지 못하였다. 당(唐) 신룡(神龍) 초(705)에 이르러서야 처음으로 광주(廣州)에 이르러 번역되었다.

이제는 저자거리에서 팔리고 있으며 천하에 두루 유포되었지만 학자들 중에는 더러 죽을 때까지도 이 경전을 알지 못하는 자마저 있다. 법이 가벼워지면 신심의 종자가 저절로 약해지니 개탄스러운 일이다.

111

광인스님 영정찬

옛날 큰스님들은 산에 살면서 사물에 빗대어 자기의 뜻을 표현한 일이 많았는데, 이는 스스로가 즐기면서 또한 사람을 깨우치려는 의도에서였다.

이를테면 자호이종(子湖利蹤, 800~880) 스님의 '축견(畜犬)'[1] 공안과 도오원지(道吾圓智, 769~835) 스님의 '무의단홀(巫衣端笏)'[2]의 공안이 이와 같은 예이다. 그러나 설봉의존(雪峰義存, 822~908) 스님, 귀종지상(歸宗智常) 스님, 서원사명(西院思明) 스님은 모두 주장자[木蛇(목사)]를 잡고 있었을 뿐이다. 이에 설봉스님은 서원스님에게 "진짜 납승이라면 칼날의 흔적이 전혀 없지[本色住山人(본색주산인) 且無刀斧痕(차무도부흔)]."[3]라는 게를 보냈다.

내가 원부(元符) 연간(1098~1100)에 소산(疎山)에 이르러 광인(匡仁)스님의 영정을 살펴보니, 스님도 주장자를 잡고 있었다. 한번은 어느 스님이 광인스님에게 물었다.

"스님의 손에 있는 것이 무엇입니까?"

"조(曹) 씨 여인."[4]

나는 이 화두를 듣고, 스님의 뛰어난 운치가 뜨거운 번뇌를 시원하게 식혀준 데 대하여 감탄하며 찬(贊)을 지었다.

세 가닥 습기[貪瞋癡]는
그 독이 치열하여
마음[識心]을 물들이고
얽히고설켜 있다네.
三支習氣(삼지습기) 其毒熾然(기독치연)
薰蒸識心(훈증식심) 盤屈糾纏(반굴규전)

중생이 이를 몰라서
문득 의심하고 겁에 질려 있다가
어느 날 갑자기 보고서는
스스로 놀라 나자빠진다.
衆生不明(중생불명) 橫生疑怖(횡생의포)
忽然見之(홀연견지) 輒自驚仆(첩자경부)

허공꽃과 같은 세간은
본디 생멸을 떠난 것이니

드넓게 확 트인 시방에

깊숙한 동굴로 모두 드러났구나.

空華世間(공화세간) 本離生滅(본리생멸)

廓然十方(확연시방) 露其窟穴(노기굴혈)

오로지 키 작은 사숙만은

솜씨 좋은 요술쟁이라

만법을 주었다 빼앗다

자유자재 즐기도다.

惟矮師叔(유왜사숙) 是大幻師(시대환사)

與奪萬法(여탈만법) 自在娛嬉(자재오희)

이제는 알겠군! 대천세계가

모두 그대의 노리개이고

손에 쥔 주장자는

조 씨네 여자인 줄을.

乃知大千(내지대천) 皆公戲具(개공희구)

手中木蛇(수중목사) 是曹家女(시조가녀)

주
:

1 자호축견(子湖蓄犬) : 자호이종(子湖利蹤, 800~880) 스님은 암자 문 앞에다 '개조심!'이라는 문패를 달고 거기에 이렇게 썼다. "내가 기르는 개는 위로는 사람의 머리를 물고 가운데로는 허리를 물고 아래로는 다리를 문다. 머뭇거리다가는 목숨을 잃으리라." 새로 온 납자가 인사를 하면 스님은 "개조심해라!" 하고 소리쳐서 그가 고개를 돌리면 방으로 돌아가 버렸다.
2 도오무의단홀(道吾巫衣端笏) : 『전등록』 29권에는 '무의(無衣)'로 되어 있다. 납자가 도오스님에게 조사서래의(祖師西來意)를 물으면 스님은 홀(笏)을 들고 춤을 추었다.
3 『설봉의존선사어록(雪峰義存禪師語錄)』 권상(X69-75c).
4 조씨 여인[曹家女] : 후한(後漢)의 문필 반소(班昭). 조세숙(曹世叔)에게 시집갔다가 일찍 과부가 되었다. 박학하고 재주가 뛰어나 왕궁 대인들의 스승이 되었으며 조대고(曹大姑, 혹은 曹大家)라는 이름을 얻었다. 일설에는 토지신(土地神)의 일종이라고도 한다.

112

만법과 일심

영명연수(永明延壽)

영명연수(永明延壽, 905~976) 스님이 스스로 물었다.

"이 근본 식심(識心)을 일체법의 체(體)라 하고, 항상하여 움직이지 않는다[常住不動]고도 하였다. 그렇다면 만법은 이 한 마음[一心]에 있는 것인가? 아니면 이 한 마음에서 떠나 있는 것인가? 만일 만법이 마음에 있다면 만법이란 변해 가는 것인데 어찌하여 이 마음을 항상하여 움직이지 않는다 하는가? 한편 만법이 이 마음에서 떠나 있다면 어떻게 일체법의 체(體)가 될 수 있는가?"

그리고는 스스로 이렇게 답하였다.

열리고 닫히는 것은 연을 따를 뿐
즉한 것도 떠난 것도 모두 아니다
연이 모이기에 닫힌다[合] 하고
연이 흩어지기에 열린다[開] 하니

열리고 닫히는 건 오로지 인연일 뿐

쥐고 펴는 주체는 없다

연은 모이고 흩어질 뿐

연 또한 본래 빈[空] 것이라

이것도 저것도 알지 못하니

주관과 객관이 모두 고요하다.

開合隨緣(개합수연) 非卽非離(비즉비리)

以緣會故合(이연회고합) 以緣散故開(이연산고개)

開合但緣(개합단연) 卷舒無體(권서무체)

緣但開合(연단개합) 緣亦本空(연역본공)

彼此無知(피차무지) 能所俱寂(능소구적)

『밀엄경(密嚴經)』 게송에서는 다음과 같이 말하였다.

비유컨대 쇠와 돌 등에는

본래 물기가 없지만

물과 함께 섞이면

물기가 흐르듯이

장식(藏識)도 그러하여

본체는 흐르는 것이 아니나

모든 식(識)이 함께 상응하면

사물[法]과 함께 흘러 변한다

마치 쇳가루가 자석을 따라서

빙빙 돌며 옮겨가는 것같이

두 가지 모두 생각이 없지만

그 형상은 마치 생각이 있는 듯하네

제8식과 제7식도

이런 줄을 알아야 하리

습관의 끈에 얽매여

사람이란 있는 것이 아니면서도 있는 듯하니

세계에 두루한 중생의 몸이

5음 6취(五陰六趣)를 두루 다니는 것이

쇳가루가 자석에 이끌려

빙빙 돌면서도 모르는 것과 같은 것.

譬如金石等(비여금석등) 本來無水相(본래무수상)

與水共和合(여수공화합) 若水而流動(약수이유동)

藏識亦如是(장식역여시) 體非流動流(체비유동류)

諸識共相應(제식공상응) 與法同流轉(여법동유전)

如鐵因磁石(여철인자석) 周回而轉移(주회이전이)

二俱無有思(이구무유사) 狀若有思覺(장약유사각)

賴耶與七識(뇌야여칠식) 當知亦復然(당지역부연)

習繩之所擊(습승지소격) 無人而若有(무인이약유)

普徧衆生身(보편중생신) 周行諸陰趣(주행제음취)
如鐵與磁石(여철여자석) 展轉不相知(전전불상지)[1]

　내가 일찍이 일체 중생을 잘 살펴보니 변하고 움직이는 가운데 미혹하여 이에 따라 마음을 내고 집착하며 실재라고 생각한다. 이와 같이 잘못된 생각 때문에 생사와 죄복이 있는 것이니, 마치 어린아이가 스스로 빙빙 돌다가 머리가 어지러우면 집이 빙글빙글 돈다고 착각하는 것과 같다. 부처님께서는 자비로 방편을 마련하시어 마음이 없는 무정들을 생각을 없애나 천류케 하시니 이로써 비유 삼아 마음이 본디 고요한 줄 알면 그것이 바로 무생(無生)의 대해탈문으로 들어간 것이다.

주:

1　『종경록(宗鏡錄)』 권51(T48-716c).

113

곡천스님의 기이한 행

　담주(潭州) 도오산(道吾山)에 큰 못이 하나 있었는데, 성미가 고약한 용이 살고 있었다. 못 위에 작은 나뭇잎만 떨어져도 으레 우레가 치고 며칠 동안 비가 내리니, 그곳을 지나는 길손들은 감히 숨소리도 크게 내지 못하였다.

　자명(慈明, 986~1040)스님이 곡천대도(谷泉大道, 965~?, 임제종) 스님과 함께 그곳을 지나는 길에 곡천스님이 자명스님의 옷을 잡아당기면서 "함께 목욕이나 하고 가지!"라고 하니, 자명스님은 그의 손을 탁 뿌리치고 쏜살같이 지나쳐 버렸다. 곡천스님이 옷을 벗고 연못 속으로 뛰어 들어가자마자 뇌성벽력이 으르렁거리고 비린내 나는 바람에 빗줄기가 쏟아지면서 숲이 진동하여 나무뿌리가 뽑혔다. 자명스님은 크게 놀라 풀섶에 쭈그리고 앉아 곡천스님이 죽었으리라 생각하였는데, 잠시 후 비바람이 멈추고 날씨가 개자 물속에서 갑자기 목을 쑤욱 내밀고서, "후!" 하고 웃고 나오며 자명스님을 불렀다.

또 한번은 축융봉(祝融峰) 정상에 앉아 밤을 지새게 되었는데 큰 구렁이가 나타나 주위를 서리서리 에워싸니 곡천스님이 옷과 허리띠를 풀어 구렁이 허리를 묶자 한밤중이 되어 구렁이는 보이지 않았다. 동이 트자 지팡이를 짚고 온 산을 찾아다녀 보니, 허리띠가 마른 소나무 가지 위에 감겨 있었다. 이는 소나무의 화신이 요괴로 둔갑한 것이라 생각된다.

또한 후동사(後洞寺)에서 나한 석불상을 짊어지고 남대사(南臺寺)로 옮겨 놓았는데 그 석불상의 무게는 무려 수백 근이나 되었다. 대중들은 모두 놀랐으나 아무도 그 석불을 누가 가져온 것인지 몰랐으며, 후동사의 대중들도 어떻게 하여 그곳으로 옮겨졌는지를 모르고 지금까지도 그 석불을 '날아온 나한부처님[飛來羅漢佛(비래나한불)]'이라 전하고 있다.

또 한번은 형산현(衡山縣)을 지나는 길에 백정이 칼로 고기를 자르는 모습을 보고, 그의 옆에 서서 애처로운 얼굴을 지어 보이며 손가락으로 고기를 가리킨 후 또다시 자기의 입을 가리키니, 백정이 스님에게 "스님은 말을 못합니까?"라고 묻자 고개를 끄덕여 보였다. 백정이 몹시 불쌍하게 생각하여 크게 고기를 잘라 발우 속에 넣어 주자 생각지도 않은 횡재에 연신 고맙다 말을 하니, 저자 사람들은 모두들 웃었지만 스님은 태연스레 떠나갔다고 한다.

스님은 뒷날 남악(南嶽) 파초암(芭蕉庵)에서 머무르다가 억울한

죄로 승복을 벗게 되고 속인 옷을 입은 채 침주(郴州)의 감옥에서 노역을 하였다. 스님이 무더운 날씨에 성 쌓는 노역으로 흙짐을 짊어진 채 네거리를 지나다가 땅바닥에 짐을 부려 놓고 앉으니, 구경꾼이 에워쌌다. 스님은 즉석에서 게를 하였다.

　　오늘은 유월 육일
　　곡천은 죄를 톡톡히 받았으니
　　천당으로 가지 않으면
　　지옥으로 들어가리라.
　　今朝六月六(금조유월육) 谷泉受罪足(곡천수죄족)
　　不是上天堂(불시상천당) 便是入地獄(변시입지옥)

　게송을 마치자 미소를 지은 채 입적하니, 그윽한 향기가 자욱하였다. 이에 침주 사람들은 지금까지도 스님을 공양하고 있다.
　스님은 분양무덕(汾陽無德, 946~1023) 스님을 친견한 분이다. 남산청원(南山淸源) 스님이 나에게 말하였다.
　"내가 십여 년 동안 황룡혜남(黃龍慧南, 1002~1069) 스님을 시봉하면서 곡천스님과 자명스님을 만난 일들을 매우 자세하게 들은 적이 있다. 일찍이 황룡스님께서 한숨을 내쉬며 한탄하기를, '내가 평생 동안 곡천과 문열(文悅)스님의 경지도 알 수 없었는데 어떻게 자명스님을 알랴?'라고 하셨다."

114

생사병을 치료하는 약

영원유청(靈源惟淸)

영원유청(靈源惟淸, ?~1117) 스님이 나에게 일러주었다.

"도인이 일신을 보호하여 기르는 일은, 사람이 병이 들면 약을 먹는 것과 같다. 약의 효험을 쉽게 보려면 반드시 음식을 조심하여야 한다. 그렇지 않으면 아무리 약을 먹어도 무슨 도움이 되겠는가? 삶과 죽음이라는 큰 병엔 부처님의 말씀이 좋은 약이며 오염된 마음은 나쁜 독물이니, 가려먹지 못하면 삶과 죽음의 병은 치유될 수 없다."

나는 이 말을 좋아하여 돌이켜 생각해 보았다. 『원각경』에서는 "말세의 일체 중생이 헛되고 망령된 마음을 내지 않으면 이러한 사람은 바로 현세의 보살이다."[1] 하였고, 『법구경』에서는 "만일 정진하겠다는 마음이 일어나면 그것은 망령이지 참다운 정진이 아니니 마음이 망령되지 않기만 하면 정진이 끝없으리라."[2] 하였다. 또한 남악(南嶽)의 사대(思大, 515~577)스님은 법화삼매(法華三昧)로 도를 깨닫고 나서 "이것이 참 정진이요, 이것을 이름하여 진법공양(眞法供養)이라 한다."³는 구절을 외웠고, 분양(汾陽)의 무업대달(無業大達, 761~822) 스님이 일생 동안 학인들의 물음에 대답한 말씀도 "망상을 내지 말라."는 것뿐이었다.

이는 본성에 계합하는 말이며 도를 깨닫는 첩경이 되는데도 참선하는 자들은 이러한 말들을 가볍게 생각하여 도리어 현묘한 법을 찾으려 하니, 우스꽝스러운 일이다.

주:

1 『대방광원각수다라요의경(大方廣圓覺修多羅了義經)』 "末世諸衆生 心不生虛妄 佛說如是人 現世卽菩薩"(T17-917b).
2 현재 전하는 『임간록』에는 『법화경』으로 되어 있으나 실제 문헌은 『법구경』이다. 『경덕전등록』 등 다른 문헌에서도 이 인용구를 『법구경』이라고 하고 있다. 『법구경(法句經)』 「보광문여래자게답품(普光問如來慈偈答品)」 "若起精進心 是妄非精進 但能心不妄 精進無有涯"(T85-1435a).
3 『묘법연화경(妙法蓮華經)』 권6 「약왕보살본사품(藥王菩薩本事品)」(T9-53b).

115

납자들이 애송해 봄직한 옛 글들

　삼조(三祖, 504~606)스님의 『신심명(信心銘)』, 보지(寶誌, 418~514)스님의 『십이시가(十二時歌)』, 영가(永嘉, 665~713)스님의 『증도가(證道歌)』는 참선하는 자가 반드시 애송해야 할 글이며, 한퇴지(韓退之, 768~824)가 대전(大顚, 732~824)스님을 만난 이야기와 부대사(傅大士, 497~569)의 『사상송(四相頌)』은 비록 선종에서 언급된 적은 없지만 종문에 무슨 해로움이 있겠는가?

116

임제의 종지를 깨치고 활용함

정(定) 상좌(上座)

정(定) 상좌는 어디 사람인지 알 수 없으나 임제스님의 법회에서 용상(龍象)이라 불리던 큰스님이다. 처음 임제스님을 찾아갔을 때, 스님에게 "조사가 서쪽에서 오신 뜻[祖師西來意]이 무엇입니까?"라고 묻자, 임제스님은 법좌에서 내려와 정상좌를 떠밀쳐 앉힌 후, "빨리 말해, 빨리!" 하고 다그쳤다.

정상좌가 머뭇거리자 대뜸 그의 뺨을 후려치고 떠밀치며 법당 밖으로 나가 버리니, 곁에 있던 스님이 정상좌를 부르며 "왜 절을 올리지 않느냐?"라고 하자 절을 하고 일어서는데, 그때 정상좌의 몸에서는 비오듯 땀이 쏟아졌으며 이를 계기로 크게 깨쳤다 한다.

암두(巖頭, 828~887)·설봉(雪峰 822~908)·흠산(欽山) 세 스님이 하북(河北) 지방을 가는 길에 진부(鎭府)에서 오는 정상좌를 만나 임제스님의 안부를 물으니, 임제스님은 이미 세상을 떠났다고 대답했다. 세 사람은 서로 얼굴을 번갈아 보면서 탄식한 후 또다시 그에게 물었다.

"대중에게 무슨 말씀을 하셨느냐?"

"언제나 법당에 올라 말씀하시기를, '그대들 모두의 붉은 살덩이 속에 지위 없는 참 사람[無位眞人] 하나가 항상 드나들고 있다. 믿지 못하겠거든 자, 보아라' 하셨다."

이에 흠산스님이 나서며, "왜 붉은 살덩이는 무위진인이 아니라고 말씀하지 않았을까?"라고 하자, 정상좌가 느닷없이 흠산스님의 멱살을 움켜쥐고 주저앉히면서, "말해 봐라! 무위진인과 무위진인이 아닌 것은 얼마나 다른가를. 빨리 말해, 빨리!"라고 소리쳤다. 흠산스님이 얼굴빛이 창백해진 채 대답을 하지 못했는데 암두스님과 설봉스님이 말리자 그를 놓아주고는 말을 이었다.

"이 늙은 두 얼간이들만 아니라면 확실히 오줌싸개로 만들어 줄 텐데."

또 한번은 다리를 지나가는데 강사(講師) 세 사람이 불법의 이치를 토론하고 있었다. 정상좌가 지팡이에 몸을 기댄 채 듣고 있노라니 그중 하나가 장난삼아 물었다.

"참선하는 자여! 선하(禪河)의 밑바닥은 어디요?"

정상좌가 그를 붙잡아 물속으로 집어던지려 하자 두 강사는 깜짝 놀라 그를 부여잡고 애걸하니 정상좌가 말하였다.

"너희 두 사람만 아니었더라면 이놈에게 '선하'의 밑바닥을 가르쳐 주었을 텐데."

임제종의 종지는 곧바로 보게 하는 데 있으며 조금도 사정을 봐주지 않는다. 정상좌의 기용(機用)은 자유자재하여 마치 쟁반 위에 구슬이 구르듯 그림자나 발자취를 남기지 않았으니, 외경(畏敬)할 만한 스님이다.

117

실추된 임제종풍을 일으킴

황룡혜남(黃龍慧南)

황룡혜남(黃龍慧南, 1002~1069) 스님이 적취사(積翠寺)에 있을 때 한 스님이 곁에 서서 오랫동안 그를 바라보고 있자, 혜남스님이 물었다.

"백천 가지의 삼매경(三昧境)과 무량한 묘문(妙門)을 한마디로 너에게 말해 준다면 믿겠느냐?"

"스님의 성심어린 말씀을 어찌 믿지 않겠습니까?"

그러자 혜남스님이 그의 왼편을 가리키며 "이쪽으로 오너라." 하자 그 스님이 종종걸음으로 오려 하니 갑자기 "쯧쯧." 혀를 차며 말하였다.

"소리를 따라 움직이고 색을 쫓아다니니, 언제나 깨달을 수 있겠느냐? 썩 나가거라!"

어느 스님이 이 사실을 알고 총총히 혜남스님의 방으로 들어갔다. 혜남스님이 지난번에 하였던 말을 가지고 다시 그에게 물으니,

그 또한 똑같이 말하였다.

"어찌 감히 믿지 않겠습니까?"

혜남스님은 또다시 그의 왼편을 가리키며, "이쪽으로 오너라." 하였다. 그 스님이 꼼짝하지 않고 서 있자 이번에도 "쯧쯧." 혀를 차며 말하였다.

"네가 나를 찾아온 것은 나와 가까워지려고 온 것인데 도리어 나의 말을 듣지 않다니, 썩 나가거라!"

스님의 문풍(門風)은 깎아지른 듯 험하여 설령 부처라 하여도 역시 기가 죽었을 것이다. 그러므로 이미 실추된 임제종의 가풍을 일으켜 세울 수 있었는데, 지금 사람들은 스님의 가풍을 다만 평범한 생각[平安商量(평안상량)]이라 매도하니 우스운 이야기이다.

118

왕범지와
한산자의 게송

나는 항상 왕범지(王梵志, ?~670)의 시를 애송한다.

범지가 버선을 뒤집어 신으니
사람들은 모두 틀렸다 하네
너의 눈은 찌를 수 있으나
나의 다리는 감출 수 없지.
梵志飜著襪(범지번저말) 人皆謂是錯(인개위시착)
寧可刺爾眼(영가자이안) 不可隱我脚(불가은아각)

또 한산자(寒山子)의 시를 애송해 왔다.

사람이란 머리 검은 벌레인데
방금 천 년의 가락을 지었네

무쇠를 녹여 문턱을 만들었지만
귀신은 이를 보고 손뼉 치며 껄껄대네.
人是黑頭蟲(인시흑두충) 剛作千年調(강작천년조)
鐵鐵作門限(철철작문한) 鬼見拍手笑(귀견박수소)

도인은 스스로 자기의 갈 길을 보고 또한 세간을 바라보면서 이와 같이 유희할 뿐이다.

119

『정업장경』의 욕심에 대한 설법

『정업장경(淨業障經)』에서 세존께서 무구광(無垢光) 비구에게 말씀하셨다.

"자면서 꿈에 욕심을 범하였으나 이 일은 본래 차별이 없다. 범부와 어리석은 소승은 지혜가 없어 무유법이 여여한 줄을 모르고 부질없이 분별심을 내고 분별심으로 삼악도에 떨어지게 되느니라.[1] 옛 부처님[古佛]들도 같은 내용의 게를 설하였다.

> 모든 법은 거울에 나타난 모습 같으며
> 또한 물속의 달그림자 같으나
> 범부는 어리석고 미혹한 마음으로
> 분별하여 어리석음·성냄·애착이 있네
> 모든 법은 항상하여 모양이 없고
> 고요하고 고요하여 근본도 없으며

잡을 만한 끝도 없으며
탐욕의 본성도 그러하도다.
諸法同鏡像(제법동경상) 亦如水中月(역여수중월)
凡夫愚惑心(범부우혹심) 分別癡恚愛(분별치에애)
諸法常無相(제법상무상) 寂靜無根本(적정무근본)
無邊不可取(무변불가취) 欲性亦如是(욕성역여시)"²

그러나 교학에서는 논하는 범위나 관점이 달라서 다음과 같이 말하고 있다.

"9결 10전(九結十纏)의 번뇌는 본성이야 비록 비어 있고 고요하나 초심자(初心者)들은 반드시 이를 여의어야 한다."³

그러므로 많은 부처님이 말씀하신 심오한 경전에서는 먼저 처음 발심(發心)한 보살에게 이 법을 설법해서는 안 된다고 경계하고 있다. 그것은 종자(種子)의 습(習)이 중하여 현행(現行)을 일으킬 것과 또한 관(觀)이 얕고 근기가 들떠 신심과 깨달음이 미치지 못할 자를 염두에 둔 것이다.

주
:
1 『불설정업장경(佛說淨業障經)』(T24-1096a).
2 『불설정업장경(佛說淨業障經)』(T24-1099b).
3 『종경록(宗鏡錄)』 권21(T48-531a).

120

강직한 인품과 큰 지견

도오오진(道吾悟眞)

　도오오진(道吾悟眞) 스님은 인품이 고고하고 강직하면서도 넓은 지견을 갖추어 양기방회(楊岐方會, 992~1049) 스님과 함께 총림에 명성이 높았다. 당시 자명(慈明, 986~1040)스님의 법회에서 맨 먼저 방회와 오진 두 스님을 가장 훌륭한 용상 대덕으로 손꼽았다. 그러나 그분들이 개법한 곳은 모두 벽촌의 자그마한 절이었으며, 대중은 겨우 20여 명에 불과하였다. 그러나 여러 곳에서 찾아오는 선객이 있으면 반드시 그를 시험해 보았으며, 그중에는 종종 스님의 높은 기상을 바라만 보고서 물러가 버린 자도 많았다.

　오진스님이 병으로 앓아눕자 원주(院主)가 찾아와 문병하였다.

"요즘 건강은 어떠하십니까?"

"죽밥이 힘을 못 쓰는구나."

잠자코 있다가 말하였다.

"알겠는가?"

"모르겠습니다."

"고양이 꼬리에 절구공이를 매달았군!"

어떤 사람이 "무엇이 부처입니까?"라고 묻자, "동정호(洞庭湖)에는 뚜껑이 없지."라고 대답하였다. 나는 이에 대하여 게를 지었다.

동정호에는 뚜껑이 없어
법신을 꽁꽁 얼려 버렸고
조주스님은 밥 욕심에
입가에 군침이 도는구나.
洞庭無蓋(동정무개) 凍殺法身(동살법신)
趙州貪食(조주탐식) 牙齒生津(아치생진)

121

교학승을 무색케 함

가진점흉(可眞點胸)

취암(翠巖)의 가진점흉(可眞點胸, ?~1064) 스님은 남보다 뛰어난 재주를 지녔으며, 함부로 사람을 인가하지 않았다. 남창(南昌)의 장강사(章江寺)를 찾아간 적이 있었는데, 그곳의 장로 산정(山政)스님 또한 자명(慈明, 986~1040)스님의 법제자였다. 본래 강설(講說)하기를 좋아하는 성격이라 스님의 교학(敎學)을 따르는 납자가 많았다.

어느 날 가진점흉 스님이 그를 보고는, 바지를 걷어붙이고 양쪽 장단지를 드러낸 채 느릿느릿 걸어가니, 이를 이상하게 생각하여 그 까닭을 묻자, "앞 행랑 뒤편 시렁이 온통 칡덩굴로 뒤덮여 있으니 옷이 걸려 나자빠질까 두려워서이다."라고 하였다. 산정스님은 한참 동안 껄껄껄 웃은 뒤에 이어 물었다.

"진형! 나와 그대는 동문동참(同門同參)인데 어찌하여 사람만 만나면 나를 욕하는가?"

가진스님은 그를 물끄러미 바라보다가 말하였다.

"내 어찌 그대를 욕하랴? 내가 감춰 둔 주둥이 하나는 부처를 욕하고 조사를 꾸짖으려고 준비해 둔 것인데 그대와 무슨 상관이 있는가?"

이 말에 산정스님은 어찌할 줄 몰랐다. 이에 가진스님은 나가 혜남(慧南, 1002~1069)스님을 만나 말하였다.

"내 뒷날 네거리에서 밥장사를 하면서 황벽산에서 오는 중이 있으면 반드시 시험해 보겠다."

"굳이 훗날 그럴 것이 있느냐? 내가 황벽산의 중이 될 터이니 지금 물어보아라!"

"요사이 어디를 떠나 여기에 왔는고?"

"황벽산!"

"이야기 듣자하니, 그곳 큰스님은 발을 땅에 대지 않고 걷는다고 하던데 사실인가?"

"스님은 어디에서 그 소식을 들었는고?"

"누가 전해 주었지."

혜남스님이 웃으면서 "도리어 그대 발꿈치가 땅에 닿지 않는구나."라고 하니, 가진스님도 크게 웃고 가 버렸다.

가진점흥 스님이 납자들에게 즐겨 묻는 말은 "노조(魯祖)스님은 찾아오는 사람만 있으면 무슨 까닭에 벽을 향하여 앉았느냐?"는 것이었다. 그러나 이 말[機語]에 깨치는 자가 없자 스스로 게를 지었다.

천산 만산을 앉은 채 모두 끊을 수 있지만
사람에게 시비를 없애라고 권하는 건 더욱 어렵군
요사이 지양 땅에 아무런 소식이 없으니
과연 그 당시에는 스스로 보지 못한다는 말이 맞구려.

坐斷千山與萬山(좌단천산여만산)

勸人除却是非難(권인제각시비난)

池陽近日無消息(지양근일무소식)

果中當年不自觀(과중당년부자관)

122

피로 쓴 『법화경』

초운(楚雲)

　형악(衡岳)의 초운(楚雲)스님은 당대 말엽에 태어나 지극한 수행을 닦았던 사람이다. 지난날 피를 뽑아 『묘법연화경』을 썼는데, 그 길이는 일곱 치[寸], 넓이는 네 치, 두께는 그 절반인 두 치였다. 전단목(栴檀木)으로 문갑(文匣)을 만들어 그 속에 넣고 복엄사(福嚴寺)의 삼생장(三生藏)에 두었으며, 그 위에 여덟 글자를 새겼다.

　"만일 이 경을 열어 보려면 맹세코 자씨(慈氏, 미륵불)와 같은 서원을 세우라[若開此經誓同慈氏(약개차경서동자씨)]."

　황우(皇祐) 연간(1049~1053)에 어느 귀인이 산에 놀러 왔다가 그 글씨를 보고 허튼 소리인가 의심하여 사람을 시켜 열쇠로 열게 하였다. 처음엔 실오라기처럼 피가 나오더니 잠깐 후엔 바람과 우레가 산골짜기에 진동하고 자욱한 연기구름이 집안에 가득 차 가까이 붙잡고 있으면서도 서로의 얼굴을 볼 수 없었다. 하루종일 멈추지 않자 귀인은 크게 놀라 성심으로 몸을 굽혀 참회하였다.

아! 원력(願力)이 서려 있는 곳엔 이처럼 신령한 일이 있는 법이다. 내 지난날 그곳을 지나는 길에 삼생장을 찾아 그 경을 높이 받들어 자세히 살펴보니, 핏줄기가 역력히 남아 있었다.

관휴(貫休:832~912)스님은 다음과 같은 시를 지어 바쳤다.

> 살갗을 도려내어 핏물로 쓴 정성 어찌 그리 갸륵하오
> 영취산 아홉 법회 부처님 말씀을 새기기 위해
> 열 손가락 피 마르고 일곱 축 끝마치니
> 후세에 법을 구하는 자 다시는 그대 만한 이 없으리.
> 剔皮刺血誠何苦(척피자혈성하고)
> 爲寫靈山九會文(위사영산구회문)
> 十指瀝乾終七軸(십지력건종칠축)
> 後來求法更無君(후래구법갱무군)

123

선종의 묘한 방편

영명연수(永明延壽)

영명(永明, 905~976)스님이 말씀하셨다.

"요즘의 학인들은 이해를 통해 알기를 좋아하는데, 이를 어떻게 깨닫는 공부라 하겠는가? 이해는 다만 정(情)을 여의기 위한 것이며 설명은 다만 집착을 깨뜨리기 위함일 뿐이니, 정이 사라지고 집착이 다하면 설명과 이해가 어떻게 남아 있겠는가? 진성(眞性)은 밝고도 고요하여 남기고 없앰[存泯]이 없다. 그러므로 '즉(卽)'과 '부즉(不卽)'을 말한다면 모두 시비(是非)에 떨어지고 조금이라도 '있다' '없다'는 생각을 남겨 두면 바른 생각이 아니다. 그러므로 삼조(三祖)께서 '조금이라도 시비가 있으면 어지러워 마음을 잃게 된다'[1]고 하였느니라."

그때 한 스님이 물었다.

"대체로 유무(有無)에 빠지면 모두 삿된 생각[邪念]이 되고 능소(能所)에 빠지면 모두 유무에 떨어진다 하니, 그렇다면 무엇이 바른 생각으로 아는 것입니까?"

그러자 답하였다.

상서로운 풀은 좋은 시대에 돋아나고
숲속의 꽃은 이른 봄에 망울 맺힌다.
瑞草生嘉運(서초생가운) 林華結早春(임화결조춘)[2]

이는 선종의 오묘한 이치로서 많은 방편 가운데 가장 친절한 말씀이라 하겠다.

주
:

1　『신심명(信心銘)』"纔有是非 紛然失心"(T48-376c).
2　『종경록(宗鏡錄)』권8(T48-460ab).

124

백운스님의 게송 두 수

백운수단(白雲守端)

●

백운수단(白雲守端, 1025~1072) 스님은 창을 뚫으려는 파리를 보고서 게를 지었다.

빛 찾아 종이 뚫고 나가려는 너를 좋아하나니
뚫지 못했을 때는 얼마나 괴로웠느냐
생각지 않게 들어왔던 길 부딪치고서야
일생을 눈에 속았던 걸 비로소 깨달았지.
爲愛尋光紙上鑽(위애심광지상찬)
不能透處幾多難(불능투처기다난)
忽然撞著來時路(홀연당착내시로)
始覺平生被眼瞞(시각평생피안만)[1]

또한 '북두장신(北斗藏身) 인연'에 대하여는 다음과 같은 게를 지었다.

> 오릉공자, 꽃놀이에 푹 빠졌지만
> 급제 못한 가난한 선비 예로부터 많았었지
> 추운 곳에서 남의 부귀를 부러워하니
> 벼슬아치는 내 어찌할 수 없구려.
> 五陵公子遊花慣(오릉공자유화관)
> 未第貧儒自古多(미제빈유자고다)
> 冷地看他人富貴(냉지간타인부귀)
> 等閑不奈幞頭何(등한불내복두하)[2]

생각건대 이 노스님의 붓끝엔 입이 달려 있나 보다. 그러므로 많거나 적거나 쓸모없는 말이 전혀 없다.

주
:
1 『백운수단선사광록(白雲守端禪師廣錄)』 권3 「승자투창(蠅子透窓)」(X69-319c).
2 『백운수단선사광록(白雲守端禪師廣錄)』 권2(X69-301a).

125

○

이조에 대한 잘못된 기록들

도선(道宣)

●

 도선(道宣, 596~667) 율사가 이조 혜가(二祖慧可, 487~593) 스님의 전기를 쓰면서, "혜가스님은 도적을 만나 팔을 잘렸지만 불법으로 마음을 다스려 조금도 아파하거나 괴로워하지 않았다."[1] 하였는데 촉승(蜀僧) 신청(神淸)스님은 그의 말을 인용하여 잘못된 글을 썼다.[2] 나는 그 글을 읽고 언제나 허탈한 웃음을 지었으며, 또한 시비를 가리는 데 어두운 도선스님의 안목을 한탄하였다.

 도선스님은 이미 담림(曇林)스님과 이조 혜가 스님의 전기를 함께 소개하였다. 담림스님의 전기에 의하면, "담림스님은 도적을 만나 팔을 잘렸는데 고통스럽게 울부짖는 소리가 끝이 없었다. 그리하여 사람들은 그를 '팔 없는 담림[無臂林]'이라 하였다"[3]고 되어 있다.

 담림스님과 혜가스님은 절친한 사이로 하루는 함께 밥을 먹게 되었는데 혜가스님도 한쪽 손으로 식사하는 것을 이상하게 생각하여 그 까닭을 물으니, "나도(혜가) 한 팔이 없은 지 오래되었다."고 하였다 한다. 그렇다면 친한 사이로서 도적을 만나 팔을 잘렸는데도 그렇게 오랫동안 모르고 있다가 그때서야 물을 수 있겠는가?

　이조스님은 불법을 구하기 위하여 팔을 잘랐기 때문에 세상에서 그 사실을 아는 사람이 없었지만 담림스님은 도적을 만나 잘렸기 때문에 세상 사람들이 모두 그 사실을 알게 된 것이다. 그런데 도선스님이 부질없이 이에 부화뇌동하여 선대의 성인을 거짓 모욕한 것은 잘못된 일이다. 그리고 저 신청이라는 자는 무엇을 하는 사람이기에 이처럼 터무니없는 말에 근거하여 글을 썼는지, 또 한 번 웃음이 나올 뿐이다.

　그러나 맹자가 말하기를, "모든 글을 다 믿는다면 차라리 글이 없느니만 못하다[盡信書不如無書(진신서불여무서)]."[4]고 하였으니, 학자들은 과연 이 말을 거울삼아야 할 것이다.

주
:

1　『속고승전(續高僧傳)』 권16 「석승가(釋僧可)」(T50-552b).
2　『북산록(北山錄)』 권6(T52-612b).
3　『속고승전(續高僧傳)』 권16 「석승가(釋僧可)」(T50-552b).
4　『맹자(孟子)』 「진심편(盡心篇)」 하.

126

도인이 도를 보이는 요체

자명(慈明)

　자명(慈明, 986~1040) 노스님은 호방한 성품에 격식을 중시하지 않아 사람들은 범인인지 성인인지를 구별하기 어려웠다.
　처음 남원산(南源山, 광리선원)을 떠나 고향의 어머니를 찾아가 은쟁반을 드리면서 장수하기를 축원하니, 어머니는 은쟁반을 땅에 내동댕이치면서 스님을 꾸짖었다.
　"네가 젊어 행각승이 되었을 때는 허름한 바랑을 메고 다니더니, 지금은 어디서 이런 물건을 얻어왔느냐? 나는 네가 나를 제도해 주기를 바랐는데 도리어 나를 지옥의 밑바닥에 넣으려 하느냐?"
　그러나 자명스님은 아무 부끄러운 빛 없이 천천히 은쟁반을 집어 들고 떠나가 버렸다. 그리고는 사숙인 신정홍인(神鼎洪諲) 스님을 만나러 갔다.
　홍인스님은 수산성념(首山省念, 926~993) 스님의 법제자로서 총림에 명망이 높았으며 산에 산 지 30년 동안 그림자가 산문 밖을 내려오지 않았으니 여러 선림에서 그 의지를 당할 자가 없었다.

스님은 자신을 소개하면서 홍인스님의 법손이라고 자칭하니 대중들이 다 웃었다. 홍인스님이 사람을 시켜 스님에게 물었다.

"장로는 누구의 법제자요?"

"나는 분양선소(汾陽善昭, 946~1023) 스님을 친견하였소!"

홍인스님이 의아하게 생각하여 이야기를 나누어 보니, 마치 강물 흐르듯 유창하게 대답하자 매우 기특하게 생각하였다. 때마침 도오산(道吾山) 주지 자리가 비어 선지식[大禪伯]을 주지로 맞이하려 한다는 관아의 공문이 있었다. 이에 홍인스님은 자명스님을 부름에 응하도록 하니 상중(湘中) 지방의 선승들이 명성을 듣고 모여들어 스님을 만나게 된 것이다.

생각건대, 자명스님은 무너져 가는 임제종의 도를 다시 일으켜 세운 스님인데도 평소에 그처럼 소탈하고 얽매임이 없었으니, 만일 홍인스님이 아니었다면 곡천(谷泉)스님과 같은 기승(奇僧)의 무리가 되었을 것이다. 그러나 도인이 도를 보이는 일은 헤아려서는 알 수 없는 것이다.

127

『제불요집경』의 여자출정 인연

대우수지(大愚守芝)

경전에 '여자출정(女子出定)'[1] 인연이 수록되어 있는데, 총림에서 많은 사람들이 이를 토론하여 왔으나 자기에게 밝은 안목이 있어 선지식을 친견하지 않은 이는 아무도 그 뜻을 밝힐 수 없었다.

대우수지(大愚守芝) 스님은 으레 납자들에게 묻는 말이 있다.

"문수보살은 일곱 부처님의 스승인데도 어찌하여 이 여자를 정(定)에서 깨어나게 하지 못하고, 망명(罔明)보살은 땅에서 솟아나서 손가락을 한 번 퉁기는 순간 깨어나게 할 수 있었는가?"

아무도 대답을 하지 못하자 스스로 답하였다.

중은 절간에서 잠을 자고
도적은 허술한 집으로 침입한다.
僧投寺裏宿(승투사리숙) 賊入不愼家(적입불신가)

나는 대우스님의 이 말을 매우 좋아하여 게를 지었다.

　　손가락만 퉁기어 정에서 깨어내니
　　불법에 어찌 공부를 쓰랴만
　　나는 이제 필요에 따라 사용할 뿐
　　문수든 망명이든 관계치 않으리.
　　出定只消彈指(출정지소탄지) 佛法豈用工夫(불법기용공부)
　　我今要用使用(아금요용사용) 不管罔明文殊(불관망명문수)

운암(雲庵)스님이 대우스님의 게송을 보고 그 이튿날 법좌에 올라 소개한 후 이어서 말하였다.
"문수와 망명보살이 깨달은 경지에 우열이 있겠느냐? 만일 없다면 문수보살은 무슨 까닭에 이 여자를 정에서 깨어나게 하지 못하였는가? 오늘 행자가 법고를 두드려 대중들이 모두 법좌 앞으로 모이는데 이것이 망명보살이 여자를 출정케 한 이야기와 같은 것인가? 다른 것인가?"
잠자코 있다가 다시 말을 이었다.
"옛말을 듣지 못하였느냐? '불성의 뜻을 알고자 한다면 마땅히 시절 인연을 보아야 한다'고."
뒤이어 게를 지었다.

불성이란 천진한 일인데

누가 스승이 따로 있다 말하는가

망명보살이 손가락을 퉁긴 그곳이

여자가 출정한 때라

터럭 끝만치의 힘도 들이지 않았으니

생각을 움찔했던 적 한 번이나 있었던가

중생은 모두가 평등한데

언제나 스스로 많은 의심 가지는구려.

佛性天眞事(불성천진사) 誰云別有師(수운별유사)

罔明彈指處(망명탄지처) 女子出禪時(여자출선시)

不費纖毫力(불비섬호력) 何曾動所思(하증동소사)

衆生總平等(중생총평등) 日用自多疑(일용자다의)

주 :

1 여자출정(女子出定) : 세존이 한때 문수보살과 함께 제불(諸佛)이 모여 있는 곳에 이르렀다. 때가 되어 제불은 각자 흩어져 갔으나, 오직 한 여인만이 세존 곁에서 삼매에 들고 있었다. 문수가 부처님께 "이 여인은 부처님 가까이 있는데 왜 저는 그렇게 할 수 없습니까?" 하니, 세존이 "네가 여인을 삼매에서 깨워 물어보라." 하였다. 문수가 여인의 주위를 세 바퀴 돌고 나서 손가락을 한 번 튕기고, 또한 범천에까지 올라가 그 신통력을 다해 보았지만 깨어나게 할 수 없었다. 세존이 "설령 백천의 문수가 와도 이 여인을 깨어나게 하지 못한다. 지하의 12억 항하사 국토를 지나 망명(罔明)보살이 있는데 망명보살만이 이 여인을 삼매에서 깨울 수 있느니라." 하니, 홀연히 망명보살이 땅속에서 솟아 나오더니 세존께 예를 올렸다. 세존이 망명보살에게 여인을 깨워 보라고 하니, 망명보살이 여인 앞에 이르러 손가락을 한 번 튕기자, 여인은 삼매에서 깨어났다. 『무문관(無門關)』 42칙(T48-298ab).

128

동산의 삼 서 근과 운문의 보자공안

대우수지(大愚守芝)

대우수지(大愚守芝) 스님의 게송은 가장 정교하고 고준하여 많은 노스님들이 애송하는 것을 보아 왔다. 스님은 한 스님이 동산수초(洞山守初, 910~990) 스님에게 '무엇이 부처입니까?'라고 묻자, '삼 서 근[麻三斤(마삼근)]'이라 답한 공안에 대하여 다음과 같은 게송을 지었다.

    곁눈질 흘금흘금 경전을 읽고
    혀를 차 가며 진언을 외워대네
    불을 부는 그 입술 뽀족도 한데
    땔감에선 부엌 가득 뭉게 연기 피어나네.
    橫眸讀梵字(횡모독범자) 彈舌念眞言(탄설염진언)
    吹火長尖嘴(취화장첨취) 柴生滿竈煙(시생만조연)

운문(雲門, 864~949) 스님의 '보자(普字)' 공안¹에 대하여 게를 지었다.

부처다 법이다 장광설함은
화살 끝에 화살 끝을 더하는 너무도 어리석은 일
눈 밝은 선승이 곁에서 훔쳐보니
한 가닥 주장자를 두 사람이 메고 있구나.
說佛說法廣鋪舒(설불설법광포서)
矢上加尖也太愚(시상가첨야태우)
明眼衲僧旁覷見(명안납승방처견)
一條拄杖兩人舁(일조주장양인여)

또한 대중에게 설법할 때 다음과 같은 게를 짓기도 하였다.

모래 속에 기름 없으니 가엾은 일
취암에서 밥을 씹어 갓난아이 먹이나니
뒷날 좋고 싫음을 똑바로 알면
이제껏 얼굴이 재로 뒤덮여 있었음을 비로소 깨달으리.
沙裏無油事可哀(사리무유사가애)
翠巖嚼飯孩嬰餒(취암작반해영위)
他時好惡知端的(타시호오지단적)
始覺從前滿面灰(시각종전만면회)

주
:

1 운문문언(雲門文偃, 864~949)에게 "어떤 것이 정법안(正法眼)입니까?" 하고 묻자 "보(普)이다."라고 하였다.

129

이단원(李端愿)의 물음에 답함

달관(達觀)

유후(留後) 이단원(李端愿, ?~1091)이 달관(達觀, 989~1060)스님에게 물었다.

"사람이 죽은 후에 '식(識)'은 어디로 갑니까?"

"삶을 모르고서 죽음을 어떻게 알겠습니까?"

"삶은 이미 알고 있습니다."

"삶이 어디에서 왔습니까?"

이유후가 머뭇거리자 달관스님은 그의 가슴을 쥐어박으며 말하였다.

"오직 이 속에 있는데 무엇을 생각하십니까?"

"알겠습니다. 오직 갈 길만을 탐내었지 잘못 들어선 줄 깨닫지 못하였습니다."

달관스님은 그를 더욱 깨우쳐 주었다.

"인생 백 년이란 한낱 꿈입니다."

"지옥이란 정말로 있는 것입니까, 없는 것입니까?"

"많은 부처님께서는 없는 데서 있는 것을 설명하시니 허공꽃[空華]을 보는 것과 같고, 태사께서는 '있음'에서 '없음'을 찾으니 그것은 물속의 달그림자를 잡으려는 격이어서 웃을 일입니다. 눈앞의 감옥을 보고서도 피하지 않고 마음 밖에서 천당을 찾아 태어나고자 하니, 이는 기쁘고 즐거운 일이 마음에 달려 있고 선과 악이 경계를 이루는 줄을 모르는 것입니다. 태위께서 자신의 마음을 깨치면 저절로 의혹이 없어지게 될 것입니다."

유후가 이어서 물었다.

"어떻게 하면 마음을 깨칠 수 있습니까?"

"선악을 모두 생각하지 마십시오."

"생각을 하지 않은 후엔 마음은 어디로 돌아갑니까?"

"태위께서는 집으로 돌아가십시오."

달관스님이 윤주(潤州) 부옥산(浮玉山)에 머무르자 선객들은 스님을 우러러 모여들었다. 가우(嘉祐) 5년(1060) 정월 초하루에 법당에 올라가 자신의 일생 전모를 말하니 대중들은 슬퍼하였다. 곧 법좌에서 내려와 방장실로 들어가서 가부좌를 하고 앉았노라니 대중이 다시 몰려오자 손을 내저으며 말하였다.

"떠들지들 말고 각자 벽을 보고 섯거라."

이 말을 마치고 조금 있다가 고요히 입적하였다.

130

『대송승사회요』의
노자성불설

나는 『대송승사회요(大宋僧史會要)』를 읽고 수(隋)나라 대신 양공(楊公) 소(素, 544~606)[1]의 밝은 식견과 바른 도량을 좋아하게 되었다.

지난날 양공이 숭산을 유람하다가 도관(道觀)의 벽화를 보고 그곳 도사(道士)[2]에게 물었다.

"이 그림은 무엇인가?"

"노자(老子)가 죽어 인도에 태어나 성불하셨다는 그림입니다."

"왜 인도에 태어나 도사가 되지 않고 부처가 되었는가?"

이 말에 도사는 답을 하지 못하였다 한다. 기록에는 이 일화를 유명한 이야기라 하고 있다.

주
:

1 양공(楊公) 소(素, 544~606) : 중국 수나라의 재상. 자는 처도(處道). 초국공(楚國公)으로 봉해졌다.
2 도사(道士) : 노장의 도를 닦는 사람.

131

석상 문하의 법문

설두상통(雪竇常通)

●

설두상통(雪竇常通, 834~905) 스님은 장사 잠대충(岑大蟲, 788~868)¹ 스님의 법제자이다. 스님은 항상 도반 선승들에게 말하였다.

"어느 때고 항상 존재하는 '식(識)'이 모두 없어지기만 하면 공부가 다 된 것이니 잠깐이라도 일어났다 하면 틀리는데 하물며 언구(言句)이겠는가."

그러므로 석상경저(石霜慶諸, 807~888) 문하 여러 스님들의 종풍(宗風)에는 '안으로 잇느니 밖으로 잇느니[內紹外紹(내소외소)]', '신종왕종(臣種王種)', '차구협대(借句挾帶)' 등을 많이 논하였다. 설령 관조(觀照)를 잊은 적이 없다 하더라도 그것은 오히려 '외소'이며, 그것을 '신종', '차(借)', '탄생(誕生)'이라고도 한다. 그러나 이는 하나의 실오라기만큼도 막힘이 없는, 마치 왕자가 태어나자마자 왕통을 잇듯하는 '내소', '왕종', '차(借) 아닌 구'와는 다르다. '차(借)'라는 말은 주변사일 뿐이라는 뜻으로서 부득이하게 기연에 응하여 중생을 이롭게 하면 곧 '협대(挾帶)'를 이루게 된다.

분양무덕(汾陽無德, 946~1023) 스님은 게를 지었다.

서민과 왕후를 하나로 보지만
빈부 현우의 등급[漸次]은 나눠지는 법
수행하는 뜻을 알려 한다면
모름지기 안목을 갖춰야 하리.
士庶公候一道看(사서공후일도간)
貧富賢愚名漸次(빈부현우명점차)
將知修行(장지수행)
亦須具眼(역수구안)

나는 이 글을 보다가 이 구절을 읽을 때면 항상 안타까워하면서 웃곤 하였다. 내가 안타까워한 것은 그곳의 수좌로서 옛 스승의 뜻을 모르고 죽었다는 점이며, 또한 나산도한(羅山道閑)² 스님이 깨닫지도 못하고서 암두(巖頭, 828~887)스님의 뜻을 알았다고 하는 사실³에 웃지 않을 수 없었다.

그러나 조백(棗柏, 635~730, 이통현) 대사(大士)의 말씀을 살펴보니, "지관(止觀)의 힘으로 공부가 깊어지면 깨달을 수 있다. 공부란 서둘러도 이루어지지 않으며 그렇다고 늦춘다고 되는 것도 아니다. 다만 항상됨을 알아 쉬지 않으면 반드시 쓸모없지는 않을 것이다.

이는 우유 가운데 소락(酥酪)이 있으나 그 연(緣)을 기다려야 하는 것과 같다. 저 인연 속에는 본래 그 연을 만든 자는 없다. 그러므로 소락이 완성되어도 어디에서 왔다 할 곳이 없고 그렇다고 본래 소락으로 있었던 것도 아니다. 여래 지혜바다의 방편도 그러하다."4
하였다.

위의 말씀들을 통하여 옛 노스님들은 모두 부처님이 말씀하신 대로 수행했음을 알게 되었다.

주
:

1 잠대충(岑大蟲, 788~868) : 장사경잠(長沙景岑)을 가리킨다. 남전보원(南泉普願, 748~835)의 법을 이었다.
2 나산도한(羅山道閑) : 암두전활(巖頭全豁, 828~887)의 제자. 구산(龜山)에서 출가하여 수계한 후 각지를 유행하다가 석상경저(石霜慶諸, 807~888)에게 법을 묻고 후에 암두를 찾아 깨달았다.
3 나산도한(羅山道閑)이 석상경저(石霜慶諸) 선사에게 "일어나고 멸함이 멈추지 않을 때가 어떠합니까?" 하고 물으니, "식은 재, 마른 나무같이 하고, 한 생각을 만 년 가게 하고, 함과 뚜껑이 맞듯 하고, 맑은 하늘에 티가 없는 것같이 하라." 하였다. 나산은 깨닫지 못하여 다시 암두전활(巖頭全豁, 828~887)에게 가서 물으니, 암두가 할을 하면서 "무엇이 일어났다 멸했다 하는가?" 하자 나산이 깨달았다.
4 『해미현지성비십명론(解迷顯智成悲十明論)』(T45-770a).

132

무심행을 노래한 게송 몇 수

보적(寶積)

●

유주(幽州) 반산(盤山)의 보적(寶積)스님은 말하였다.

    땅이 산을 떠받치고 있으면서도
    산 높은 줄 모르고
    돌이 옥을 간직하고 있으면서도
    티 없이 맑은 옥이 있는 줄을 모르는 것처럼
    그렇게 행한다면
    참다운 출가인이라 하겠다.
    似地擎山(사지경산) 不知山之孤峻(부지산지고준)
    如石含玉(여석함옥) 不知玉之無瑕(부지옥지무하)
    若能如是(약능여시) 是眞出家(시진출가)

또 대법안(大法眼) 스님은 말하였다.

지극한 이치에는 말과 생각이 없으니
무엇으로 이를 비유하랴
머리 위를 비추는 싸늘한 달빛은
무심히 오가며 앞 시내에 떨어지네
열매 익으면 원숭이 살찌고
산이 깊으면 길이 아득해 보이네
머리 들어 바라보니 새벽달 뉘엿한데
원래 그 달은 서쪽에 있었다오.
理極亡情謂(이극망정위) 如何有喻齊(여하유유제)
到頭霜夜月(도두상야월) 任運落前溪(임운락전계)
果熟兼猿重(과숙겸원중) 山長似路迷(산장사로미)
擧頭殘照在(거두잔조재) 元是住居西(원시주거서)

또 수도(邃導)스님은 말하였다.
"노승은 평생 동안 백 가지 가운데 한 가지도 아는 바 없지만 날마다 변함없이 똑같다. 비록 인연 따라 자재하게 이 세간에 머무르지만 오늘 여기 있는 여러 스님들과 본디 다를 바 없다."

133

영운스님의 복사꽃 기연

영운지근(靈雲志勤)

　예전 사람들은 큰 기지(機智)가 있었기에 인연을 만나는 대로 종사가 되고 어디에서나 주인공이 되었다. 그러므로 암두(巖頭, 828~887)스님은 "그대들은 강요(綱要)와 종지를 알고는 있지만 본디 그런 법은 없다."고 말하였다.

　내가 지난날 객승과 함께 영운지근(靈雲志勤) 스님이 복숭아꽃을 보고 깨친 뒤[1] 지은 게송을 논한 적이 있었는데, 그 게송은 다음과 같다.

　　삼십 년 동안 검객을 찾기를
　　낙엽 지고 새 가지 돋아나기 몇 해나 되었는고
　　복사꽃 한 차례 보고 난 뒤로는
　　여태껏 단 한 번도 의심치 않았네.
　　三十年來尋劍客(삼십년래심검객)

幾回葉落又抽枝(기회엽락우추지)
自從一見桃花後(자종일견도화후)
直至如今更不疑(직지여금갱불의)

위산영우(潙山靈祐, 771~853) 노스님은 대인의 기풍이 없는데도 이에 대해 선뜻 "인연 따라 깨달아 들어가는 자는 영원히 물러서거나 잃어버리는 일이 없다."고 하였다.

그런데 현사사비(玄沙師備, 835~908) 스님만은 "매우 그럴듯한 말이지만 감히 내 장담하건대 노형은 아직도 깨닫지 못한 점이 있다."고 하였다.

길손이 나에게 묻기를, "'아직 깨닫지 못하였다' 한 이유가 어디에 있습니까?" 하기에 그를 위하여 게를 지었다.

영운스님은 한 번 보고는 다시 보지 않았네
붉고 흰 복사꽃 가지마다 피지 않았음을
이상도 하지! 고기를 낚는 뱃사람이
평지에서 고기와 새우를 주워 담는구려.
靈雲一見不再見(영운일견부재견)
紅白枝枝不着花(홍백지지불착화)
叵耐釣魚船上客(파내조어선상객)
卻求平地摝魚鰕(각구평지록어하)

주
:

1 영운견도(靈雲見桃) : 영운지근(靈雲志勤) 선사가 위산(潙山)에서 복숭아 꽃을 보고 도를 깨닫고는 게송을 읊었다. 그리고는 스승인 위산영우(潙山靈祐, 771~853)에게 이야기하니, 위산이 "인연 따라 깨달으면 영원히 물러나지 않으리니, 잘 간직하라." 하였다. 『선문염송(禪門拈頌)』 제590칙.

134

제자를 아끼는 마음

오조사계(五祖師戒)

　오조사계(五祖師戒) 스님은 납자들을 즐겨 시험하였는데 당시 대악(大岳)과 설두스님은 수행을 많이 하였으며 기변(機辯)이 있다고 일컬어져 왔다. 동산(東山) 아래에 이르러 설두스님이 대악스님에게 먼저 가보도록 하니, 대악스님이 허리춤에 보따리를 들쳐 메고 곧바로 방장실로 들어갔다.

　그때 사계스님이 밖으로 들어오다가 보고는 큰 소리로, "무엇을 하느냐?"고 하자 대악스님이 머리를 돌리며 손으로 원상(圓相)을 그려 보였다. 사계스님이 그에게 물었다.

"그것이 무엇이냐?"

"호떡입니다."

"화덕에 가서 불 위에 한 개를 더 올려놓아라."

　대악스님이 머뭇거리자 주장자를 들어 문 밖으로 쫓아내버렸다. 이에 대악스님이 말하였다.

"여기 현천(顯川)에 사는 관서(關西) 사람에게는 볼 것이 없으니 그만두고 가는 것이 좋겠다."

 사계스님은 만년에 문도들을 버리고 고안(高安)으로 물러나 쉬었다. 동산자보(洞山自寶, 978~1054) 스님이 그의 법제자였는데 명예를 탐내어 자기 스승[先師]의 이름을 팔고 다니면서도 제자의 예를 다하지 않았다. 그가 대우(大愚)스님의 회하에 온 지 얼마 되지 않아 법당 앞에서 주장자에 기댄 채 이야기하다가 입적하였는데, 그래도 오조스님은 사람을 보내어 그의 뼈를 가져다가 탑을 세워 주었다.

135

○

삼세여래와 시방보살의 수행

위산대원(潙山大圓)

●

위산대원(潙山大圓, 771~853, 영우) 스님은 다음과 같이 말하였다.

"도인의 마음은 소박, 정직하여 거짓이 없고 겉과 속이 똑같으며 속이거나 망령됨이 없다. 그리하여 언제나 보고 듣는 것이 평범하여 더 이상 왜곡됨이 없고 그렇다고 눈과 귀를 막는 것도 아니다. 붙지 않게만 한다면 되었다 하겠다. 예로부터 성인은 단지 속세를 잘못과 화환(禍患)만을 설하는데, 만약 이렇듯 허다한 상습(想習)이 없다면 마치 맑고 잔잔하게 무심코 흐르는 가을 강물과도 같으리니, 이런 사람을 도인이라 하며 또한 일없는 사람[無事人]이라 한다.

누군가 이렇게 물었다.

'단박에 깨친 사람도 또다시 수행을 해야 합니까?'

'진실로 깨친 자라면 스스로 알 것이다. 수행을 하느니 안 하느니 하는 말은 관점을 달리하는 말[兩頭語]이다. 지금 비록 어떤 인연으로 한 생각에 본래 이치를 단박에 깨쳤다 하더라도, 비롯함이 없는 습기[無始習氣]를 말끔히 없애지 못하였다면, 남아 있는 업장과 끝없이 움직이는 식념(識念)을 말끔히 없애도록 하는 것이 바로 수행이지, 다른 어떤 법을 가지고 수행해 나가도록 하는 것은 아니다. 법을 듣고 이치로 들어가니, 심오한 이치를 듣고 마음이 스스로 원만하고 밝아져 미혹한 경계에서 머무르지 않는다. 그때 설령 백천 가지 오묘한 이치가 그러한 수행자를 올렸다 쳤다 하더라도 앉아서 옷을 풀고 스스로 살길을 찾아야만이 옳다."

요컨대 실제의 이치는 한 티끌도 받아들이지 않으며, 만행(萬行) 중에는 아무 법도 버릴 것이 없다. 그러므로 만일 단도직입(單刀直入)하면 범부니 성인이니 하는 생각이 끊어지고 진상(眞常)이 그대로 드러나 이(理)와 사(事)가 둘이 아닐 것이니, 이것이 바로 여여불(如如佛)이다.

그런데도 오늘날 납자들은 '불성이란 본디 완전한 것인데 어찌 다시 수행할 필요가 있겠는가'라고 흔히들 의심하여 수행하지 않으니, 성제(聖諦)를 깨달을 인연이 없으며, 마음[情] 가는 대로 따라가 마침내는 단상(斷常)에 떨어지게 된다. 그들은 삼세여래와 시방 보살의 모든 수행이 모두 스스로 각성(覺性)을 따를 뿐임을 모르고 있는 것이다. 이렇게 볼 때, 위산스님의 "수행을 하느니 안 하느니 하는 말은 한 동전의 두 면과 같은 말"이라는 말씀이 과연 옳은 말이 아니겠는가.

136

인연을 알고 잘 쓴 스님

혜명(慧明)

　법안(法眼, 885~958)스님의 법제자 가운데 혜명(慧明)스님이란 분이 있었는데 지견(知見)이 몹시 고고하여 많은 총림을 하잘것없이 여겼다. 처음 대매산(大梅山)의 암자에 있을 무렵, 어느 스님이 찾아오자 그에게 물었다.

　"요사이 어디에서 이곳으로 왔소?"

　"성도(城都)에서 왔습니다."

　"스님은 성도를 떠나 이 산에 왔으니, 성도에는 스님 한 사람이 부족하고 이곳에는 스님 한 사람이 남게 되었다. 남으면 마음 밖에 법이 있고, 부족하면 심법이 두루하지 못하니 이 도리를 말할 수 있거든 이곳에 머무르고 모르겠거든 당장 떠나가라!"

　그 스님은 아무 대답도 못하였다.

　또 천태산(天台山)으로 옮겨 살 때, 그곳에는 언명(彦明)스님이라는 분이 있었는데 뛰어난 기변을 자부했던 인물이다. 그가 스님을 찾아오자 스님은 그에게 물었다.

"이곳에 덕 있는 옛 분 중에 깨친 스님이 있었는가?"

"있습니다."

"한 사람이 진리를 깨쳐 근원으로 돌아가면 시방 허공이 모두 없어진다고 한다."

그리고는 이어 천태산을 가리키며 말하였다.

"지금 천태산이 저렇게 우뚝한데 어떻게 저것을 없앨 수 있겠는가?"

언명스님은 눈이 휘둥그레져 멍하니 스님을 바라보다가 도망가 버렸다.

또한 여러 노스님에게 물었다.

"설봉(雪峰, 822~908)스님의 탑명(塔銘)에 '인연 따라 생겨난 것[有]은 처음과 끝이 있어 마침내 부서지지만 인연 따라 생긴 것이 아니면 영겁토록 단단하다'고 하였는데, 단단하고 부서지고는 그만두고 설봉스님은 지금 어디에 계시는가?"

나의 생각으로는 선종(禪宗)에서는 '대기대용(大機大用)'을 존중하지, 알음알이[知解]를 존중하지는 않는다. 운암(雲庵)스님께서 항상 "그대들은 모두 '유'를 알고 있지만 그것을 쓰지는 못한다."고 하셨는데, 혜명스님 같은 분은 이를 잘 썼던 분이라 하겠다.

137

파조타스님 영정찬

나는 『전등록(傳燈錄)』을 읽고서 무생(無生)을 깊이 깨달으신 혜안(慧安, 582~709) 노스님의 법제자 파조타(破竈墮)¹스님이란 분을 좋아하여 같은 시대에 태어나지 못한 점을 안타까워하였다. 소성(紹聖) 연간(1094~1097)에 두 번째로 여산을 돌아다니다가 스님의 영정을 보고서 찬을 썼다.

숭산의 허름한 집 부엌에 귀신 있어서
사람들은 다투어 가며 날마다 제사 지내네
스님은 제자들과 우연히 길을 가다가
그 광경 언뜻 보고 깜짝 놀랐네
흙덩이를 구워 만든 것인데
이 속에 무슨 신이 있단 말인가?
주장자 높이 들어 박살을 내니

푸른 옷 입은 이가 웃으며 맞이하네
나를 위해 무생도리 설해 주셔서 감사하다 하고
말 마치자 허공으로 새처럼 살폿 날아가네
문인들이 이를 묻고
정성 다해 절 올리며 땅에 엎드리니
다만 들리는 건 오로지 부엌 조왕신 무너지는 소리
그대여! 보아라 일체 유정 무정이
창공에 높이 솟은 밝은 달과 같은 줄을
그래도 믿지 못하는 자에게는 사실로 밝혀 주리라
풀을 치니 피 흐르고 조약돌이 소리 지르니
열반문이 열리면 집안이 죄다 보이리
혜안 노스님 제자 사랑에 '파조타'라 이름 지으니
아무리 귀한 금가루도 눈에는 병이 될 뿐.

嵩山屋老竈有神(숭산옥노조유신)

民爭祠之日宰烹(민쟁사지일재팽)

師與門人偶經行(사여문인우경행)

卽而視之因歡驚(즉이시지인환경)

此雖土瓦和合成(차수토와화합성)

是中何從有聖靈(시중하종유성령)

以杖敲之輒墮傾(이장고지첩타경)

須臾靑衣出笑迎(수유청의출소영)

謝師爲我談無生(사사위아담무생)

言訖登空如鳥輕(언흘등공여조경)

門人問之拜投誠(문인문지배투성)

伏地但聞破墮聲(복지단문파타성)

君看一體情非情(군간일체정비정)

皎如朗月縣靑冥(교여낭월현청명)

未證據者以事明(미증거자이사명)

鞭草血流石吼升(편초혈류석후승)

涅槃門開見戶庭(열반문개견호정)

老安燐兒爲作名(노안인아위작명)

金屑雖貴瞖眼睛(금설수귀예안청)

주
:

1   파조타(破竈墮) : 당(唐) 개원(開元) 연간(713~741)의 스님. 5조 홍인(弘忍, 602~675)의 제자인 혜안(慧安, 582~709)의 제자. 그가 살고 있는 집 부엌에 사람들이 와서 제사를 지내면서 살아 있는 동물을 끓이니, 어느 날 승려가 와서 막대기로 부엌의 부뚜막을 치면서 "성령(聖靈)이 어떻게 살아 있는 동물을 끓여 죽이는가?" 하였다. 그때 부뚜막이 무너지면서 작은 한 사람이 푸른 옷을 입고 관을 쓰고 나타나서 말하였다. "나는 이 집의 조왕신인데 스님께서 설하는 무생법문(無生法門)을 듣고 오랫동안 받은 업보에서 벗어나서 생천(生天)할 수 있게 됨을 감사드린다."고 하였다. 이 때문에 세인들이 파조타 화상이라고 하였다.

138

구할 것 없는 일미법

회지(懷志)

　금화(金華)의 회지(懷志, 1040~1103)스님은 성품이 순수하고 경론(經論)을 많이 공부하였기에 동오 지방의 학자들이 스님을 높이 모셨다.

　한번은 어느 객승과 마주한 자리에서 말하였다.

　"나는 천태종(天台宗)·현수종(賢首宗, 화엄종)·유식종(唯識宗) 이 3종(三宗)의 뜻을 회통하고 절충하여 한 권의 책으로 만들어, 그림자 같은 자취를 두고 이러니저러니 하는 논쟁을 막을까 한다."

　때마침 한 스님이 맨 끝자리에 앉아 있다가 말하였다.

　"현수종의 조사는 누굽니까?"

　"두순(杜順, 558~641) 화상이오."

　"두순의 '법신송(法身頌)'에 의하면,

　　회주의 소가 벼이삭을 먹는데

익주의 말이 배가 불렀네

천하 명의를 찾아갔더니

돼지 왼쪽 허벅지를 뜸질하라 하더군.

懷州牛喫禾(회주우끽화) 益州馬腹脹(익주마복창)

天下覓醫人(천하멱의인) 灸猪左膊上(구저좌박상)

이라고 하였는데, 이 송의 뜻이 천태종과 유식종 두 종파의 무슨 뜻과 일치합니까?"

이 말에 회지스님이 대답을 하지 못하자, 그 스님이 말을 이었다. "어찌하여 사방으로 행각하지 않는가?"

회지스님은 이에 강론을 그만두고 물어물어 동산(洞山)을 찾아가니, 당시 동산에는 운암(雲庵)스님이 계셨다. 그리하여 그는 운암스님과 오랫동안 교류하다가 다시 그곳을 떠나 상상(湘上) 지방을 돌아다니며 석두산(石頭山) 운계(雲溪)에 암자를 짓고 20여 년 간을 살았다.

스님의 기품은 운치 있고 담박하였으며 길손이 찾으면 대개는 말을 하지 않았다. 시자가 그 까닭을 묻자, "그 사람은 조정의 귀인이니 아는 것도 많고 말도 잘하겠지만, 나는 밥만 축내는 중이라 그들을 만나면 자연히 말투가 둔해진다."고 하였다.

내가 한번은 "산중에 사는 맛이 어떻소?" 하고 물으니 게송으로 답하였다.

산중에 머무르며

사립문 닫는 것 외에 별다른 맛은 없소

장작개비 세 개를 품(品)자로 걸쳐놓고 불을 지피니

붓을 들지 않아도 문채가 나는구나

山中住(산중주)

獨掩柴門無別趣(독엄시문무별취)

三箇柴頭品字煨(삼개시두품자외)

不用援毫文彩露(불용원호문채로)

다시 이어 게를 지었다.

온갖 일 모두 잊고 어리석은 사람처럼

나의 발자취는 들사슴과 항상 함께

삼베옷 벗지 않고 주먹으로 베개 삼아

칡넝쿨 우거진 암자 몇 번이나 꿈에 보았던가.

萬機俱罷付癡憨(만기구파부치감)

蹤跡常容野鹿參(종적상용야녹참)

不脫麻衣拳作枕(불탈마의권작침)

幾生夢在綠蘿庵(기생몽재녹나암)

스님은 62세에 강남으로 돌아가 옛 친구 조(照)스님에게 의지할까 생각하다가 조스님이 용안사(龍安寺)의 주지로 있다는 소식을 듣고 곧바로 떠났다.

　나는 이 일에 대해 게송 두 수를 지었다.

　　삼상(三湘)과 만 겹 산을 두루 보고
　　강남으로 돌아가 용안사에 누웠노라
　　구할 것 없는 한 맛의 법으로
　　총림에 머무르며 어떤지를 구경하네.
　　看徧三湘萬頃山(간편삼상만경산)
　　江南歸去臥龍安(강남귀거와룡안)
　　只將一味無求法(지장일미무구법)
　　留與叢林作樣看(유여총림작양간)

　　시끄러움 속에 내맡기니 과연 신통하도다
　　어구(語句) 속에 몸 감추니 살 길이 열렸구나
　　강철 심장에 얼굴엔 웃음 띠우니
　　종장(宗匠)을 친견한 일 헛되지 않았군!
　　鬧中抛擲亦奇哉(요중포척역기재)
　　句裏藏身活路開(구리장신활로개)
　　生鐵心肝含笑面(생철심간함소면)
　　不虛參見作家來(불허참견작가래)

139

법화삼매를 얻은 천태종 스님

변재법사(辨才法師)

　항주(杭州) 상천축사(上天竺寺)의 변재법사(辨才法師) 원정(元淨, 1011~1091)스님은 법화삼매(法華三昧)를 깨닫고 지극한 수행을 하였으며, 천태종(天台宗)을 널리 펴 제일인자로 불리었다. 동오 지방의 강사들은 스님을 종사(宗師)로 섬겼다.

　당시 수주(秀州)에 회두(回頭)라 불리는 미치광이 중 하나가 있었다. 좌도(左道, 삿된 주장)로 사람들을 선동해 말하기를, "큰 탑을 세워 오인(吳人)들의 복전(福田)으로 삼겠다." 하니, 사람들이 구름처럼 보시를 하였다. 그러나 그가 항주 땅으로 들어오기를 꺼린 것은 변재스님을 속일 수 없었기 때문이다.

　그는 부득이하여 항주에 오자 맨 먼저 십만 냥을 상천축사에 보내 대중에게 공양[飯僧]을 한 후 사람을 보내어 변재스님에게 물었다.

　"이번에 수조전(修造錢)[1] 약간을 올리어 대중 방 한 채를 지어 드릴까 합니다."

원정스님은 다음과 같이 답서를 보내었다.

"도인의 바람이 먼 곳에서 불어오니 산천이 더욱 아름답다. 그대의 말이 먼저 이르니, 기쁜 마음을 어떻게 헤아릴 수 있겠는가? 듣자하니 건축 보시를 보내어 대중방 하나를 지어 주겠다 한 것 같은데, 우리 불교에는 명백한 규칙이 있어서 다른 용도로 돈을 쓰는 것을 인정하지 않는다. 이제 성자(聖者, 회두)께서 그런 말을 보내 왔으니, 부처님께 무어라고 여쭈어야 할지 모르겠다. 답장을 받은 대로 부처님에게 올릴 소문(疏文)을 짓겠다."

미치광이는 크게 놀라 자기 무리를 만나기도 부끄러워하였다. 그러나 원정스님의 문도까지도 예를 갖추어 그 돈을 받음으로써 속인을 제도하자고 권하자, 원정스님은 엄하게 꾸짖었다.

"출가한 자는 사람 보는 안목을 갖추어야만 한다. 그가 참으로 성자라면 내 감히 그에게 불공스럽게 대하겠는가? 그러나 그가 부질없는 자인 줄을 알고서도 동조한다는 것은 바른 마음을 잃는 것이다. 나는 그가 타심통(他心通)을 갖추고 있다고 들었다. 그러니 오늘 저녁 그대들과 함께 공손히 내일 이 산에 오도록 청하여 시방의 모든 부처님과 함께 재(齋)를 올리고 나서 법대로 엄숙하고 경건하게 꿇어앉아 소문(疏文)을 읽고 불태우리라."

이튿날 대중을 거느리고 나아가 맞이하였으나 미치광이는 끝내 부름에 응하지 않았다. 이에 학인들은 모두 스님에게 승복하였다.

주
:
1 수조전(修造錢) : 건물을 짓고 수리하는 데 쓰는 돈.

140

인도승에게 예언받은 여섯 선지식

분양무덕(汾陽無德)

분양무덕(汾陽無德, 946~1023) 스님은 71명의 선지식을 참방하였고 전후 여덟 차례나 주지하라는 청을 받았지만 모두 거절하고 세상에 나가지 않았다. 그리고는 양양(襄陽) 백마사(白馬寺)와 분양(汾陽)[1]에서 한가히 머물렀는데 스님과 속인 천여 명이 스님이 계신 절을 찾아와 설법을 청하였다. 이미 종풍(宗風)을 크게 떨쳤으나 스님은 변함없이 산문 밖으로 나서는 일이 없었으며, 스스로 〈불출원가(不出院歌)〉를 지어 자신의 뜻을 나타냈다.

북쪽 지방의 매서운 추위로 야참(夜參) 법문을 그만두었는데 갑자기 인도스님 한 분이 구름을 타고 날아와 설법하지 않는 이유를 물었다. 스님이 "혹독한 추위로 대중들을 차가운 밤에 서 있게 할 수 없어 그만두었다."고 하였더니, 인도스님은 "때를 놓쳐서는 안 된다. 이곳 대중이 많지는 않지만, 이 중 여섯 스님이 뒷날 대종사가 되어 그들의 도가 중생과 모든 하늘을 덮을 것이며 대자대비의

문을 열어 법보시를 하게 될 것이니, 설법에 인색해서는 안 된다."
하고는 말을 마치자 종적을 찾아볼 수 없었다.

　스님은 그 이튿날 법당에 올라 "황금 주장자를 짚은 서방 스님이 불법을 위하여 분양사에 와서, '여섯 명의 큰그릇이 있다' 하며 그들에게 법을 펴도록 권유하였다."고 말하였다.

　당시 대우수지(大愚守芝)·석상초원(石霜楚圓, 986~1040)·낭야혜각(瑯琊慧覺)·법화전거(法華全擧) 스님 등이 모두 스님의 문하에 있었다.

주
:
1　산서성(山西省) 분주(汾州)의 태자원(太子院).

141

『선종영가집』에 대한 평

영가현각(永嘉玄覺)

영가현각(永嘉玄覺, 665~713) 스님은 다음과 같은 게를 지었다.

만일 지(知, 惺惺)로써 고요함[寂寂]을 안다면
이는 '무연지(無緣知)'가 아니니
손으로 여의주를 잡을 때
여의주 잡는 손이 없지는 않은 셈이다
지 자체로 지를 안다 해도
그것은 '무연지'가 아니니
손으로 주먹을 쥘 때
주먹 쥔 손이 아니다
또한 지로 고요함을 알지도 않고
지로 지를 알지 않는다 해도
지(知)가 없다고 할 수 없음은

본성이 분명하여

목석과 다르기 때문이다

손으로 무엇을 잡지도 않고

맨주먹을 쥐지도 않았을 때에

손이 없다 말할 수 없음은

손이 엄연히 있어서

토끼뿔과는 다르기 때문이다.

若以知知寂(약이지지적) 此非無緣知(차비무연지)

如手執如意(여수집여의) 非無如意手(비무여의수)

若以自知知(약이자지지) 亦非無緣知(역비무연지)

如手自作拳(여수자작권) 非是不拳手(비시불권수)

亦不知知寂(역부지지적) 亦不自知知(역부자지지)

不可爲無知(불가위무지) 以性了然故(이성요연고)

不同於木石(부동어목석) 如手不執物(여수부집물)

亦不自作拳(역부자작권) 不可爲無手(불가위무수)

以手安然故(이수안연고) 不同於兎角(부동어토각)[1]

연수지각(延壽智覺, 905~976) 스님은 이 게송에 대해 말하였다.

"이는 선종의 오묘한 뜻이 담겨 있기에 지금까지도 전해 오고 있지만 한편 조금은 다른 점이 있다. 게송에서는 반연 없는 참 지혜[無緣眞智]를 나타내는 것을 참다운 도라고 말하는데, 만일 그것조차 부정하는 입장에서라면 다만 본심을 드러내면 될 뿐 망념을 따를 것도 없기에 지혜로써 마음의 근원을 비춰 보는 일은 없다. 모름지기 주관[能]과 객관[所]이 평등하여 한결같이 관조함을 잃지 않아야 '무지의 지혜[無知之知]'라 한다. 그러므로 이 지혜는 고요하여 남이 없는[空寂無生] 여래장성(如來藏性)을 아는 것만이 바야흐로 오묘한 것이다."[2]

지각스님이 말하고자 하는 것은 영가스님의 게송이 밝게 깨달은 자리까지도 겸하여 말해 주었으면 하는 바람이었다. 그러나 영가스님은 다만 깨달음을 얻은 뒤의 병통을 말하는 데에 그쳤다. 두 노스님의 말씀은 모두 옳은 것이다. 그러나 천하의 이치를 어찌 한마디로 다할 수 있겠는가? 영가스님의 게송을 굳이 부정하지 않아도 된다.

주
:
1 이 글은 10문단으로 된 『영가선종집(永嘉禪宗集)』 중 지관(止觀)을 닦는 부분에서 지(止)에 관한 게송을 인용한 것이다. 『선종영가집(禪宗永嘉集)』(T48-389c).
2 『종경록(宗鏡錄)』 권36(T48-631a).

142

『정종기』에 실린 삼조에 대한 기록

명교설숭(明敎契嵩, 1007~1072)의 『정종기(正宗記)』에서 삼조(三祖, 504~606)스님을 다음과 같이 평하였다.

"존자께서 처음엔 비록 그의 성씨와 집안과 고향 등을 말하지 않았지만 그 후 세상에 나와 30여 년 동안 어찌 입을 닫고 조금치도 자기 신분을 말하지 않을 수 있었겠는가. 이 점이 의심스러웠다.

그런데 비문을 살펴보니, '대사는 일찍이 사조 도신(四祖道信, 580~651) 스님에게, 누가 묻더라도 나에게 법을 얻었다 말하지 말라고 하였다' 하니 이는 존자 스스로가 세상 인연을 미련 없이 끊은 말이다. 도인[至人]은 사물의 자취가 대도(大道)에 누(累)가 된다 생각하여, 마침내는 자신의 마음까지도 잊어버리는 것이다. 이제 바른 법의 종지마저도 잊고자 하는데 하물며 성씨며 고향 따위의 속세 일을 생각하였겠는가?"[1]

나는 『정종기』에서 이 부분을 읽다가 명교스님의 공부가 훌륭함을 알게 되었다.

왕안석(王安石, 1021~1086) 또한 다음과 같이 말하였다.

"옛날 도인은 공적[功業]도 그의 마음에 누를 끼치지 못했는데 하물며 죽은 뒤의 이름에 연연할 턱이 있었겠는가? 서산(西山) 양(亮)²스님이 서산에 은거한 일, 법상(法常, 752~839)스님이 대매산(大梅山) 암자에 살던 일, 귀종지상(歸宗智常) 스님이 자기의 눈을 멀게 했던 일, 법정(法正)스님이 이름을 말하지 않은 일 따위는 모두가 자신이 들었던 바를 실천한 것이었다. 그러므로 가신 지 수백 년이 지나서도 그분들의 늠름한 기상은 오히려 살아 계신 듯하다. 그분들은 이 세상에 뜻이 없었으나 사람들이 다투어 가며 이분들과 함께하려는 것은 당연한 이치라 하겠다."³

주
:

1　『전법정종기(傳法正宗記)』 권6(T51-745c).
2　서산(西山) 양(亮) : 마조도일(馬祖道一, 709~788)의 제자.
3　『악방유고(樂邦遺稿)』 권2 「왕문정공원내세위승(王文正公願來世爲僧)」 (T47-247b).

143

물려받은 인연을 간직함

황룡혜남(黃龍慧南)

　혜남(慧南, 1002~1069)스님이 귀종사(歸宗寺)의 주지로 있을 무렵, 화주승을 건상(虔上) 지방으로 보냈는데 그가 돌아와 말하였다.

　"유군(劉君)이라는 신도 한 사람이 제가 그곳을 떠나 올 때 교외까지 나와 전송하면서 축원하기를, '저를 위해 노스님의 게 한 수를 구하여 자손 대대로 복전을 삼게 해주십시오' 하고 부탁했습니다."

　그 이듬해 스님이 게를 지어 보냈다.

　　건상에 갔던 스님 여산에 돌아와
　　맨 처음 하는 말이 "거사가 게 한 수 청하더라."고
　　붓 들어 그대에게 내 마음을 전하노니
　　요사이 늦가을 숲에는 낙엽이 많다오.
　　虔上僧歸廬岳寺(건상승귀여악사)

首言居士乞伽陀(수언거사걸가타)
援毫示汝箇中意(원호시여개중의)
近日秋林落葉多(근일추림낙엽다)

그 후 40년이 지나 운암(雲庵)스님이 그 다음으로 귀종사의 주지가 되니 법석(法席)은 전보다도 더욱 융성하였다. 유군의 아들이 혜남스님의 게를 들고 찾아와 대중스님에게 음식을 공양하고 그 사실을 말하니, 운암스님은 법당에 올라 게를 지었다.

은사스님 그 옛날 이 절에 주지할 때
그대 집에 게를 보내 인연을 맺었어라
내 이제 주지되어 또 다시 게 지으니
이를 남겨 자손에게 전하게나.
先師昔住金輪日(선사석주금륜일)
有偈君家結淨緣(유게군가결정연)
我住金輪還有偈(아주금륜환유게)
卻應留與子孫傳(각응류여자손전)

144

『열반경』에서 설하는 복덕상

『열반경』에는 다음과 같은 이야기가 있다.

"부처님은 큰 복덕을 누리셨다고 찬양하는 말을 듣고 어느 사람이 성을 내며 말하기를, '세상에 태어난 지 겨우 7일 만에 어머니가 죽었는데 어찌 큰 복상이라 말할 수 있겠는가?' 하니, 이에 찬양하던 자가 말하였다.

'나이와 뜻이 모두 왕성하였을 때에도 성급하거나 포악하지 않고 때려도 성내지 않으며 욕해도 보복하지 않으셨으니 그것을 큰 복덕상이라 말한 것이다'

성을 냈던 자는 이 말을 듣고 마음속 깊이 굴복하였다."[1]

그러므로 자비심은 끝없는 복덕상이며, 사문이 세상의 복전이 될 수 있는 것은 자비로써 자신을 닦았기 때문이다.

주 :

1 『대반열반경(大般涅槃經)』 권39 「교진여품(憍陳如品)」(T12-591c).

145

화엄경 강사를 조복시킴

영명연수(永明延壽)

영명연수(永明延壽, 905~976) 스님이 말하였다.

"겹겹이 묘한 이 법문이란 이름과 말의 길이 끊기었고, 지혜로 설한다 해도 견문만 넓어질 뿐이니 반드시 깨달아야만 알 수 있고 알음알이[情識]로 이해될 것은 아니다. 만일 몸소 깨달음을 얻으면 모두 현량(現量)의 경계로서 어디서나 법계로 들어가며 생각생각마다 비로자나불을 볼 수 있겠지만 단지 문자의 뜻만을 따라 이해한다면, 이는 5음(五陰) 8식(八識)에 의지해 안 것이기에 좋고 싫은 경계를 만나면 다시 막히게 되고 차별을 묻는 데에서는 모두 의심으로 변한다."[1]

염관제안(鹽官齊安, ?~843) 스님은 『화엄경』을 강의하는 대강사에게 물었다.

"『화엄경』에는 몇 가지 법계가 있소?"

"간단히 말하면 열 가지 법계가 있고, 넓게 말하면 겹겹이 끝이 없습니다."

이에 염관스님이 불자(拂子)를 들어 보이면서, "이것은 몇 번째 법계인가?"라고 묻자 그 스님이 머리 숙여 생각하려는 찰나에, 염관스님은 큰 소리로 꾸짖었다. "사려를 통해 이해하려 한다면 귀신의 굴속에서 살 꾀를 내는 격이며 햇빛 속에 깜박이는 등불이니, 빛을 잃고 말리라." 하고 쫓아 버렸다.

내가 『화엄경』을 살펴보니, 승열바라문(勝熱婆羅門)²의 불더미와 칼산은 분별없는 반야지혜라 한다. 그렇다면 『화엄경』에 주소(注疏)를 붙이는 사람이야말로, 용을 그리다가 용이 보이자 깜짝 놀라 붓을 내던지고 달아났던 섭자고(葉子高)³ 같은 부류라 하겠다.

주
:

1   『종경록(宗鏡錄)』 권28(T48-580a).
2   승열바라문(勝熱婆羅門) : 『화엄경(華嚴經)』 입법계품(入法界品)에서 선재동자(善財童子)가 방문한 열 번째 선지식.
3   섭자고(葉子高) : 섭자고는 용을 좋아하여 허리띠에도 용을 새겨 넣고, 도장에도 용을 새겨 넣고, 집의 온갖 장식에도 용을 새겨 넣었다. 그리하여 섭자고가 용을 좋아한다는 말을 듣고 하늘에서 용이 직접 내려와 머리는 창문으로 밀어 넣고 살펴보며 꼬리는 마루로 늘어뜨리고 있었다. 그러자 섭자고는 혼비백산하여 모든 것을 버리고 달아나버렸다. 이처럼 섭자고는 진짜 용이 아니라 그림뿐인 가짜 용을 좋아했다. 이것을 '섭공호룡(葉公好龍)'이라고 한다.

146

말없이 만나는 경계

동산혜원(洞山慧圓)

동산혜원(洞山慧圓) 스님은 설두중현(雪竇重顯, 980~1052) 스님의 법제자이다. 매우 어린 나이에 개선사(開先寺)¹ 선섬(善暹)스님의 천거로 균주(筠州) 사람들의 청에 응하였다. 당시 혜남스님은 황벽사(黃檗寺)의 주지로 있었는데, 균주로 가는 길에 정계사(淨戒寺)에서 서로 만나게 되었다. 두 분은 아무 말 없이 고요히 앉아 향을 사르고 신시(申時, 15~17시)부터 삼경이 되도록 서로 마주보며 곧게 앉아 있었다. 혜원스님이 갑자기 일어나면서, "밤이 깊었으니, 스님께서 편히 쉬시는 데 방해가 되겠습니다." 하고 종종걸음으로 물러났다. 그리고 그 이튿날 각자 자기 절로 갔는데, 그 후 혜남(慧南, 1002~1069)스님은 우연히 영(永) 수좌(首座)에게 물었다.

"그대가 여산에 있을 때 지금의 동산사 노스님을 알았습니까?"

"몰랐습니다. 다만 이름을 들었을 뿐입니다."

잠자코 있다가 다시 물었다.

"스님께서 이번에 만나 보시니 어떤 사람이었습니까?"

혜남스님이 말했다.

"기인(奇人)이었지요!"

영스님이 물러 나와 시자에게 물었다.

"네가 스님을 따라 동산 혜원스님과 만났던 밤에 무슨 이야기와 일이 있었느냐?"

시자가 사실대로 말해 주자, 영스님은 껄껄대며 말하였다.

"천하 사람들을 완전히 의심 속에 싸이게 하겠군."

주
:
1 강서성(江西省) 여산(廬山)의 남쪽.

147

잘못 유통되는 「십이시가」

지공(誌公)

　지공(誌公, 418~514)스님은 「십이시가(十二時歌)」에서 부처와 조사들의 오묘한 도를 크게 밝혔다. 그러나 시대가 내려오면서 어두운 자들은 그 구절을 바꾸어 제 뜻에 맞춤으로써 본의를 매우 해치는 경우가 있다. 예를 들면

　　한밤중 자(子)시에
　　마음은 '무생(無生)'에 머무르니 곧 생사이다
　　심법이 어찌 '유무'에 속하랴마는
　　쓸 때 되면 쓰니 문자는 쓸모없네.
　　夜半子(야반자)
　　心住無生卽生死(심주무생즉생사)
　　心法何曾屬有無(심법하증속유무)
　　用時便用沒文字(용시변용몰문자)[1]

라고 하였는데, "생사가 어찌 '유무'에 속한 적이 있었는가[生死何曾屬有無(생사하증속유무)]" 한 구절은 정교하기는 하나 아래 구절과는 문맥이 통하지 않는다. 곧 "생사가 '유무'에 속하지 않는다." 해 놓고서 다시 "쓸 때가 되면 곧 쓴다."고 말하니 도대체 무슨 소린가?

주
:
1 『경덕전등록(景德傳燈錄)』 권29 「보지화상십이시송(寶誌和尙十二時頌)」 (T51-450b) 『임간록』과는 약간의 글자 차이가 있다. "夜半子 心住無生 即生死 生死何曾屬有無 用時便用沒文字".

148

깨달음을 얻었다는 집착을 깨줌

무진거사(無盡居士)

●

　내가 상산(湘山) 도림사(道林寺)에 있을 무렵 어느 스님이 나에게 말하였다.
　"내가 처음 육조스님의 바람과 깃발에 대한 인연을 듣고서 화두에 오랫동안 잠겼다가 우연히 머리를 들어 횃대에 걸려 있는 옷을 가지러 가다가 비로소 그 화두의 뜻을 깨치게 되었다."
　그래서 나는 장난삼아, "그렇다면 눈을 들어 깃발이 나부끼는 상황을 본 게 아닌가?"라고 하였더니, 그는 나의 말을 수긍하였다.
　이에 "조사께서는 밤에 두 스님이 서로 따지는 말을 듣고 곧 그들에게 '바람과 깃발이 움직이는 것이 아니라 그대들의 마음이 움직이는 것이다'라고 하였다. 그때 설령 그 스님들이 눈을 부릅뜨고 어둠 속을 꿰뚫어보았다 하더라도 바람이 부는지 깃발이 나부끼는지 어떻게 알 수 있었겠는가?"라고 하니, 그는 몹시 성을 내며 떠나가 버렸다.

무진(無盡, 1044~1122, 장상영) 거사가 나에게 이런 말을 한 적이 있다.

"제가 얼마 전 서울에서 혜림사(慧林寺)의 한 스님을 만나 참선하는 이야기를 하였는데, 그 스님이 여러 선림(禪林)을 인정하려 들지 않기에 그 스님에게 물었습니다. '현자(蜆子)¹ 스님이 조사가 서쪽에서 오신 뜻[祖師西來意(조사서래의)]에 대하여 신주 앞에 놓인 술잔[神前酒臺盤(신전주대반)]이라 대답하였는데 그 뜻이 무엇인지요?' 그 스님이 눈을 휘둥그렇게 뜨고 똑바로 저를 바라보며 '신주 앞의 술잔' 하고 중얼거리기에 다시 그 스님을 놀려 주었습니다. '오늘 저녁 사당에 등불이 밝혀 있으면 그만이려니와 그렇지 않다면 현자 스님의 불법은 헛되게 될 것입니다'라고 했습니다."

주
:

1 현자(蜆子) : 동산양개(洞山良价, 807~869) 스님에게 심인(心印)을 받은 뒤 기행을 하며 속세에 어울려 살았다. 날마다 강변에서 조개와 굴을 따다 배를 채웠으므로 사람들이 현자(조개)스님이라 불렀다. 밤이 되면 동산에 있는 사당에 가서 지전(祉錢, 죽은 자를 위해 관 속에 넣는 가짜 종이돈) 속에 묻혀 지냈다. 하루는 화엄사 휴정스님이 시험해 보려고 지전 속에 숨었다가 현자스님이 들어오자 꼭 붙들고 '조사가 서쪽에서 오신 뜻'을 물으니 '신주 앞에 놓인 술잔'이라 대답하였다.

149

사유에 빠짐을 경계함

영원유청(靈源惟淸)

영원(靈源, ?~1117)스님이 나에게 말하였다.

"내가 지난 날 용서(龍舒) 땅에 있을 무렵, 용문사의 정현(靜顯)스님이란 분이 문제를 내는 것을 보았는데 아무도 그의 말에서 빠져나가는 사람이 없었다. 그래서 나는 스님이 반드시 도인일 것이라 생각했다. 스님은 이렇게 말하였다. '보이는 대로 말해야지 조금이라도 생각해서 한다면 영험 없게 된다.'"

나의 친구 야계(耶溪) 추정신(鄒正臣, 추원좌[鄒元佐])은 오행(五行)에 능하여 치밀한 논변으로 세상에서 손꼽히는 자였는데 그도 나에게 그러한 뜻을 말해 준 적이 있었다. 저 오행점술도 극치에 가면 이와 같은데 하물며 그보다도 더욱 큰 도를 사유(思惟)로써 구할 수 있겠는가?

150

법락을 즐기는 경계

등봉영(鄧峰永)

등봉영(鄧峰永) 스님이 한번은 심기(審奇)스님에게 물었다.

"오랜만인데 그동안 무엇을 하였느냐?"

"근래 행위(行偉, 1019~1081) 장주(藏主)[1]를 만나 안락한 경계를 얻었습니다."

"나에게 한번 말해 보라."

심기스님이 얻은 경계를 말하자, 영스님은 "너는 옳지만 행위 장주는 옳지 못하다."라고 하니, 심기스님은 그 말뜻을 헤아릴 수 없어 돌아와 행위 장주에게 말하였다.

행위 장주는 크게 웃으면서, "너는 잘못되었지만 영스님은 잘못되지 않았다."라고 하니, 심기스님이 적취암 혜남(慧南, 1002~1069)스님을 찾아가 그 뜻을 묻자 혜남스님도 역시 크게 웃었다.

영스님은 이 이야기를 모두 듣고 게를 지었다.

밝음과 어둠 속에 살기·활기 교차하니
대인의 그 경계는 보현이 알지
한 가지에서 나지만 한 가지에서 죽지 않으니
암자의 덕 높은 노승 배꼽 잡고 껄껄대네.
明暗相參殺活機(명암상참살활기)
大人境界普賢知(대인경계보현지)
同條生不同條死(동조생부동조사)
笑倒庵中老古錐(소도암중노고추)

스님의 말을 살펴보면, 당시의 운치 넘치는 법의 유희를 상상해 봄직하지만, 만일 영스님이 오늘날에 그렇게 하였더라면 반드시 비난과 모욕이 있었을 것이다.

주
:
1 장주(藏主) : 장경(經藏)의 관리를 맡은 소임.

151

임제스님과 본적스님의
게송에 부침

　임제(臨濟, 767~866)스님은 임종하면서 「법을 전하는 게송[付法偈]」을 남겼다.

　　따라 흐름이 멈추어지지 않음이 어찌된 노릇인가를 묻는다면
　　참다운 관조는 끝없는 것이라 말해 주리라
　　'모습'과 '이름'을 여의는 것을 천성으로 부여받지 못했다면
　　예리한 칼날 쓰고서 얼른 갈아 두어라.
　　沿流不止問如何(연류부지문여하)
　　眞照無邊說似他(진조무변설사타)
　　離相離名如不稟(이상이명여불품)
　　吹毛用了急須磨(취모용료급수마)[1]

　그러나 이 게송은 구전자에 의하여 '얼른 갈아 두어라[急須磨(급

수마)]'라는 구절이 '얼른 다시 갈아라[急還磨(급환마)]'로 바뀌었다.

또한 조산본적(曹山本寂, 804~901) 스님은 '고목나무 속에 용이 읊조린다[枯木龍吟(고목용음)]'와 '해골은 식이 없다[髑髏無識(촉루무식)]'고 한 이야기[2]에 대해 풀이하는 게송을 지었다.

고목에 용이 음영할 때 바야흐로 도를 보고
해골 뼈다귀에 '식'이 없어야 바야흐로 눈이 밝아지네
기쁘다는 생각이 다할 때 소식이 없어지니
사람들이 어떻게 혼탁한 가운데 맑음을 알랴.
枯木龍吟方見道(고목용음방견도)
髑髏無識眼方明(촉루무식안방명)
喜識盡時消息盡(희식진시소식진)
當人那辨濁中淸(당인나변탁중청)[3]

이 또한 구전자에 의하여 '소식이 없어진다[消息盡(소식진)]'라는 구절이 '다하지 않는다[消不盡(소부진)]'로 바뀌었다.

이 두 분 큰스님의 게송에는 매우 은밀한 뜻이 담겨 있는데 그 본의를 잃으면 해는 매우 크므로 짚고 넘어가지 않을 수 없다.

임제스님의 '쓰고서 얼른 갈아 두어라[用了急須磨(용료급수마)]'란, 바로 선자(船子)스님이 말씀하신

몸을 감춘 곳에 종적이 없게 하고
종적이 없는 곳에 몸을 감추지 말라.
直須藏身處沒蹤跡(직수장신처몰종적)
沒蹤跡處莫藏身(몰종적처막장신)⁴

라는 뜻이다. 또한 조산본적 스님의 '기쁘다는 생각이 다할 때 소식이 없어지니 사람들이 어떻게 혼탁한 가운데 맑음을 알랴[喜識盡時消息盡(희식진시소식진) 當人那辨濁中淸(당인나변탁중청)]'라는 것은 바로 달관(達觀, 989~1060)스님의 다음 게송과 같은 뜻이다.

'편'과 '정'이 자재하니
초연히 벗어나 십성(十成)을 꺼린다
용문을 모름지기 꿰뚫어야 하나
험한 길 갈 수 없네
석녀는 차가운 서리 속에서 베를 짜고
진흙 소는 불 속에서 밭갈이 하네
두 가지 길을 모두 벗어난다면
메마른 고목나무 가지에 꽃이 피리라.
偏正互縱橫(편정호종횡) 迢然忌十成(초연기십성)
龍門須要透(용문수요투) 鳥道不堪行(조도불감행)
石女霜中織(석녀상중직) 泥牛火裏耕(이우화리경)

兩頭如脫得(양두여탈득) 枯木一枝榮(고목일지영)⁵

주
:
1 『경덕전등록(景德傳燈錄)』권12「진주임제의현선사(鎭州臨濟義玄禪師)」(T51-291a).
2 한 스님이 향엄지한(香嚴智閑, 799~898)에게 물었다. "무엇이 도입니까?" "고목나무 속에서 용이 울부짖느니라." "무엇이 이 도 가운데 사람입니까?" "해골바가지 속의 눈동자이니라." 그 스님이 석상경저(石霜慶諸, 807~888) 스님에게 가서 이 이야기를 들려주고는 "무엇이 고목나무 속에서 용이 울부짖는 것입니까?" 하니 석상스님이 "아직도 기쁜 빛이 있구나." 하였다. 이어서 "무엇이 해골 속의 눈동자입니까?" 하니 "아직도 헤아리는[識] 빛이 있구나." 하였다.
3 『무주조산원증선사어록(撫州曹山元證禪師語錄)』(T47-529c).
4 『고존숙어록(古尊宿語錄)』권48(X68-340b).
5 『건중정국속등록(建中靖國續燈錄)』권29「윤주금산담영달관선사(潤州金山曇穎達觀禪師)」'종문오파(宗門五派)'(X78-821c).

152

지조(知朝)의 정확한 기록

무진거사(無盡居士)

●

무진(無盡, 1044~1122) 거사가 언젠가는 나에게 물었다.

"오본(悟本, 807~869)스님의 「오위군신게(五位君臣偈)」에서 '정중래(正中來)' 구절에,

다만 이 세상에서 금하는 일을 범하지만 않아도
지조(知朝)에서 혀를 잘린 재사보다야 훌륭하리라.
但能莫觸當今諱(단능막촉당금휘)
也勝知朝斷舌才(야승지조단설재)

하였는데, 스님의 뜻이야 비록 오묘한 뜻을 밝히려 함이지만 '지조에서 혀를 잘렸다[知朝斷舌(지조단설)]'는 것은 반드시 근거가 있는 말일 터인데, 옛 기록에는 혀를 잘린 사실이 없었고, 더구나 또한 '지조(知朝)'라 한 것은 더욱더 말이 되지 않으니 이는 후세에 잘못

기록한 것이 아니겠습니까?"하고 물었다.

이에 대해 나는 "구본(舊本)에는 '전조(前朝)에 혀를 잘린 재사보다야 훌륭하지![也勝前朝斷舌才(야승전조단설재)]'라 되어 있습니다."라고 대답하였다.

그 뜻은 수(隋)나라 때 하약필(賀若弼)의 부친 하숙(賀孰)이 우문호(宇文護)에게 미움을 받아 살해되었는데 처형장에 당도하여 그의 아들에게 '나는 혀 때문에 죽는다'라고 훈계하고 아들의 혓바닥을 당겨 송곳으로 찔러 피가 나오게 함으로써 입조심을 시켰다. 수나라는 당나라의 전조(前朝)로서 이는 '전조에 송곳으로 혓바닥을 찔렀다[前朝刺舌(전조자설)]'는 이야기지 '지조(知朝)'가 아님은 명백하다. 그러나 '혓바닥을 끊는[斷舌]' 것이나 '혓바닥을 찌르는[刺舌]' 것은 마찬가지이다.

무진 거사는 나에게 기록을 부탁하였다.

153

백장의 들여우와
육조의 풍번에 대한 게송

도원(道圓)

●

　도원(道圓)스님은 남웅주(南雄州) 사람이다. 성품이 지극히 순수하였으며 어려서부터 여러 곳을 돌아다니면서 많은 스님을 참방하였지만 크게 깨치지는 못하였다. 황벽사 적취암에 황룡혜남(黃龍慧南, 1002~1069) 스님이 계신다는 말을 듣고 그곳을 찾아가 귀의하였다. 그러던 어느 날, 아랫자리[下板]에서 참선을 하다가 스님 둘이서 백장회해(百丈懷海, 720~814) 스님의 '들여우 인연[野孤因緣]'¹을 들어 말하는 것을 듣게 되었다.

　한 스님이 "'인과에 어둡지 않다'는 말만 가지고는 들여우의 몸에서 해탈할 수 없었을 것이다." 하니, 또 다른 스님이 맞장구쳤다. "인과에 떨어지지 않았다는데 어찌하여 먼저는 들여우의 몸으로 떨어졌을까?"

　도원스님은 이 말이 섬찟하게 느껴져 자기도 모르게 몸을 일으켜 암자의 위쪽으로 서서히 발걸음을 옮겼는데 개울을 건너는 찰나에 크게 깨쳤다.

  이에 혜남스님을 만나 그 사실을 말하는데 다 끝마치기도 전에 눈물이 두 뺨에 흘러내렸다. 혜남스님은 그를 시자의 잠자리에 가도록 하였다. 깊은 잠 속에 빠졌다가 갑자기 일어나 게를 지었다.

    떨어지지도 어둡지도 않으니
    승려나 속인이나 본디 꺼릴 바 없어라
    대장부의 기개는 왕과 같은데
    어찌 주머니 속에 넣어두고 덮개로 씌워 둘 수 있겠는가
    지팡이 하나 짚고 종횡무진 활보하니
    들여우가 황금사자 무리 속에 뛰어들었네.
    不落不昧(불락불매) 僧俗本無忌諱(승속본무기휘)
    丈夫氣宇如王(장부기우여왕)
    爭受囊藏被蓋(쟁수낭장피개)
    一條椰標任縱橫(일조랑표임종횡)
    野孤跳入金毛隊(야고도입금모대)

혜남스님은 이 게를 보고 한참 동안을 크게 웃었다.
또 '바람과 깃발[風幡]' 공안에 대하여 게를 지었다.

    바람도 아니어라 깃발도 아니어라

흰구름 여전히 청산 위에 자욱하네
요사이 늙은 이 몸 전신에 기운 없어
바쁜 가운데 그대의 한가함을 훔쳐보았네.
不是風兮不是幡(불시풍혜불시번)
白雲依舊覆靑山(백운의구복청산)
年來老大渾無力(연래노대혼무력)
偸得忙中些子閑(투득망중사자한)

나는 예전에 운암(雲庵)스님이 이 게송을 매우 칭찬하면서 스님의 기봉이 홍영소무(洪英邵武, 1012~1070) 스님에게 뒤지지 않는다는 말을 들었다. 운암스님이 입적한 후 옛 글을 살펴보다가 그가 손수 주석을 붙여 둔 이 두 수의 게송을 우연히 발견하였다. 이는 이 게송을 후세에 전하려고 생각하였다가 뜻을 이루지 못한 것이라 생각되기에 이에 기록해 둔다.

누군가의 말에 의하면, 도원스님은 대유령(大庾嶺) 설봉사(雪峰寺)의 주지를 지냈다 한다.

주:

1   백장야호(百丈野狐) : 백장회해(百丈懷海)가 매일 설법을 하면 으레 한 노인이 법문을 듣다가 대중을 따라 흩어졌다. 어느 날은 가지 않고 있기에 선사가 누구냐고 물으니 노인이 "저는 과거 가섭불(迦葉佛) 때 이 산에 살았었는데, 어떤 학인이 '크게 수행하는 이도 인과에 떨어집니까?' 하기에 '인과에 떨어지지 않는다.' 하고서 여우의 몸을 받았습니다. 지금 바라옵나니 화상께서는 한마디 대답해 주십시오." 하였다. 선사가 물으라 하니 노인이 다시 "잘 수행하는 사람도 인과에 떨어집니까?" 하자 선사가 "인과에 어둡지 않을 뿐이다." 하였다. 노인이 이 말 끝에 크게 깨닫고는 하직하면서 "저는 이미 여우의 탈을 면했습니다. 이 산 뒤에 시체가 있사오니, 죽은 승려를 천도하는 법식대로 하여 주옵소서." 하였다. 『선문염송(禪門拈頌)』184칙.

154

깨달은 이가 전생 빚을 갚는 뜻

호월공봉(皓月供奉)

●

호월공봉(皓月供奉) 스님이 장사경잠(長沙景岑, 788~868) 스님에게 물었다.

"영가(永嘉, 665~713)스님의 「증도가(證道歌)」에, '깨달으면 업장이 본디 공하나 깨닫지 못하면 묵은 빚을 갚아야 하리[了卽業障本來空(요즉업장본래공) 未了應須償夙債(미료응수상숙채)]'[1]라고 하였는데, 사자(師子)존자나 이조 혜가(慧可, 487~593)스님과 같은 분은 무엇 때문에 전생의 묵은 빚을 갚아야 되었습니까?"

"그대가 '본디 공하다'는 뜻을 모르기 때문이다."

"본디 공하다는 것은 무엇입니까?"

"업장이다."

"업장이란 무엇입니까?"

"본디 공한 것이다."

장사스님은 이어 게를 지었다.

'가유(假有)'란 원래 '유'가 아니며
'가멸(假滅)' 또한 '무'가 아니다
열반이니 빚 갚음이니 하는 뜻은
하나의 성품이라 전혀 다를 바 없다.
假有元非有(가유원비유) 假滅亦非無(가멸역비무)
涅槃償債義(열반상채의) 一性更無殊(일성갱무수)²

용승(龍勝, 용수) 보살의 『중관론(中觀論)』에서는 이렇게 말하였다.
"업이란 인연 따라 생기는 것도 아니며 인연이 아닌 것을 따라 생기는 것도 아니다. 그러므로 업을 일으킬 수 있는 자가 없다. 업도 없고 업을 짓는 자도 없는데 어떻게 업으로 과보가 생기겠는가? 만일 과보가 없다면 어찌 업장을 받을 이가 있겠는가?"³

어떤 사람이 다음과 같이 물었다.

"그대가 비록 갖가지로 업의 과보와 업을 일으키는 일들을 깨뜨린다 해도 현재 중생들이 업장을 짓고 과보를 받는 것을 보는데 이 일을 어찌 말하겠습니까?"

"마치 부처님이 신통력으로 만들어 낸 변화인(變化人)과 같으니 그런 변화인은 또다시 변화인을 만들어 내는데, 여기에서 처음의 변화인을 작자(作者)라 부르고, 변화인이 다시 만든 것을 업이라 한다. 모든 번뇌와 업이란 다 환상과 꿈같은 것이며, 또한 아지랑이나 메아리 같은 것이다. 용승보살의 뜻으로 장사스님의 말을 이해한다면 작위 없는[無作] 오묘한 뜻을 통달하여 이 세계를 노닐 수 있으니 마치 꿈속에서도 밝고 또렷[了了]하며 취중에서도 정신이 아주 맑은[惺惺] 것과도 같다."

주
:

1 『영가증도가(永嘉證道歌)』(T48-396c).
2 이 문답은 『조당집(祖堂集)』 권17에 보인다.
3 『중론(中論)』 권3 「관업품(觀業品)」(T30-23b).

155

직접 참방하여 종풍을 얻을 것을 권유함

분주무덕(汾州無德)

분주무덕(汾州無德, 946~1023, 분양선소) 스님은 문도들에게 설법할 때 동산(洞山, 807~869)스님의 '편정오위(偏正五位)'와 임제(臨濟, 767~866)스님의 '삼현삼요(三玄三要)를 자주 이야기하였으며,「광지가(廣智歌)」를 지어 15가(十五家)의 종풍(宗風)을 밝혔다. 이는 참방을 게을리 하고 적은 경지를 얻은 것만으로도 만족해하는 후학을 보고서 많은 참방을 권유하는 경책이 아니겠는가?

오늘날 누군가 선지식이라는 자에게 물으면 답하기를, "우리 가문에서는 예로부터 본분의 일[本分事]이 있는데 그것은 모두 옛사람이 한때 나름대로의 방편[門庭]을 세워 한 말에 불과하니, 참구해 볼 가치가 있겠는가?"라고 하였다.

이는 마치 한 글자도 모르는 까막눈이 책을 가지고 멍텅구리 바보에게 물으면 바보가 "이는 먹으로 종이를 채운 것인데 어찌하여 나에게 묻느냐?" 하는 것과 다를 바 없으니, 삼척동자라도 웃지 않을 수 없을 것이다.

예전에 어느 스님이 설봉의존(雪峰義存, 822~908) 스님에게 물었다.

"임제스님에게 '네 가지의 할[四喝]'이 있다는데 그 뜻이 무엇입니까?"

"내가 처음 사방을 돌아다닐 때 곧장 하북(河北) 지방으로 갔었는데 뜻밖에도 도중에 임제스님이 입적하여 뵙지 못하였다. 그곳의 종지는 내 모르는 바이니, 네가 그들의 법손을 찾아가 물어보도록 하라."

그 스님은 남원(南院, ?~952)[1] 스님을 찾아가 다시 묻고 또한 설봉스님이 보낸 뜻을 말하니, 남원스님은 설봉스님 쪽을 향하여 두 차례의 절을 올린 뒤 말을 이었다.

"스님께서는 참으로 선지식이십니다."

아! 오늘날, 바보처럼 시끌벅적대며 지껄여대는 자들이 설봉스님의 마음 씀씀이를 듣는다면 얼굴이 화끈 달아오르고 식은땀이 흐르지 않을 자가 없을 것이다

주:

1 남원(南院, ?~952) : 남원혜옹(南院慧顒) 또는 보응혜옹(寶應慧顒)이라고도 한다. 임제의현(臨濟義玄, 767~866)의 제자인 홍화존장(興化存獎, 830~888)의 제자이다.

156

총림을 아끼던 마음

운봉문열(雲峰文悅)

운봉문열(雲峰文悅, 997~1062) 스님은 상자[1]를 짊어지고 찾아오는 스님을 보면 으레 "아직 멀었다. 다시 30년은 지나야 결정코 말을 타고 행각하게 될 것이다." 하였고, 법운법수(法雲法秀, 1027~1090) 스님은 허리춤에 걸망을 멘 스님이 찾아왔다는 말을 들으면 기쁜 얼굴을 지었다 한다.

총림에 관심을 두는 그분들의 마음 씀씀이에 어찌 얕다 하겠는가? 그러나 오늘날의 젊은 비구들은 그분들의 영정 앞에서 손가락질하며 "이런 꼭 막힌 사람들, 죽었는가!"라고 비아냥거리고 있다.

주
:
1   행각승이 불상과 일용품을 넣어서 지고 다니는 상자를 가리킨다. 오늘날의 걸망 같은 것.

157

임종에서 선악업이 보이는 이유
『수능엄경』

●

『수능엄경』에서 말하였다.

"일체 세간에 삶과 죽음이 끊이지 않아 살아서는 습기(習氣)를 따르고 죽어서는 변화[流變]를 따르다가 막상 임종할 순간에는 따뜻한 체온이 가시기도 전에 일생의 선악이 한꺼번에 나타난다."[1]

예전의 주석들은 이 구절에 와서는 생략해 버리는 경우가 많아 매우 안타깝게 생각해 왔다. 그러던 중 『보적경(寶積經)』을 읽다가 이에 대한 주석으로 생각되는 부분이 있어, 이제 『능엄경』의 그 구절 아래에 덧붙인다.

"선악의 업이란 스스로 지을 때에는 일생 동안에 나타나지 않다가 어찌하여 목숨이 다할 즈음에야 갑자기 나타나는가. 인생이란 한낱 꿈이라 꿈속에 있을 때는 꿈인지 아닌지를 스스로 알 수 있겠는가. 모름지기 꿈속에서 깨어날 때 꿈속의 일들이 훤히 저절로 나타나서 찾을 필요 없으니 선악업도 마찬가지다."[2]

주
:

1 『대불정여래밀인수증요의제보살만행수능엄경(大佛頂如來密因修證了義諸菩薩萬行首楞嚴經)』 권8 "一切世間 生死相續 生從順習 死從流變 臨命終時 未捨煖觸 一生善惡 俱時頓現"(T19-143b).

2 『능엄경집주(楞嚴經集註)』 권8 "善惡之業所自作時 一生之中何不見自 至捨受時方始頓現者 人生如夢 方作夢時 豈能自知是夢非夢 要須覺時 夢中之事了然自現 不待尋繹亦復如是"(X11-582a).

158

강경한 지조로 '철면'이라 불림

복엄자감(福嚴慈感)

　복엄자감(福嚴慈感) 스님은 준엄하고 차가운 용모에 고고하고 강경한 지조를 지닌 사람으로서 총림에 빼어나, 당시 사람들은 스님을 철면(鐵面)스님이라 하였다. 강주(江州) 승천사(承天寺)의 수좌로 있을 무렵, 불인요원(佛印了元, 1032~1098) 스님이 기주(蘄州) 두방사(斗方寺)의 주지로 옮겨가면서 그 고을 군수에게 천거하여 주지의 자리를 잇고 법제자로 삼고자 하여 자감스님에게 이를 이야기하니, 스님은 다음과 같이 말하였다.

　"저는 일이 이렇게 될지 생각지도 못하였는데 스님께서 끝내 저를 대중의 밥 끓이는 사람으로 추천하여 총림의 법석을 함께 이루고자 하시니, 그 은덕 감히 잊을 수 없습니다. 그러나 스님의 법제자로 삼고자 하신 부분에 대하여 말씀드린다면 저에겐 원래 스승이 계십니다."

　불인스님은 마음으로 그에게 감복하였다. 그러나 이미 나온 말이기에, 그대로 마무리 짓고 다시 바꾸지 않았다. 이에 그곳에서 개법하여 황룡혜남(黃龍慧南, 1002~1069) 스님의 법제자가 되었다.

스님의 명성은 당대에 높았지만 처소에는 항상 걸망을 매달아 놓고 주장자를 방장실에 기대 놓은 채 묵지 않고 떠나려는 행색이었다. 이에 고을의 군장(郡將) 이하 모든 사람이 스님을 존경하였는데, 새로 부임한 태수가 몰라보고서 사무적인 일로 군림하였다. 스님은 웃으며 게를 지어 관아의 뜨락에 던져 놓은 채 인사도 없이 떠나와 버렸다. 게송은 다음과 같다.

> 선원은 송나라의 선원이요
> 고을은 송나라의 고을인데
> 고을 안의 선원에 머무름을 용납하지 않을 바엔
> 발우 하나 들고 오호를 유람한들 어떠하리.
> 院是大宋國裏院(원시대송국리원)
> 州是大宋國裏州(주시대송국리주)
> 州中有院不容住(주중유원불용주)
> 何放一鉢五湖遊(하방일발오호유)

태수가 사람을 보내어 뒤쫓아 갔지만 스님은 이미 강을 건넌 뒤였다.

159

빼어난 기상으로 주변을 압도함

유정(惟政)

●

　여항(餘杭)의 유정(惟政, 986~1049)스님은 산사의 주지로서 그 풍모가 가장 높은 분이었다. 당시 시랑(侍郎) 장당(莊堂)이 전당(錢塘)의 태수로 재직하였는데 스님과는 도를 나누는 벗이었다.

　스님이 그를 찾아갈 때는 으레 황소를 타고 소뿔 위에 물병을 걸고 다니니, 저자 사람들은 다투어 가며 구경하였지만 스님은 아랑곳하지 않고 관아에 도착해서는 비로소 소등에서 내려와 하루종일 웃고 이야기하다가 떠나오곤 하였는데 어느 날 장공이 스님을 만류하여 말하였다.

　"마침 과객이 있어 내일 관아에서 모임이 있을 것입니다. 스님께서야 술을 마시지 않으시겠지만 나를 위하여 하루만 머무르시면서 법담[淸談]을 나눴으면 합니다."

　스님이 이를 허락하자 장공은 몹시 기뻐하였다. 그러나 그 이튿날 장공이 스님에게 사람을 보내어 맞이하려 하였는데 한 수의 게를 남겨두고 떠나간 뒤였다.

    어제는 오늘 일을 약속하였지만
    그 대문을 떠나 지팡이에 기댄 채 곰곰이 생각해 보니
    중이란 산골에 있는 것이 마땅할 뿐
    관리의 잔치자리엔 어울리지 않으오.
    昨日曾將今日期(작일증장금일기)
    出門倚杖又思惟(출문의장우사유)
    爲僧只合居巖谷(위승지합거암곡)
    國士筵中甚不宜(국사연중심불의)

좌석에 모인 손님들은 모두 그의 높은 인품을 추앙하였다.
또한 산중에 살면서 지은 게는 다음과 같다.

    다리 위엔 만산 층층
    다리 밑엔 강물 천리 길
    오로지 새하얀 왜가리만이
    나를 찾아 자주 이곳에.
    橋上山萬層(교상산만층) 橋下水千里(교하수천리)
    唯有白鷺鷥(유유백로사) 見我常來此(견아상래차)

겨울엔 화롯불을 싸안지 않고 갈대꽃으로 동그란 담요를 만들어 그 속에 발을 넣고 있다가 길손이 찾아오면 그 속에다 함께 발을 파묻고 끝없이 법담을 나누니, 그의 빼어난 기상은 사람을 압도하였다. 가을과 여름밤이면 달구경하기를 좋아하여 큰 대야를 연못 위에 띄워 놓고 편히 앉아 스스로 대야를 돌리면서 시를 읊고 웃으며 아침녘까지 늘 그렇게 놀았다.

　구봉(九峰)의 감소(鑒韶)스님은 일찍이 유정스님 문하에 객승으로 있었는데 성품이 평범하고 진솔하여 때 묻고 꾀죄죄한 모습이었으나 자질구레한 일을 일삼지 않는 사람이어서 항상 스님을 비웃어 왔다. 어느 날 저녁 누우려 할 때 스님이 사람을 보내 감소스님을 부르니, 마지못하여 이맛살을 찌푸리며 스님을 찾아갔다.

　유정스님이 말하였다.

　"저처럼 좋은 달이 떠 있는데도 삶에 시달리며 정신이 없으니, 한가히 저 달을 마주할 사람이 몇이나 되겠는가?"

　감소스님은 그저 그렇겠다고 대꾸하였다. 이윽고 행자를 불러 무엇인가를 잘 익혀 오라고 분부하였다. 감소스님은 마침 뱃속이 출출했던 때라 약식이려니 생각했는데 한참 후에 내놓은 것은 귤껍질을 달인 차 한 잔이었다.

160

스님의 입적 기연에서 깨달음

영원유청(靈源惟淸)

●

영원유청(靈源惟淸, ?~1117) 스님이 나에게 이야기하였다.

"거사(居士) 오돈부(吳敦夫, 1039~1114, 吳居厚)라는 이가 있는데, 재주가 민첩하고 주의 깊게 정진하며 많은 선지식을 친견하여 자기 마음자리가 밝고 깨끗하다고 자부해 왔다. 우연히 『등은봉전(鄧隱峰傳)』을 읽다가 등은봉 스님이 선상(禪床)에서 물구나무를 선 채 입적하였는데 스님의 옷도 따라서 몸에서 흘러내리지 않았다는 기록을 보고 내심 의아해 하였다.

'그분의 열반이 남다른 것이야 참으로 헤아릴 수 없는 일이지만, 승복 또한 스님을 따라 그랬던 것은 무슨 까닭일까?'

이 일을 회당(晦堂, 1025~1100) 노스님에게 묻자 노스님은 다음과 같이 말하였다.

'그대가 지금 입은 옷이 몸을 따라 아래로 드리워져 있는데도 다시 그것을 의심하는가?'

'의심할 것이 없습니다.'

회당스님이 웃으면서 말을 이었다.

'의심할 것이 없다면 물구나무를 선 채 열반할 때 옷도 몸을 따랐을 뿐인데 여기에 무슨 의심할 것이 있겠는가?'

오돈부는 그 말에 밝게 깨쳤다. 그리고는 그는 상대와 상황에 맞게 번쩍 하는 논변을 써서 혼매한 자를 많이 깨우쳤다고 한다."

161

『금강경』에서 설한 중생

『금강경(金剛經)』에 말하였다.

"그때 혜명(慧命) 수보리(須菩提)가 부처님에게 아뢰었다.

'세존이시여, 자못 많은 중생들이 미래세(未來世)에 이 설법을 듣는다면, 신심이 생겨날 수 있겠습니까?'

'수보리여, 그들은 중생이 아니며, 그렇다고 중생이 아닌 것도 아니다. 무슨 까닭인가? 수보리여, 나 여래는 이렇게 말하노라. 중생 중생이라 함은 중생이 아니니 그러므로 중생이라 이름하느니라.'"[1]

이 경문의 뜻은 매우 심오하다. 옛 성현의 말씀은 비밀하고 그 뜻은 오묘하기에 많이 배운 학인들도 부처님의 뜻은 끝내 밝히지 못하였는데 정림(定林) 노스님만은 이를 해석하였다.

"혜명보살[수보리]이 보는 중생이란 제5대(第五大) 제6음(第六陰) 제7정(第七情) 중에 누구이겠는가? 중생의 입장에서 중생을 보고 허망하게 있다[有]고 하면, 이때 중생이란 혜명보살이 보는 중생이 아니라 중생이 보는 중생일 뿐이다. 그러므로 중생 중생이라 할 때 그것이 중생이 아니여야 비로소 소위 중생이라 할 수 있는 것이다. 이제 이 법문을 듣고 조금이라도 본래의 성상(性相)을 깨달았다면 어찌 신심이 나지 않을 수 있겠는가? 혜명보살이 중생을 있다고 보지 않았다면 어떻게 중생을 제도하겠는가? 중생에게는 중생이 있지만 중생이 있는 것이 아니며, 혜명보살에게는 중생이 없지만 중생이 없는 것이 아니다. 이러한 이치로 중생을 제도하는 것이다."

주
:
1 『금강반야바라밀경(金剛般若波羅蜜經)』(T8-751c).

162

이르기 어려운 공문

대지(大智)

대지(大智, 720~814, 백장회해)스님은 다음과 같은 자문자답을 남겼다.

"깨친다는 이 일이 그저 명목뿐은 아닐 테니, 그렇다면 실다운 이치로 설명해야 하지 않을까?

그러나 그것은 허공에 불상을 조각한다거나 허공을 놓고 무슨 무슨 색이라 하는 격이다. 이에 대하여는 유마(維摩) 거사께서 '불법은 무엇으로도 비유할 수 없으며 법신은 함[作爲]이 없어 어떠한 수(數, 일정한 범위)에도 떨어지지 않는다'[1]고 하신 말씀을 들 수 있다. 그러므로 '성체(聖體)는 이름이 없어 여실한 이치를 설명할 수 없으며, 공문(空門)이란 이르기 어려워 마치 어디에나 앉는 쉬파리도 불꽃 위에만은 앉을 수 없듯이 중생도 그러하여 모든 인연을 지을 수 있지만 오직 반야에는 인연을 맺지 못한다'고 한 것이다."[2]

많은 학인들이 그 뜻을 잘못 이해하는 것을 보고, "중생이란 반야를 참구(參求)할 수 없다."고 생각하는 것은 잘못이다. 이 법은 알음알이[情識]로는 이르지 못하는 경계이다. 그러므로 삼조(三祖, 504~606)는 "생각해서 알 경계가 아니며 알음알이로는 헤아리기 어렵다."³고 하였다.

주
:

1   『유마힐소설경(維摩詰所說經)』「제자품(弟子品)」(T14-540a).
2   『고존숙어록(古尊宿語錄)』권1「백장회해선사(百丈懷海禪師)」(X68-7a).
3   『신심명(信心銘)』(T48-377a).

163

『금강경』의 가르침을 일깨워줌

청룡도인(靑龍道氤)

　청룡도인(靑龍道氤, 668~740) 스님은 『금강반야경』에서 오묘한 뜻을 깊이 깨달아 일찍이 『금강반야경』에 소(疏)를 붙였는데 정밀하고도 넓으며 깊고 미묘하여 법의 체상(體相)을 극진히 설명하였다. 이에 많은 법사들은 모두 그의 경지를 엿볼 수 없었다.

　당 명황(明皇, 현종)도 경전의 이치에 마음을 두어 손수 『금강반야경』에 주석을 붙였는데, "이 사람은 지난 생의 죄업으로는 응당 악도(惡道)에 떨어져야 하겠지만 이번 생에서 사람들에게 멸시당하는 정도로 지난 생의 죄업이 소멸되리라."[1]고 한 구절에서는 그 뜻을 이해하지 못하여 스님에게 묻자 이렇게 답하였다.

　"부처의 힘이며 법의 힘이란 3현 10성(三賢十聖)도 헤아릴 수 없습니다. 폐하께서는 지난날 『반야경』의 가르침을 들은 적이 한두 번이 아니니, 다시 주석하는 마음에 잠기시면 저절로 뜻이 나타날 것입니다."

이에 명황은 붓을 놓지 않고 글을 썼다 한다.

하늘이 스님께 내려준 신비한 깨침의 논변은 단 한 번의 응답으로 말끝에 해묵은 의혹을 쓸어버리고 눈앞에 반야를 들추어 주었으니, 이 어찌 생각하여 뜻으로 이해하는 무리들과 같이 평가할 수 있겠는가.

주:

1 『금강반야바라밀경(金剛般若波羅蜜經)』"是人先世罪業 應墮惡道 以今世人輕賤故"(T8-750c).

164

운문스님의 「고감송(顧鑑頌)」

운문(雲門, 864~949)스님은 때때로 납자들을 이리저리 훑어보고 [顧(고)] "살펴보아라[鑑(감)]!" 하여 그 스님이 무어라고 대꾸하려 하면 "이(咦, 떨어내는 한마디)!" 하고 소리쳤다. 그리하여 후학들은 그것을 기록하고 게를 지어 「고감송(顧鑑頌)」[1]이라 하였다. 그런데 스님의 상수제자 덕산원명(德山圓明)[2] 스님이 「고감송」에서 '고(顧)' 자를 빼고[抽] 「감(이)송」이라 하였다. 그래서 사람들은 그것을 「추고송(抽顧頌)」이라 하고, 이를 계기로 게송을 지어 사방에 퍼뜨리면서 '대전상량(擡箭商量)'[3]이라고도 하였다. 그 게는 다음과 같다.

서로 만나 눈썹 까딱하지 않고
그대는 동쪽으로 나는 서편으로
붉은 노을은 푸른 바다를 뚫고 지나고
태양은 수미산을 맴돈다.

相見不揚眉(상견불양미) 君東我亦西(군동아역서)
紅霞穿碧海(홍하천벽해) 白日遙須彌(백일요수미)⁴

운암극문(雲庵克文, 1025~1102) 스님도 게를 지었다.

운문의 추고송은
그 내력이 있어
분명하니
그만두어라, 그만두어라.
雲門抽顧(운문추고) 自有來由(자유래유)
一點不到(일점부도) 休休休休(휴휴휴휴)

오늘날의 스님들은 이를 허망히 여겨 그 뜻을 물어보면 흔히들 눈알을 부라리며 성난 얼굴로 쏘아보면서 "이는 안목 있는 자의 경계이다."라고 하니, 잘못된 일이 아니겠는가.
또한 운문스님의 어록에 의하면, "온 누리 그대로가 법신인데 헛되이 불법이라는 지견[佛法知見(불법지견)]을 짓는구나. 이제 주장자를 주장자라 하고 집을 집이라고 하면 될 뿐이다."⁵라고 하였는데, 이 어록을 교증(校證)한 이가 "헛되이 불법이라는 지견을 짓다[枉作箇佛法知見(왕작개불법지견)]."라는 구절을 "헛되이 불법 가운데에서 견해를 짓다[枉作箇佛法中見(왕작개불법중견)]."로 바꾸어 썼으며, 또한

"어릴 때부터 한 마리의 암컷 물소를 길러 왔는데 동쪽 시냇가에 방목하려 하니 다른 국왕의 수초(水草)를 먹을 수밖에 없고, 서쪽 시냇가에 방목하려 해도 다른 국왕의 수초를 먹을 수밖에 없다. 차라리 가는 곳마다 조금씩 먹인다면 다른 나라에 모두 방해가 없을 것이다."6라고 하였는데, 금본(今本)7에서는 "다른 나라에 모두 방해가 없을 것이다[他總不放(타총불방)]."라는 구절을 "다른 나라에서는 모두 보지 못할 것이다[他總不見(타총불견)]."로 바꾸어 썼다.

이러한 사례는 매우 많다. 두 글자를 바꾸어 썼다는 사실은 하찮은 일이기는 하지만 옛 스님의 오묘한 뜻을 잃었으니 손상이 없다 말할 수 없다. 알 만한 사람은 마땅히 알 것이다.

주
:
1 「고감이송(顧鑑咡頌)」이라고도 한다.
2 덕산원명(德山圓明) : 법명은 연밀(緣密). 운문문언(雲門文偃, 864~949)의 법을 이어받아 덕산(德山)에 머물렀다. 운문의 가르침을 함개건곤(函蓋乾坤)·절단중류(截斷衆流)·수파축랑(隨波逐浪)의 3구로 정리하고 송(頌)을 붙여 학인을 지도하였다. 원명(圓明)은 시호이다.
3 알음알이를 떨어낸다는 뜻.
4 『운문광진선사광록(雲門匡眞禪師廣錄)』 권3 「대천상량(擡薦商量)」(T47-576c).
5 『운문광진선사광록(雲門匡眞禪師廣錄)』 권2(T47-559a).
6 『운문광진선사광록(雲門匡眞禪師廣錄)』 권2(T47-559c).
7 예전 왕조에서 찍은 판본을 '고본(古本)'이라고 하는 데에 비해 이번 와조에서 찍은 판본을 '금본(今本)'이라고 한다. 만약 송(宋)나라가 500년간 통치했다면 이 500년 만에 찍어낸 판본도 금본이라고 한다.

165

대중과 함께 총림과 함께

홍영소무(洪英邵武)

●

홍영소무(洪英邵武, 1012~1070) 스님은 임종 때 편히 앉은 채 문도들에게 자신이 출가 행각한 인연을 설법한 후, 이어 말씀하셨다.

"나는 곧 죽을 것이니 뼈를 보회탑(普會塔)[1]에 묻도록 하라. 나는 평생 동안 많은 대중과 함께 살아왔는데 죽은 후에도 그들과 헤어지기는 싫다. 그것은 다른 뜻이 아니라, 옛 성현이 모두 총림이 있었기에 미혹한 생각[情見]을 꺾고 도과(道果)를 완성했기 때문이다. 오늘날 납자들은 덕행이 엷고 더러움이 많으며 의지와 원력이 보잘것없어 대개는 싫증과 퇴굴심을 내니 매우 가엾고 우스운 일이다."

스님이 열반하자 대중들은 차마 그의 유언을 따르지 못하고 부득이 스님의 유골을 강물에 뿌려 버렸다. 그런 까닭에 늑담사(泐潭寺)에서는 오늘날 홍영선사의 탑을 찾아볼 수 없게 되었다.

주
:

1 보회탑(普會塔) : 보동탑(普同塔), 해회탑(海會塔), 보통탑(普通塔)이라고도 한다. 다비를 한 승려의 유골을 한곳에 묻고 그 위에 세운 탑이다.

166

불국토에서 중생을 성취시키는 일

효순노부(曉舜老夫)

●

　효순노부(曉舜老夫) 스님은 타고난 성품이 영특하였으며 오랫동안 총림에 몸담아 왔다.

　스님이 처음 서현사(棲賢寺)의 주지에서 운거사(雲居寺)로 옮겨갈 때 고을의 첩지(牒旨)를 전해 준 후 법좌에 올라 대중에게 이 사실을 알리고는 주장자를 끌며 떠나가 버렸다.

　몸소 계율을 지켜 대중을 거느렸다. 그러기에 더욱 근엄하였는데, 한번은 다소 몸이 편찮으시자 유나(維那)에게 말하여 열반당에 내려가 계시다가 쾌유하여 곧장 방장실로 들어가셨다. 이에 대중들은 스님이 돌아가실까봐 안타까워하며 법문을 청하자 "본래 아무 일 없는데 나에게 무엇을 구하려 하느냐?[本自無事(본자무사) 從我何求(종아하구)]"는 말씀뿐이었다.

　혜남(慧南, 1002~1069)스님은 당시 적취암(積翠庵)에 계셨는데 이 이야기를 전해 듣고 시자에게 말하였다.

"노부도 이제는 늙었구나! 있는 일을 없게도 할 수 있고 없는 일을 있게도 할 수 있는데 어째서 그러질 않았을까. 이것이 이른바 정불국토(淨佛國土)에서 중생을 성취시키는 일인데 어째서 하지 않으실까?"

167

부처와 중생이 다른 이유

삼조(三祖)

●

삼조(三祖, 504~606)스님께서 『신심명(信心銘)』을 지으셨다.

    지극한 도는 어려움이 없으니
    이것저것 가리기를 싫어할 뿐이다
    미워하고 사랑하지만 않으면
    통연히 명백하니라
    털끝만큼이라도 차이가 있으면
    하늘과 땅 사이도 멀어지리라.
    至道無難(지도무난) 唯嫌揀擇(유혐간택)
    但莫憎愛(단막증애) 洞然明白(통연명백)
    毫釐有差(호리유차) 天地懸隔(천지현격)[1]

이로써 예전에 도를 깨친 사람들은 모두가 옛 법을 따르지 않는 자가 없었음을 알 수 있다.

어떤 스님이 영명(永明, 905~976)스님에게 물었다.

"중생과 부처가 한 몸이라고 하는데 무슨 까닭에 괴롭고 즐거운 차이가 있습니까?"

"모든 부처님은 법성을 깨치시어 마음의 근원을 알기에 망상이 일어나지 않고, 바른 생각을 잃지 않기에 분별심[我所心]이 없어졌다. 그러므로 생사를 받지 않으니, 이것이 곧 항상 적멸(寂滅)한 구경(究竟)이다. 적멸한 까닭에 즐거움이 저절로 돌아오지만, 일체 중생은 참 법성에 미혹하여 본 마음을 깨닫지 못하고 온갖 망상으로 바른 생각을 하지 못한다. 그러므로 사랑하고 증오하니 사랑과 증오 때문에 마음의 그릇이 깨어져 생사(生死)를 받게 되며 모든 괴로움이 스스로 나타나는 것이다.

법의 요체(要諦)를 알고자 한다면 마음을 지키는 것이 으뜸이다. 만일 어떤 사람이라도 참 마음을 지키지 않고 부처를 이루었다는 이야기는 있을 수 없다."[2]

주
:
1 『신심명(信心銘)』(T48-376b).
2 『종경록(宗鏡錄)』 권29(T48-588b).

168

후학을 높이는 공정한 마음

운봉문열(雲峰文悅)

　운봉문열(雲峰文悅, 997~1062) 스님은 어릴 때부터 뛰어나 기세가 여러 선림(禪林)을 압도하였다. 스님이 설두(雪竇, 980~1052)스님에게 왔을 때는 청년이었으나 논변할 때면 설두스님은 항상 스님에게 몸을 굽혔으며, 많은 사람이 차를 마실 때는 한가운데 따로 자리를 마련하여 남달리 높였다. 이에 문열스님의 명성은 높아서 동오(東吳) 지방을 비추었고, 세상에 나왔을 때 스님의 도는 찬연히 빛났다.

　그때 난(蘭) 상좌라는 스님이 설두스님의 법굴(法窟)에 있다가 문열스님을 찾아왔는데 스님은 그를 시험해 보고 깜짝 놀라 대중 앞에서 그를 칭찬하였으며 1년 남짓 함께 지내다가 떠나갔다.

　선배[前輩]로서 후학을 높여 주는 공정한 마음씨가 그러하였을 뿐, 애당초 운문종이니 임제종이니 하는 문벌로 마음을 달리 쓰지 않았다. 그런데 요즘엔 그렇지 못하고 처음엔 명성과 지위에 현혹

되었다가 끝내는 종파와 당류(黨流)에 교착되어 마치 무지한 시골의 속인배처럼 되어버렸다. 그러니 옛 성인의 도가 부흥되기를 바라고자 하나 그 역시 어려운 일이 아니겠는가.

169

대어(代語)로 지도하여 깨우침

효순노부(曉舜老夫)

효순노부(曉舜老夫, 1009~1090) 스님이 처음 동산(洞山)에서 무창(武昌)으로 가는 길에 걸식 행각을 하면서 한 거사의 집에 이르렀다. 거사의 고고한 행실은 그 고을의 존경을 한 몸에 받아 그의 말을 따르지 않는 자가 없었다. 그런 까닭에 여러 총림의 행각승이 그곳에 이르면 반드시 그를 먼저 찾아보는 것이 상례였다.

스님은 그 당시 나이가 어린 까닭에 그 거사가 총림을 두루 참방한 인물임을 모르고서 대수롭게 생각지 않았다. 이에 거사는 스님에게 "제가 한 가지 물어볼 말이 있는데 맞게 대답한다면 터놓고 지내겠지만 만일 그렇지 못하다면 곧장 신풍(新豊)으로 돌아가시기를 바랍니다."라고 말한 후 물었다.

"옛 거울[古鏡]을 이미 닦았을 땐 어떻습니까?"

"하늘이 비치고 땅이 비칩니다."

"닦지 않았을 땐 어떻습니까?"

"옻칠처럼 새까맣습니다."

"스님은 산으로 돌아가십시오."

스님은 그 길로 돌아와 동산효총(洞山曉聰, ?~1030) 스님에게 말하자 효총스님은 대어(代語)[1]하겠노라 하였다.

이에 스님은 재촉하듯 물었다.

"옛 거울을 닦지 않았을 땐 어떠합니까?"

"여기에선 한양 길이 멀지 않지[此去漢陽不遠(차거한양불원)]."

"닦은 후엔 어떻습니까?"

"황학루 앞의 앵무주로다[黃鶴樓前鸚鵡州(황학루전앵무주)]."

스님은 이 말에 크게 깨쳤다. 효총스님의 기봉은 건드릴 수 없으니, 참으로 운문스님의 법손답다 하겠다.

스님은 일찍이 손수 소나무를 심으면서도 입으로는 쉬지 않고 『금강경』을 외워 지금까지도 동산의 북쪽 잿마루를 금강령(金剛嶺)이라 부른다. 지금은 소나무가 무성하여 하늘에 닿았는데 모두 스님이 손수 심은 소나무이다. 균주(筠州) 태수 허식(許式)이 시를 지어 스님에게 보냈다.

　　말씀은 전혀 막힘이 없이
　　조사의 발자취를 드높게 밟으셨네
　　깊은 밤이면 높은 바위에 앉으시고
　　봄이면 물 머금은 소나무를 심으시다

거울은 법당의 촛불같이 분명하고
산은 달빛 어린 종루의 범종소리에 답하도다
'조사서래의'가 무어냐고 물으면
텅 빈 법당이 저 봉우리를 마주할 뿐이라 하리.

語言全不滯(어언전불체) 高躡祖師蹤(고섭조사종)

夜坐連雲石(야좌연운석) 春栽帶雨松(춘재대우송)

鑑分金殿燭(감분금전촉) 山答月樓鍾(산답월루종)

有問西來意(유문서래의) 虛堂對遠峰(허당대원봉)

주:

1 대어(代語) : 남이 대답하지 못한 기연에 대해 대신 자기 입장을 말하는 선문의 형식.

170

허명을 굴복받는 일

황룡혜남(黃龍慧南)

　혜남(慧南, 1002~1069)스님은 오랫동안 늑담회징(泐潭懷澄) 스님에게 귀의하였는데, 회징스님은 그가 이미 깨쳤다 하여 분좌(分座) 설법케 하니, 남(南) 서기(書記)의 명성이 일시에 자자하였다. 그러나 스님은 자명(慈明, 986~1040)스님의 회하에 이르러 야참(夜參) 법문을 듣고 기세가 꺾여 버렸다. 찾아가서 직접 물어보리라 생각하고 세 차례나 침실 밖까지 찾아갔지만 세 차례 모두 들어가지 못하였다. 그러자 "대장부가 의심이 있는데도 끊어 버리지 못하면서 무엇을 한단 말인가."라고 개탄하고는 곧바로 침실 안으로 들어서자 자명스님은 곁에 있던 시자를 불러 가까이에 자리를 마련해 준 후 앉으라 권하였다.

　"저는 실은 의문이 있사옵기에 성의를 다하여 결단을 구하오니, 스님께서는 크게 자비를 내리시어 법보시를 아끼지 말아 주십시오."

그러자 자명스님은 웃으면서 말하였다.

"그대는 이미 대중을 거느리고 행각하여 많은 선림에 명성이 자자하니, 깨닫지 못한 곳이 있다면 서로가 이야기하면 될 것인데 굳이 입실(入室)할 것까지야 있겠는가?"

스님이 재삼 간청해 마지않자 말하였다.

"그렇다면 운문삼돈방(雲門三頓棒)의 인연[1]에서 당시 동산수초(洞山守初, 910~990) 스님은 실제로 몽둥이맛을 보아야만 했을까, 그렇지 않았을까?"

"실제로 몽둥이맛을 볼 몫이 있었습니다."

"서기의 이해가 이 정도라면 이 노승은 그대의 스승이 될 수도 있지!"

이에 자명스님은 절을 올리도록 하였으니 혜남스님이 평소 자부했던 바가 여기에서 꺾인 것이다.

나는 일찍이 영원(靈源, ?~1117)스님에게, "예전에 회당(晦堂)스님이 몸소 적취암(積翠庵)에서 들은 이야기라 한다."는 말을 들었다. 그리하여 옛말과 아울러 여기에 기록하는 바이다.

주:

1 운문삼돈방(雲門三頓棒) : 동산삼돈(洞山三頓)이라고도 한다. 동산수초(洞山守初)에게 운문문언(雲門文偃)이 "요즘 어디서 있다가 왔는가?" 하고 물으니 "사도(査渡)입니다." 하였다. 운문이 다시 "여름엔 어디에 있었는가?" 하니 "호남(湖南) 보자사(報慈寺)에 있었습니다." 하였다. 운문이 다시 "언제 거기서 떠났는가?" 하니 "8월 25일이었습니다." 하자 운문이 "그대를 석 대 때리리라." 하였다. 다음 날 동산이 "어제 큰스님께 석 대를 세게 맞았는데, 허물이 어디에 있습니까?" 하니 운문이 "밥통 같은 녀석, 강서(江西)와 호남을 오가며 저런 짓을 하였구나." 하자 동산이 이 말에 깨달았다.

171

자명스님의 문도들
선(善)

　복주(福州) 선(善)스님은 자명(慈明, 986~1040)스님의 으뜸제자이다. 당시 뛰어난 스님으로는 도오오진(道吾悟眞) 스님과 양기방회(楊岐方會, 992~1049) 스님을 손꼽았으나, 그들도 모두 선스님을 추앙하였다.
　일찍이 금란사(金鑾寺)에 이르니, 가진점흉(可眞點胸, ?~1064) 스님은 자명스님을 친견했다는 자부심 때문에 천하에는 특별히 마음에 새겨 둘 만한 인물이 없다고 여기고 있었다. 그러나 스님은 그와 이야기한 후 그가 깨치지 못했음을 알고서 비웃었다. 하루는 두 사람이 산길을 걷다가 가진스님이 불법을 거론하면서 기봉을 발휘하자 선스님은 조약돌 하나를 주워 바위 위에 놓고서 말하였다.
　"그대가 여기에다 일전어(一轉語)[1]를 놓는다면 그대가 자명스님을 친견했다는 사실을 인정하겠다."
　가진스님이 좌우를 두리번거리며 머뭇거리자 선스님은 큰소리로 꾸짖었다.

"머뭇거리며 생각하느라 기봉이 멈췄으니 알음알이[情識]를 벗어나지 못하였는데 어떻게 꿈엔들 노스님을 친견하였겠는가. 가거라!"

이에 가진스님은 매우 부끄러워하고 두렵게 생각하여 상화산(霜華山)으로 돌아가야겠다는 생각을 하게 되었다.

자명스님은 가진스님이 돌아오는 것을 보고 말하였다.

"진짜 행각인이란 반드시 시절을 알아야 하는데 무슨 바쁜 일이 있기에 여름 해제가 된 지 얼마 되지 않아서 이곳에 왔는가?"

"선형[善侍者]이 독한 마음으로 사람을 질식시키기에 다시 스님을 친견하고자 합니다."

"무엇이 불법의 대의인가?"

　　잿마루 위에 이는 구름은 없고
　　마음에 떨어진 달은 있다.
　　無雲生嶺上(무운생영상) 有月落波心(유월락파심)

자명스님은 눈알을 부라리고 소리치며 꾸짖었다.

"머리털이 하얗고 이빨이 엉성히 빠져서까지도 오히려 이러한 견해를 가지고 있으니, 어떻게 생사를 떠날 수 있나!"

가진스님은 감히 머리를 바로 들지 못하고 양 볼의 눈물이 턱까지 흘러내릴 뿐이었다. 한참 후 다시 물었다.

"모르겠습니다. 무엇이 불법의 대의입니까?"

자명스님이 대답하였다.

> 잿마루 위에는 구름 한 점 없고
> 달은 떠서 강물 속에 부서진다.
> 無雲生嶺上(무운생영상) 有月落波心(유월락파심)

가진스님은 이 말에 크게 깨쳤다.

가진스님은 맑은 기품이 뛰어나고 기변(機辯)이 민첩하여 총림에서는 스님을 두려워하였는데, 취암사에서 개법하였을 때 다음과 같이 설법하였다.

"천하 불법이란 한 척의 배와 같은데 사형 대녕도관(大寧道寬)은 뱃머리에 앉았고 납작머리 혜남은 중간에 있고 가진(可眞)은 노를 잡으니, 동쪽으로 가는 것도 나에 달렸고 서쪽으로 가는 것도 나에 달렸다."

한편 선스님은 얼마 후 칠민(七閩) 지방으로 돌아왔는데 미치광이처럼 꾀죄죄한 모습으로 거리를 방황하니, 아무도 그를 알아보는 사람이 없었다. 혹자는 만년에 봉림사(鳳林寺)의 주지를 하였다는 말을 들었다고 한다.

주:

1 일전어(一轉語) : 한마디로 상대를 완전히 깨치게 하는 말.

172

동참하는 뜻

양기방회(楊岐方會)

양기방회(楊岐方會, 992~1049) 스님은 자명(慈明, 986~1040)스님의 문하에서 가장 오랫동안 사사하였고, 어딜 가나 으레 주지가 되었다.

자명스님이 열반할 때 방회스님은 구봉사(九峰寺)에 머무르고 있었는데 갑자기 의춘군(宜春郡)에서 격문을 보내어 양기산(楊岐山)의 주지를 명하니, 당시 구봉사의 장노 근(勤)스님은 깜짝 놀랐다.

"방회 감사(監寺)[1]가 언제 참선을 하였단 말인가? 만일 이 명을 수락하면 고을의 바람을 잃게 될까 두렵다."

이렇게 생각하고 혼자서 근심하였다. 방회스님이 고을의 초청을 수락하고 법좌에 올라 설법하니, 그 기개와 설법이 격식을 뛰어나 모든 대중이 경청하였다. 법좌에서 내려오자 근스님은 앞으로 나아가 스님의 손을 잡고 말하였다.

"동참자 한 사람을 얻었다."

"동참(同參)하는 일이 무엇입니까?"

"양기가 쟁기를 끌면 구봉은 쟁기자루를 잡겠다."

"그럴 때라면 양기가 앞에 있습니까, 구봉이 앞에 있습니까?"

근스님이 머뭇거리는 찰나에 방회스님이 큰소리로 꾸짖었다.

"동참하려 했더니 동참이 못 되겠군!"

그 후로 스님의 명성은 여러 총림에 더욱 알려졌으며 문하를 지나는 납자들은 스님에게 굴복하지 않는 이가 없었다.

한번은 눈이 내리자 이를 계기로 대중에게 설법하였다.

　　내 잠시 머무르는 집 담벽은 헐어
　　책상 위에 가득한 진주빛 눈발
　　목을 움츠리며 가만히 한숨짓다가
　　나무 아래 살았던 옛 분을 돌이켜 생각하노라.
　　楊岐乍在屋壁疎(양기사재옥벽소)
　　滿床盡布雪眞珠(만상진포설진주)
　　縮卻項(축각항) 暗嗟吁(암차우)
　　翻憶古人樹下居(번억고인수하거)

그의 살림살이며 품격은 으레 이와 같았다.

주
:
1　　감사(監寺) : 절의 모든 사무를 맡은 직책. 사주(寺主).

173

일원상의 의미

앙산혜적(仰山慧寂)

앙산혜적(仰山慧寂, 807~887) 스님에게 어느 스님이 물었다.

"으레 스님께서 학인들에게 설법할 땐 원상(圓狀) 하나를 그려 보이거나 글자를 써 보이는 경우가 많은데 무슨 뜻입니까?"

"그것도 부질없는 일이지. 그대가 만일 깨달았다 하여도 밖에서 얻어 온 것이 아니며, 깨닫지 못하였다 하여도 잃어버림이 아니다. 이제 묻겠는데, 참선하는 도를 배울 때 여러 선림(禪林)의 노스님들이 그대 몸을 어디 가리키며 너의 불성이냐고 하면 말하는 것이 불성일까, 묵묵히 있는 것이 불성일까, 아니면 모든 것이 불성일까, 모든 것이 불성이 아닐까? 만일 말하는 것이 불성이라 한다면 마치 장님이 코끼리의 코와 귀와 어금니를 더듬는 격이며, 침묵을 불성이라 한다면 이는 무사무념(無思無念)이니 코끼리의 꼬리를 더듬는 격이다. 또한 말하지도 않고 침묵하지도 않는 것을 중도(中道)라고 생각한다면 코끼리의 등을 매만지는 격이며, 모든 것이 불성이라 한다면 이는 코끼리의 네 발을 더듬는 격이며, 모든 것이 불성이 아니라 한다면 이는 본래의 코끼리까지도 부정해 버리는 것이니 공견(空見)에 빠진 격이다. 수많은 장님들이 모두 코끼리를 보았다 말하지만 그들이 어떻게 코끼리 위에 올라앉아 저마다 다른 모습에 다른 이름을 붙여 온 줄을 알겠느냐?

그대가 육구(六句)를 깨치려 한다면 코끼리를 더듬지 않는 것이 제일이다. 지금 그대가 보고 느끼는 것을 불성이라 하지 말아야 할 것이며, 또한 불성이 아니라고도 말하지 말라.

이 때문에 조사가 말씀하셨다.

> 보리는 본래 있는 것이 아니나
> 그렇다고 보리 아닌 것도 없으니
> 기어코 보리 있는 곳을 찾는다면
> 몸이 다하고 겁이 지나도록 미혹하리라.
> 菩提本無是(보리본무시) 亦無非菩提(역무비보리)
> 更覓菩提處(갱멱보리처) 終身累劫迷(종신누겁미)

또 말하였다.

> 본래 한 물건도 없는데
> 어느 곳에 티끌이 있을까

本來無一物(본래무일물) 何處有塵埃(하처유진애)"

앙산스님의 사제 향엄지한(香嚴智閑, 799~898) 노스님도 이렇게 말했다.

또렷하고 분명하여 아무것도 붙은 것 없이
홀로 우뚝 섰으니 무엇을 의지하리
길 가다가 도 깨친 스님을 만나거든
침묵으로 말하지 말라.
的的無兼帶(적적무겸대) 獨立何依賴(독립하의뢰)
路逢達道人(노봉달도인) 莫將語黙對(막장어묵대)

내가 전에 어느 스님에게 물었다.
"이제 말 나누지도 침묵하지도 말고 대하라 한다면 어떻게 대하여야 하는가?"
그 스님이 미처 대답하기 전에 갑자기 경판(磬板)이 울리기에 내가 다시 말을 이었다.
"그대의 대답에 감사드리오."

174

생과 사의 처음과 끝

용수[龍勝]

용수[龍勝]보살은 다음과 같이 게를 지었다.

> 만일 먼저 생이 있고
> 뒤에 늙고 죽음이 있다 한다면
> 늙고 죽음 없이 생이 있고
> 생하고서도 늙고 죽음이 없게 된다
> 또한 늙고 죽음이 있은 뒤에
> 생이 있다 한다면
> 이는 무인(無因)이 되어
> 생이 없이 늙고 죽음이 있는 것이다.
> 若使先有生(약사선유생) 後有老死者(후유노사자)
> 不老死有生(불노사유생) 生不有老死(생불유노사)
> 若使有老死(약사유노사) 而後有生者(이후유생자)

是則爲無因(시즉위무인) 不生有老死(불생유노사)¹

이 게로써 중생의 생사관계를 보면 둥그런 고리에서 처음과 끝을 찾는 격이니 될 수 없는 이야기다. 그리하여 나는 머무르고 떠나는 사이에서 이 뜻을 깨달아 조금치라도 막힘이 없는 옛사람들에겐 물아(物我)가 둘이 아니었음을 알게 되었다.

주:

1 『중론(中論)』 권2 「관본제품(觀本際品)」(T30-16a).

175

마음에서 보는 작용을 여읜 경지
『유마경』

●

『유마경(維摩經)』에 말하였다.

"'잘 오셨습니다. 문수사리시여. 오지 않는 모습으로 오시고 보이지 않는 모습으로 보이셨나이다.'

이에 문수사리는 다음과 같이 말하였다.

'그렇습니다. 거사여! 만일 왔다면 다시는 오지 못할 것이며, 떠났다면 다시는 떠나가지 못할 것입니다. 왜냐하면 오는 자도 오는 곳이 없고 가는 자도 이를 곳이 없으며 보는 자도 전혀 다시 볼 것이 없기 때문입니다.'"[1]

또한 『기신론』에서는 "만일 마음에 보는 것[見]이 있으면 보이지 않는 모습[相]이 있게 되고 마음[心性]에 보는 것을 여의면 법계를 두루 관조한다"[2] 하였으니 그러므로 마음 밖에 법이 없어야 법계를 두루 관조한다는 뜻이 성립함을 알 수 있다.

만일 가고 오며 보는 것과 보이는 것[去來相見]이 있으면 바른 뜻을 잃게 된다. 예컨대 사람들은 바람[風]의 성품은 본디 '움직임'이라고 말하지만 전혀 그렇지 않은 것과 같다. 바람이란 본디 움직이는 것이 아니므로 다른 것들을 움직일 수 있다. 만일 먼저 움직임이 있다면 스스로의 본체를 잃어 다시는 움직일 수 없으니, 그렇다면 움직임을 아는 자라야만 한 번도 움직인 적이 없는 이유를 명백히 알 수 있다. 가고 옴이나 보는 것과 보이는 것 등도 마찬가지다.

주
:
1 『유마힐소설경(維摩詰所說經)』권2「문수사리문질품(文殊師利問疾品)」(T14-544b).
2 『대승기신론(大乘起信論)』(T32-579ab).

176

한마디 말 듣고 자손을 가려냄

동산효총(洞山曉聰)

　동산효총(洞山曉聰, ?~1030) 스님은 소주(韶州) 곡강현(曲江縣) 사람으로, 문수(文殊) 응천진(應天眞) 스님을 친견하였다. 처음 여산(廬山)을 돌아다닐 때 스님을 아는 사람이 없었다. 당시 운거도응(雲居道膺, ?~902) 스님의 법회가 가장 융성하였는데 효총스님은 그곳의 등두승(燈頭僧, 등불 관리자)으로 있었다.

　한번은 여러 스님들의 이야기를 들어보니, 얼마 전 사주(泗州)의 승가대사[僧伽婆羅(승가바라), 460~524]가 양주(楊州)에 나타났다고 하자 한 스님이 "그는 사주(泗州)의 대성이신데 어째서 양주에 나타났을까?"라고 의심하였다. 이에 스님이 말하였다.

　"군자는 재물을 사랑하지만 재물을 취하는 데에는 도가 있다."

　이 말에 모든 스님들은 크게 웃었다. 어느 스님이 연화봉 상암주(祥庵主)에게 갔을 때 이 이야기를 말하니, 상암주는 크게 놀라며 "운문의 자손이 아직도 남아 있구나." 하고 밤중에 운거산(雲居山)

을 향하여 절을 올렸다. 이를 계기로 효총스님의 이름은 총림에 널리 알려지게 되었다.

상암주는 봉선도심(奉先道深, 운문문언의 제자) 스님의 법제자였는데 지견이 매우 높고, 기세는 여러 스님을 압도하였다. 한번은 대중에게 설법하였다.

"이 일은 가장 급하고 간절한 일이다. 반드시 밝혀내야 비로소 되었다 하리라. 만일 밝게 깨달았다 하더라도 얽매임이 없어야 어느 곳에서나 편안하고 한가로울 수 있으며, 또한 마음을 억누르려 해서도 안 되니 모름지기 자연스럽게 옛 발자취에 부합되어야 한다. 이제 겨우 공부할 단계에서 벗어나는 도리를 불법이라고 생각하면 언제나 마음이 쉬어질 수 있겠는가?"

상좌가 그만 하시라고 청하여도 이렇게 함께 있는 것이 좋다고 하였다. 임종 때에는 법당에 올라 주장자를 들어 올리며 대중에게 설법하였다.

"말해 보아라. 옛 부처가 여기 오셨는데 무엇 때문에 머무르려 하지 않는가를."

아무도 대답하지 못하자 다시 스스로 말하였다.

"그들이 가는 길에 힘을 얻지 못하였도다."

또 말하였다.

"어떻게 하면 힘을 얻을 수 있는가?"

그리고는 주장자를 어깨 위에 비껴 얹으면서 말했다.

지팡이 비껴 메고 사람 돌아보지 않은 채
천봉만학(千峰萬壑) 깊은 곳으로 들어가오.
柳標橫擔不顧人(즐표횡담불고인)
却入千峰萬峰去(각입천봉만봉거)

말을 마치고 열반하니, 아! 오늘날의 학인들은 식견과 취향이 옛 분들과 어쩌면 그렇게도 동떨어지는지.

상암주는 효총 등두(燈頭)의 한마디 말을 듣고서도 그가 운문의 자손임을 알았으며, 뒷날 그의 예언을 벗어나지 않았는데, 오늘날엔 얼굴을 마주하고 일생 동안 논변을 하면서도 삿된지 바른지를 가리지 못하는 사람마저 있다. 그 까닭은 무엇일까? 스님이 생사의 갈림길에서 이처럼 초연하고 자유로울 수 있었던 사실로 미뤄보아 평소에 드높은 수행이 있었음을 알 수 있다. 그러나 애석하게도 그의 법통을 계승한 자가 없다.

상암주는 서봉운활(西峰雲豁) 스님과 형제지간이다.

177

『전등록』의 잘못된 기록

법정(法正)

백장산(百丈山)의 제2대 법정(法正)스님은 대지회해(大智懷海, 720~814) 스님의 상수 제자이다. 스님은 과거에 『열반경』을 외울 뿐 이름을 밝히지 않았으므로 당시 사람들은 스님을 '열반화상(涅槃和尙)'이라 하였다. 백장회해 스님의 법회를 이룩하는 데 스님의 공이 가장 컸으며, 대중의 마음을 열어 주고 대의를 설법한 자 역시 스님이었다. 황벽희운(黃檗希運, 751~850) 그리고 고령신찬(古靈神贊, 백장회해의 제자) 스님과 같은 큰스님도 모두 스님을 존경하였고, 당(唐)의 문장가 무익황(武翊黃)이 비문을 자세히 지었으며 유공권(柳公權)의 글씨는 고금에 뛰어난 걸작이다.

그러나 『전등록』에 실려 있는 백장유정(百丈惟政) 스님 또한 마조도일(馬祖道一, 709~788) 스님 법사(法嗣)의 계열에 부쳐 두고 있는데 이는 잘못된 기록이다. 그리고 『정종기(正宗記)』를 살펴보면 유정법정(惟政法正)이라 기록되어 있다. 백장의 몇 대 손임을 헤아릴 수 있는데도 명교설숭(明敎契嵩, 1007~1072) 스님은 그 이름만을 보고서 분간하지 않고 그대로 두었다.

 이제는 당연히 유공권의 비문에 의하여 오기(誤記)를 바로잡아야 한다.

178

생멸 없는 법

영명연수(永明延壽)

●

옛 부처님의 게에서는 이렇게 말했다.

　누군가 길에 흙을 파 놓으니
　다른 사람이 불상을 만들었네
　어리석은 이는 불상이 생겼다 하고
　지혜로운 자는 흙길이라 한다
　뒷날 관리가 지나는 길에
　다시 불상으로 길을 메우니
　상이 본래 생멸(生滅)이 없듯이
　길 또한 예나 제나 다름이 없어라.
　如人堀路土(여인굴로토) 私人造爲像(사인조위상)
　愚人謂像生(우인위상생) 智者言路土(지자언노토)
　後時官欲行(후시관욕행) 還將像塡路(환장상전로)

像本無生滅(상본무생멸) 路亦非新故(노역비신고)[1]

또 다른 게에서 말했다.

    온갖 색과 심이 나타날 때는
    마치 금은이 가만히 생기듯
    금마다 이름이 다르지만
    금에는 차이가 없는 법.
    諸色心現時(제색심현시) 如金銀隱起(여금은은기)
    金處異名生(금처이명생) 與金無前後(여금무전후)[2]

그러므로 문수사리께서 설하셨다.

    이 법회의 모든 착한 일이란
    원래부터 아무것도 한 일이 없는 것
    일체 법도 마찬가지니
    모든 것이 전[前際]과 같을 뿐.
    此會諸善事(차회제선사) 從本未曾爲(종본미증위)
    一切法亦然(일체법역연) 悉等於前際(실등어전제)[3]

이 때문에 정작 지을[作] 때에는 지음이 없으니 짓는 자[作者]가 없기 때문이며, 정작 할[爲] 때에도 함이 없으니, 자성(自性)이 없기 때문이다. 그러므로 만법에 내맡기어 자재하며, 무생(無生)의 경지와 같아져야만 바야흐로 자석이 쇳가루를 빨아들이는 것이 아니며 무명(無明)이 모든 행(行)에 인연하지 않음을 알게 된다.

방온(龐蘊, ?~808) 거사가 열반하면서 다음과 같은 게송을 남겼다.

> 허공꽃은 그림자를 떨어뜨리고
> 아지랑이 파도 위에 일렁인다.
> 空花落影(공화낙영) 陽焰飜波(양염번파)

영명연수(永明延壽, 905~976) 스님은 그의 게송을 음미하며 감탄하였다.

"이는 있다 없다 하는 견해[有無之見]에 떨어지지 않고 무생(無生)의 뜻을 잘 깨친 것이다."[4]

학자들은 깊이 살펴보아야 한다.

주
:

1   『종경록(宗鏡錄)』 권22(T48-537c).
2   『종경록(宗鏡錄)』 권30(T48-594b).
3   『종경록(宗鏡錄)』 권22(T48-537c).
4   『종경록(宗鏡錄)』 권22(T48-537c).

179

마음의 움직임이 번뇌에 막힘
『대지도론』

『대지도론(大智度論)』에서는 다음과 같이 논하였다.

"또한 누군가 '땅[地]은 견고하지만 마음[心]은 형태와 질량[形質]이 없다'고 말한다면 모두 허튼 이야기이다. 이러한 고로 부처님께서는 '마음의 힘이란 커서 반야바라밀을 행하므로 이 대지를 흩어 작은 티끌로 만든다'고 말씀하셨다.

땅이란 색·향기·맛·감촉·무게가 있기에 그 자체에는 작용이 없고 물은 냄새가 적으므로 그 작용은 땅보다 낫고, 불은 향기와 맛이 적으므로 그 힘은 물을 이기고, 바람은 색·향기·맛이 적으므로 그 움직임이 불보다 나은 것이다.

마음에는 이 네 가지[四大]가 없기에 그 힘이 크다. 그러나 마음은 번뇌가 많아 서로 얽히게 되기 때문에 그 힘이 적어진다.

우선 새어나감이 있는 선심[有漏善心]은 비록 번뇌가 없다 하여도 마음이 제법(諸法)의 상(相)을 취하므로 그 힘 또한 적어진다. 또한 성문·연각의 새어나감이 없는 마음[無漏心]은 비록 '상(相)'을 취하지 않는다 하여도 지혜에 한계가 있다. 그리하여 무루(無漏)의 도에서 벗어날 때에는 6정(六情)이 세속에 따라서 분별하여 제법의 상을 취하기에 마음의 힘을 다하지 못하게 된다.

제불과 대보살의 지혜는 한량없고 가없어 항상 선정(禪定)에 안주하니, 세간과 열반의 분별이 없다. 제법의 실상(實相)은 실제로 차이가 없지만 지혜에는 우열이 있다. 그러므로 반야바라밀을 행하는 자는 완전히 청정하여 장애가 없어 한 생각 가운데 시방의 모든 것, 즉 항하의 모래알처럼 수많은 삼천대천세계의 국토, 대지, 산, 그리고 작은 티끌마저 흩어 버린다. 그러므로 그의 마음에는 이와 같은 큰 힘이 있음을 알 수 있다. 그러나 중생은 망(妄)이 가로막혀 스스로 깨닫지 못하고 있는 것이다."[1]

내 바라오니, 이 법문을 듣는 자는 선정을 닦고[隨順] 스스로 수행하여 본디 청정한 깨달음의 본체와 계합해야 한다. 이것은 무슨 일을 착수하거나 힘들여 하는 어려운 일이 아니라 마음만을 가다듬으면 되는 일이다. 오늘날 절은 어디에나 널려 있고 먹을 것 입을 것은 늙어 죽는 날까지 넉넉하여, 사람이 살아가는 데 걱정거리가 되는 것이라곤 아무것도 없는데, 여기에 뜻을 두지 않는다면 부처의 은덕을 저버리는 일이 아니겠는가.

주
:
1 『대지도론(大智度論)』 권32(T25-299c). 『임간록』이 실제로 인용한 것은 『종경록(宗鏡錄)』 권9(T48-464a).

180

경복스님 상찬 및 게송 5수

　경복(景福) 순(順, ?~1094)스님은 서촉(西蜀) 사람이다. 식견이 넓고 제자를 가르침에 알뜰하고 자상하여 총림에서는 스님을 어머님처럼 따랐다. 지난날 황룡(黃龍, 1002~1069)스님에게 법을 얻고 서촉에서 나올 때 원통거눌(圓通居訥, 1009~1071) 스님과 동행하였다가 얼마 후 대각회연(大覺懷璉, 1010~1090) 스님과 함께 오랫동안 행각하였다. 스님의 상(像)에 누가 이런 찬을 썼다.

　　거눌과 함께 길을 떠나고
　　회연과 한곳에 살다
　　혜남에게 법을 받은
　　혜남의 맏이어라.
　　與訥偕行(여눌해행) 與璉偕處(여연해처)
　　得法於南(득법어남) 爲南長子(위남장자)

그러나 스님은 맺은 인연이 적어 살던 곳은 모두가 뚝 떨어진 작은 절이었다. 이에 학인이 문전을 지나가면서도 스님을 아는 사람이 없었으며, 스님 또한 초연히 스스로 즐기며 세상사를 눈앞에 스쳐 지나가는 한낱 티끌로 여겼다. 향년 80여 세를 일기로 향성산(香城山)에서 가부좌한 채 열반하였는데 스님의 얼굴빛은 살아 있는 사람처럼 변함없었다고 한다.

평소 반연지(潘延之)와 우의가 두터웠는데, 열반할 때 사람을 보내어 영결을 나누려 하였지만 그가 도착하였을 때는 스님이 이미 세상을 떠난 후였다.

스님은 대부분 게로써 법문[示衆]하였는데 모두가 덕담이었다. 게는 다음과 같다.

여름날엔 사람마다 부채 들어 부치고
겨울이면 화로 가득 숯불이 이글거리네
만일 여기에서 완전히 깨달으면
진겁의 '무명'도 그 자리에서 녹으리라.
夏日人人把扇搖(하일인인파선요)
冬來以炭滿爐燒(동래이탄만로소)
若能於此全知曉(약능어차전지효)
塵劫無明當下消(진겁무명당하소)

또한 '조주감파(趙州勘婆)'[1] 공안에 대하여 말하였다.

조주스님 노파에게 길을 물으니
'곧바로 가시오!' 하네
모두들 노파를 시험했다 하는데
노파여, 그대가 설욕할 곳이 없구나.
趙州問路婆子(조주문로파자) 答云直與麽去(답운직여마거)
皆云勘破老婆(개운감파노파) 婆子無爾雪處(파자무이설처)

많은 스님들이 이 게를 들어 설하였다.
또한 '황룡삼관(黃龍三關)'[2]에 대한 게송은 다음과 같다.

양자강에 구름은 흩어져 날고 물결은 도도한데
홀연히 일진광풍이 부니 물결이 드높구려
어부의 현묘한 뜻은 알지 못하고
기어코 물결 속에서 바람을 일으켜 파도를 이루는구나.
長江雲散水滔滔(장강운산수도도)
忽爾狂風浪便高(홀이광풍낭변고)
不識漁家玄妙意(불식어가현묘의)
偏於浪裏颭風濤(편어낭리점풍도)

남해 페르시아인 장안 땅 찾아와
값진 보물 있다 하며 흥정을 벌이는구나
천민도 만나고 귀족도 만나는 중에
서산에 해 기우니 산 그림자 길어지네.
南海波斯入大唐(남해파사입대당)
有人別寶便商量(유인별보변상량)
或時遇賤或時貴(혹시우천혹시귀)
日到西峰影漸長(일도서봉영점장)

황룡사 노화상이여
'생연'이란 화두 남기시니
산승이 그 법을 이었지만
오늘은 그대 위해 말하리라
그대 위해 고양이를 들었더니
오로지 쥐만 잡을 줄 아누나.
黃龍老和尙(황룡노화상) 有箇生緣語(유개생연어)
山僧承嗣伊(산승승사이) 今日爲君擧(금일위군거)
爲君擧猫兒(위군거묘아) 偏解捉老鼠(편해착노서)

주
:

1 　조주감파(趙州勘婆) : 조주종심(趙州從諗, 778~897)이 사는 오대산(五臺山) 길목에 한 노파가 살았다. 스님들이 오다가 "오대산은 어디로 가오?"하고 물으면 노파는 "곧장 가시오." 하고, 그 스님이 서너 걸음 내딛으면 "멀쩡한 스님이 또 저렇게 가는구나." 하였다. 나중에 어떤 스님이 선사에게 이 일을 이야기했더니, 선사가 "내가 그를 감정해 보리라." 하였다. 이튿날 가서 그렇게 물으니 노파는 역시 그렇게 대답하였다. 선사는 그대로 돌아와서 대중에게 "내가 그대들을 위해 그 노파를 감정했다." 하였다.
2 　황룡삼관(黃龍三關) : 황룡혜남(黃龍慧南, 1002~1069)이 처음으로 제창한 세 개의 관문인데, 생연(生緣)과 불수(佛手)와 여각(驢脚)을 말한다. 『임간록』 '10. 황룡스님의 삼관 화두' 참조.

181

불법의 대의를 묻는 거사에게 답함

운암극문(雲庵克文)

주현모(朱顯模) 세영(世英)은 지난날 남창(南昌) 태수(太守)로 있을 무렵 운암극문(雲庵克文, 1025~1102) 스님을 알았으며, 얼마 후 강동의 조운관(漕運官)으로 옮겨가게 되었다. 이에 서신을 보내어 불법의 대지(大旨)를 물으니 운암스님은 다음과 같이 답하였다.

"보내 온 서신에 불법을 물어 왔는데 불법이란 지극히 오묘하여 둘이 아닙니다. 그러나 오묘한 경지에 이르지 못하면 차이가 생기지만 참으로 오묘한 경지에 이르면 곧 마음을 깨친 사람입니다. 자기 마음이 본래 완전한 부처라서 참으로 자유자재하고 안락하며 해탈 청정함을 압니다.

그리하여 일상생활에 스스로의 마음을 쓸 뿐이니, 자기 마음이 변하는 대로 하더라도 옳고 그름에 걸리지 않습니다. 그러므로 마음으로 헤아리는 것은 이미 불법이 아닙니다. 마음에 헤아림이 없어야 천진하고 모든 것이 밝아 마치 연꽃이 물에 젖지 않는 것처럼 맑게 됩니다. 그러므로 자기 마음에 미혹하면 중생이고 자기 마음을 깨치면 부처이니, 중생이 곧 부처이며 부처가 곧 중생인데 미혹하냐 깨달았냐에 따라 피차의 구별이 있는 것입니다.

요즈음 납자들은 많은 사람이 자기 마음을 믿지 않고 자기 마음을 깨닫지 못하므로 묘하고 밝은 자기 마음의 작용[受用]을 얻지 못하며, 자기 마음의 안락한 해탈을 얻지 못합니다. 그리고는 부질없이 마음 밖에 선(禪)과 도가 있다 하여 허망하게 특별한 것을 내세워 망령되게 취사선택하는 마음을 일으키니, 아무리 수행을 한다 해도 외도와 이승(二乘, 성문·연각)의 선적(禪寂, 고요함에 빠지는 선)과 단견(斷見)의 경계에 떨어지게 됩니다."

운암스님은 일시의 병폐를 고쳐 보려는 의도에서 이 말씀을 하셨으나 그 뜻은 매우 분명하여 사람들의 우매함을 깨우쳐 줄 수 있겠기에 내 여기에 기록하는 바이다.

182

황제와의 초연한 만남

종본(宗本)

　종본(宗本, 1021~1100) 큰스님께서 칙명으로 대상국사(大相國寺) 혜림선원(慧林禪院)의 주지로 있을 무렵 황제를 알현하게 되었다. 이에 관리들은 며칠이고 알현 의식을 되풀이하였다. 그러나 막상 신종(神宗)이 편전(便殿)에 나와 스님을 바라보니 스님은 다만 먼 산만 볼 뿐이었고, 부르니 편전으로 달려 올라갔다. 신종이 자리를 내어 주니 자리 위에 편안히 가부좌로 앉았다. 이에 보좌하는 관리들은 놀라 서로가 멀뚱멀뚱 바라보았지만 스님은 태연자약하였다. 차를 내리시어 찻잔이 이르자 찻잔을 들어 단숨에 들이키고는 찻잔을 흔들어 댔다.

　황제가 어느 절에서 공부하였느냐고 묻자, "승천(承天) 영안(永安)"이라 대답하였다. 이는 소주(蘇州)의 승천사 영안선원을 말한 것이다. 황제는 크게 기뻐하고 오랫동안 이야기하였다. 스님께서 물러나자 황제는 눈인사로 작별의 뜻을 표하고 곁에 있던 신하에게

"참으로 복 있는 스님이다." 하였다.

시자가 물었다.

"스님께서는 황제를 뵈었을 때 어떻게 하셨습니까?"

"차 마시고 이야기 나누었지!"

스님의 타고난 성품은 아름답고 순수하며 하시는 말씀은 간단명료하고 진솔하니, 참으로 그 초연함을 우러러볼 만하다.

183

사료간(四料簡)과
오위군신(五位君臣)의 게송

탁주(涿州)의 극부(剋符) 도인은 임제(臨濟, 767~866)스님을 친견하였으며 기변(機辯)이 뛰어났다. 종문(宗門)에서는 사료간(四料簡)[1]으로 불조의 종지를 삼았는데 게를 지어 그 뜻을 밝혔다.

사람은 빼앗아도 경계는 뺏지 않는다 함은
스스로 뒤섞임과 그릇됨의 인연 때문
현묘한 뜻을 구하고자 생각하다가
헤아리면 도리어 꾸지람을 얻는 법
빛나는 여의주 광채 현란하지만
달그림자 너울너울
객체와 본체가 다름이 없으면
도리어 그물 속에 갇혀 버리리.
奪人不奪境(탈인불탈경) 緣自帶諕訛(연자대효와)

擬欲求玄旨(의욕구현지) 思量反責麽(사량반책마)
驪珠光燦爛(여주광찬란) 蟾桂影婆娑(섬계영파사)
覿體無差互(적체무차호) 還應滯綱羅(환응체강라)

경계는 빼앗아도 사람을 빼앗지 않는다 함은
그 말뜻 찾아보니 어느 곳을 말했는지
선을 물으면 그 선은 망령이요
이치를 생각하면 그 이치 못 얻는 것
햇살 내리쬐니 말쑥한 기상 담담하고
산이 아득하니 푸른 빛 새로워라
설령 현묘한 뜻 얻었다 해도
두 눈엔 껄끄러운 티끌이라네.

奪境不奪人(탈경불탈인) 尋言何處言(심언하처언)
問禪禪是妄(문선선시망) 究理理非親(구리이비친)
日照寒光淡(일조한광담) 山遙翠色新(산요취색신)
直饒玄會得(직요현회득) 也是眼中塵(야시안중진)

사람과 경계 모두 빼앗는다 함은
예전부터 바른 법 행했으니
부처니 조사니 논하지 말라
어떻게 성인과 범인의 마음을 말하리

천하 명검을 만지려다
도리어 나무에 부딪치는 장님되는 격
앞으로 나아가 묘한 깨침 찾아
분발하여 정령(精靈)을 일신하오.
人境兩俱奪(인경양구탈) 從來正今行(종래정금행)
不論佛與祖(불론불여조) 那說聖凡情(나설성범정)
擬犯吹毛劍(의범취모검) 還如値木盲(환여치목맹)
進前求妙會(진전구묘회) 特地斬精靈(특지참정령)

사람과 경계 모두 빼앗지 않는다 함은
생각해도 치우친 마음 없고
주인과 객의 말이 다르지 않아
주고받는 말 가운데 진리 모두 온전하니
맑은 연못 밝은 달 밟아 나가고
파란 저 하늘 열어젖힌다
묘한 작용을 밝히지 못하면
구렁텅이 빠진 몸 인연 없으리.
人境俱不奪(인경구불탈) 思量意不偏(사량의불편)
主賓言不異(주빈언불이) 問答理俱全(문답리구전)
踏破澄潭月(답파징담월) 穿開碧落天(천개벽락천)
不能明妙用(불능명묘용) 淪溺在無緣(윤익재무연)

동산오본(洞山悟本, 807~869) 스님은 '5위군신(五位君臣)'[2]으로 강요(綱要)의 표준을 삼고, 또한 스스로 게를 지어 그 아래에 붙였다.

'정중편(正中偏)'이라

야반삼경 깊은 밤 밝은 달 아래

만났으되 서로를 알아보지 못하였다 탓하지 마오

가슴속에 끈끈히 지난날의 미움 생각하네.

正中偏(정중편)

三更初夜月明前(삼경초야월명전)

莫怪相逢不相識(막괴상봉불상식)

隱隱猶懷昔日嫌(은은유회석일혐)

'편중정(偏中正)'이라

눈 어두운 노파 옛 거울 마주하여

얼굴을 비춰 봐도 다를 것 없어라

자기 얼굴인 줄 모르고 그림자라 잘못 알지 마오.

偏中正(편중정)

失曉老婆逢古鏡(실효노파봉고경)

分明覿面更無他(분명적면갱무타)

休更迷頭猶認影(휴갱미두유인영)

'정중래(正中來)'라

'없는' 가운데 세상사 벗어날 길 있으니

오늘날의 금기사항 범하지 않는다면

전조에 혀 잘린 재사보다야 천만 번 나으리.

正中來(정중래)

無中有路出塵埃(무중유로출진애)

但能莫觸當今諱(단능막촉당금휘)

也勝前朝斷舌才(야승전조단설재)

'편중지(偏中至)'라

두 칼날 부딪칠 때 피하지 않으니

그 또한 좋은 적수 불 속의 연화처럼

분명히 하늘에 솟구치는 기상 간직하네.

偏中至(편중지)

兩刃交鋒不須避(양인교봉불수피)

好手還同火裏蓮(호수환동화리연)

宛然自有衝天氣(완연자유충천기)

'겸중도(兼中到)'라

'유무'에 떨어지지 않고서 그 누가 융화하랴

누구나 보통사람보다 훌륭하길 원한다면

명백히 깨달아 숯더미 속으로 돌아가 앉으시오.

兼中到(겸중도)

不落有無誰敢和(불락유무수감화)

人人盡欲出常流(인인진욕출상류)

折合還歸炭裏坐(절합환귀탄리좌)

임제와 동산 두 종파[兩宗波]에서는 서로 큰 법을 밝혔으나 이 게송의 구절은 세인들이 베껴 쓰는 과정에서 수없이 뒤바뀌게 되고, 자신들의 생각을 고집하느라 옛 스님의 뜻을 잃기까지 하였다. 나는 이 점을 안타깝게 생각해 오다가 오늘날에야 여기에 고본(古本)을 기록하여 많은 전사본(傳寫本)의 오기(誤記)를 바로잡는다.

주
:

1 사료간(四料簡, 네 가지 표준) : 주관과 객관의 차별이 무화(無化)된 평등한 경계에 이르는 네 단계. 인경(人境)의 대법(對法)을 써서 설명하는데, 인(人)은 인식주관, 경(境)은 객관대상을 말한다. '탈인불탈경(奪人不奪境)'은 자기를 부정하고 객관대상을 관찰함. '탈경불탈인(奪境不奪人)'은 바깥경계를 부정하고 안으로만 몰입함. '인경양구탈(人境兩俱奪)'은 주관과 객관을 모두 부정하여 차별 없는 경계에 이름. '인경구불탈(人境俱不奪)'은 주관과 객관을 있는 그대로 받아들임.

2 5위군신(五位君臣) : 오편오위(五偏五位)라고도 한다. 정(正)은 이(理)·체(體)·공(空) 등이고, 편(偏)은 사(事)·용(用)·색(色) 등의 뜻이다. 여기서 이(理)와 사(事)의 대법(對法)으로 설명하자면, '정중편(定中偏)'은 이(理)를 바탕으로 사(事)를 체현함. '편중정(偏中正)'은 사(事)를 통해 이(理)로 들어감. '정중래(正中來)'는 정위(定位)를 독립적으로 드러냄. '편중지(偏中至)'는 연(緣)에 따라 주는 편위(偏位)를 드러냄. '겸중도(兼中到)'는 이사(理事)가 동시에 없어짐을 말한다.

184

생사화복의 갈림길에서 초연함

보본혜원(報本慧元)

　보본혜원(報本慧元, 1038~1091) 스님은 고고하고 강경한 성품으로 풍모가 몹시 드높고 태도가 단정하여 하루 종일 반듯하게 앉아 정진하니, 혜남(慧南, 1002~1069)스님의 문하 제자 가운데 그 수행을 따를 자는 오로지 혜원스님뿐이었다.

　스님이 처음 개법하였을 때 법을 이었다는 사실을 인가해 달라는 서신을 보내자 혜남스님은 그의 이름을 보고서 "내 우연히 이 스님을 잊고 있었구나." 하고 서찰을 가져온 자에게 "서찰을 뜯어보고 싶지 않으니, 몸소 나를 찾아오라고 하여라." 하였다. 그가 되돌아가 이를 알리자 스님은 그날로 행장을 꾸려 찾아가다가 예장(豫章)에 이르러 혜남스님이 열반했다는 소식을 듣고 그곳에 머물러 탄식하였다. 때마침 조심회당(祖心晦堂, 1025~1100) 노스님이 성에서 나오다가 만나 이야기를 나누어 보고는 기특하게 생각하여 노스님과 만나지 못하게 된 일을 한스러워하였다.

스님이 동오(東吳) 땅에 불법을 펴자 귀의하는 자들이 구름처럼 모여들었다. 한번은 손수 식량을 구걸하여 배에 싣고 돌아오는데 한밤중에 도적이 쳐들어오자 뱃사람들은 아비규환이 되었다. 그러나 흰 칼날이 눈앞에 번뜩이는데도 스님은 편히 앉아 태연자약하게 천천히 말하였다.

"갖고 있는 물건들을 모조리 줄 테니 사람들을 해치지는 말아라."

도적이 떠난 후 새벽이 되어 사람들이 돌아와 배를 살펴보며 죽었으려니 했었는데 스님은 보통 때와 같이 화사한 얼굴에 정신이 또렷하였다. 뒷날 생사와 화복(禍福)의 갈림길에서도 초탈하여 이처럼 얽매임이 없었다.

185

염불참회

연경홍준(延慶洪準)

연경홍준(延慶洪準) 스님은 계림(桂林) 사람으로 여러 해 동안 황룡혜남(黃龍慧南, 1002~1069) 스님과 교류하였다. 타고난 천성이 순수하고 지극하여 일찍이 남의 마음을 거슬리는 일이 없었다. 다른 사람의 착한 점을 이야기 들으면 마치 자기가 한 것처럼 좋아하여 양미간에 기쁜 기색이 돌았다. 한편 다른 사람의 나쁜 일을 들으면 반드시 합장하고 하늘을 우러러 깊은 참회에 잠긴 듯하니, 이를 본 사람들은 모두 웃지 않을 수 없었다. 스님의 참다운 성의는 이와 같이 시종 한결같았다.

만년엔 사중의 일을 맡아보지 않고 한계사(寒溪寺)에 주석하였는데 그 당시 나이는 이미 80세가 넘었다. 스님은 평소 아침저녁으로 다른 일은 하지 않고 먹고 잠자는 이외에는 오로지 범음(梵音)을 외며 관세음보살을 부를 뿐이었다. 임종 때에는 문도들은 모두 음식 공양하러 떠나 버리고 머슴 한 사람만 있었다. 스님은 경쇠[磬]

를 들고서 토지신을 모신 사당 앞에 앉아 『공작경(孔雀經)』을 한 차례 외우고 결별을 고했다. 그런 뒤 편히 앉아 눈을 감았는데 사흘 동안 앉은 그대로 몸이 기울지 않았다. 마을 사람들이 빙 둘러서서 친견하자 스님은 갑자기 눈을 뜨고 바라보며 미소를 지으면서 땅에 앉으라 하였다. 얼마 후 문도들이 들어오자 스님이 그들을 불러 오른편에 서게 하고 손을 잡으니 마치 끓는 밥처럼 뜨거웠다. 한참 후 고요하기에 살펴보니, 스님은 벌써 세상을 떠난 후였다. 그러나 얼굴색이 변하지 않고 양 볼이 붉어 마치 산사람 같았다. 이에 문도와 속인들은 스님의 소상(塑像)을 만들어 감실(龕室)에 봉안하였다.

나는 지난날 스님이 살던 토굴을 지나는 길에 찾아뵙고 일생 동안 남모르게 수행하고 은밀히 도를 펴면서도 세상에 알려지기를 구하지 않는 고매함에 감탄하였는데 생사의 갈림길에서도 이와 같이 초연하니, 참으로 대장부이다.

8지(八地)보살이 무생법인(無生法忍)을 깨달아 일체 만법을 허공처럼 관하여도 이는 오히려 무심을 점차로 증득한 점증무심(漸證無心)이고, 10지(十地)의 경지에 이르러도 두 가지 번뇌[二愚]가 남아 있으며, 등각(等覺)에 들어가서도 조금도 무명(無明)이 다하지 않고 가느다란 실연기처럼 남아 있기에 아직 참회를 하는 것이다. 홍준 스님께서 염불을 하며 관세음을 부른 것 또한 스스로를 다스린 일이다.

186

깨끗한 비구의 몸에서 나온 빛

황룡혜남(黃龍慧南)

혜남(慧南, 1002~1069)스님이 적취암에 머무르던 어느 날 밤, 고요히 앉아 있는데 몸에서 광채가 쏟아져 방을 비추자 외부 사람에게 말하지 말도록 시자를 경계시켰다. 명교설숭(明敎契嵩, 1007~1072)스님이 입적하여 다비했을 때, 정수리뼈·눈·치아·혀·귓밥·남근(男根) 따위에서 나온 사리는 부서지지 않고 깨끗하였다.

그것은 "비구의 몸이 파괴되지 않은 채 무구지광(無垢智光)이 나오는 자는 선근(善根) 공덕의 힘이며 여래 지견(知見)의 힘 때문이니라." 하신 세존의 말씀과 일치되었다. 그러므로 모름지기 행주좌와(行住坐臥)에 안팎을 청정히 하여야 한다. 두 노스님은 오늘날 우리가 직접 보고 들을 수 있었던 분들로 다른 세상의 사람이 아닌데도 유달리 이처럼 남다른 경지에 이르렀던 것은 일생 동안 도를 실천하여 분명한 체험을 얻었기 때문이 아니겠는가?

내 일찍이 게송 두 수를 지었다.

여래 공덕의 힘은
안팎이 모두 청정하니
생각 일어나도 따르지 않으면
자연히 마음에 병이 없으리.
如來功德力(여래공덕력) 內外悉淸淨(내외실청정)
念起勿隨之(염기물수지) 自然心無病(자연심무병)

그 몸은 불조와 같사오며
그 도는 인천의 보호를 받네
계율이 청정하면 인천의 복이 되고
마음이 비면 불조와 한 몸이라네.
形與佛祖等(형여불조등) 道致人天護(도치인천호)
戒淨福人天(계정복인천) 心空同佛祖(심공동불조)

187

문열스님의 부도를 참배함

내 일찍이 몇 명의 스님들과 운봉문열(雲峰文悅, 997~1062) 스님의 부도를 배알하게 되었다. 절을 올리고 일어나 탑을 어루만지면서 자문자답(自問自答)하였다.

"살아 계십니까? 돌아가셨습니까?"

한참 후 스스로 답하였다.

"이 탑을 밀쳐 자빠뜨릴 수 없구나."

이 말에 곁에 있던 승려가 말하였다.

"오늘 상황이 바로 도오(道吾)스님의 인연 같습니다."

그래서 게를 지어 설법하였다.

알지 못하면 바로 묻고
보지 못하면 다른 사람에게서라도 받아와야 하지만
원만히 앞에 나타나 있는데

무얼 다시 말하랴

단단한 육체에도

생로병사로 인하여

앞에 놓인 이 탑을

밀쳐 자빠뜨릴 수 없구나.

不知卽問(부지즉문) 不見卽討(불견즉토)

圓滿現前(원만현전) 何須更道(하수갱도)

維堅密身(유견밀신) 生死病老(생사병노)

面前塔子(면전탑자) 不可推倒(불가추도)

188

생멸 없는 자리에서 오고감을 보이심

엄(儼)

　남안암(南安巖)의 엄(儼)스님은 정광불(定光佛)의 응신(應身)이라 세상에 전해 오고 있다. 남다른 일이 매우 많았고 스스로 전기를 남기기도 하였다. 그러나 전기에는 스님이 법을 얻은 은사 스님의 이름이 실려 있지 않고 오직 서봉(西峰)이라 씌어 있을 뿐인데 서봉은 여릉(廬陵)에 있다.

　북송 진종(眞宗, 968~1022, 재위 998~1022) 때에 운활(雲豁)스님이란 분이 있었는데 봉선도심(奉先道深) 스님의 훌륭한 제자였다. 봉선도심 스님은 운문(雲門, 864~949)스님을 친견하였는데 당시 훌륭한 고승으로는 스님을 능가할 사람이 없었으며, 오직 청량지명(淸涼智明) 스님만이 그와 이름을 나란히 할 수 있어서 심(深)과 명(明) 두 스님이라 불렸다.

　엄(儼)스님은 평소 게를 지어 설법을 많이 하였는데, 끝부분에는 반드시 '증이지중(贈以之中)' 네 글자를 썼으나 아무도 그 뜻을 알지 못하였다. 임종하면서 대중에게 말하였다.

"너희들은 꼭 알아야 한다. 현묘한 불성은 확 트여 본래 생멸(生滅)이 없다. 가고 옴을 보일 뿐이니, 여기에 무슨 의문이 있겠느냐? 나는 오늘 태어나는데 지금이 바로 그 시각이다."

말을 마치고 오른쪽으로 몸을 돌려 편히 누운 채 열반했다 한다.

스님이 막 입적할 때 "나는 오늘 태어나는데 지금이 바로 그 시각이다."라고 한 말을 나는 다시금 음미해본다.

189

연수스님의 『종경록』

내 지난날 동오 지방을 돌아다니다가 서호(西湖) 땅 정자사(淨慈寺)에 머무르게 되었는데 살림채 동서편의 회랑 쪽에 웅장하고 화려한 두 채의 누각이 있었다.

그곳 노승이 나에게 다음과 같은 이야기를 들려주었다.

"영명연수(永明延壽, 905~976) 스님은 현수(賢首)·자은(慈恩)·천태(天台)의 3종(三宗)이 서로 얼음과 불같이 어울리지 못하여 불법의 완전한 뜻을 알지 못하겠기에, 문도 가운데 종법(宗法) 대의에 정통한 자를 선발하여 양 누각에 머무르게 하고, 많은 경전을 널리 읽혀 가면서 서로 의문점을 토론하도록 하였다. 스님 자신은 심종(心宗)의 저울이 되어 그들을 공평하게 달아 주었다. 또한 대승경론(大乘經論) 60부와 인도·중국의 어질고 명망 있는 스님 3백 분의 말씀을 모아 유심(唯心)의 종지를 증명하였다. 그리고는 그것을 백 권의 책으로 완성하여 세상에 전하면서 『종경록(宗鏡錄)』이라 이름하였다."

그 법보시의 이로움이란 참으로 크며 훌륭하다 하겠다.

오늘날 천하의 명산대찰에서 그 책이 없는 곳이 없는데도 학인들은 죽을 때까지 한 차례도 펴 보지 않은 채, 오로지 배불리 먹고 실컷 잠자며 근거 없는 말로 유희를 삼고 있으니, 그들을 부처의 은혜에 보답하는 자라 하겠는가. 부처의 은혜를 저버리는 자라 하겠는가.

190

동안스님의 『십현담』

동안상찰(同安常察) 스님은 『십현담(十玄談)』을 지어 '정중묘협(正中妙挾)'[1]의 뜻을 세상에 알렸는데 그 문장이 절묘하고 아름다워 총림에 빛났다. 그러나 세월이 점차 오래됨에 따라 그 본뜻을 많이 잃게 되어, 지금의 『전등록』에 실려 있는 것은 제목까지도 틀린다. 그러나 달관담영(達觀曇穎, 989~1060) 스님이 편집한 『오가종파(五家宗派)』에서만은 이를 상세하게 서술하고 있다. 그러나 내 일찍이 구본(舊本)을 얻어 『오가종파』와 비교해 보니, 약간의 차이가 없지 않았다.

『전등록』에서는 스님의 법계(法系)를 구봉도건(九峰道虔, 석상경저의 제자) 스님의 법제자로 기록하였는데, 달관스님은 운거도응(雲居道膺, ?~902, 동산양개의 제자) 스님의 법제자라 하였다. 달관스님이 어디에 근거하여 그러한 사실을 얻은 것인지 알 수 없는 일이다. 그러나 청량법안(淸涼法眼, 885~958) 스님은 스님과의 시대가 멀지 않으며 스님의 찬을 지은 적이 있는데, 그것이 『전등록』의 내용과 같은 점으로 살펴본다면 『오가종파』의 논거 또한 의문시된다.

『십현담』의 문장 순서를 살펴보면 그 제목에서 나타나는 바와 같이 모두 연결되어 지어졌다. 앞의 다섯 수(首)는 그 요지이며, 뒤의 다섯 수는 이를 실천하도록 한 것이다. 그러나 10수 가운데 8수는 모두 두 글자로 된 제목을 붙였다. 그 뜻이야 비록 일관되지만 구절이 중첩되어 기복(起伏)이 있다.

첫 게는 '심인(心印)'이라 하는데 끝 구절에 "무심이라도 오히려 한 겹의 관문이 막혀 있다[無心猶隔一重關(무심유격일중관)]." 하고 다시 '조사의 뜻[祖意(조의)]'이라는 게를 지어 그 첫머리에 "참된 기틀이 어찌 있느니 없느니 하는 일에 떨어지랴[眞機爭墮有無功(진기쟁타유무공)]." 하였으며 이에 다시 '진기(眞機)' 게를 지어 그 첫머리에 "어찌 티끌 경계에[塵機(진기)] 속박을 주겠는가[豈與塵機作繫留(기여진기작계류)]" 하였다. 이에 다음으로는 '진이(塵異)' 게를 지어 그 중간 구절에 "삼승이 나누어질 때 부득이 이름 붙이네[三乘分別强安名(삼승분별강안명)]" 하고는, 이어서 '삼승(三乘)'을 차례로 지은 것이다.

여기까지가 곧 요지이다.

6칙(六則)에 이르러서는 '근본으로 돌아감[反本(반본)]'이라 하고 끝 구절에서는 "귀향의 노래를 어떻게 부르나?[還鄕曲調如何唱(환향곡조여하창)]"라고 하여, 다시 '환향(還鄕)' 게로 이었다. 그리고 그 게의 끝 구절에서는 "더 이상 법당에 바쳐 올릴 물건 하나 없어라[更

無一物獻尊堂(갱무일물헌존당)].'라고 하였다. 이는 정위(正位)의 자리이니 그렇다면 묘협(妙挾)은 아니다. 그러므로 또한 '기선을 돌리다[回機(회기)]' 게를 지은 것이다. 묘한 기틀은 종지를 잃게 되어 아직도 지견이 남아 있으니, 이것이 큰 병폐라 하여 다시 '전위(轉位)' 게를 지은 것이다. 전위란 이른바 이류(異類)에서 이류로 가는 것이니, 모두 치우친 것이다. 모름지기 정도(正道)로 돌아가서 혈맥이 끊어지지 않도록 하여야 하기에 또다시 '일색과후(一色過後)' 게를 지은 것이니, 여기까지가 실천에 옮기도록 하려는 뜻이다.

『오가종파』에서는 '일색과후(一色過後)'는 그대로 썼지만 '진이(塵異)'는 '진중유이(塵中有異)'라고 기록하였다.

주:

1 정중묘협(正中妙挾) : 평등한 본체 속에 천차만별의 묘용을 갖고 있다는 뜻으로 모든 존재의 실태를 나타낸다.

191

존경하나 가까이 못하는 스승

황룡혜남(黃龍慧南)

　혜남(慧南, 1002~1069)스님은 빈틈없는 풍모와 원대한 도량을 지녀 사람들은 스님의 도량을 헤아리지 못하였다. 그러므로 스님의 문하에서 빛나는 성취를 이루어 총림에 명성이 드높았던 수많은 사람들도 일찍이 스님께서 파안대소하는 일을 본 적이 없었다.
　내 듣자 하니, "의(義)에 두터운 자는 사랑[仁]에 박하다 하니, 이는 스승의 도인데 스승이란 존경은 하되 가까이할 수 없는 것이다. 사랑에 두터운 자는 의에 박하다 하니, 이는 어버이의 도인데 어버이는 친히 하되 존경하지는 않는다." 한다.
　혜남스님의 뜻이 이 때문이 아니겠는가?

192

술상 받고 지은 제문

　취리(醉里)에 계(戒) 도인이라 하는 미치광이 중 한 사람이 있었다. 마을에 머무르면서 하루도 취하지 않는 날이 없었으나 그가 내놓는 문장은 남다르게 기이하여 세인들은 성승(聖僧)인지 범승(凡僧)인지 가늠하지 못하였다. 누군가 그에게 술을 내주며 제문을 짓도록 하니, 계 도인은 말이 떨어지기가 무섭게 문장을 엮어냈다.
　"영가님이여! 사바세계에 나시어 성내지 않고 질투하지 않으며 술 마시기 좋아하여 길거리에 드러누우시라. 도솔천에 태어난다면 그때는 술 마시지 못하리라. 무엇 때문이냐고? 정토세계에서야 술을 살 곳이 없어서이지!"

193

『금강경』의 유위복덕

『금강반야경』은 무주(無住)로 종지를 삼는다. 무주로 종지를 삼는다면 경에서 하는 말씀은 마땅히 상(相)을 쓸어버리고 유(有)를 깨부수어 실오라기만한 티끌도 없어야 할 것인데, 경에는 수승한 복덕을 지닌 사람을 찬탄한 부분이 반절이나 된다. 이는 계율을 지키고 복을 닦는 사람들이나 할 일인데도 세존께서는 이에 답하시기를, "이 경에 능히 신심(信心)을 일으킬 수 있는 사람은 반드시 이 사람들이다."[1] 하셨으니 무슨 까닭인가?

주
:
1 『불설일체공덕장엄왕경(佛說一切功德莊嚴王經)』(T21-893a).

194

○

『능엄경』의 중생과 세계가 생겨나는 이치

왕안석(王安石)

●

　왕안석(王安石, 1021~1086)이 재상을 그만두고 종산(鍾山)에 돌아와 여생을 보낼 때 선승을 만나면 반드시 그 도학의 깊이를 시험해 보았다. 그는 더욱이 『수능엄경』에 통달하여 일찍이 소(疏)를 지은 적이 있는데, 그 문장이 간결하면서도 막힘이 없어 여러 선사들이 상세하게 말한 곳은 생략하고, 생략된 곳은 상세하게 해석하였다. 그러므로 식견이 뛰어나지 않은 자라면 그 뜻을 엿볼 수 없을 것이다. 그는 항상 다음과 같이 말하였다.

　"무릇 이 경을 보는 자들은 이 경이 나타내는 '밝고 묘한 본각(本覺)과 성각(性覺)을 보아서 자기 몸[根身]과 이 세상[器界]이 생기는 것이 내 마음에서 벗어나지 않는다' 한 내용을 알아야 한다."

　나는 속으로 의심해 본다.

　"오늘날 종산(鍾山)의 산천 경계는 하나의 도회지여서 그 속에서 노니는 자는 무려 천여 명이 된다. 어떻게 천 명의 마음이 하나의 바깥 경계와만 같이하겠는가? 설령 천 명 가운데 한 사람이 죽는다 해도 이 산천이 그를 따라서 없어지기야 하겠는가? 사람은 떠나가도 산천은 남아 있는 법, 이것이 경문에서 말한 산하대지가 생겨나는 이치이다. 그렇지 않다면 어떻게 회통하여 부처님의 본의에 부합될 수 있겠는가?"

신편 임간록 후집

01

석가출산화상찬(釋迦出山畵像讚)

　진(秦)·월(越) 사람들의 의술은 멀리서 환자를 보고서도 생사를 알고 노번(老潘)은 글씨를 더듬어만 보아도 거칠고 고움을 안다. 그것은 전할 수 없는 오묘함이기에 말로든 침묵으로든 표현할 수 없다.

　그런데 구양(歐陽) 문충공(文忠公, 1007~1072, 구양수)은 이렇게 말하였다.

　"작은 글씨로 쓴 『유교경(遺敎經)』은 비록 쓴 자의 이름은 알 수 없지만 왕희지(王羲之)가 아니고서는 그처럼 쓸 수 없을 것이다."

　또 내가 전락도(錢樂道)의 집에 있는 석가모니불이 산에서 내려오는 그림을 보고, 비록 화가의 이름은 없지만 오도자(悟道子, 당대 화가)가 아니고서는 그처럼 그릴 수 없었으리라 생각한 것은 그 필치가 두드러졌기 때문이다.

　전락도는 인품이 고매하고 간언(諫言)을 잘하며 도덕이 뛰어난 집안의 후예로서 진실한 마음으로 불교를 받든 결과 이 그림을 소장하게 된 것이며, 결코 함부로 얻은 것이 아니다.
　절을 올리고 머리를 조아려 찬을 짓다.

　　온 바다 물맛이
　　한 방울에 담겨 있고
　　온 법계의 몸이
　　티끌 속에 들었으니
　　생각을 두면 연등불(燃燈佛)의 자리에서도
　　비야(毘耶, 유마거사)의 방에 들어갈 수 없지만
　　생각을 거두면 손가락 퉁기는 사이에
　　미륵불의 문이 열리리라.
　　徧大海味具於一滴(편대해미구어일적)
　　盡法界身足於纖埃(진법계신족어섬애)
　　佇思則燈王之坐(저사즉등왕지좌)
　　不能入毘耶之室(불능입비야지실)
　　歛念則彌勒之門(감념즉미륵지문)
　　彈指即開(탄지즉개)

　　우리 비조(鼻祖, 시조) 석가모니께서
　　처음 설산을 나오실 때 이 모습 보이시니

천백억 티끌만큼 많은 몸과

아흔일곱 가지 대인 모습이

단박에 붓끝 삼매[筆端三昧]로 들어가

이 한 폭의 종이 위에 환(幻)같이 나타나셨네.

唯我鼻祖釋迦和尙(유아비조석가화상)

初出雪山卽示此像(초출설산즉시차상)

以千百億微塵身(이천백억미진신)

九十七大人相(구십칠대인상)

頓入筆端三昧而幻此幅紙之上(돈입필단삼매이환차폭지지상)

손을 드리운 채 맨발로 서서

나발(螺髮, 소라모양의 머리)의 머리에

목엔 오색 꽃실 걸으셨네

초연한 모습이

고요하고 깊게

3계의 어리석음을 초연히 벗어나시니

마치 화사한 봄볕이

가는 꽃가지마다 엉겨 있듯

서늘하고 맑은 달이

물마다 찍히듯 하여라

얼음과 차가운 눈 속에서의 고행을

내 찬사를 빌려 쓴다는 것은
허공을 잠그고 꿈을 붙드는 일이니
선생이시여! 그저 잘 간직하소서.

垂手跣足(수수선족) 頂螺頷絲(정라함사)

超然靜深(초연정심) 出三界癡(출삼계치)

如浩蕩春(여호탕춘) 寄於纖枝(기어섬지)

如淸凉月印于盆池(여청량월인우분지)

鏤永琢雪我作讚詞(누영탁설아작찬사)

關空鎖夢(관공쇄몽) 夫了其牢蓄之(부료기뢰축지)

02

소자금강경찬(小字金剛經讚)

자경(子瓊)스님이 털을 묶어 가는 붓을 만들었는데, 붓끝은 가시처럼 날카로웠고, 종이 위의 팔놀림은 비바람이 불듯 빨랐다. 두 치의 두루마리 속에 『금강반야경』을 모두 쓰니, 멀리서 바라보면 안개 속에 묻혀 있는 구슬처럼 둥그렇고, 가까이 다가서서 살펴보면 정돈된 글줄은 마치 빗질한 머릿결마냥 촘촘하였다. 치밀한 정신력이 아니고서야 어떻게 이러한 경지에 이를 수 있겠는가.

이에 찬을 쓰는 바이다.

> 옛날 불자 하나 있어서 날카로운 근기로
> 공성(空性) 그대로가 색(色)임을 관하였네
> 공색(空色)의 부사의한 도리를 드러내고자
> 하늘 우러러 금강(金剛) 구절을 썼도다
> 이제 비바람 광야를 뒤덮어

나무꾼과 소치는 사람들이 그 아래 모여들어도

육안으로 볼 수 없음을 알았으니

비유하면 물속에 녹아 있는 짠맛 같았네.

昔有佛子根猛利(석유불자근맹리)

能觀空性卽是色(능관공성즉시색)

欲顯空色不思議(욕현공색부사의)

仰空書此金剛句(앙공서차금강구)

至今風雨被原野(지금풍우피원야)

諸樵牧者集其下(제초목자집기하)

乃知肉眼不能見(내지육안불능견)

譬如水中有鹽味(비여수중유염미)

오직 도인 자경의 생각만은 정밀하고 뛰어나

색의 성품이 곧 '공'임을 '관'하였네

가는 붓대를 큰 서까래로 보고서

큰길을 달리듯 종이 위에 휘두르니

두 치의 두루마리 축에

광대한 말씀이 구비되었네

세인은 볼 수 있어도 읽을 수 없으니

벼랑 위의 벌꿀을 바라보는 어린아이 같구려.

唯道人瓊思精特(유도인경사정특)

能觀色性卽是空(능관색성즉시공)
視此纖管大如椽(시차섬관대여연)
揮翰如行九軌道(휘한여행구궤도)
故於兼寸環輪中(고어겸촌환륜중)
備足廣大言說身(비족광대언설신)
世人可見不可讀(세인가견불가독)
譬如嬰兒視崖蜜(비여영아시애밀)

내 이 경에서
초선·중선·후선 세 법문을 깨달아 들어갈 수 있으면
홀연히 붓 놓으니 병의 물이 쏟아지듯
현행(現行)에서 다시는 뒤바뀐 생각이 일어나지 않으리
여기서 색공관(色空觀)으로 여러 경계에 들어가
힘줄과 뼈 사이로 칼을 놀려 소 한 마리 없애듯
이 법을 잘 간직하여 일체 중생에게 베풀어서
깊고 묘한 지혜를 다 함께 깨달으소서.

我於此經能證入(아어차경능증입)
初中後善三法門(초중후선삼법문)
忽然落筆如建瓴(홀연낙필여건령)
不復現行生倒想(불부현행생도상)
猶色空觀入諸境(유색공관입제경)

奏刀肯綮無全牛(주도긍계무전우)

盡持此法施群生(진지차법시군생)

甚微細知願同證(심미세지원동증)

03

육세조사찬병서(六世祖師讚幷序)

나는 외딴섬에서 3년 간의 귀양살이를 마친 후 균주(筠州) 석문사(石門寺)에 머무를 적에, 쓸쓸하고 거친 총림을 슬피 여기고 조종(祖宗)의 드높은 도를 생각하노라니 나도 모르게 눈물이 흘렀다. 이에 조사 여섯 분의 영정에 찬을 짓고, 소묵(昭默)선사에게 보내어 그의 마음을 알고자 한다.

초조(初祖) 달마(達磨)

망상은 본성이 없어
깨달아도 작용[受]이 사라질 것 없으니
옛 성인이 알았던 경계를
계속하여 서로 전하네.
妄想無性(망상무성) 證不滅受(증불멸수)

前聖所知(전성소지) 轉相授手(전상수수)

봄바람에 꽃이 피니
자연[器界]은 모습을 드러내고
찬서리에 열매 익으니
왕자가 태어나셨네.
風煙花開(풍연화개) 器界以形(기계이형)
霜露果熟(상로과숙) 王子乃生(왕자내생)

불법을 보호하여
마음 본체 가리키니
잘못만을 막았을 뿐
옳은 일은 말하지 않았네.
護持佛乘(호지불승) 指示心體(지시심체)
但遮其非(단차기비) 不言其是(불언기시)

어린아이가 물건을 찾듯
마음이야 또렷하나 말은 모자라다가
어물거리는 소리에
마음도 말도 모두 버렸네.
嬰兒索物(영아색물) 意正語偏(의정어편)

哆和之中(치화지중) 語意俱損(어의구손)

이조(二祖) 혜가(慧可, 487~593)

높은 봉우리엔 아침 이슬 지는데
신비한 빛[神光] 하나 밤에 오르사
하나만을 전하는 법 떠맡고
상승불법 짊어지셨네.
頂峰朝露(정봉조로) 神光夜升(신광야승)
堪任單傳(감임단전) 擔荷上乘(담하상승)

그 마음 스스로 찾았지만
귀결처를 못 보았으니
마치 동그란 바퀴에서
이음새를 찾는 일일세.
自尋其心(자심기심) 不見歸宿(불견귀숙)
如視環輪(여시환륜) 求其斷續(구기단속)

옥에 가두어야 이간질이 없어지고
신발이 작고서야 발이 살찐 줄 알았으니
음탕한 주막에서도

티끌 바탕[盧機]을 모두 없앴네.
用獄除問(용옥제문) 履瘦知肥(이수지비)
婬坊酒肆(음방주사) 盡其塵機(진기진기)

흰 눈 위에 팔을 잘라
부처의 혜명이 이어지기를 서원하시니
법손이 지금 이 소식 듣는다면
머리털 쭈뼛하고 손을 내저으리라.
雪中斷臂(설중단비) 願續佛壽(원속불수)
兒孫今聞(아손금문) 豎毛呵手(수모가수)

삼조(三祖) 승찬(僧璨, 504~606)

어두운 6도(六道)가
밝음을 막지 않으니
터럭 끝만치도 어긋남 없이
감로 열반을 얻으리라.
六道暗昏(육도암혼) 不礙明潔(불애명결)
毫釐弗差(호리불차) 證甘露滅(증감노멸)

벌거숭이 머리로

이름 밝히기 꺼려하니

식견도 떠나고 미혹한 생각을 멀리 벗어나

세상사 얽매임 모두 다 없애려 했네.

但赤頭顱(단적두로) 特諱姓氏(특휘성씨)

離見超情(이견초정) 欲盡世累(욕진세루)

산과 바다 시내에 묻혀

삼베옷에 삿갓 쓰고

유유히 왕래할 제

갈포 속에 보물을 품었도다.

潛溪海山(잠계해산) 麻衣風帽(마의풍모)

翩然往來(편연왕래) 被褐懷寶(피갈회보)

진실된 마음만을 갈고 닦아

몸과 이름을 모두 버리니

후세에 무덤조차

아는 이 없구나.

精一其誠(정일기성) 身名俱捨(신명구사)

後世丘墳(후세구분) 猶無知者(유무지자)

사조(四祖) 도신(道信, 580~651)

파두산 봉우리 아래
높은 스님 많이 살아도
어린아이[五祖弘忍]에게 의발을 전하고
게으른 중[栽松道人]에게 도를 전수하네.
破頭峰下(파두봉하) 龍象雜還(용상잡환)
衣付小兒(의부소아) 道傳懶衲(도전나납)

이렇게 어긋나는 일이라도
사람을 찾는 본보기가 되었네
황제 칙서가 문 앞에 이르러도
꼼짝 않고 누워서 답하질 않으셨네.
乃爾相違(내이상위) 求人爲法(구인위법)
天書至門(천서지문) 堅臥不答(견와부답)

많은 중생들이
바람 잡고 그림자 쫓음을 염려하여
십지(十地)로 그들을 다스려도
깨어날 길이 없구나.
念諸衆生(염제중생) 捕風捉影(포풍착영)

十地治之(십지치지) 由未蘇醒(유미소성)

스님은 미소 지으며 말씀하셨네
독한 약을 써서 무엇하랴
억지 이름만 짓지 않는다면
자연히 병은 없어지리라.
師微笑曰(사미소왈) 何必眩瞑(하필현명)
但勿强名(단물강명) 自然無病(자연무병)

오조(五祖) 홍인(弘忍, 602~675)

앞몸 뒷몸을
두 개 거울의 한 면으로 보아
좌우에서 마주 비추면
세 사람이 동시에 나타나네.
觀前後身(관전후신) 兩鏡一面(양경일면)
左右對之(좌우대지) 三者頓現(삼자돈현)

지금은 잘못됐고 옛날이 옳았다면
황금에다 노란 색을 더한 격이고
옛날이 그르고 오늘이 옳다면

침향(沈香)에 향기가 없다고 비방하는 꼴이다.

今非昔是(금비석시) 增金以黃(증금이황)

昔非今是(석비금시) 謗沈無香(방침무향)

생사가 이미 끊겼으니

어찌 노소에 얽매이랴만

온전한 본체가 앞에 나타나니

언제나 밝고도 묘하도다.

已絕死生(이절사생) 豈纏老少(기전노소)

全機現前(전기현전) 當明而妙(당명이묘)

깊은 밤 강물 위에 배를 도와

내 이제 너를 건네주노니

말[句] 속의 안목은

물을 탄 우유와 같도다.

夜江佐舟(야강좌주) 吾今汝渡(오금여도)

句中之眼(구중지안) 如水有乳(여수유유)

육조(六祖) 혜능(慧能, 638~713)

바람이 움직인다 깃발이 움직인다 하다 보면

눈앞이 스스로 가려지고
바람이니 깃발이니 하지 않으면
마음이 그대로 드러나리라.
是風幡動(시풍번동) 眼自遮覆(안자차복)
非風幡動(비풍번동) 心則現露(심즉현로)

이것이 조계스님께서
분명하게 보이신 요지이니
이를 깨달으려는 자는
자기 뜻에 끄달리지 말라.
是爲曹溪(시위조계) 顯決要旨(현결요지)
欲證之者(욕증지자) 勿流汝意(물류여의)

잠시라도 망상을 거두어
묘하고 고요한 마음 분명하거든
그대 스스로 수용할지니
은밀한 뜻은 내게 있지 않다.
暫時斂念(잠시염념) 妙寂了然(묘적요연)
汝自受用(여자수용) 密非我邊(밀비아변)

돌짐 지고 방아 찧으며

노루 쫓고 토끼 쫓네

거울 속의 '공'이란

찾을 길이 없구나.

負石舂糧(부석용량) 趁獐逐兎(진장축토)

鏡中之空(경중지공) 欲尋無路(욕심무로)

04

조백대사화상찬병서
(棗栢大士畵像讚幷序)

　『주역(周易)』의 심오한 이치는 뜻[義]만으로는 깨달을 수 없으므로 단(彖)과 상(象)을 지어 깊은 뜻을 모두 밝혔다. 심법(心法)의 깊고 묘한 이치는 말로 전할 수 없기에 사법(事法)으로 오묘한 이치를 보여주셨다. 조백대사(棗栢大士, 635~730, 이통현)는 이 삼매문에 깊이 들어가셨으니 공경을 다하여 찬하는 바이다.

　　그림 같은 눈썹 훤출한 키에 아름다운 용모
　　추상같은 풍채에 그 기개 거룩하네
　　일생을 동북 지방에서 살면서
　　시끄러운 세상 속에 고요히 머무르셨네
　　허름한 맨발에 흐트러진 옷으로 다니시나
　　지혜를 쓰되 본체에 어긋나지 않았고
　　제왕가에 태어나 자재를 얻으시나

얼마를 살았는지 기록 없어 생애 모르겠네.
須眉如畵頎而美(수미여화기이미)

風神如秋氣奇偉(풍신여추기기위)

平生歸宿東北方(평생귀숙동북방)

塵勞之中寂而止(진로지중적이지)

翛然跣足散衣行(소연선족산의행)

智智用中不乖體(지지용중불괴체)

帝王家生得自在(제왕가생득자재)

壽量不書絶終始(수량불서절종시)

범처럼 무서운 명령에도 마음을 비워 두고

아낙네의 반려되어서도 사랑과 증오를 떠났네

속인 옷을 입고 마음 전하니

속제(俗諦) 그대로가 진제(眞諦)요

후미진 곳에서 법을 보이니

사법계(事法界) 그대로가 이법계(理法界)라네

다만 대추와 잣으로 공양 올리니

내 사바세계 온 것은 이 맛에 탐착한 게 아니요

자연히 광명이 치아에서 생기니

나의 말과 문장은 모두가 진실한 뜻이라네.

虎受使令心境空(호수사령심경공)

如爲伴助憎愛棄(여위반조증애기)

冠巾傳心卽俗眞(관건전심즉속진)

方隅示法卽事理(방우시법즉사리)

只將棗栢薦齋鉢(지장조백천재발)

我來閻浮非着味(아래염부비착미)

自然光明生齒牙(자연광명생치아)

我談詞章皆實義(아담사장개실의)

부처님이 그대에게 분명한 뜻 전하시니

한마디 말씀에 십지를 뛰어 넘었네

무명(無明)을 따르면 온갖 것이 일어나고

무명을 따르지 않으면 온갖 것을 여의도다

소락(酥酪) 성인이 우유라는 범부에서 나옴은

다만 계(戒)·정(定)·혜(慧) 관조의 힘이니

이야말로 스님께서 동체 대비로

나를 단박에 일체지(一切智)에 들게 하심이네.

佛子授汝以顯決(불자수여이현결)

一言便足超十地(일언변족초십지)

隨順無明起諸有(수순무명기제유)

若不隨順諸有離(약불수순제유이)

聖賢酪生凡乳中(성현낙생범유중)

只由觀照戒定慧(지유관조계정혜)
是謂大士同體悲(시위대사동체비)
令我頓入一切智(영아돈입일체지)

진찰(塵刹) 가득 큰 불사를 짓고
화엄의 경계 속에 머물러
허공을 자리 삼아 십신불에 예불하고
발원으로 혀를 삼아 이 게를 설하노라
한 떨기 꽃으로 끝없는 봄을 말하는 양
한 방울 물로 큰 바다 물맛을 말하는 양
머리 조아리노니 세간의 오묘한 연꽃이여!
진흙에서 청정하게 피어나기를 항상 원하옵나이다.

作大佛事徧塵刹(작대불사변진찰)
華藏界中容頓轡(화장계중용돈비)
以空爲座禮十身(이공위좌예십신)
以願爲舌說此偈(이원위설설차게)
如以花說無邊春(여이화설무변춘)
如以滴說大海味(여이적설대해미)
稽首世間妙蓮華(계수세간묘련화)
常願淸淨出泥滓(상원청정출니재)

05

백장대지선사진찬병서
(百丈大智禪師眞讚幷序)

　마조대적(馬祖大寂, 709~788) 스님이 입적하자, 균주(筠州) 석문사(石門寺)에 탑을 세웠다. 스님께서는 그 곁에 움막을 짓고 오랫동안 머무르시니, 납자들이 줄이어 찾아와 나날이 그 수가 많아졌다. 스님은 이에 산이 얕은 것이 마음에 들지 않아 강을 거슬러 올라가 거륜봉(車輪峰) 아래에서 황벽희운(黃檗希運, 751~850)·백장유정(百丈惟政) 스님과 함께 화전을 일구어 씨앗을 뿌리며 생활하면서 마침내 법석(法席)을 이루게 되었다.

　내가 숭녕(崇寧) 4년(1105) 봄, 이 산중에 이르러 유상(遺像)을 우러러 뵈니 비록 얼음처럼 깡마르고 흰 눈처럼 꺼칠한 늙은이로 옷마저 이겨내지 못할 것처럼 보였지만, 정신만은 드높고 기품이 뛰어나 살아 있는 사람처럼 보였다. 삼가 절을 올리고 머리를 조아려 찬을 짓는 바이다.

실(實)로써 문답하니

공(空)이 세계가 되고

뜻으로 도를 구하니

정신이 음양에 돌아가네

음양은 헤아릴 길 없으니

음계(陰界)마저 던져 버리고

허공은 그릴 수 없으니

인과도 어둡게 하지 못하네.

以實問答(이실문답) 空可靑黃(공가청황)

以意求道(이의구도) 神落陰陽(신락음양)

陰陽莫測(음양막측) 脫略陰界(탈략음계)

虛空莫盡(허공막진) 因果不昧(인과불매)

나에게는 큰 기틀이 있고

부처에겐 비밀스러운 말이 없네

마치 사자왕처럼

넓은 땅에 때마침 웅크리니

성품에 부합하는 문자로

몸에 따라 총림에 머무르니

이처럼 묘한 가르침으로

소리 내면 우아한 음악과 화합하고

세상과 함께하신 지

구십이세!

심종(心宗)을 보호하고 간직하니

시호는 '대지'였다.

我有大機(아유대기) 佛無密語(불무밀어)

如獅子王(여사자왕) 露地方踞(노지방거)

稱性文字(칭성문자) 隨身叢林(수신총림)

如以妙指(여이묘지) 發和雅音(발화아음)

同世之波(동세지파) 壽九十二(수구십이)

護持心宗(호지심종) 諡曰大智(시왈대지)

06

운암진찬(雲庵眞贊)

　운암(雲庵, 1025~1102, 진정극문)스님은 황룡혜남(黃龍慧南, 1002~1069) 스님의 문하생이며 임제의현(臨濟義玄, 767~866) 스님의 9세손으로 타고난 성품이 뛰어났고 깨달은 경지가 드넓었다. 마음의 요체를 보여주는 논변은 육조혜능(六祖慧能, 638~713) 스님과 같았고, 교학의 문제를 해결하는 이론은 조백대사(棗栢大士, 635~730, 이통현)와 같았다. 또한 게송을 짓는 그 문장은 보지(寶誌, 418~514, 지공)스님과 같았고, 오랜 수행과 분명한 체험은 영가현각(永嘉玄覺, 665~713) 스님같이 치밀하였다. 70이 넘어 운암산에 은거할 때에는 환(幻)이 모두 없어지고 지혜 광명이 두루 원만하였다. 이로써 스님이 남기신 빛나는 도풍을 상상해 볼 수 있을 것이다.
　문인 덕홍(德洪)은 공경을 다하여 찬을 쓰는 바이다.

　그리하여 경계에 머무름이

보는 것과 보이는 것으로

꿈속의 주객[能所] 같고

밀랍의 안팎 같아라

오직 바른 안목을 갖추시어

삼매경에 드시니

마치 오묘한 연꽃이

인연 따라 바다에 나듯 하여라

조사들의 산[活發發] 뜻과

여래의 은밀한 기연으로

중생을 성취시킴이

곤봉이 나르듯 하여라

스스로 변하게 하고

남을 의지해 깨닫지 않게 하시니

총림에 빼어나서

불조를 빛내시도다

협우에서 입멸하고

강남에 태어나니

어둠 속의 오색광채

천하의 운암일세.

於是住境(어시주경) 見與見緣(견여견연)

如夢能所(여몽능소) 如蜜中邊(여밀중변)

唯具正眼(유구정안) 入此三昧(입차삼매)
如妙蓮華(여묘련화) 出緣生海(출연생해)
祖師活意(조사활의) 如來密機(여래밀기)
成就衆生(성취중생) 如鵾鵬飛(여곤붕비)
使其自化(사기자화) 不由他悟(불유타오)
秀出叢林(수출총림) 光于佛祖(광우불조)
趨滅陝右(추멸합우) 誕生江南(탄생강남)
暗中五色(암중오색) 天下雲庵(천하운암)

07

명극재명(明極齋銘)

　태원(太原)의 왕건(王健) 백강(伯强)은 명신 왕혜(王惠)의 아들이며, 황숙(皇叔) 가왕(嘉王)의 사위이다. 젊은 나이에 벼슬을 버리고 불법을 배워 『수능엄경』을 보다가 "티끌이 남아 있다면 아직 배울 것이 있는 단계요, 밝음이 지극해야 여래이다[餘塵尙諸學(여진상제학) 明極卽如來(명극즉여래)][1]라는 구절까지 읽고서는 탄식하며 말하였다.
　"이 말씀은 부처의 가르침이자 나의 뜻이기도 하니 내 서재의 이름을 '명극(明極)'이라 하겠다."
　그리고는 나에게 명(銘)을 부탁하였다.
　명은 다음과 같다.

　　가지고서도 찾아 헤매는 것은
　　어리석음과 어둠에 갇힌 까닭이며

얻었다고 놀라는 것은

지혜가 혼탁한 탓이니

혼탁이 맑아지고 어둠이 걷히면

스스로 깨달음을 이루게 되어

마치 사람의 눈 속에

티끌 한 점 받아들이지 않듯 하리라

눈을 뜸은 태어남에 비유되니

밝음이 생기자 근(根)에 의지하고

눈감음은 죽음에 비유되니

눈도 어둡게 느끼지 못하네

부처님께서 진정한 자비로

이 오묘한 문 열어 주셨지만

바라보고도 들어가지 못하나니

어찌 은혜를 알겠는가

텅 빈 방장실 가운데

널찍하고 반듯한 침상 놓아두고

경행(經行)도 하고 참선도 하며

새벽에 불 밝히고 저녁에 향 사르어

사악한 생각들이

항상하고 고요한 빛 덮지 못하게 하라.

有而尋求(유이심구) 癡暗所囿(치암소유)

得而驚異(득이경이) 智濁之咎(지탁지구)
濁澄暗徹(탁징암철) 自覺成就(자각성취)
如人目睛(여인목정) 一塵不受(일진불수)
開睫譬生(개첩비생) 明發奇根(명발기근)
斂睫譬死(염첩비사) 暗不能昏(암불능혼)
聖師眞慈(성사진자) 開此妙門(개차묘문)
脾睨不入(비예불입) 夫豈知恩(부기지은)
枵然丈室(효연장실) 中置匡牀(중치광상)
經行宴坐(경행연좌) 晨燈夕香(신등석향)
勿使邪念(물사사념) 蔽常寂光(폐상적광)

주
:
1 『대불정여래밀인수증요의제보살만행수능엄경(大佛頂如來密因修證了義諸菩薩萬行首楞嚴經)』권6(T19-131b).

08

소자화엄경게병서
(小字華嚴經偈并序)

　벌들이 대들보 사이에 벌집을 지을 때면 먼저 끈끈하고 검은 진액으로 그 꼭지부터 단단히 묶고, 까치가 나뭇가지 끝에 둥지를 틀 때는 수백 일 만에야 완성되는 것이다. 저들에게 무슨 지혜가 있으랴마는 집을 짓는 오묘한 법과 차곡차곡 쌓아 가는 노력은 마치 예술을 배우는 정신과 같지 않은가. 이는 그들의 밝은 신령과 막힘없는 불가사의(不可思議)한 힘에 의한 것이다. 날짐승의 몸을 받아 어두워졌으나 조금치도 어긋남 없이 완전한데, 하물며 만물의 영장으로서 사물에 응하고 말을 할 수 있는 인간이야 어떠하겠는가.
　예전에 인도 승려가 5천축국에서 중국에 와서 웅장하고 아름다운 진(晉)나라의 궁전을 보고 경탄해 마지않았다.
　"도솔천 내원궁(內院宮)과 무엇이 다르겠는가. 그러나 내원궁은 도력으로 이루어졌고, 이 궁전은 중생의 업력으로 이루어졌다."

나는 그 이야기를 듣고 혼자서 웃었다. 그가 어떻게 알겠는가? 이 나라의 이와 같은 오묘한 힘이 태허(太虛) 낳고 우주를 받아들이는 줄을, 그리고 천상 인간에 높다란 다락을 짓게 되리라는 것을.

도인 서공(栖公)은 너무나 절박하고 협소한 세상을 가엾게 생각하여 그의 바람대로 자그마한 책자에 『대방광불화엄경(大方廣佛華嚴經)』을 베껴 썼는데, 그 크기는 손바닥 위에 올려놓을 만큼 작았다. 그러나 책을 펼쳐 보면 고물고물한 작은 글씨가 마치 개미가 기어가듯 하였고 자세히 들여다보면 가로세로 대각선으로 모두 반듯하여 지극히 오묘하였으니 주먹덩이 만한 큰 글씨에 비하여 조금치도 손색이 없었다. 그리하여 이를 구경하려는 사람들로 문을 메웠고, 모두가 "이제껏 이런 글씨는 없었다. 이 무위(無爲)의 공(功)을 대중에게 널리 알리지 않으려나?" 하며 경탄해 마지않았다.

이에 게송을 짓는 바이다.

> 내 들자니 용수보살께서는
> 공양에 응하여 일찍이 사갈바다에 들어가
> 용궁에 티끌 같은 오묘한 글귀를
> 한 차례 훑어보고 당장 외워
> 오천축과 중국에 널리 폈다 하니
> 들끓는 번뇌 가운데 감로의 문이로다.
> 我聞尊者龍勝師(아문존자용승사)

應供曾入娑竭海(응공증입사갈해)
龍宮微塵妙章句(용궁미진묘장구)
目所一瞥輒能誦(목소일별첩능송)
流於五天及震旦(유어오천급진단)
爲熱惱中甘露門(위열뇌중감로문)

도인 서공 그 후에 태어나서
용맹한 원력과 정밀한 생각으로
손바닥 만한 종이에
십만 게(偈)의 대경(화엄경)을 베껴
자그마한 암자에서 외우시니
마치 용궁에서 본 듯 확연하네.
維道人栖出其後(유도인서출기후)
願力猛利思精特(원력맹리사정특)
能於方册紙墨間(능어방책지묵간)
書此大經十萬偈(서차대경십만게)
誦於蝸舍巢庵中(송어와사소암중)
了然如在龍宮見(요연여재용궁견)

보는 사람이야 종성의 차별이 있어서
사모함에 모두 다 다른 생각을 하나

자세히 살피라. 모름지기 진리에 있어서는

하나의 티끌 속에도

끝없이 오묘한 경전이 있음을

예전에 지혜로운 자가 이 티끌을 깨뜨려

시방세계 일체 중생에게 설법하기를

"티끌[塵]이라 이름하니 단공(斷空)이 아니요

깨뜨릴 수 있기에 실유(實有)도 아니라." 하였네

이 두 글자의 오묘한 법문을 깨달으면

과연 일체 장경을 알게 되리니

비유하면 곤한 잠자리 잠깐 사이에

꿈속에서 겪은 세월 또다시 몇 천 년이라.

觀者種性有差別(관자종성유차별)

愛慕皆生殊異想(애모개생수이상)

要當諦觀一塵中(요당체관일진중)

亦有無邊妙經卷(역유무변묘경권)

昔有智人破此塵(석유지인파차진)

十方世界一切說(시방세계일체설)

以名塵故非斷空(이명진고비단공)

而可破故非實有(이가파고비실유)

了此兩字妙法門(요차양자묘법문)

亦攝一切契經海(역섭일체계경해)

譬如困臥俄頃際(비여곤와아경제)
夢中所歷更千載(몽중소력갱천재)

알았노라. 한 생각에 고금이 원만하고
진실의 경지에도 법 역시 그러하듯이
한 티끌의 미묘함을 헤아릴 길 없는데
낱낱이 티끌마다 그러하다는 사실을
제석천 인드라망 밝은 구슬은
자체가 찬란히 빛나 모두를 비춰 주는데
한 구슬에 모든 구슬빛이 투영되어 있고
구슬 하나하나는 다시 다른 구슬에 투영되는 것과 같네.
乃知一念圓古今(내지일념원고금)
眞實際中法如是(진실제중법여시)
一塵微妙不可測(일진미묘불가측)
當知一一塵亦然(당지일일진역연)
譬如天帝網明珠(비여천제망명주)
珠體瑩然俱照徹(주체형연구조철)
一珠具足諸網珠(일주구족제망주)
一一珠中同徧入(일일주중동변입)

내 지금 이 금강 구절로

저 중생의 못난 생각을 쳐부수어

한낱 티끌 속에도 이 경이 있음을 깨닫게 하리

어찌하여 작은 책을 보고 이다지 놀라는가

저 산신령과 하수의 신에게 물어보오

각자마다 본원력 생각하리라

굳건하고 알뜰하게 간직하여서

사념으로 좀쓸지 않게 하시오.

我今以此金剛句(아금이차금강구)

壞滅彼衆下劣想(괴멸피중하열상)

使悟塵中含此經(사오진중함차경)

奚方冊中乃驚異(해방책중내경이)

咨爾山君河樹神(자이산군하수신)

各各當憶本願力(각각당억본원력)

要當勇猛勤守護(요당용맹근수호)

勿令邪念輒蠹侵(물령사념첩두침)

수미산 꼭대기에 세찬 바람 불어서

대천세계 겁화(劫火)로 모두 태우면

이 경을 모든 곳에 널리 펼쳐서

맑게 볕 쪼이며 제자리 얻게 하리니

현재의 우리 불자들 중에

이런 관을 짓는 자를 바른 관[正觀]이라 이름하리라

시방 부처님께 머리 조아리오니

국토마다 티끌마다 증명하소서.

毘藍風吹須彌盧(비람풍취수미로)

劫火梵燒大千界(겁화범소대천계)

爲攤此經一切處(위탄차경일체처)

使其凉曝各得所(사기량폭각득소)

我此現前佛子等(아차현전불자등)

作此觀者名正觀(작차관자명정관)

稽首十方調御師(계수시방조어사)

刹刹塵塵爲作證(찰찰진진위작증)

09

자씨보살전단상찬병서
(慈氏菩薩栴檀像贊幷序)

　금릉(金陵) 화장선사(華藏禪寺)의 미륵보살 전단목 불상은 세상에서 가장 정교하였으며, 신비한 영험은 한두 가지로 헤아릴 정도가 아니었다.

　처음엔 경덕사(景德寺) 후전(後殿)에 봉안되어 있었는데 왕안석의 꿈에 불상이 나타나 매우 간절하게 옮겨달라고 청하였다. 그러나 꿈을 깬 후 까마득히 잊어버렸는데, 이윽고 또다시 꿈속에 나타나 지난번 그대로 되풀이하여 말하자 왕안석은 꿈속에서 굳게 이를 만류하였더니 불상은 눈물을 흘렸다. 꿈을 깨어 가서 살펴보니 실제로 불상에는 눈물 자욱이 있었다. 이를 계기로 크게 놀라 곧장 화장사(華藏寺) 대전(大殿)으로 안치하였는데, 얼마 있다가 경덕사는 불이 나서 잿더미로 변하였다 한다.

　아! 세 가지 재앙(화재·홍수·전쟁)이란 끊임없이 되풀이되는 것이며, 대천세계 또한 점차 허물어져 가는데 불상이라 하여 어찌 인간

세상에 영구히 머무를 수 있겠는가? 그런데도 스스로 혼자만이 빠져나와 화재를 면하였으니 이렇게 어린아이 장난 같은 못난 짓을 하였겠는가? 이는 아마 불법을 보호하려는 많은 하늘이 미륵불상의 신령한 방편을 빌려 도와 그런 것이지 미륵보살의 뜻은 아니었을 것이다. 이 점을 짚고 넘어가지 않을 수 없기에 머리를 조아려 찬을 쓰는 바이다.

그 누가 기발한 생각으로
물거품 같은 이 세상을 유희하며
환술의 힘으로
전단불상을 새겼을까?
앉은자리에서 갖가지 오묘한 상으로
온갖 빛 가운데 빼어나게 하시네
보관[寶冠]에 보랏빛 머리 묶고
나는 듯 가벼운 옷 꽃머리채 틀어 올려
가지가지 오묘한 장엄구로
이 공덕 덩어리를 이루었네
당시의 억만 대중
감격에 겨워 슬피 울고
높다란 다락에서 이야기꽃을 피우며
보배를 받들 듯이 보호하여

도솔천에 오르는 듯

용화법회에 모이는 듯하였네

아! 상교(像敎) 말법(末法)시대라

아름다운 새가 평범한 새로 변하고

처마 앞 포도 숲엔 가시넝쿨 뻗어가네

용신은 슬퍼하고

왕신이 밖에서 비호하니

기이한 꿈은 그의 뜻이 아니라

둥글게 밝은 달 밀쳐내어

시끌벅적대는 세상을 원하니

바라건대 자금산에 돌아가

시원한 곳에 안치하리라.

何人奇逸想(하인기일상) 游戲浮漚間(유희부구간)

以如幻之力(이여환지력) 刻此栴檀像(각차전단상)

坐令衆妙好(좌령중묘호) 秀發千光中(수발천광중)

天冠束紺髮(천관속감발) 銖衣絡華鬘(수의락화만)

種種妙莊嚴(종종묘장엄) 成此功德聚(성차공덕취)

當時億萬衆(당시억만중) 感極則悲號(감극즉비호)

樓觀出談笑(누관출담소) 秘護百寶攢(비호백보찬)

如登覩史天(여등도사천) 如集龍華會(여집용화회)

嗟乎像敎末(차호상교말) 羽嘉成百鳥(우가성백오)

棘生薝蔔林(극생담복림) 龍神爲悲動(용신위비동)
王臣實外護(왕신실외호) 異夢非意思(이몽비의사)
願推明月輪(원추명월륜)　出此蓬勃煙(출차봉발연)
願回紫金山(원회자금산) 安置淸凉處(안치청량처)

지금까지 온갖 복스런 그 모습
엄연하게 하늘과 사람에게 이르시니
아! 그 신통력 헤아릴 수 없어
우러러 절 올리며 눈물 흘리노라
내 시방을 살펴보니
마음 밖에 경계 없어
의타기성과 변계소집성을
자연히 떠났으니
지금 눈앞에 보이는 것은
'유'도 아니요, '무'도 아니라
거울 속에 나타난 모습이
거울도 아니요 얼굴도 아닌 것 같네
바라건대 이 삼매에 들어가
식심(識心)이 자연히 밝아져
시방의 국토에서
큰 불사 지으오리다

대자대비 미륵존자시여! 머리 조아려 아뢰오니 저의 이 말을 증명해 주소서.

至今百福像(지금백복상) 儼然臨天人(엄연임천인)
神力吁莫測(신력우막측) 拜瞻涕汍瀾(배첨체환란)
我諦觀十方(아체관시방) 實無心外境(실무심외경)
自然離依地(자연이의지) 及與徧計執(급여변계집)
卽今目所見(즉금목소견) 非有亦非無(비유역비무)
如像現鏡中(여상현경중) 非鏡亦非面(비경역비면)
願入此三昧(원입차삼매) 識心自然明(식심자연명)
於十方國土(어시방국토) 而作大佛事(이작대불사)
稽首大悲尊(계수대비존) 證我如是說(증아여시설)

10

제15조진찬병서(第十五祖眞讚幷序)

가나제바(迦那提婆) 존자는 제15대 조사로서 부처님의 심인(心印)을 전수받았지만, 중생들이 그의 말을 믿지 않을까 근심한 나머지 마침내 대자재천(大自在天) 불상에게 호소하였다.

"바라건대 신이시여! 나의 말이 헛된 말이 되지 않게 하옵소서."

아! 세상에 도를 행하기 어려움이란 오늘날만 그런 것이 아니다. 이에 머리를 조아려 찬을 쓰는 바이다.

　　돌 표범이 살코기에 취하고
　　목마가 밤에 울부짖으니
　　나의 삼매는
　　알음알이[識情]로 알 바 아니라
　　인연 따라 나타날 뿐
　　사유에 떨어지지 않으니

발우 물에

바늘을 던지는 격.

石彪肉醉(석표육취) 木駒夜嘶(목구야시)

我此三昧(아차삼매) 非識情知(비식정지)

應緣而現(응연이현) 不落思惟(불락사유)

是故鉢水(시고발수) 以鍼投之(이침투지)

공자의 소(韶)¹같이

종자기(鍾子期)의 거문고²같이

또한 소하가

회음후(淮陰候)를 알아본 것과 같이

말을 빌릴 것도 없이

자취를 찾아볼 것도 없이

찬란히 앞에 나타나

마음으로 전하도다.

如仲尼韶(여중니소) 如子期琴(여자기금)

又如蕭何(우여소하) 而識淮陰(이식회음)

無言可奇(무언가기) 無跡可尋(무적가심)

粲然現前(찬연현전) 傳之以心(전지이심)

불상의 눈에 구멍 뚫은 것은

신을 업신여긴 때문이 아니오

나무를 가리킨 것은

내 그 인연을 알기 때문이로다

물아(物我) 모두 옛과 같아

서 있는 그대로 참다우니

그 묘용을 따라

나의 전신 나타나도다.

穴像之目(혈상지목) 我不慢神(아불만신)

指樹之耳(지수지이) 我知其因(아지기인)

物我如故(물아여고) 所立皆眞(소립개진)

隨其妙用(수기묘용) 見我全身(견아전신)

진실된 자비를 베푸시는 분께 조아립니다

사문 가운데 왕이 되시어

많은 별 가운데 달과 같나이다

보는 사람은 분명한데도

중생들이

믿지 않을까 슬퍼하시니

눈먼 자의 허물일 뿐

그 밝은 빛 가릴 수 있겠나이까.

稽首眞慈(계수진자) 爲僧中王(위승중왕)

如萬星月(여만성월) 見者淸凉(견자청량)

尙以衆生(상이중생) 不信爲傷(불신위상)

蓋盲者咎(개맹자구) 非光掩藏(비광엄장)

주
:

1 공자의 소 : 소는 순(舜)임금이 만든 음악인데 공자가 그것을 듣고 감동되어 석 달 동안 고기맛을 몰랐다고 한다.
2 종자기의 거문고 : 춘추시대 초(楚)나라 종자기는 그의 친구 백아가 타는 거문고 소리를 들으면 그의 마음을 다 알았다고 한다.

11

취암진화상진찬(翠巖眞和尙眞讚)

내 한 줄기로 흐르는 맑은 경수(涇水)와

흐린 위수(渭水)를 비교해 보니

웃음 진 얼굴 속에 퍽이나 매끄럽고 사나운 놈이로군

그대 위해 주관[人]과 객관[境]을

모두 빼앗았으니

법석대는 저자거리에서 백주에 날치기를 당하듯

이는 마치 물로 물을 씻고

누각으로 누각을 치는 꼴이구려

원래부터 초탈하여 얽매임[窠臼]이 없었으니

남전(南泉, 748~835)스님 뵈었고

조주(趙州, 778~897)의 법 이으셨다.

我方涇渭同流(아방경위동류)

笑中軟頑滑頭(소중연완활두)

爲君人境俱奪(위군인경구탈)

鬧裏白拈巧偸(요리백념교투)

如水洗水(여수세수) 相樓打樓(상루타루)

從來脫略無窠臼(종래탈략무과구)

接得南泉嗣趙州(접득남전사조주)

12

소묵화상진찬(昭默和尙眞贊)

현사(玄沙, 835~908)스님 같은 논변은 조리가 분명하고
풍모는 목주(睦州)스님 닮아 골격이 빼어나시다
말없는 설법에 구슬 스스로 빛나
천지에 쏟아지는 광명 터럭과 좁쌀까지 비춘다
남영산(南榮山) 높은 묏부리에 홀로 서 계시니
임제스님 떠 밀쳐도 자빠지지 않네
웃음엔 옥가루 나부껴 봄처럼 화사한데
방 하나는 냉랭하여 마귀마저 통곡한다.

辯如玄沙有邊幅(변여현사유변폭)
韻如睦州出風骨(운여목주출풍골)
默然而說珠自照(묵연이설주자조)
入荒光明奇毛栗(입황광명기모율)
獨立南榮山嶽峻(독립남영산악준)

臨濟欲傾不敢覆(임제욕경불감복)

笑橫玉塵氣如春(소횡옥진기여춘)

一堂嚴冷天魔哭(일당엄냉천마곡)

13

공생찬병서(空生贊幷序)

장남(漳南) 땅 신수(愼修)스님이 오중(吳中)[1] 지방을 돌아다니다가 허물어진 담벼락 부서진 벽 틈에서 이 그림을 발견하였다. 뒤범벅이 된 먼지를 털고 보니 정에 드신[神觀] 깊고도 고요한 모습은 마치 이제 막 유마거사에게서 심해탈(心解脫)을 얻은 것과 같았다.

이 그림을 나에게 보여주기에 찬을 쓰는 바이다.

    비고 고요하신 몸은
    의지할 일 없으나
    지팡이 잡으시고
    신령하게 아는 마음은
    흩거나 거둘 일 없으나
    패엽(貝葉, 경전)을 노리개 삼으셨네.
    以空寂身(이공적신) 無所依住(무소의주)

而捉杖梨(이착장리) 以靈知心(이영지심)
不在散攝(부재산섭) 而玩貝葉(이완패엽)

소리와 색을 버리지 않고서도
진공(眞空)을 깨쳤고
우리 일상의
능소(能所)심과 하나 되시어
어디서나 고요히
법해(法海)로 들어가시니.
不捨聲色(불사성색) 而證眞空(이증진공)
與我日用(여아일용) 能所心同(능소심동)
於一切處(어일체처) 寂入法海(적입법해)

바람이 허공을 스쳐가듯
막힐 일 없어라
세 가지 집착[三執]을 벗어나기만 하면
원만히 보회(普會)를 이루리라
저마다 조심스레 수행하여
이 삼매경에 드소서.
如風行空(여풍행공) 無有妨碍(무유방애)
但脫三執(단탈삼집) 圓成普會(원성보회)

當愼以修(당신이수) 入此三昧(입차삼매)

주
:
1 강소성(江蘇省) 소주시(蘇州市).

14

영명화상화상찬병서
(永明和尙畵像讚幷序)

　영명지각(永明智覺, 905~976) 스님은 자비 원력(願力)으로 중국에 태어나 부처님의 심법(心法)을 전수하며 법보시를 베푸셨다. 논변가로 이름나 많은 납자들이 의탁하여 명성이 높았는데 스님의 논리나 문장은 마치 태산이나 바다같이 폭넓었다.

　나는 그 사이에서 주워 담아 익히기 10여 년, 스님의 깊은 경지를 알게 되어 이를 기록할 수 있었는데 거위왕이 우유만을 골라 마시듯 하나도 빠뜨리지 않았다. 내 일찍이 자신의 비루(鄙陋)함도 잊고서 선사의 뛰어난 자취를 뒤따르는 반려가 되어 시방국토를 돌아다니며 큰 불사(佛事)를 이루고자 하였는데 이 염원이 아직 늦지 않았으리라고 생각한다.

　이에 머리를 조아려 찬을 쓰는 바이다.

　삼계의 중생[種性]에는

갖가지 아름다움과 추악함이 있어
삶을 좋아하고 죽음을 싫어하며
밤에는 꿈 낮에는 망상으로
쉴새없이 분주히 오가는
시끄러운 소리가 담장을 넘어 온다
이 모두 말나식에 의지하여
희론으로 만들어낸 것이나
말나의 체(體)는
지음[作]도 받음[受]도 없네
마치 허공꽃[空花]이
실제는 없으면서도 있는 것처럼
한 생각에 그런 줄 분명히 알면
광명이 쏟아져 비추리니
나의 이런 생각은
틀림없으리
이것이 심법이라
조사 부처 전수하신 법
무너진 기강을 그 누가 일으켰나
빼어나고 훤출하신 스님이시여!
영명사 바라보며 머리 숙이오니
북두성에 달이 기우네.

三界種性(삼계종성) 有萬姸醜(유만연추)
生順死逆(생순사역) 夢夜想晝(몽야상주)
往復無間(왕복무간) 聲度垣牖(성도원유)
皆依末那(개의말나) 戲論成就(희론성취)
而末那體(이말나체) 無作無受(무작무수)
譬如空花(비여공화) 實無而有(실무이유)
一念了知(일념요지) 光明通透(광명통투)
我如是見(아여시견) 無有錯謬(무유착류)
是爲心宗(시위심종) 祖佛授手(조불수수)
孰振頹綱(숙진퇴강) 秀傑奇茂(수걸기무)
稽首永明(계수영명) 月臨星斗(월림성두)

15

영가화상화상찬병서
(永嘉和尙畫像讚幷序)

　영가(永嘉, 665~713)스님은 처음 『유마경(維摩經)』을 읽다가 밝게 깨닫고는 종지를 정하고자 하였다. 마침내 조계산에 가서 6조대사의 인가를 받고 하룻밤을 그곳에서 지낸 후 떠나가니 사람들은 모두들 '하룻밤 사이에 깨친 자[一宿覺]'라 하였다.
　내가 스님의 『증도가(證道歌)』 읽고 그 경지를 살필 때면 마치 자로 재듯 자물쇠를 열듯 하였으므로 언제나 책을 덮어 두고 긴 한숨을 짓곤 하였다. 스님의 인품을 생각해 보면 훤출한 키에 광명이 쏟아져 만길 벼랑처럼 우뚝하다. 그런데 요즘의 납자들을 살펴보면 시큰둥하고 자잘하며 어지럽게 꿈틀거리는 것만 같으니 불교의 흥망성쇠를 여기에서 짐작할 수 있다 하겠다.
　이에 찬을 쓰는 바이다.

　정근(情根)에 공이 없고

의식(意識)도 작동하지 않아서

현량(現量) 그대로가

견문각지를 이룸이

거울에 등불 비치듯

빛이 뒤섞이거나 부서짐이 없도다.

情根無功(정근무공) 意識無作(의식무작)

現量圓成(현량원성) 見聞知覺(견문지각)

如鏡受燈(여경수등) 光無壞雜(광무괴잡)

매서운 불길에도

세차게 흐르는 강물에도

포효하는 바람결에도

대지(大地)는 변함없는 법

알음알이가 다하면

마찬가지로 그러하리라.

烈火焚燒(열화분소) 河流湍逝(하류단서)

谷風怒號(곡풍노호) 大地依止(대지의지)

俱無知思(구무지사) 亦復如是(역부여시)

이 열반문(涅槃門)은

독을 바른 북[塗毒鼓]이라

육조대사 이 북을 두들기시니
듣는 이 모두가 나자빠지고
이 북채를 선사에게 건네주니
삼라만상이 깜짝 놀라 움츠러든다.
此涅槃門(차열반문) 如鼓塗毒(여고도독)
曹溪撾之(조계과지) 聞者僵仆(문자강부)
以槌授公(이퇴수공) 萬象驚縮(만상경축)

빛나는 그 말씀은
해처럼 별처럼 찬란하시고
엄격한 그 수행은
옥처럼 얼음처럼 더없이 해맑아라.
다만 이를 전수하지 않으시니
공(空)과 상응하는 그 법인 터라.
光明之語(광명지어) 粲如日星(찬여일성)
精嚴之行(정엄지행) 淸如玉永(청여옥영)
唯不傳者(유부전자) 與空相應(여공상응)

내 처음 도를 배울 제
손아귀에 주먹 속에 쥘 듯하였는데
만년에서야 깨닫고 보니

마치 손아귀가 안연하여

수시로 작용하매

대천세계(大千世界)를 잡았다 놓았다 하네.

我初學道(아초학도) 如握如拳(여악여권)

晚乃覺知(만내각지) 如手安然(여수안연)

有時而用(유시이용) 搏取大千(박취대천)

16

○

청량대법안선사화상찬병서
(淸涼大法眼禪師畵像讚幷序)

●

　내가 원부(元符) 연간 초에(1098) 임천(臨川) 승천사(承天寺)를 찾아가니 절터는 그지없이 드넓어 천여 명의 대중이 모일 수 있는 곳이었으나 쓸쓸한 식당엔 보잘것없는 서너 명의 승려가 살고 있을 뿐이었다.

　해묵은 빗돌에 새겨진 글을 읽어본 뒤에야 이곳이 대법안(大法眼, 885~958) 스님께서 개법(開法)하신 옛터임을 알게 되었다. 그러나 다행히도 영당의 벽 위엔 아직까지도 변함없이 스님의 화상이 그대로 남아 있었으며, 그 사당[祠宇]은 조용하고 아늑하였다. 또한 스님의 깊으신 눈매에 영특하신 기개가 아직도 사라지지 않고 남아 있었다. 어찌 큰 법을 짊어지시고 사생(四生)[1]을 이끌어 주시던 분의 모습이라 하지 않겠는가.

　머리를 조아리며 찬을 쓰는 바이다.

바람과 깃발이 움직이는 것도 아니요

바람과 방울이 울리는 것도 아니니

꺼졌다 일어났다 하는 보고 듣는 작용은

전혀 근거할 곳이 없도다

어떻게 알 수 있는가

모든 게 고요하고 고요한 때문이라네.

非風幡動(비풍번동) 非風鈴語(비풍영어)

見聞起滅(견문기멸) 了無處所(요무처소)

何以明之(하이명지) 俱寂靜故(구적정고)

이 광명장(光明藏)은

평등하게 나타나지만

근본 무명(無明)으로 말미암아

사랑 욕망 괴이(怪異)함 질투가

하루건너 앓는 학질처럼 나타나니

스스로 엄격히 차단하여

분명히 깨친 자 있으면

본래 깨침과 같아지리라.

此光明藏(차광명장) 平等顯露(평등현로)

由本無明(유본무명) 愛欲怪妬(애욕괴투)

如隔日瘧(여격일학) 痛自遮護(통자차호)

有能了者(유능료자) 卽同本悟(즉동본오)

쓸쓸히 인연을 찾아 따르니
고요한 곳에 한가히 머무르시며
모든 것 옛 법을 따르시니
때묻지 않은 청정한 몸이요
중생을 위해 법도를 지으사
준엄한 말씀을 남기시니
어찌 해볼 수 없는
큰 불더미 같도다.
索爾隨緣(색이수연) 閑居靜住(한거정주)
一切仍舊(일체잉구) 身無染汚(신무염오)
爲物作則(위물작칙) 險崖之句(험애지구)
不可犯干(불가범간) 如大火聚(여대화취)

주
:

1 사생(四生) : 난생(卵生), 태생(胎生), 습생(濕生), 화생(化生). 중생이 태어나는 양상을 분류한 것. 그러므로 중생을 가리키는 말로 사생을 쓴다.

17

운문선사화상찬병서
(雲門禪師畵像讚并序)

　부정공(富鄭工) 부필(富弼)의 집에 간직되어 있던 운문(雲門, 864~949)스님 영정의 사본을 원정(原靜)스님이 베껴 와 장산(蔣山)에 보관한 일이 있었는데, 나는 대관(大觀) 3년(1109) 6월에 뵐 수 있었다.
　이에 찬을 쓰는 바이다.

　　사견(邪見)의 물결 하늘까지 닿았는데
　　선사여 태산처럼 우뚝 서서
　　가파른 만길 절벽 드높게 솟아
　　광란의 물결을 막아 주시니
　　그 모습 바라보고 물러설 뿐
　　잡을 수 없어라.
　　見流滔天(견류도천) 公峙如山(공치여산)

壁立萬仞(벽립만인) 捍其狂瀾(한기광란)
可望而却(가망이각) 不可攬攀(불가람반)

물소 이마에 범의 눈동자
아름다운 수염은 양 볼에 가득하고
구름 같은 말씀과 번뜩이는 기용(機用)은
뇌성벽력으로 혀를 삼으셨으니
삿된 이단(異端) 무너지고
마귀 간담 찢어지네
잠깐 사이에 날 개이니
빛나는 바람 맑은 달빛이어라.
犀顱虎眸(서로호모) 美髥遶頰(미염요협)
雲詞電機(운사전기) 霹踏爲舌(벽답위설)
邪宗墮傾(사종타경) 摩膽破裂(마담파열)
須臾淸明(수유청명) 光風霽月(광풍제월)

총림(叢林)의 노새들은
용상(龍象)스님 뒤따르려 하지만
빼어난 기상으로 앞으로 성큼 나아가니
붙잡을 수 없어라
온 누리가 물결이라

내, 건널 수 없는데

갑자기 나타난 맑은 기연(機緣)이

손바닥에 닿노라.

叢林驢騾(총림려라) 蹴踏龍象(축답용상)

不可係霸(불가계패) 逸氣邁往(일기매왕)

我不得濟(아부득제) 大地是浪(대지시랑)

忽然現前(홀연현전) 淸機歷掌(청기역장)

18

현사비선사화상찬
(玄沙備禪師畵像讚)

6근[根門]에 힘이 있으면

마음 바깥에 법을 보고

작용하는 곳에서 기연(機緣)을 바꾸면

묻는 때마다 답해야 하니

물음과 대답이 치달음은

대도(大道)를 더듬어 보는 격이며

마음과 법이 서로 대치되면

진여(眞如)를 부수는 일이로다.

根門有功則(근문유공즉) 是心外見法(시심외견법)

用處投機則(용처투기즉) 是問時有答(시문시유답)

問答交馳(문답교치) 摸索大道(모색대도)

心法對峙(심법대치) 破碎眞如(파쇄진여)

신기하여라 스님이시여

두 갈래 길 뛰어넘으셨도다

가신 스님을 앞에 대하니

파도가 가라앉자 드러나는 수면같이 고요하고

맹호 같은 터럭 수염에

빛나는 광채는 스스로 구슬을 비추는데

선승들은 이를 알지 못하니

우물 속에서 나귀를 보는 것 같구나.

異哉此老(이재차로) 超出兩塗(초출양도)

亡僧面前(망승면전) 波全露水(파전노수)

猛虎鬚畔(맹호수반) 光自照珠(광자조주)

衲僧不解(납승불해) 如井覰驢(여정처려)

19

전단대비찬(栴檀大悲讚)

나는 마흔두 개의 팔을 지니신 관세음보살상을 간직하고서 눈을 보호하듯이 소중히 하여 매번 길 떠날 때마다 항시 모시고 다니곤 하였는데, 이제 나의 벗 이천보(李天輔)에게 주면서 찬을 쓰는 바이다.

그대의 생각에 할 말 있다면 마음을 내면
메마른 말뚝도 귀신이 되겠지만
내 마음을 내지 않으면
해골도 곧 물인 것을
아소서! 망상과 깨침이
하나가 둘이 된 것이지요
담담한 원명(圓明)은
백천 가지가 하나의 법임을

머리 조아리오니, 관세음보살이시여
산울림이 골짜기에 대답하듯
크고 작음을 따라
만물에 응하여 모습을 나타내소서.
汝意有言(여의유언) 枯杌作鬼(고원작귀)
我心不生(아심불생) 髑髏卽水(촉루즉수)
乃知妄覺(내지망각) 一法成二(일법성이)
湛然圓明(담연원명) 百千一耳(백천일이)
稽首大士(계수대사) 應物而形(응물이형)
隨其大小(수기대소) 如谷含聲(여곡함성)

천 개의 팔로 잡아 주시고
천 개의 눈으로 살펴주심은
무심(無心)하기 때문에
작용[受用]이 오묘한 것이라
비유하자면 파릇한 봄을
꽃 속에 숨겼다가
가지와 잎새를 따라
정밀하고 신령함을 성글고 촘촘히 나타내듯 하여라.
마흔두 개의 팔을 가진
이 서기(瑞氣) 어린 불상은

지름 한 치를 넘지 않고서

장엄한 그 모습 모두 갖추셨네.

千臂執持(천비집지) 千眼觀照(천안관조)

以無心故(이무심고) 受用俱妙(수용구묘)

譬如靑春(비여청춘) 藏於花身(장어화신)

因其枝葉(인기지엽) 疎密精神(소밀정신)

唯此瑞相(유차서상) 四十二臂(사십이비)

不越徑寸(불월경촌) 莊嚴畢備(장엄필비)

청정한 그 눈매는

한편은 자비롭고 한편은 위엄스러우며

한 걸음 옮기려 하시면

발밑에 꽃수레 떠받쳐 주도다

푸른 나발 사이에

부처님의 위엄 서린 모습이 있고

마치 초파리 벌레가

모기의 눈썹 위에 집을 짓고서

돌틈 바구니에 숨어 있다가

조개로 변신되어 나타나듯이

막힘없는 자비로써

맑고 흐림을 가리지 않네.

淸淨寶目(청정보목) 或慈或威(혹자혹위)
如欲擧足(여욕거족) 華輪承之(화륜승지)
碧螺之間(벽라지간) 有佛儼容(유불엄용)
如焦螟蟲(여초명충) 巢蚊睫中(소문첩중)
隱于石間(은우석간) 顯出蚌蛤(현출방합)
以無礙慈(이무애자) 不擇淸濁(불택청탁)

내가 중국 사람을 살펴봄에
본성이 용맹하고 예리하여
들어서 얻은 지혜[聞慧]로
감로수 열반[甘露滅地]에 들어가니
바라옵건대 관세음보살의
막힘없는 변재처럼
우리에게 가피를 내리사
업장(業障)을 모두 없애고 마음을 열게 하소서
내가 이 게(偈)를 설하오니
만상이 합장하도다
어떻게 하면 무애경지(無礙境地)로
허공을 두들겨 소리를 낼 수 있겠나.
我觀震旦(아관진단) 種性猛利(종성맹리)
由聞慧入(유문혜입) 甘露滅地(감로멸지)

願加被我(원가피아) 障盡心開(장진심개)
如觀世音(여관세음) 無礙辯才(무애변재)
我說此偈(아설차게) 萬像合掌(만상합장)
何以無礙(하이무애) 敲空作響(고공작향)

20

원선사찬(源禪師讚)

십년 간 적취암(積翠庵)에 은사스님 모시옵고
눈은 옆으로 눕고 코는 바로 섰음을 배웠노라
평소의 그 기상 총림(叢林)을 압도하고
문답에 집착하는 이단을 등져 버렸네.
十年積翠侍立(십년적취시립) 學得眼橫鼻直(학득안횡비직)
平生氣壓叢林(평생기압총림) 問着左科背聽(문착좌과배청)

뇌성벽력 혓바닥 암자에 감춘 채
삼라만상 제각기 분수대로 설하게 하니
백비사구(百非四句)는 버틸 곳 없고
고고한 풍모 사람 비추니 뭇 별 가운데 빛나는 달이어라.
一庵深藏霹靂舌(일암심장벽력설) 從敎萬像自分說(종교만상자분설)
百非四句無處蹲(백비사구무처준) 孤風照人衆星月(고풍조인중성월)

21

명백암명병서(明白庵銘幷序)

　내가 세상의 인연이 깊고 무거워 전생에 익혀 왔던 습성을 버리지 못하고 고금의 치란(治亂)과 시비성패(是非成敗) 논하기를 좋아하여, 친한 도반들에게 많은 꾸지람을 받아 왔지만 그중에 진영중(陳瑩中, 1060~1124)만은 이렇게 말하였다.
　"도에 있어서야 애당초 아무것도 서로가 방해될 것이 없다. 비유하자면 산천에는 안개와 구름이 있고, 초목에는 꽃과 무성한 잎새가 있어야 하는 것과 같으니 그래야만 훌륭한 정진(精進)이라 할 수 있다."
　나는 속으로 그가 나를 놀리는 말인 줄 알면서도 아무렇지 않게 여겼다.
　대관(大觀) 원년(1107) 봄, 임천 땅에 토굴을 마련하고 이를 명백암(明白庵)이라 이름한 것은 전심전력으로 나를 다스려 보고 싶은 생각에서였는데, 진영중(陳瑩中)이 이 소식을 전해 듣고 게(偈)를 보내왔다.

> 토굴 속에 비야법좌를 마련하지는 않았지만
> 영산의 법 묻는 이라면 허용하겠지
> 세간의 사랑 미움 다하였다 하려는데
> 눈썹 치켜세우며 절문을 나서니 누가 그대 꾸짖겠나.
> 庵中不著昆耶座(암중불착곤야좌)
> 亦許靈山問法人(역허영산문법인)
> 便謂世間憎愛盡(변위세간증애진)
> 攢眉出社有誰瞋(찬미출사유수진)

그리하여 봇물 터져 물이 넘치듯이 또다시 많은 말을 하게 되었다. 결국은 그 게송에 연좌되어 죄를 얻게 되었고 다행히 구사일생으로 살아나기는 하였지만, 보이지 않는 미세한 조짐을 살펴보지 못한 나의 식견과 옛 습관을 버리지 못하는 나의 도력(道力)에 대하여 한스러운 마음 금할 길 없었다. 그러므로 나의 넋을 거두어 초심(初心)을 다스리고자 명을 쓰는 바이다.

> 우렛소리 으르렁대면
> 온 누리에 봄이 왔음을 아나
> 듣고서도 말하지 않는 건

마음으로 깨침일세라

나뭇잎새 떨어지니 찬 서리 맑고

강물이 마르니 모래만 남았는데

갑자기 천둥소리 뒤흔들리면

듣는 이 이상타 놀라리라.

雷霆發聲(뇌정발성) 萬國出曉(만국출효)

聞者不言(문자불언) 心得意了(심득의료)

木落霜淸(목락상청) 水歸沙在(수귀사재)

忽然震驚(홀연진경) 聞者駭怪(문자해괴)

일상에 오묘히 계합됨은

이른 봄의 우렛소리와 같고

깨달음을 등진 티끌 번뇌는

한겨울에 치는 우레와 같도다

온갖 일 그만두고

인연 따라 놓아 지내리니

깨달음[了知]도 없거늘

하물며 전도상(顚倒想)이 있으랴.

合妙日用(합묘일용) 如出雷霆(여출뇌정)

背覺塵勞(배각진로) 如冬震驚(여동진경)

萬機俱罷(만기구파) 隨緣放曠(수연방광)

尙無了知(상무요지) 安有倒想(안유도상)

길이 이 은덕 생각하며

그 뜻을 맛보노라

암자에 몸을 감추고서

누웠다 일어났다 하니

말하거나 않거나 어둡질 않아

터럭 끝만큼도 어긋남이 없이

두서없이 쓴 글이지만

가상히 보아주리라 믿어 보노라.

永惟此恩(영유차은) 姸味其旨(연미기지)

一庵收身(일암수신) 以時臥起(이시와기)

語黙不昧(어묵불매) 絲毫弗差(사호불차)

蒙雜而著(몽잡이착) 隨孚于嘉(수부우가)

22

연복종명병서(延福鍾銘幷序)

　양무제(梁武帝)가 보지(寶誌, 418~514, 지공)스님의 신통력을 빌려 지옥의 모습을 구경한 후, 어떻게 하면 그들을 구제할 수 있을까를 묻자, 보지스님이 "중생의 정해진 업보는 당장 없앨 수는 없지만 범종소리를 듣게 되면 잠시라도 고통이 멈추게 될 것입니다."라고 하였다.

　이에 양무제는 '모든 사원에서 범종을 칠 때는 천천히 치라'는 칙서를 내렸으니 그들의 고통을 조금이라도 덜어주기 위함이었다.

　의풍(宜豊)에 사는 이(李) 아무개는 그의 아우 아무개와 함께 연복원(延福院)에다 큰 범종을 시주하고 모친의 장수와 함께 지난 업장(業障)을 씻어 달라고 발원하였다. 나는 그들이 참으로 시주할 줄을 알았다고 생각한다.

　진(晉) 허손(許遜)은 백일승천(百日昇天)을 하였는데 옥황상제의 조서에 의하면 "조상을 섬기지 않은 너의 죄를 용서하노니, 약을 시주하고 물에서 주문을 외웠던 공을 가상히 여겨서이다."라고 하였으니 이는 약을 시주하고 물에서 주문을 외우는 일이 사람을 고통에서 벗어나게 한 일이기 때문이라 하겠다.

당대(唐代)의 최우보(崔祐甫)는 본디 신분이 높고 장수를 누릴 사람이었으나 마음 내키는 대로 살육을 자행하고 죄인을 풀어 주지 않은 대가로 장수를 누리지 못하였으니, 이는 죄인을 가두고 살육하여 사람을 고통 속으로 넣었기 때문이다.

아! 수명이란 본디 정해진 것이 아니다. 사람을 고통에서 벗겨 주면 늘어나고 고통 속으로 밀어 넣으면 단명하게 된다. 범종의 공덕과 이로움은 넓고 크며 밝게 나타나는 것이니, 이 범종을 시주한 사람의 죄가 없어지고 수명이 연장되는 것은 당연한 이치라 하겠다.

이에 명을 쓰는 바이다.

꿈속의 중생이 악업을 일삼다가
영롱한 범종소리에 눈뜨게 되네
크나큰 공덕 내 어찌 말할 수 있으랴
어머니를 움직여 업장을 여의시어
범종소리 담을 넘듯 지옥에서 벗어나기를 기원하네.

衆生大夢營黑業(중생대몽영흑업)

玲瓏擊撞與開睫(영롱격당여개첩)

功德之大五敢喋(공덕지대오감첩)

願移慈母離障結(원이자모이장결)

如聲度垣卽超越(여성도원즉초월)

효성스러운 형제 용감하고 뛰어나
부처님의 힘 의지하여 이와 같이 간구하니
물건 따라 문서 받듯 큰 보답 있사오리
어머니 장수하시어 두 뺨에 봄이 돌고
끊임없는 종소리처럼 무궁무진 누리소서.
孝哉伯仲但勇逸(효재백중단용일)
依仗佛力等痛切(의장불력등통절)
如取寓物執卷牒(여취우물집권첩)
願壽慈母春在頰(원수자모춘재협)
如鍾常撞無盡竭(여종상당무진갈)

정화(政和) 갑오(1114) 여름 5월에
누가 이 명(銘)을 감로멸(甘露滅)[1]에서 쓰다
政和甲午夏五月(정화갑오하오월)
誰爲之銘甘露滅(수위지명감로멸)

주:
1 감로멸(甘露滅): 『임간록』의 저자 각범혜홍의 서재 이름.

23

전단백의관세음상병서
(栴檀白衣觀世音像并序)

　　균주(筠州) 태평사(太平寺) 사주원(泗州院) 원감(元鑑)스님이 소장하고 있는 관세음보살상은 자비로우면서도 장엄하며 오묘하면서도 화려하다. 그 영검 또한 특별하여 언젠가 상천축사(上天竺寺)에서 본 적이 있는 관음상과 같았다. 어디에서 이 불상을 모셔왔는가를 물었더니, 원감(元鑑)스님의 이야기이다.

　　"처음 어느 길손이 배에 싣고 와 몇 집에서 돌려 가며 보관하였는데 그럴 때마다 그 집안이 모두 재앙을 만나 망하게 되었다. 그리하여 모두가 두려워하며 맞이해 갈 사람이 없기에 내 이 불상을 봉안하였는데 여태껏 별다른 탈이 없었다."

　　이에 내가 말하였다.

　　"예전에 여산(廬山)의 문수사리(文殊師利) 불상은 한계사(寒溪寺)에 머무르려 하지 않고서 기어코 혜원(慧遠, 334~416)스님을 따라 동림사(東林寺)로 돌아왔었고, 금릉의 미륵불상은 경덕사(景德寺)에 머무르려 하지 않고 왕안석(王安石, 1021~1086)의 꿈에 나타나 화장사(華藏寺)에 봉안되기를 바란 적이 있었는데, 지금 이 관세음보살상도 유독 원감스님에게 머무르고 있으니, 모두가 보살과 큰 인연이 있기 때문이다. 그렇지 않다면 부처님의 마음에 어찌 사람과 장소를 가리어 피하거나 찾아갈 리 있겠는가?"

이에 명을 쓰는 바이다.

    내 듣자니 보살이 예전 수행을 닦던 때
    공양했던 부처님 '관음'이었네
    듣고 생각하고 수행하여[聞思修] 마음 깨닫고
    마음이 정밀해져서 들음을 버려 도를 얻었네.
    我聞菩薩昔因地(아문보살석인지)
    所供養佛名觀音(소공양불명관음)
    從聞思修而悟心(종문사수이오심)
    心精遺聞而得道(심정유문이득도)

    견문각지를 바꿀 수 없음이
    마치 동서남북이 고정된 것과 같았으나
    여기에서는 들음을 버리라 하니
    사람을 망연자실 의문 속에 빠지게 하네.
    見聞覺知不可易(견문각지불가역)

譬如西北與東南(비여서북여동남)

而此乃曰聞可遺(이차내왈문가유)

令人惘然墮疑網(영인망연타의망)

용이란 본디 귀가 없지만 정신[神]으로 듣고

뱀 또한 귀 없지만 눈으로 들으며

소는 귀가 없는 까닭에 코로 듣고

개미는 귀가 없어 몸으로 들으니

6근의 통용됨이 이와 같은데

들음을 버리지 못할 이치 어디 있겠나.

龍本無耳聞以神(용본무이문이신)

蛇亦無耳聞以眼(사역무이문이안)

牛無耳故聞以鼻(우무이고문이비)

螻蟻無耳聞以身(누의무이문이신)

六根互用乃如此(육근호용내여차)

聞不可遺豈理哉(문불가유기리재)

어둡고 못난 여러 축생들까지도

정묘한 이치는 끊임없는데

하물며 자재(自在)한 자비 지혜의 힘으로

무애해탈하신 우리 보살께서 어찌 그렇게 못하셨으랴.

彼於異類昧劣中(피어이류매열중)

而赤精妙不間斷(이적정묘불간단)

況我自在慈忍力(황아자재자인력)

無礙解脫獨不然(무애해탈독불연)

북과 종을 함께 칠 때 그 소리는 다르나니

다르다고 알면 생멸법이며

두 소리가 뒤섞이지 않는 것이

동시적멸(同時寂滅) 법

청정한 지혜와 크신 공덕

광대하고 장엄한 비원(悲願)의 바다에 머리 조아립니다.

鼓鍾俱擊聲不同(고종구격성부동)

知其不同是生滅(지기부동시생멸)

而二從聲不相參(이이종성불상참)

卽是同時寂滅法(즉시동시적멸법)

稽首淨智功德聚(계수정지공덕취)

廣大莊嚴悲願海(광대장엄비원해)

제 마음의 밝은 힘이 미치지 못하여

수시로 종자(種子)가 현행(現行)을 일으킴이

마치 술 취하여 주정으로 발광하다가

끊는다 해놓고 또다시 술 마시듯 함을 불쌍히 여기사

바라건대 전도(顚倒)와 어리석은 업장 없애 주고

변재와 지혜장(智慧藏)을 얻게 하여

시방의 미세한 진진찰찰에 노닐며

무외(無畏)를 베풀어 중생을 이롭게 하도록 해주소서.

憫我心明力不逮(민아심명역불체)

時時種子發現行(시시종자발현행)

如人因酒而發狂(여인인주이발광)

誡飮輒復逢佳醞(계음첩부봉가온)

願滅顚倒癡暗障(원멸전도치암장)

願獲辯才智慧藏(원획변재지혜장)

遊戲十方微塵刹(유희시방미진찰)

亦施無畏利衆生(역시무외이중생)

마음 있고 들을 수 있는 모든 사람이

다 함께 원통삼매(圓通三昧) 들어지이다.

凡曰有心能聞者(범왈유심능문자)

同入圓通三昧海(동입원통삼매해)

24

조묵진찬(照默眞讚) 1수(首)

선승은 그 자취 찾을 길 없는데

화가가 붓끝마다 그려 옮기니

산승의 눈 어리둥절 믿기 어려워라

사람에 내보이면 논박케 하니

닮았다면 영원(靈源)스님을 한 방 칠 것이고

닮지 않았다면 이 족자를 불태워 버리리라.

衲子無處摸索(납자무처모색)

畵師筆筆畵着(화사필필화착)

山僧醉眼難憑(산승취안난빙)

付與衆人彈駁(부여중인탄박)

似則打殺靈源(사즉타살영원)

不似幀子燒却(불사정자소각)

25

관음보살화상찬병서
(觀音菩薩畵像讚幷序)

　대관(大觀) 4년(1110) 봄 2월 무자(戊子)일 저물녘에 병든 중 나 혜홍은 세상에 버림받아 옥중에 누워 꿈을 꾸었는데, 꿈속에서 어딘가를 찾아갔었다. 아늑한 정원이 그지없이 고요하기만 한데 한 스님이 조용한 방으로 안내하였다. 촛불을 켜들고 벽 위를 보니 종산(鍾山) 개선사(開善寺) 보지(寶誌, 418~514, 지공)보살의 영정이 걸려 있었다. 기쁜 마음에 그 영정을 가졌으면 하였더니 영정이 저절로 손위에 떨어졌다. 그러나 다시 펼쳐 보자 손에는 열두 얼굴을 가진 관세음보살상으로 변하였다. 깜짝 놀라 깨어 보니 때는 야반삼경이었다.

　그해 3월 갑진(甲辰)일에 남주(南州)의 덕봉(德逢)스님이 서신을 보내어 안부를 묻고 이어 말하였다.

　"나는 의발(衣鉢)을 제자에게 물려주고 연수사(漣水寺)를 찾아가 관세음보살상을 그렸는데 그 탱화는 장엄하기가 천하 으뜸의 솜씨였다."

그리하여 나는 지난날의 현몽을 생각하며 탱화를 보내준 날짜를 물어보니, 꿈꾸었던 그날 저녁때의 일이었다.

이 일로 관세음보살님이 평등하고 크신 자비로 가엾게 여기어 굽어보시고 이처럼 밝게 나타나셨으니, 이 은덕을 무엇으로 보답할 수 있을까 감탄해 마지않았다. 그러나 이는 문장과 말로 깊은 바다를 비유하고 밝은 해를 자랑하는 격이다.

삼가 머리 숙여 찬을 쓰는 바이다.

맑고 성스런 감로문에 머리 숙이니
무량 성신이 항하사 세계에 가득하여
화사한 봄볕에 온갖 화초 비추듯
중생의 모든 바람 감응하시네.
稽首淨聖甘露門(계수정성감로문)
無量聖身徧沙界(무량성신변사계)
應諸衆生心所求(응제중생심소구)
譬如春色花萬卉(비여춘색화만훼)

서쪽은 스산하고 근심 깃든 곳이기에
보타락가산(寶陀洛迦山)에 머무르시며
이곳은 소리를 통해 가르침이 이루어지기에

관세음보살을 부르는 자는 해탈을 얻게 하신다.
西方肅殺憂愁地(서방숙살우수지)
故住寶陀洛迦山(고주보타락가산)
此方敎體在音聞(차방교체재음문)
故稱名者得解脫(고칭명자득해탈)

중생이란 살기의 마음이 번뜩이고
어리석어 몸소 보지 않고서는 신심을 내지 않기에
매의 둥지와 조개 속에서도 몸을 나투시고
또한 화공이 되어 탱화를 그리기도 하시니.
一切衆生殺心盛(일체중생살심성)
癡暗不見不發心(치암불견불발심)
故現鷹巢蚌蛤中(고현응소방합중)
亦作畵師畵其像(역작화사화기상)

보살에게 어찌 여러 마음이 있으랴만
모두가 그 비원(悲願) 이와 같아라
그 누가 붓끝에 뛰어난 생각을 담아
복이 서린 장엄한 화상을 그려냈던가.
菩薩豈有種種心(보살기유종종심)
皆其悲願力如是(개기비원력여시)

何人毫端寄逸想(하인호단기일상)

幻出百福莊嚴身(환출백복장엄신)

높이 솟아 움직이려 하면 모든 광명 모여드니

마치 자금산(紫金山)으로 돌아가거나 하려는 듯하고

감추듯 은은히 눈을 깜박이는 순간 온갖 기쁨 생겨나니

푸른 연꽃송이가 벌어지려는 듯하며

오랭캐며 물귀신도 정성을 드리니

가랑비 같은 하늘꽃 내림을 보듯 하여라.

屹然欲動千光集(흘연욕동천광집)

譬如將回紫金山(비여장회자금산)

湛然欲瞬衆好生(담연욕순중호생)

譬如欲折靑蓮華(비여욕절청련화)

蠻奴水王來獻誠(만노수왕내헌성)

想見細雨天花落(상견세우천화락)

중생이 뜨거운 오탁(五濁) 번뇌 속에

색과 욕심 사랑 견해에 시달리다

갑자기 달과 같은 그 모습 보게 되면

모든 털구멍이 온통 시원하여

헤아릴 수 없는 큰 공덕을 이루리니

이 모두가 스님께 마음 바친 인연이라.

衆生五濁熱惱中(중생오탁열뇌중)
色欲愛見所熏煮(색욕애견소훈자)
忽然覩此寶月相(홀연도차보월상)
一切毛孔皆淸凉(일체모공개청량)
成此不思議功德(성차부사의공덕)
皆因上人心所獻(개인상인심소헌)

원하오니 저에게 일찌감치 지견(知見)의 향불 쐬여 주고
원하오니 저에게 항상 자인(慈忍)의 옷을 입혀 주시며
원하오니 마장산(魔障山)이 속히 무너지고
원하오니 큰 지혜 항상 나타나게 하소서.

願我早熏知見香(원아조훈지견향)
願我恒被慈忍服(원아항피자인복)
願魔障山速崩裂(원마장산속붕렬)
願大智慧常現前(원대지혜상현전)

마음이 정밀해져 들음을 떨쳐 원통(圓通)을 얻어
원만하고 막힘없이 깨달으면
자연히 정밀함이 지극하여 밝은 빛이 뚫리면
결정코 나도 관세음보살처럼 되리니

일체 중생도 나와 같이 되기를 원하여지이다.

心精遺聞證圓通(심정유문증원통)

自然靜極光通達(자연정극광통달)

我當定如觀世音(아당정여관세음)

一切衆生願如我(일체중생원여아)

26

감로멸재명병서(甘露滅齋銘幷序)

　정화(政和) 4년(1114) 봄, 나는 바다 건너 돌아오면서 형악(衡岳)을 지나는 길에 방광사(方廣寺) 예(譽)스님을 만나 영원려(靈源閭) 아래에 머무를 집을 마련하고 감로멸(甘露滅)이라 이름지었다.

　도인 법태(法太)가 그 뜻을 설명해 달라 청하기에 그에게 말하였다.

　"삼조승찬(三祖僧璨, 504~606) 스님은 북제(北齊)의 천평(天平) 2년(556)에 소림사에서 법을 얻은 후 환공산(晥公山)에 은거하며 죽을 때까지 이름을 밝히지 않았고, 혜안(慧安, 582~709)스님은 수문제(隋文帝)가 개황(開皇) 7년(587)에 천하의 모든 사제(私製) 도첩(度牒)을 지닌 승려를 조사할 때, 내 본디 이름이 없다 하고 마침내 숭산에 은둔하였다. 두 스님은 이름과 누를 싫어하며 그렇게 도학에 한결같이 정진하였으니 나는 참으로 그분들을 흠모한다."

　이에 명을 쓰는 바이다.

듣자하니 감로수를

마시기만 하면 불로장생한다는데

적멸법계에도

그런 이름 있도다.

吾聞甘露(오문감로) 食之長生(식지장생)

而寂滅法(이적멸법) 乃有此名(내유차명)

적멸로써 태어나고

곡신(谷神)으로써 죽지 않음을

오직 부처님과 노자만이

그 뜻을 말했도다.

寂滅而生(적멸이생) 谷神不死(곡신불사)

唯佛老君(유불노군) 其意謂此(기의위차)

내 본디 자유로운 사람이나

근심 걱정 얽혔다가

이제사 벗어났으니

긴 수염 긴 머리에 가사를 입었네.

我本超放(아본초방) 憂患纏之(우환전지)

今知脫矣(금지탈의) 鬚髮伽黎(수발가려)

혜안스님은 숭산 소림사에 은둔하고
삼조 찬스님 곽산에 숨었으니
그러므로 나 각범도
형악에서 늙으리라.
安遁嵩山(안둔숭산) 粲逃潛霍(찬도잠곽)
是故覺範(시고각범) 老于衡岳(노우형악)

산이 내가 높다 하는 생각을 잃고
옥이 티없다는 마음마저 잊은 것처럼
내 마땅히 혀끝으로
푸른 연꽃 토하리라.
山失孤峻(산실고준) 玉忘無瑕(옥망무하)
當令舌本(당령설본) 吐靑蓮華(토청련화)

27

어부(漁夫) 6수(首)

1) 만회(萬回)

백옥 각대(角帶) 구름 도포 까까머리 드러내고

일생 동안 비웃던 일 그 무슨 까닭인지 알지만

아침저녁나절 만 리 길 돌아오니

의심 말라

대천세계가 터럭 끝에 걸려 있음을.

玉帶雲袍童頂露(옥대운포동정로)

一生笑傲知何故(일생소오지하고)

萬里廻來方旦暮(만리회래방단모)

休疑慮(휴의려)

大千揑在毫端聚(대천열재호단취)

밭갈이 모르면서 밭이랑 나눠 받고

손님을 마주하면 북 두들길 줄 아는구려

문득 노안(老安)스님과 귓속말 주고받고

돌아서 밀치고 떠나가니

나의 구문(毬門) 길 막지를 마오.

不解犁田分畝步(불해리전분무보)

却能對客鳴華鼓(각능대객명화고)

忽共老安相耳語(홀공노안상이어)

還推去(환추거)

莫來攔我毬門路(막래란아구문로)

2) 약산(藥山)

학처럼 고고한 정신 구름처럼 드높은 격조

사람에게 밀려오는 그 기상은 서리에 천지가 환하듯 하다

소나무 아래서 보던 경문은 아직 다 보지 않았는데

저녁노을 뉘엿하니

차 끓인 연기 바람에 날려 시냇물을 빙 두른다.

野鶴神情雲格調(야학신정운격조)

逼人氣韻霜天曉(핍인기운상천효)

松下殘經看未了(송하잔경간미료)

當斜照(당사조)

茶煙風撼流泉繞(다연풍감유천요)

누각은 진귀하여 사방을 환히 비추는데
빛은 새어나가지 않아야 비로소 영묘하다
살아갈 길 눈앞에 이루니 누구의 관현악인가
우뚝한 봉우리의 소리 한마디
달빛 아래에선 맑은 피리소리로 들리노라.

閨閣珍奇徒照耀(규각진기도조요)

光無滲漏方靈妙(광무삼루방영묘)

活計現成誰管紹(활계현성수관소)

孤峰表(고봉표)

一聲月下聞淸嘯(일성월하문청소)

3) 보공(寶公)

독룡강(獨龍崗) 아랫길을 오가노라니
지팡이 끝 쓸쓸하고 세간살림 어수선하구나
뒷일을 앞당겨 보기를 마치 눈앞이 선한 듯하다
비결이 아니라면
한 생각에는 고금이 없음을 알지어다.

來往獨龍崗下路(내왕독룡강하로)

杖頭落索閑家具(장두낙색한가구)

後事前觀如目覩(후사전관여목도)

非讖語(비참어)

須知一念無今古(수지일념무금고)

가소롭다 늙은 양무제여 병고도 많기도 할사

웃음 속에 주는 약이 모두가 이리나 호랑이들

촛불 한 자루도 그대에게 건네주지 않고서

애오라지 너를 놀려 주노라

약 오르거든 아가씨의 속바지를 벗으시오.

長笑老蕭多病苦(장소노소다병고)

笑中與藥皆狼虎(소중여약개낭호)

蠟炬一枝非囑付(납거일지비촉부)

聊戲汝(요희여)

熱來脫却娘生袴(열래탈각낭생고)

4) 양공(亮公)

하늘꽃은 옥가루 되어 법회에 휘날리나

물결 가운데 달그림자 어떻게 건지겠소

옆집 노스님의 주석(注釋)을 훔쳐보고
머리를 돌려
허공을 보니 뛰어나게 말할 줄 아네.

講處天華隨玉塵(강처천화수옥진)

波心月在那能取(파심월재나능취)

旁舍老僧偸指注(방사노승투지주)

廻頭覷(회두처)

虛空特地能言語(허공특지능언어)

돌아와 학인들에게 거듭거듭 하소연하되
이제까지의 견해는 모두 그대를 속인 터라 하네
강 건너 저 산은 저문 비에 누웠는데
훌쩍 떠나시니
천봉만학에 찾을 곳 없으리.

歸對學徒重自訴(귀대학도중자소)

從前見解都欺汝(종전견해도기여)

隔岸有山橫暮雨(격안유산횡모우)

翻然去(번연거)

千巖萬壑無尋處(천암만학무심처)

5) 향엄(香嚴)

그림떡으로 요기한다 사람들 비웃으니
남양 언덕 작은 암자에 쓸쓸히 돌아온다
대나무 치는 소리에 바야흐로 분명히 깨치고
서서히 두리번거리며 찾아보아도
본래면목을 숨길 곳이 없구나.
畵餠充飢人笑汝(화병충기인소여)
一庵歸掃南陽塢(일암귀소남양오)
擊竹作聲方惺悟(격죽작성방성오)
徐回顧(서회고)
本來面目無藏處(본래면목무장처)

문득 위산을 바라보며 자리를 펴니
노스님 그 모습 어슴푸레한 것에서 완전히 드러나네
값진 이 은혜 부모님보다 더 크시니
알아차려라
걸림 없고 내밀한 '소리 이전의 구절'을.
却望潙山敷坐具(각망위산부좌구)
老師頭角渾呈露(노사두각혼정로)
珍重此恩逾父母(진중차은유부모)

須薦取(수천취)

當當密示聲前句(당당밀시성전구)

6) 단하(丹霞)

돌바위 길[石頭] 매끄러울까 두려워하지 않았으니
돌아온 후 어찌 망아지[馬祖]에게 짓밟힘 당하랴¹
한마디 말에 온몸의 뼈마디 바리바리 쏟아지니
쓸모없는 법이 없으면
신령하게 밤낮으로 광명이 통하리라.
不怕石頭行路滑(불파석두행로활)
歸來那受駒兒踏(귀래나수구아답)
言下百骸俱潑撒(언하백해구발철)
無剩法(무잉법)
靈然晝夜光通達(영연주야광통달)

옛 절의 차가운 날씨에 온몸이 떨려 오니
한밤중에 목불상을 모두 불태워²
등짝이 따끈따끈 단꿈 꾸는 기분은 통쾌하도다
무턱대고 지독시리 매 때린다면
원주(院主)의 수염을 모조리 뽑아 주리라.

古寺天寒還惡發(고사천한환악발)

夜將木佛齊燒殺(야장목불제소살)

炙背橫眼眞快活(자배횡안진쾌활)

憨抹撻(감말달)

從敎院主無鬚髮(종교원주무수발)

주:

1 단하스님은 처음 마조(馬祖)스님을 뵈었으나 마조스님은 나는 그대의 스승이 아니라 하며 석두희천(石頭希遷) 스님을 찾아가게 하였다. 그리하여 석두스님을 찾아 머리를 깎고 다시 마조스님께 왔다. 마조스님이 "어디를 갔다 왔느냐?" 하자 "석두에 갔다 왔습니다."라고 대답하였다. 마조스님이 다시 "석두에 가는 길은 미끄러운데 넘어지지나 않았느냐?" 하니 "미끄러져서 넘어졌다면 다시 오지 못했을 것입니다." 하였다.

2 단하스님이 혜림사(慧林寺)에 묵게 되었을 때 목불상으로 불을 때니 원주가 따지자, 사리를 찾는다고 하였다. 목불상에 무슨 사리가 있겠느냐고 하자 그렇다면 양쪽에 있는 불상마저 태워야겠다고 대꾸했다. 원주는 그 뒤에 눈썹이 빠졌다.

06 성철스님이 가려 뽑은 한글 선어록

송나라 선사들의 수행 이야기
혜홍각범 스님의 임간록

개정판 1쇄 인쇄	2018년 7월 30일
개정판 1쇄 발행	2018년 8월 10일
지은이	혜홍각범
감역	벽해 원택
발행인	여무의(원택)
발행처	도서출판 장경각
등록번호	합천 제1호
등록일자	1987년 11월 30일
본사	경남 합천군 가야면 해인사길 122 해인사 백련암
서울사무소	서울시 종로구 삼봉로 81(수송동, 두산위브파빌리온) 1232호
	전화 (02)2198-5372 팩스 (050)5116-5374
	홈페이지 www.sungchol.org

편집·교정 문종남   디자인 김형조
홍보마케팅 김윤성   관 리 서연정

ⓒ 2018, 장경각

ISBN 978-89-93904-84-0 04220
ISBN 978-89-93904-77-2 (세트)

값 25,000원

※이 책에 실린 내용은 무단으로 복제하거나 전재할 수 없습니다.
※잘못된 책은 교환해 드립니다.

※이 도서의 국립중앙도서관 출판예정도서목록(CIP)은 서지정보유통지원시스템
 홈페이지(http://seoji.nl.go.kr)와 국가자료공동목록시스템((http://www.nl.go.
 kr/kolisnet)에서 이용하실 수 있습니다.
 (CIP제어번호 : CIP2018022864)